海外农业研究中心 ● 智库报告

"一带一路"国家
农业发展与合作——西亚北非十六国

巴林 埃及 伊朗 伊拉克 约旦 科威特 黎巴嫩
阿曼 巴勒斯坦 卡塔尔 沙特阿拉伯 叙利亚 土耳其
阿联酋 也门 以色列

◎ 聂凤英 张学彪 主编

中国农业科学技术出版社

图书在版编目（CIP）数据

"一带一路"国家农业发展与合作. 西亚北非十六国/聂凤英，张学彪主编. —北京：中国农业科学技术出版社，2018.12
ISBN 978-7-5116-3903-5

Ⅰ. ①一… Ⅱ. ①聂… ②张… Ⅲ. ①农业合作—国际合作—研究—中国、西亚②农业合作—国际合作—研究—中国、北非 Ⅳ. ①F32 ②F337 ③F341

中国版本图书馆CIP数据核字（2018）第218143号

责任编辑	穆玉红　徐定娜
责任校对	贾海霞
出 版 者	中国农业科学技术出版社 北京市中关村南大街12号　邮编：100081
电　　话	（010）82106626（编辑室）　（010）82109702（发行部） （010）82109709（读者服务部）
传　　真	（010）82109707
网　　址	http://www.CASTP.cn
发　　行	各地新华书店
印 刷 者	北京建宏印刷有限公司
开　　本	880 mm×1 230 mm　1/16
印　　张	29
字　　数	613千字
版　　次	2018年12月第1版　2018年12月第1次印刷
定　　价	180.00元

━━◀ 版权所有·侵权必究 ▶━━

《"一带一路"国家农业发展与合作——西亚北非十六国》
编委会

主　　　任：吴孔明

副 主 任：贡锡锋　　孙　坦　　金　轲

主　　编：聂凤英　　张学彪

副 主 编：曲春红　　张　莉

编写人员：刘洪霞　　王永春　　张学彪　　孙　巍　　马晓敏
　　　　　郝心宁　　黄佳琦　　朱增勇　　赵　鱼　　朱海波
　　　　　郑　莹　　张　悦　　梁丹辉　　司智陟　　代瑞熙
　　　　　熊　雪　　张子倩　　苗　菁　　李然嫣　　李梦希
　　　　　吴雨伦　　蔺彩霞

序

在当今世界经济复苏缓慢，全球产业结构和国际投资贸易格局深度调整的背景下，习近平总书记 2013 年提出的共建"丝绸之路经济带"和"21 世纪海上丝绸之路"倡议，得到了国际社会的广泛支持。"共建'一带一路'，实现共赢发展"对促进区域经济一体化和加强区域互联互通发挥了重要作用。"一带一路"倡议给沿线国家人民带来了实实在在的好处，为构建共商共建共享的全球治理新机制贡献了中国智慧。

人口增长、资源约束和消费结构升级对我国农业发展提出了新的挑战。党的"十八大"以来，党中央把农业"走出去"摆在了更加突出的位置，习近平总书记提出"要加快推动农业走出去，增加国内农产品供给"。保障国家食物安全，要求我们"统筹利用两个市场两种资源"，在全球范围内实现农业资源的优化整合和农产品市场的深度开发，构建开放互利共赢的农业对外合作新格局。

"一带一路"沿线国家高度重视农业发展，但由于自然条件和政治、经济、社会等多方面因素的影响，多数国家都面临区域农业发展不平衡，缺乏有效农业合作机制和农业科技支撑力度不足等问题。"一带一路"倡议为加强区域农业合作带来了难得的历史机遇，通过促进区域内农业要素有序流动，可以使沿线国家更好地发挥比较优势，增加世界农产品的有效供给。

改革开放 40 年来，中国农业产业和科技发展取得了长足的进步，积累了大量"一带一路"国家可以利用和借鉴的技术和管理经验。近年来，中国的农业科技已大量走出国门，在 100 多个国家和地区援建了 270 多个农业项目，"绿色超级稻"已经有 78 个品种在 18 个亚非国家审定和推广，"中棉系列"棉花新品种和植棉技术大幅提高了中亚国家的棉花产量。动物疫苗、生物防治技术和产品等为亚洲和非洲农业生产提供了重要保障。国内对外农业投资热情高涨，境外注册设立的农林牧渔类企业达 1300 多家，覆盖了 105 个国家和地区。农业"走出去"的新常态对海外农业战略研究提出了新的要求。我们需要建立全球农业数据中心，加强海外农业战略高端智库建设，为政府和企业农业走出去工作提供信息服务和技术支撑。

在农业农村部和中国工程院等部门的支持指导下，中国农业科学院海外农业研究中心系统开展了海外农业的研究工作。《"一带一路"国家农业发展与合作》系列丛书汇编了对重点国家的智库研究成果，编写过程中得到了农业农村部相关机构、中国农业科学院部分研究所以及云南、广西、新疆、内蒙古和黑龙江等省（自治区）级农科院、农业高校的大力支持。

丛书按地区分为东北亚四国、东南亚十一国、南亚七国、中亚五国、中东欧十六国、独联体及其他六国和西亚北非十六国共七个分册，系统梳理了"一带一路"沿线65个国家的基本国情和农业发展情况，从经济、贸易、投资和科技多角度分析了重点国家的农业投资环境、农业合作重点领域和发展潜力。丛书内容丰富、系统性强、信息量大，为中国农业对外合作和农产品贸易工作者提供了高水平的专业性参考，对服务中国农业国际合作和推动农业"走出去"工作有重要价值。

中国农业科学院副院长
中国工程院院士
2018 年 12 月

目 录
CONTENTS

巴 林

- 一、国家基本概况 ·· 2
  - (一)地理及行政区划 ·· 2
  - (二)人口状况 ·· 2
  - (三)政治制度 ·· 4
  - (四)社会和经济发展状况 ··· 5
- 二、农业发展现状 ·· 6
  - (一)农业资源条件 ·· 6
  - (二)农业生产情况 ·· 7
  - (三)农产品贸易情况 ·· 12
  - (四)农业科技发展 ·· 16
  - (五)农业管理体系与政策 ··· 16
- 三、农业投资环境 ·· 18
  - (一)国家商业环境 ·· 18
  - (二)农业优势与潜力 ·· 19
  - (三)风险分析 ··· 19
  - (四)总体评价 ··· 21
- 四、中巴农业合作现状与合作重点 ···································· 22
  - (一)合作现状 ··· 22
  - (二)合作潜力 ··· 23

（三）合作重点 ·· 24
五、中巴农业合作建议 ·· 24
　　（一）政府层面 ·· 24
　　（二）企业层面 ·· 25
参考文献 ·· 26

埃　及

一、国家基本概况 ·· 28
　　（一）自然地理 ·· 28
　　（二）人口状况 ·· 28
　　（三）政治制度 ·· 29
　　（四）社会和经济发展 ·· 29
二、农业发展现状 ·· 30
　　（一）农业资源条件 ·· 30
　　（二）农业生产情况 ·· 32
　　（三）农产品贸易情况 ·· 37
　　（四）农业科技发展 ·· 41
　　（五）农业管理体系与政策 ·· 42
三、农业投资环境 ·· 43
　　（一）国家商业环境 ·· 43
　　（二）农业优势与潜力 ·· 44
　　（三）风险分析 ·· 46
　　（四）总体评价 ·· 46
四、中埃农业合作现状与合作重点 ······································ 47
　　（一）合作现状 ·· 47
　　（二）合作潜力 ·· 49
　　（三）合作重点 ·· 51
五、中埃农业合作建议 ·· 52
　　（一）加强高层交流，做好农业合作战略规划 ······················ 52
　　（二）以企业为主体加强投资合作 ·································· 52

（三）加强科研机构和大学等机构合作，促进民间交流 ·················· 53
　　（四）完善相关政策，增强农业对外合作服务体系建设 ·················· 53
参考文献 ··· 53

伊　朗

一、国家基本概况 ··· 56
　　（一）地形地貌 ··· 56
　　（二）行政区划 ··· 56
　　（三）人口状况 ··· 57
　　（四）政治制度 ··· 58
　　（五）经济状况 ··· 58

二、农业发展现状 ··· 59
　　（一）农业资源条件 ·· 59
　　（二）农业生产情况 ·· 60
　　（三）农产品贸易情况 ··· 65
　　（四）农业科技发展 ·· 70
　　（五）农业管理体系与政策 ··· 71

三、农业投资环境 ··· 73
　　（一）国家商业环境 ·· 73
　　（二）农业优势与潜力 ··· 74
　　（三）风险分析 ··· 75
　　（四）总体评价 ··· 77

四、中伊农业合作现状与合作重点 ·· 78
　　（一）合作现状 ··· 78
　　（二）合作潜力 ··· 80
　　（三）合作重点 ··· 82

五、中伊农业合作建议 ··· 84
　　（一）加大政府间农业合作交流和务实推进 ·································· 84
　　（二）建立投资合作保障机制 ·· 84
　　（三）强化科技人才合作交流与培养 ··· 84

（四）建立多样性农业合作模式 … 85
参考文献 … 85

伊拉克

一、国家基本概况 … 88
（一）自然地理与人口状况 … 88
（二）政治与经济状况 … 88

二、农业发展现状 … 89
（一）农业资源条件 … 89
（二）农业生产情况 … 89
（三）农产品贸易情况 … 92
（四）农业科技发展 … 97
（五）农业管理体系与政策 … 98

三、农业投资环境 … 98
（一）国家商业环境 … 98
（二）农业优势与潜力 … 100
（三）风险分析 … 100
（四）总体评价 … 100

四、中伊农业合作现状与合作重点 … 100
（一）合作现状 … 100
（二）合作潜力 … 104
（三）合作重点 … 105

五、中伊农业合作建议 … 106
参考文献 … 106

约 旦

一、约旦基本概况 … 108
（一）自然地理 … 108
（二）人口状况 … 108

目　录

  （三）政治制度 …………………………………………………………… 109
  （四）社会和经济发展 …………………………………………………… 110
二、农业发展现状 …………………………………………………………………… 111
  （一）农业资源条件 ……………………………………………………… 111
  （二）农业生产情况 ……………………………………………………… 112
  （三）农产品贸易情况 …………………………………………………… 114
  （四）农业科技发展 ……………………………………………………… 120
  （五）农业管理体系与政策 ……………………………………………… 120
三、农业投资环境 …………………………………………………………………… 121
  （一）国家商业环境 ……………………………………………………… 121
  （二）农业优势与潜力 …………………………………………………… 122
  （三）风险分析 …………………………………………………………… 122
  （四）总体评价 …………………………………………………………… 126
四、中约农业合作现状与合作重点 ………………………………………………… 126
  （一）合作现状 …………………………………………………………… 126
  （二）合作潜力 …………………………………………………………… 127
  （三）合作重点 …………………………………………………………… 128
五、中约农业合作建议 ……………………………………………………………… 131
  （一）明确农业合作目标与定位 ………………………………………… 131
  （二）做好规划设计、强化支撑体系 …………………………………… 131
  （三）要重视合规、合法与遵从当地治理方式 ………………………… 131
  （四）重视投资风险管理 ………………………………………………… 132
参考文献 ……………………………………………………………………………… 132

科威特

一、国家基本概况 …………………………………………………………………… 134
  （一）自然地理 …………………………………………………………… 134
  （二）人口状况 …………………………………………………………… 134
  （三）政治制度 …………………………………………………………… 134
  （四）社会和经济发展状况 ……………………………………………… 135

二、农业发展现状 ······ 136
    （一）农业资源条件 ······ 136
    （二）农业生产情况 ······ 136
    （三）农产品贸易情况 ······ 140
    （四）农业科技发展 ······ 144
    （五）农业管理体系与政策 ······ 145

三、农业投资环境 ······ 147
    （一）国家商业环境 ······ 147
    （二）农业优势与潜力 ······ 149
    （三）风险分析 ······ 149
    （四）总体评价 ······ 149

四、中科农业合作现状与合作重点 ······ 150
    （一）合作现状 ······ 150
    （二）合作潜力 ······ 151
    （三）合作重点 ······ 152

五、中科农业合作建议 ······ 154
    （一）借助区域合作平台，推进项目合作 ······ 154
    （二）以西部省区为基地，推进农业对外合作 ······ 154
    （三）农业"走出去"与"引进来"相结合 ······ 155

参考文献 ······ 155

黎巴嫩

一、国家基本概况 ······ 158
    （一）自然环境 ······ 158
    （二）人口状况 ······ 159
    （三）政治制度 ······ 159
    （四）经济发展状况 ······ 160
    （五）社会文化 ······ 160

二、农业发展现状 ······ 161
    （一）农业资源条件 ······ 161

　　　　(二) 农业生产情况 ········· 162
　　　　(三) 农产品贸易情况 ········· 167
　　　　(四) 农业科技发展 ········· 174
　　　　(五) 农业管理体系与政策 ········· 175
　　三、农业投资环境 ········· 177
　　　　(一) 国家商业环境 ········· 177
　　　　(二) 农业优势与潜力 ········· 179
　　　　(三) 风险分析 ········· 179
　　　　(四) 总体评价 ········· 180
　　四、中黎农业合作现状与合作重点 ········· 181
　　　　(一) 合作现状 ········· 181
　　　　(二) 合作潜力 ········· 183
　　　　(三) 合作重点 ········· 184
　　五、中黎农业合作建议 ········· 186
　　　　(一) 合作领域 ········· 186
　　　　(二) 合作方式 ········· 187
　　　　(三) 合作措施及建议 ········· 187
　　参考文献 ········· 189

阿　曼

　　一、阿曼基本概况 ········· 192
　　　　(一) 自然地理 ········· 192
　　　　(二) 人口状况 ········· 193
　　　　(三) 区域划分 ········· 193
　　　　(四) 政治制度 ········· 193
　　　　(五) 经济发展状况 ········· 194
　　　　(六) 与中国的关系 ········· 195
　　二、农业发展现状 ········· 196
　　　　(一) 农业资源条件 ········· 196
　　　　(二) 农业生产情况 ········· 197

|　（三）农产品贸易情况 …………………………………………………… 200
|　（四）农业科技发展 ……………………………………………………… 201
|　（五）农业管理体系和政策 ……………………………………………… 202

三、农业投资环境 ……………………………………………………………… 203
|　（一）国家商业环境 ……………………………………………………… 203
|　（二）农业优势与潜力 …………………………………………………… 205
|　（三）风险分析 …………………………………………………………… 206
|　（四）总体评价 …………………………………………………………… 207

四、中阿两国农业合作现状与合作重点 ……………………………………… 208
|　（一）合作现状 …………………………………………………………… 208
|　（二）合作潜力 …………………………………………………………… 209
|　（三）合作重点 …………………………………………………………… 211
|　（四）合作思路 …………………………………………………………… 212

五、中阿农业合作建议 ………………………………………………………… 212
|　（一）加强中阿相关部门间的合作 ……………………………………… 212
|　（二）深化中阿农业领域合作 …………………………………………… 212
|　（三）突出重点产业合作 ………………………………………………… 213

参考文献 ………………………………………………………………………… 213

巴勒斯坦

一、巴勒斯坦基本概况 ………………………………………………………… 216
|　（一）地理位置 …………………………………………………………… 216
|　（二）人口概况 …………………………………………………………… 216
|　（三）区域划分 …………………………………………………………… 217
|　（四）政治制度 …………………………………………………………… 217
|　（五）社会和经济发展状况 ……………………………………………… 217

二、农业发展现状 ……………………………………………………………… 219
|　（一）农业资源条件 ……………………………………………………… 219
|　（二）农业生产情况 ……………………………………………………… 220
|　（三）农产品贸易情况 …………………………………………………… 225

（四）农业科技发展 226
（五）农业管理体系与政策 228
三、农业投资环境 230
（一）国家商业环境 230
（二）农业优势与潜力 231
（三）农业风险分析 232
（四）总体评价 233
四、中巴农业合作现状与合作重点 234
（一）合作现状 234
（二）合作潜力 235
（三）合作重点 236
五、中巴农业合作建议 238
（一）创新发展模式和建立基础设施环境 238
（二）引进先进技术和培养农业人才 238
（三）大力发展农产品加工业 239
参考文献 239

卡塔尔

一、国家基本概况 242
（一）地理区划 242
（二）人口构成 242
（三）政治制度 243
（四）经济和社会发展 243
二、农业发展现状 243
（一）农业资源条件 243
（二）农业生产情况 244
（三）农产品贸易情况 248
（四）农业科技发展 251
（五）农业管理体系与政策 252

三、农业投资环境 ·· 255
　（一）国家商业环境 ··· 255
　（二）农业优势与潜力 ··· 256
　（三）风险分析 ··· 257
　（四）总体评价 ··· 257

四、中卡农业合作现状与合作重点 ·· 258
　（一）合作现状 ··· 258
　（二）合作潜力 ··· 260
　（三）合作重点 ··· 261

五、中卡农业合作建议 ··· 262

参考文献 ··· 262

沙特阿拉伯

一、国家基本情况 ·· 264
　（一）地理及行政区划 ··· 264
　（二）人口状况 ··· 265
　（三）政治制度 ··· 266
　（四）社会和经济发展状况 ·· 267

二、农业发展现状 ·· 267
　（一）农业资源条件 ··· 267
　（二）农业生产情况 ··· 268
　（三）农产品贸易情况 ··· 276
　（四）农业科技发展 ··· 281
　（五）农业管理体系与政策 ·· 281

三、农业投资环境 ·· 285
　（一）国家商业环境 ··· 285
　（二）农业优势与潜力 ··· 285
　（三）风险分析 ··· 286
　（四）总体评价 ··· 287

四、中沙农业合作现状与合作重点 ·········· 287
 （一）合作现状 ·········· 287
 （二）合作潜力 ·········· 289
 （三）合作重点 ·········· 290

五、中沙农业合作建议 ·········· 291
 （一）建立维护稳定的政府合作关系，以农业作为切入点 ·········· 291
 （二）加强农业科技合作，强化人才交流 ·········· 292
 （三）鼓励双方私有部门投资合作，同时配套相关指导措施 ·········· 292

参考文献 ·········· 292

叙利亚

一、国家基本概况 ·········· 294
 （一）自然地理 ·········· 294
 （二）政治、经济与人口状况 ·········· 294

二、农业发展现状 ·········· 297
 （一）农业资源条件 ·········· 297
 （二）农业生产情况 ·········· 299
 （三）农产品贸易情况 ·········· 307
 （四）农业科技发展 ·········· 314
 （五）农业管理体系与政策 ·········· 316

三、农业投资环境 ·········· 318
 （一）国家商业环境 ·········· 318
 （二）农业优势与潜力 ·········· 319
 （三）风险分析 ·········· 320
 （四）总体评价 ·········· 321

四、中叙农业合作现状与合作重点 ·········· 322
 （一）合作现状 ·········· 322
 （二）合作潜力及重点 ·········· 324

五、中叙农业合作建议 ·········· 326
 （一）政府应审时度势、静观其变 ·········· 326

（二）企业应采取灵活的投资合作战略 …………………………………………… 326
参考文献 ………………………………………………………………………………… 327

土耳其

一、国家基本概况 ……………………………………………………………………… 330
　　（一）地理及行政区划 …………………………………………………………… 330
　　（二）人口状况 …………………………………………………………………… 330
　　（三）政治制度 …………………………………………………………………… 331
　　（四）教育状况 …………………………………………………………………… 331
　　（五）经济发展状况 ……………………………………………………………… 332
二、农业发展现状 ……………………………………………………………………… 333
　　（一）农业资源条件 ……………………………………………………………… 333
　　（二）农业生产情况 ……………………………………………………………… 336
　　（三）农产品贸易情况 …………………………………………………………… 347
　　（四）农业科技发展 ……………………………………………………………… 353
　　（五）农业管理体系与政策 ……………………………………………………… 356
三、农业投资环境 ……………………………………………………………………… 361
　　（一）国家商业环境 ……………………………………………………………… 361
　　（二）农业优势与潜力 …………………………………………………………… 361
　　（三）风险分析 …………………………………………………………………… 362
　　（四）总体评价 …………………………………………………………………… 362
四、中土农业合作现状与合作重点 …………………………………………………… 363
　　（一）合作现状 …………………………………………………………………… 363
　　（二）合作潜力 …………………………………………………………………… 365
　　（三）合作重点 …………………………………………………………………… 367
五、中土农业合作建议 ………………………………………………………………… 368
　　（一）突出重点产业投资 ………………………………………………………… 369
　　（二）政府、科研机构与企业三方携手推进合作 ……………………………… 369
　　（三）企业强化精细管控，提升投资效益水平 ………………………………… 369
参考文献 ………………………………………………………………………………… 370

阿联酋

- 一、国家基本概况 372
  - （一）自然地理 372
  - （二）人口与宗教 373
  - （三）政治制度 374
  - （四）社会和经济发展状况 375
- 二、农业发展现状 381
  - （一）农业资源条件 381
  - （二）农业生产情况 382
  - （三）农产品贸易情况 384
  - （四）农业管理体系与政策 389
- 三、农业投资环境 391
  - （一）国家商业环境 391
  - （二）农业优势与潜力 392
  - （三）风险分析 392
  - （四）总体评价 393
- 四、中阿农业合作现状与合作重点 393
  - （一）合作现状 393
  - （二）合作潜力 394
  - （三）合作重点 395
- 五、中阿农业合作建议 395
  - （一）合作措施 395
  - （二）政策建议 396

也 门

- 一、国家基本概况 398
  - （一）自然地理 398
  - （二）人口状况 398

（三）政治制度 …… 400
（四）社会和经济发展状况 …… 400
二、农业发展现状 …… 402
（一）农业资源条件 …… 402
（二）农业生产情况 …… 403
（三）农产品贸易情况 …… 407
（四）农业科技发展 …… 409
（五）农业管理体系与政策 …… 410
三、农业投资环境 …… 411
（一）国家商业环境 …… 411
（二）农业发展困难 …… 411
（三）风险分析 …… 411
（四）总体评价 …… 412
四、中也农业合作现状与合作重点 …… 412
（一）合作现状 …… 412
（二）合作潜力 …… 413
（三）合作重点 …… 413
五、中也农业合作建议 …… 414
参考文献 …… 414

以色列

一、国家基本概况 …… 416
（一）自然地理 …… 416
（二）人口状况 …… 416
（三）政治制度 …… 417
（四）社会和经济发展状况 …… 418
二、农业发展现状 …… 419
（一）农业资源条件 …… 419
（二）农业生产情况 …… 420
（三）农产品贸易 …… 425

（四）农业科技发展 …………………………………………………… 427
　　（五）农业管理体系与政策 ……………………………………………… 429
三、农业投资环境 ………………………………………………………………… 431
　　（一）国家商业环境 ……………………………………………………… 431
　　（二）农业优势与潜力 …………………………………………………… 431
　　（三）风险分析 …………………………………………………………… 434
　　（四）总体评价 …………………………………………………………… 435
四、中以农业合作现状与合作重点 ……………………………………………… 435
　　（一）合作现状 …………………………………………………………… 435
　　（二）合作潜力 …………………………………………………………… 436
　　（三）合作重点 …………………………………………………………… 437
五、中以农业合作建议 …………………………………………………………… 438
　　（一）在"一带一路"倡议下细化制定中以农业合作战略规划 ………… 438
　　（二）制定境外农业开发优惠政策，建立境外农业补贴机制 ………… 439
　　（三）加强政府间与民间的多渠道沟通 ………………………………… 439
　　（四）加强相关信息服务体系建设 ……………………………………… 439
参考文献 …………………………………………………………………………… 439

巴 林

巴林王国（以下简称巴林）位于亚洲西南部，是一个邻近波斯湾西岸的岛国，隔海与沙特阿拉伯相望，北部与伊朗相邻。巴林于1971年宣布主权独立，是首个步入后石油经济的波斯湾国家，经济上并不依赖石油，而是依靠金融业和旅游业。发达的金融和旅游业，便利的交通、开放的市场、宽松的环境以及优良的服务使巴林赢得了"中东香港"的誉称。巴林的人类发展指数在世界排名44，被世界银行认定为高收入经济体。巴林现已与世界156个国家建立外交关系，是海湾合作委员会（简称为海合会，下同）、阿拉伯国家联盟和联合国的成员国。

一、国家基本概况

（一）地理及行政区划

巴林属于西亚国家，是由主岛巴林岛和其他35个大小不等的岛屿组成的岛国，距卡塔尔西海岸28千米，沙特阿拉伯东海岸24千米。巴林最高海拔135米，巴林岛地势呈沙丘型，从沿海向内地不断升高，其余岛地势低平。巴林夏季潮湿炎热，平均气温为35℃左右，8月体感温度最高可达近50℃，属于热带沙漠气候；冬季气温在15～24℃，温和宜人，全年雨水较少，年平均降水量为77毫米。

巴林国土面积为771平方千米，全国分为首都省、北方省、南方省、中部省和穆哈拉克省5个省。首都麦纳麦市是最大的城市，位于巴林岛东北部，面积30平方千米，人口约26万人，交通便利，是阿拉伯国家的贸易中转站，同时是重要的文化、经济和金融中心，被誉为"波斯湾明珠"。穆哈拉格省处于巴林最北部的穆哈拉格岛上，巴林国际机场位于该省。中央省位于巴林岛的东部，全国1/3的侨民聚集于此，而60%以上的侨民为阿拉伯人。北方省位于巴林岛的西北部以及乌姆纳桑岛，而南方省处于巴林岛的南部以及海瓦尔群岛，是巴林面积最大的省份。

（二）人口状况

2017年，巴林人口总数约为149.2万人，75%～80%的居民住在城市里，人口密度为1848.5人/平方千米，居阿拉伯国家首位，世界第4位。2017年世界上人口最多的国家排名，巴林是第151名，占世界总人口比例0.02%。巴林的宗教主要有伊斯兰教、基督教和犹太教。巴林的主要民族为阿拉伯人，约占60%，外籍人口有巴基斯坦人、印度人、孟加拉人、伊朗人和菲律宾人，占总人口的51%。巴林拥有海合会国家综合素质最高的劳动力，巴林本地劳动力通晓阿拉伯语和英语，受教育程度普遍较高，可以从政府获得大量劳动技能及就业培训机会，具有良好的职业素养。

1. 人口增减状况

巴林人口总数近些年来一直在不断增加，2001—2010年呈现高速增长趋势，近几年虽然增速在4%以下，但增速有升高的趋势（图1），2016年增长率为3.9%。与其他国家相比，巴林难民人口数量一直居于较低水平，2010年以前仅不到100人，近几年来，由于人口的增加和国际人口迁移，2016年，难民人口总数达到446人。从国际人口迁移来看，巴林属于人口净流入国家，2002年、2007年和2012年净流入值分别为15.6万人、27.2万人和4.2万人。

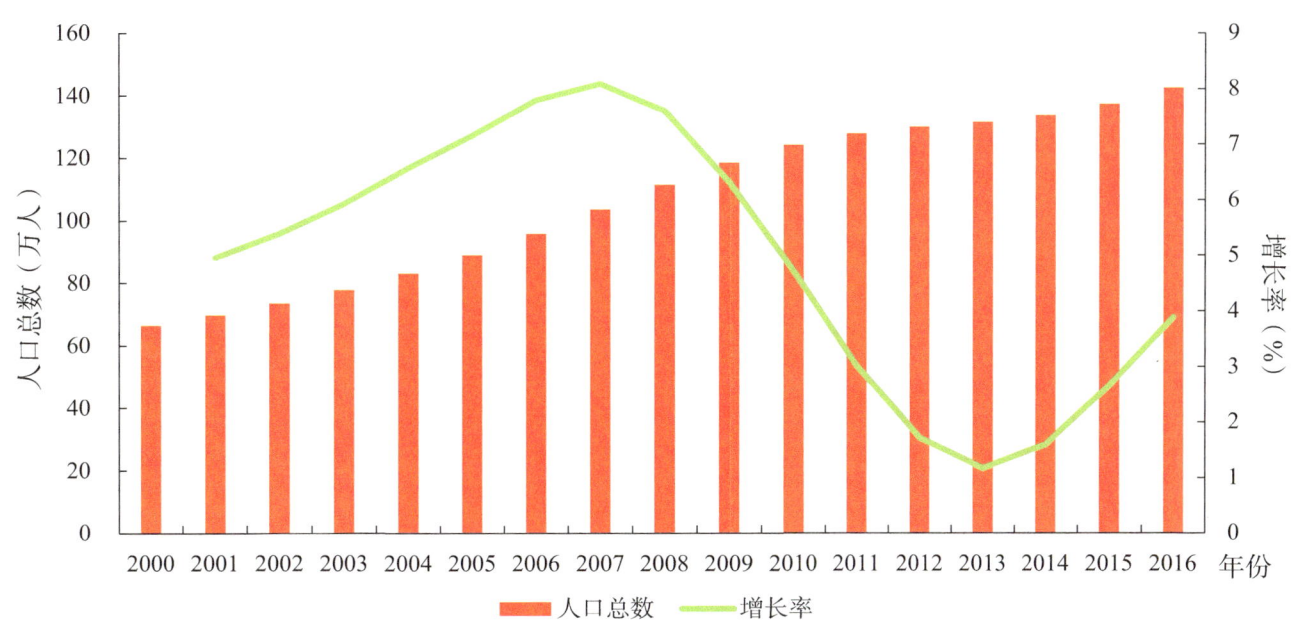

图1　2000—2016年巴林人口总数及人口增长率

数据来源：世界银行

2. 人口分布情况

从城乡分布来看，89%的人口居住在城镇，仅有11%的人居住在农村（图2），这说明巴林是城镇化率非常高的国家。

从性别分布来看，巴林的女性人口略少于男性，近几年来，女性人口占总人口比例在38%上下浮动，2017年，女性人口总数为55.63万人，约占人口总数的37.3%（图3）。

从劳动力就业人口情况来看，巴林劳动力人口为86.5万人，约占人口总数的58%，其中，农业人口约占劳动力总人口的1.5%。女性劳动力占总劳动人口比重由1990年的17.4%提高到2017年21.0%，女性在劳动力中的参与程度略有提高。

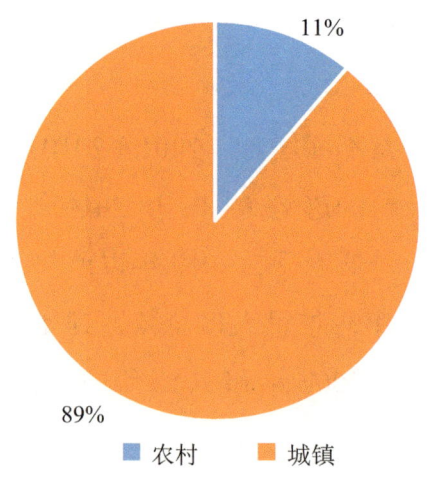

图2　2017年巴林城乡人口分布

数据来源：世界银行

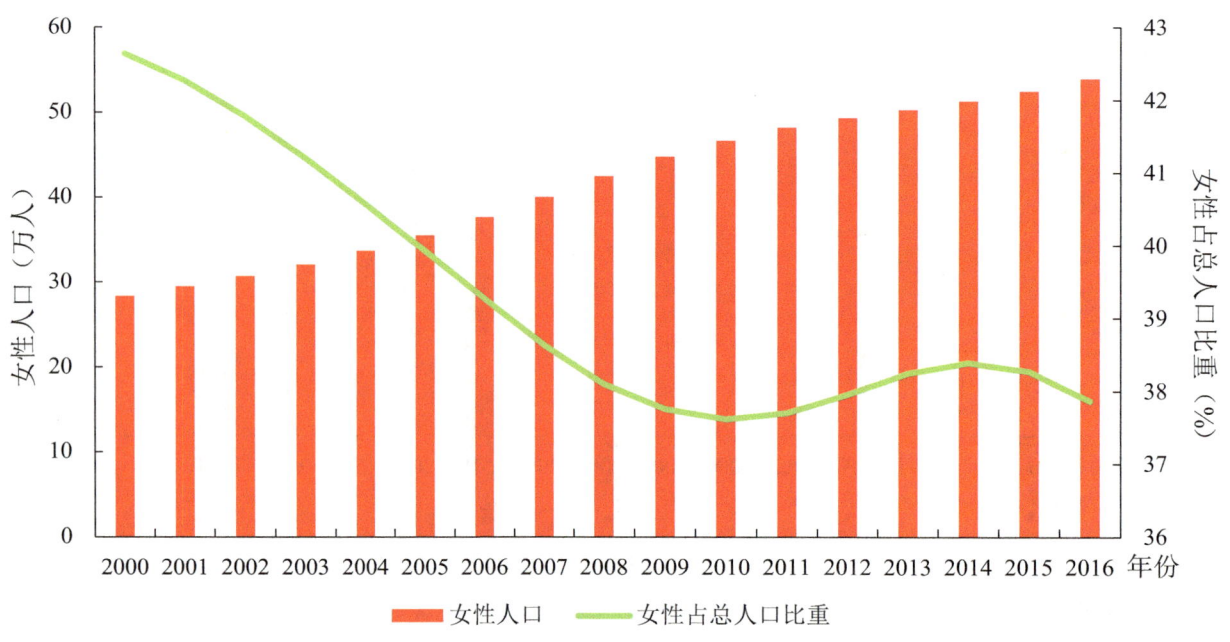

图3　2000—2016年巴林女性人口数量及占总人口比重

数据来源：世界银行

从受教育人口来看，2016年，巴林未满18岁的儿童占了全国人口的43%，巴林政府制定了包括四个方面的关于儿童的发展战略，即儿童的卫生保健、接受教育、对儿童的保护和免遭受歧视。巴林实行免费教育和普及九年一贯制的中等教育制度，青年（15～25岁）受教育率高达99%，文盲率仅为4.9%，是中东海湾地区受教育程度最高的国家。

（三）政治制度

巴林是二元制君主制酋长国。国家元首掌握政治、经济和军事大权，由哈利法家族世袭。2002年2月，巴林酋长国更名为巴林王国，改国体为王国制，国家元首埃米尔改称国王，颁布新宪法，修改国旗，确定新国歌，解散协商议会，设两院制议会，加强司法独立，实行三权分立。对外号称中立，参加不结盟国家组织。2012年8月，巴林修改宪法，扩大了众议院的权力。现政府为君主立宪，由"国务会议"掌理行政。国会则由44名议员组成，由内阁（国务会议）成员及人民选举产生。本届内阁于1971年成立，最近一次调整时间为2016年3月。

（四）社会和经济发展状况

巴林拥有丰富的石油资源，是海湾地区最早开采石油的国家，同时也是较早摆脱石油依赖的国家。2010年，巴林发展多元化经济，人均外来投资全球排名第6位，号称中东地区最自由的经济体。巴林现有5个机场，已开辟了40条国际航线，由39家航空公司营运，其中，客运29家，货运9家，包机1家。位于穆哈拉克岛的巴林国际机场，飞机日均起落300余架次，是中东地区繁忙的空港之一，巴林旅游资源丰富，基础设施建设正在如火如荼的进行，借助"一带一路"积极吸引中国游客，促进经济发展。2010年，巴林在发展炼油、石化及铝制品工业的同时，开始发展金融业，是海湾地区的银行和金融中心。根据2012年KOF瑞士经济学会所作的世界主要国家和地区全球化指数排名，巴林的全球化指数总体排名为42位，其中经济全球化、社会全球化、政治全球化分别排名第9位、第57位、第147位。

2010—2015年，巴林的国内生产总值最高为2015年的115.73亿第纳尔，人均国内生产总值最高的年份也为2015年，但由于国际石油价格下跌，对海湾国家的经济都产生了消极影响，2015年的国内生产总值增速所下降，人均国内生产总值的增速也有所下降（表1）。

表1 巴林GDP情况

年 份	GDP不变价（亿第纳尔）	GDP现价（万第纳尔）	GDP年增长率（%）	人均GDP不变价（第纳尔）	人均GDP现价（第纳尔）	人均GDP增长率（%）
2010	96.6820	966819	4.3	7791.52	7791.51	-0.4
2011	98.6000	1082000	2.0	7713.56	8464.57	-1.0
2012	102.2800	1156174	3.7	7866.38	8892.16	2.0
2013	107.8200	1223487	5.4	8196.68	9301.18	4.2
2014	112.5100	1255378	4.3	8418.91	9393.75	2.7
2015	115.7300	1170332	2.9	8436.02	8531.02	0.2

数据来源：世界银行

2016年，巴林是世界上第 79 大出口经济体，第 87 大进口经济体。巴林主要出口的商品是精炼石油、原油、原铝、铝线和铁矿石，其主要进口产品是汽车、特殊用途船、氧化铝、广播设备和珠宝。巴林的主要出口目的地是沙特阿拉伯、阿拉伯联合酋长国、日本、美国和印度。主要进口来源国是中国、美国、阿拉伯联合酋长国、沙特阿拉伯和日本。

二、农业发展现状

（一）农业资源条件

1. 气候资源

巴林拥有极端干旱的环境，属热带沙漠气候，特点是气温高，平均温度在 17～35℃，周围海湾水域的湿度高，年平均相对湿度超过 67%，降水量不稳定，雨季从 11 月到翌年 4 月，年平均降水量为 77 毫米，但足以支持最抗旱的荒漠植被，蒸散率高，7 月蒸散率超过 10 毫米/天，年平均蒸发量为 2099 毫米。

2. 土地资源

巴林由位于波斯湾南岸中部的多个岛屿构成，其中最大的岛屿是首都麦纳麦所在的巴林岛，巴林岛约占该国总面积的 85%。按照面积大小，其次分别是离卡塔尔海岸不远的南部群岛侯瓦尔群岛、乌姆拉赞沙漠岛，人口密集的穆哈拉格岛与主要工业岛屿锡特拉岛。其余的小岛和珊瑚礁组成的地块约占总面积的 1.5%。

根据联合国粮农组织统计数据，2015 年，农业用地面积 0.86 万公顷，约占总面积的 11.2%，森林面积 0.06 万公顷，约占总面积的 0.8%（表 2）。土地利用差异很大，从北部广泛的城市用地和耕地，扩散至南部、东部和西部的沙质废物。这里有真正的沙漠条件，只有稀疏的沙漠植物生长在贫瘠的石灰岩边缘和不同深度的砂岩中。

表 2　土地资源　（单位：平方千米）

年 份	土地面积	森林面积	农业用地面积	耕 地
2010	762	5.30	86	16
2011	767	5.40	86	16
2012	770	5.60	86	16
2013	770	5.70	86	16
2014	771	5.90	86	16
2015	771	6.00	86	16

数据来源：联合国粮农组织

3. 水资源

巴林的可再生内陆淡水资源总量为 0.04 亿立方米，人均可再生内陆淡水资源为 2.94 立方米。据统计，2014 年，在年度淡水抽取量中，农业用水占淡水抽取总量的百分比为 44.5%，生活用水占淡水抽取总量的 49.8%，工业用水占淡水抽取总量的 5.7%，其中年度淡水抽取量为 3.6 亿立方米。巴林全年地表径流量仅约 400 万立方米，没有河流、常年溪流或湖泊。巴林通过达曼含水层向下流接收地下水，但被农业和国内部门过度利用，导致其水质盐碱化。巴林的主要污水处理厂是 Tubli 水污染控制中心，还有 11 个小型污水处理厂，在巴林，三级处理污水的成本约为 0.32 美元/立方米，淡化水成本约为 0.79 美元/立方米。

4. 生物资源

巴林大约有 200 多种不同的沙漠植物，这些植物多生长在群岛的干旱区域。动物的种类受到沙漠条件的限制，常见的动物有蜥蜴和跳鼠（沙漠啮齿动物）。除了春秋两季，鸟类是罕见的，当往返更高的纬度带时，许多品种的候鸟会暂时在巴林停留。2015 年，在巴林，受到威胁的鱼类有 9 种，受到威胁的哺乳动物有 3 种，受到威胁的鸟类有 6 种。巴林拥有丰富的鱼类和贝类资源，鉴于气候、位置、沿海地区和市场的优势，巴林具有大力开展鱼类养殖的潜力。巴林目前没有商业化海水养殖活动，唯一的养殖设施和设备属于国家海水养殖中心。国家海水养殖中心已经成功实现以下重要本地种的苗种大规模繁殖：银鲛、矛鲷、银头鲷、紫红笛鲷、网纹石斑鱼、爪哇篮子鱼和短沟对虾。目前正在对上述前四个种类进行生产，其中银头鲷产量最高。鉴于巴林淡水资源状况，现在主要进行海水鱼种类的繁殖，陆地上的养殖都在水槽中进行。

（二）农业生产情况

2015 年，巴林的农业可耕地面积为 0.16 万公顷，占全国总面积的 2.1%，农业人口在劳动力总人口中的比例为 1.5%，农业仅占国民生产总值的一小部分，约为 0.7%。

巴林的大部分食物都是进口的，农业生产仅能满足了当地的部分需求，包括大部分的蔬菜和乳制品。巴林的主要农产品有水果、蔬菜、家禽和海产品等，番茄、枣、香蕉、柑橘类、芒果、石榴和苜蓿，政府也鼓励养殖牛和家禽，以及养殖骆驼和马匹。近年来巴林海湾水域污染日益严重，已经杀死了对渔业发展具有至关重要经济价值的海洋生物（特别是虾类）。尽管政府尝试实行渔业私有化和行业现代化，该产业大部分潜力仍未被开发。

日益增加的人口、气候的变化和资源的匮乏，致使中东不少国家都面临粮食供应的问题，许多国家每年都需要大量进口食品，巴林也是农产品进口国之一。2013 年，在农业方面，巴林国内产量只能满足 20% 的市场需求，且传统种植方式占了 65%，现代种植方式仅为 35%；在家禽方面，该国市场每天需要 10 万只鸡，但本土产量仅能满足 35% 的需求，与政府 65% 的目标还相差甚远；在渔业方面，市场每年需求为 1.5 万吨，本地产量约为 5000 吨，巴林政府希望通过借鉴沙特、科威特等国发展渔业养殖的经验实现自给自足。

因巴林 94% 的食品靠进口，为了改变现状，巴林将采取无土栽培及扩大养殖业等措施，发展蔬菜、家禽、鱼等农业生产，从而实现自给自足，减少进口。根据世界银行数据，2000 年以来，巴林作物生产指数、畜牧业生产指数和食品生产指数在波动中有所上升，2013 年，巴林作物生产指数（以 2004—2006 年为 100）为 124.69，食品生产指数（以 2004—2006 年为 100）为 206.83，畜牧业生产指数（以 2004—2006 年为 100）为 338.01（图 4）。

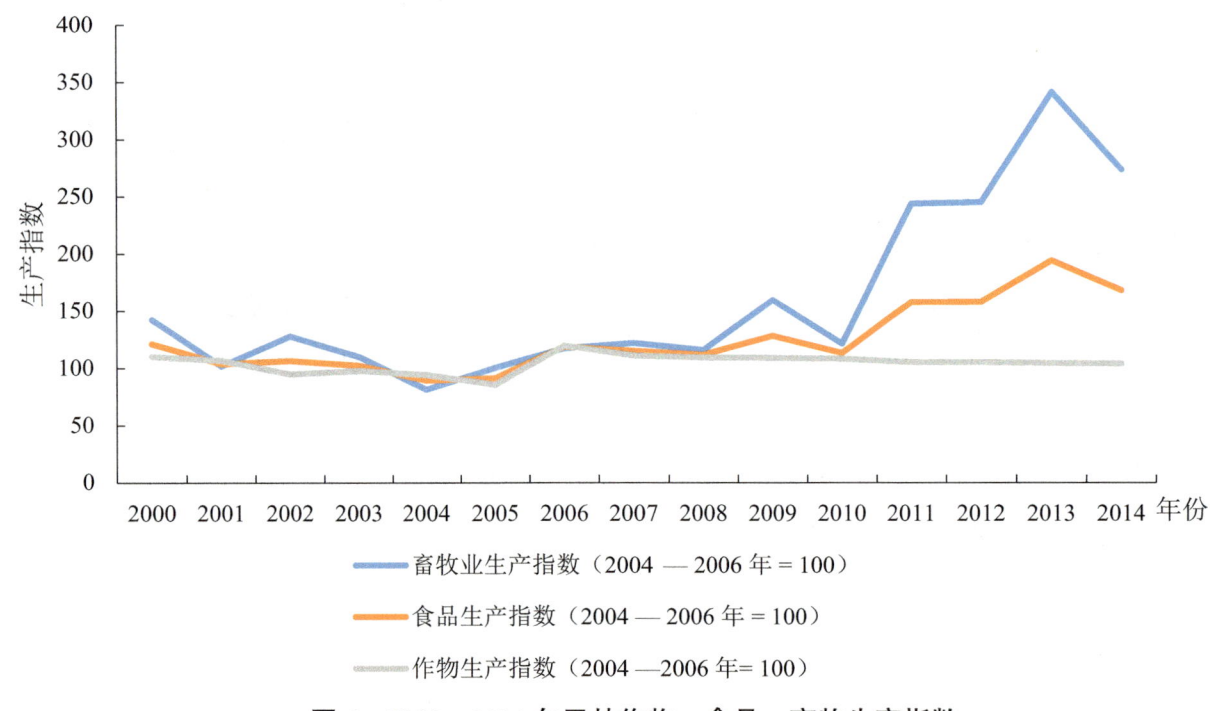

图 4　2000—2014 年巴林作物、食品、畜牧生产指数

数据来源：世界银行

1. 农业产值规模及构成

巴林的三大产业中，产值占比最大的是服务业（53.0%），其次是工业（46.7%），农业占比是最小，约为 0.3%（表 3），农业人口占劳动力人口的比重也不足 1%。巴林农业基础薄弱，投入也不多，因此技术水平不高，农业发展缓慢。巴林国内农产品的供给量仅占巴林食品需求总量的 6%，食品主要依赖进口。巴林土地资源有限，目前仅有养殖、海洋捕捞以及少量的大棚蔬菜、椰枣等产业，主要农产品有水果、蔬菜、家禽、海产品等。穆哈拉格是

巴林第二大城，位于穆哈拉格岛西南角，为商港、渔港和采珠业中心，附近产椰枣、蔬菜、水果。近年来，巴林农业增加值不断上升，从 2010 年的 7654.26 万美元增加到 2015 年的 9680.85 万美元，5 年的时间里增长了 26.5%，年平均增长 5.3%（图 5）。

表 3　2010—2016 年巴林农业增加值（占 GDP）的百分比　　　　　　　　（单位：%）

项　目	2010 年	2011 年	2012 年	2013 年	2014 年	2015 年	2016 年
比重	0.30	0.29	0.28	0.27	0.30	0.32	0.34

数据来源：世界银行

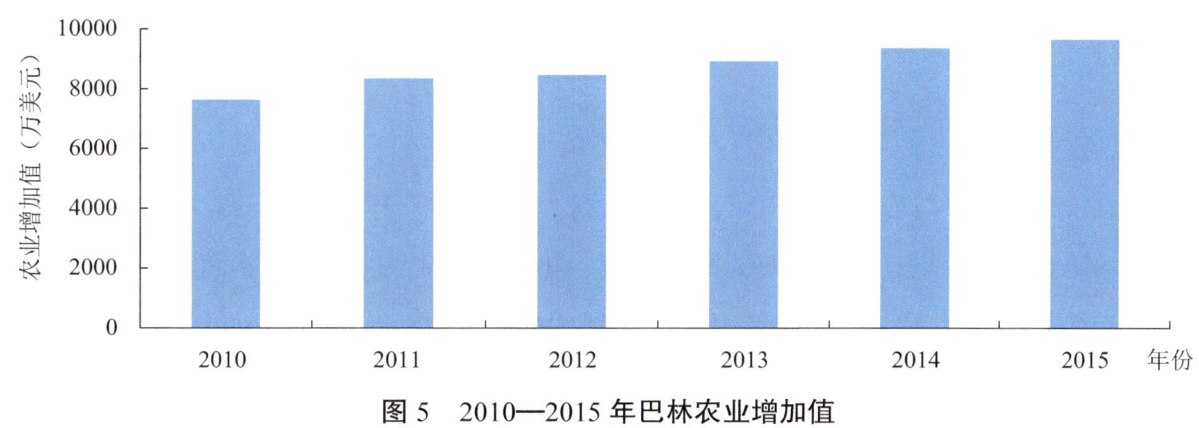

图 5　2010—2015 年巴林农业增加值

数据来源：世界银行

2. 主要农产品产量

（1）水产养殖业

考虑到水产养殖的重要性，巴林王国的海洋资源保护总局在巴林东南部建立了一个国家海水养殖中心，负责开展此领域的应用研究。国家海水养殖中心建于 1979 年是与联合国粮食及农业组织合作开展的试点项目。目前，国家海水养殖中心已经成功实现银鲛、矛鲷、银头鲷、紫红笛鲷、网纹石斑鱼、爪哇篮子鱼和短沟对虾等本地种的苗种大规模繁殖。巴林的海水养殖仍处于初级阶段，存在海水质量欠佳、设施不足、组织结构不完善及人力和资源短缺等问题，影响了该中心的生产能力。1995—2015 年，水产养殖产量发展不均衡，2000 年，巴林水产养殖产量达到峰值 12 吨，2015 年的产量仅为 6 吨，其他年份更少，甚至为零（图 6）。

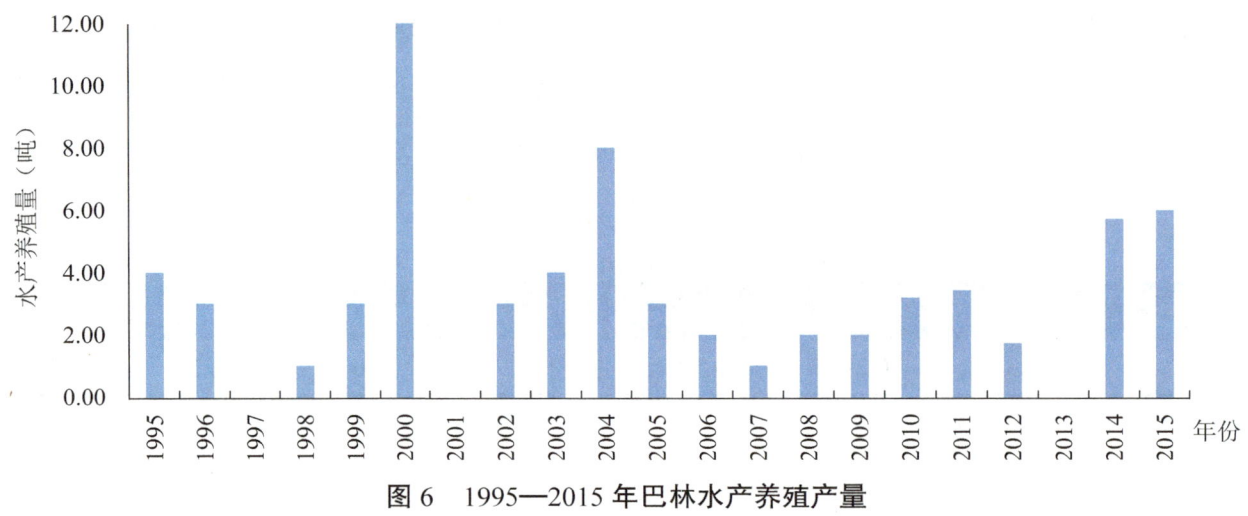

图6　1995—2015年巴林水产养殖产量

数据来源：联合国粮农组织

（2）畜牧业

根据联合国粮食与农业组织（FAO）数据，2016年，巴林有家畜牛9540头，绵羊39209只，山羊17991只，家禽53.8万只。禽、蛋产品是巴林人的基本食品之一。巴林各个养殖场技术条件差异大，一部分养殖场已用现代化的封闭方式饲养，而有些则仍然是传统的露天放养。巴林禽肉产量从1980年的3400吨增加到2016年的7006吨，增长了106%，年均增速为2.0%；禽肉进口量从1980年的5127吨增加到2016年的56924吨，增加了10倍，年均增速为6.9%。由于巴林人民禽肉消费需求的快速增加，国内禽肉自给率下降，从1980年的40%下降至2016年的11%。

肉类以羊肉、牛肉、禽肉为主，总产量从2000年的13860吨增加到2016年的25352吨，增加了82.9%，其中2016年羊肉产量占总肉类的68.0%，其次是禽肉，占27.6%。与2000年相比，羊肉产量增加了142.7%。奶类产量2016年与2000年相比，减少了30%（表4）。

表4　1980—2016年巴林畜产品产量　　　　　　　　　　　　　　（单位：吨）

年　份	肉　类	牛　肉	羊　肉	禽　肉	奶　类
1980	7182	720	3006	3400	6022
1990	11145	800	6855	3413	18898
2000	13860	896	7099	5777	19396
2001	14598	912	8052	5553	14405
2002	14863	1440	8400	4938	20415
2003	13484	1020	7470	4907	15418
2004	12575	875	6600	5012	10935

(续表)

年 份	肉 类	牛 肉	羊 肉	禽 肉	奶 类
2005	16931	875	10920	5050	15266
2006	11432	876	6135	4336	13142
2007	16780	876	10635	5196	12054
2008	20447	972	13290	6099	9611
2009	21808	972	14550	6196	9432
2010	24110	1020	16740	6260	14122
2011	24427	1020	17018	6300	14127
2012	24673	1020	17112	6450	14147
2013	24652	1032	17079	6450	14793
2014	24526	1110	16535	6792	14829
2015	24833	1095	16549	7102	13956
2016	25352	1029	17228	7006	13584

数据来源：联合国粮农组织

（3）林业

巴林国土面积狭小，森林覆盖率非常低，森林面积占土地面积的比例远远落后于其他国家，居于世界后几位。从首都麦纳麦向南，绿色植被逐渐减少，取而代之的是一望无垠的黄土沙漠。据统计，2015年森林面积为6平方千米，仅占国土面积的0.8%，虽然森林面积依然很小，但是近些年来比重不断增加（表5）。

表5 2010—2015年巴林森林面积占土地面积的比重 （单位：%）

项 目	2010 年	2011 年	2012 年	2013 年	2014 年	2015 年
比重	0.70	0.70	0.73	0.74	0.77	0.78

数据来源：世界银行

（4）种植业

巴林的种植业主要集中在北方以及西北海岸，作物主要有永久性作物和季节性作物。其中，永久性作物主要为椰枣（约有40万棵），占总耕地面积的60%；季节性作物主要为蔬菜，占总耕地面积的15%[①]。

巴林的主要农产品有枣、番茄、茄子、柠檬酸橙、瓜类和香蕉。从表6中可看出，2010—2016年，椰枣的收获面积增加了158%，单产却减少了67%，产量减少了15%；番茄的收获面积减少了16%，单产却增加了25%，产量增加了5.5%；茄子的收获面积减少

---

① 数据来源：联合国粮农组织

了39.4%，单产却增加了39.4%，产量减少了13.0%；柠檬酸橙的收获面积不变，单产却增加了2.2%，产量增加了2.9%；瓜类的收获面积增加了16.7%，单产增加了51.3%，产量增加了65.7%；香蕉的收获面积增加了5.3%，单产增加了0.6%，产量增加了5.9%。可知，2010—2016年，番茄、柠檬酸橙、瓜类和香蕉的产量增加，而椰枣和茄子的产量降低。

表6 2010—2016年巴林主要农产品生产情况

项 目		2010年	2011年	2012年	2013年	2014年	2015年	2016年
椰枣	面积（公顷）	1545	2336	2750	3071	3388	3688	3986
	单产（千克/公顷）	8091	5180	4281	3741	3306	2959	2666
	产量（吨）	12504	12101	11773	11487	11200	10914	10627
番茄	面积（公顷）	70	69	67	65	63	61	59
	单产（千克/公顷）	54966	56171	59495	61775	64054	66334	68613
	产量（吨）	3833	3862	3992	4005	4018	4032	4045
茄子	面积（公顷）	33	24	23	22	22	21	20
	单产（千克/公顷）	47383	51401	54985	57747	60509	63270	66032
	产量（吨）	1551	1215	1265	1286	1307	1328	1350
柠檬和酸橙	面积（公顷）	99	97	95	97	99	99	99
	单产（千克/公顷）	10655	10763	11579	10971	10810	10841	10890
	产量（吨）	1050	1046	1100	1062	1068	1075	1080
瓜类	面积（公顷）	12	14	14	14	14	14	14
	单产（千克/公顷）	50293	54831	59347	63528	67708	71888	76069
	产量（吨）	623	777	841	889	937	984	1032
香蕉	面积（公顷）	94	93	90	90	97	98	99
	单产（千克/公顷）	10086	10298	11111	10705	10060	10106	10142
	产量（吨）	950	958	1000	967	979	994	1006

数据来源：联合国粮农组织

（三）农产品贸易情况

巴林由于土地和水资源匮乏，农产品不足以自给自足，主要依赖进口。巴林进口的农产品中，奶产品多来自沙特等国，蔬菜主要来自约旦、叙利亚和埃及等国，水果主要来自黎巴嫩、叙利亚、埃及、东南亚，肉类多来自印度、巴基斯坦、新西兰、巴西等国，米面主要来自印度、巴基斯坦、泰国，禽蛋多来自沙特、印度等国。巴林人口不多，市场需求有限，供应情况也比较平稳，同时，巴林商业工业部设立了消费者保护司，监督市场上食品等大宗商品的供应及储备情况，制定物价补贴措施，维持国内市场的价格稳定。

1. 主要农产品贸易规模

2016年，巴林出口总额为128.92亿美元，主要出口产品是原油和成品油、有色金属、金属矿石和金属废料、钢铁和服装制品等，出口额分别达到59.68亿美元、16.30亿美元、8.22亿美元、4.73亿美元和3.22亿美元。2016年，巴林进口总额为147.49亿美元，主要进口原油、汽车、金属矿石和金属废料、交通设备和通信设备等，进口额分别达到33.48亿美元、16.79亿美元、7.12亿美元、7.07亿美元和5.04亿美元。

根据中国商务部统计，2018年第一季度，巴林进出口总额达18.21亿第纳尔，进口12.93亿第纳尔，同比增长15%，出口5.38亿第纳尔，同比下降9.4%。巴林主要的进口来源国为中国、阿联酋、沙特、日本和美国，主要的出口目的地国为沙特、阿联酋、美国、阿曼和埃及，主要的转口国（地区）为沙特、中国、阿联酋、美国和科威特。

2. 主要进口农产品

巴林主要进口的农产品为鸡肉及杂碎、牛肉及杂碎、活绵羊、活山羊、羊肉及杂碎、猪肉及杂碎、鱼类、虾类、蛋类、蜂蜜、奶、奶制品、蔬菜、水果及坚果和花卉。巴林进口农产品中，水果主要来自黎巴嫩、叙利亚、埃及和东南亚地区，蔬菜主要来自约旦、叙利亚、埃及等国，奶产品多来自沙特等国，禽蛋多来自沙特、印度等国，肉类多来自印度、巴基斯坦、新西兰、巴西等国，米面主要来自印度、巴基斯坦和泰国。

从表7可看出，自2010年以来，巴林从世界各国进口的农产品有肉类及内脏、乳制品、水果及坚果类和烟草及其替代品，进口金额最大的是乳制品类，其次是肉类，烟草及其替代品最小。

表7　2010—2016年巴林进口农产品　　　　　　　　（单位：万美元）

年份	肉类和内脏	乳制品、鸟蛋、天然蜂蜜、动物食用产品	水果、坚果、柑橘和甜瓜	谷物、面粉、牛奶和糕点	烟草及其替代品
2010	15869.44	17463.81	5362.71	7169.38	6332.59
2011	19463.51	22095.05	8918.66	8474.38	14041.93
2012	20361.71	25671.75	10344.43	9720.88	9974.28
2013	26885.43	21467.87	11463.63	15495.72	20994.40
2014	29856.82	28279.77	13314.46	11406.62	16450.20
2015	24101.59	26948.72	15096.89	11796.21	19651.96
2016	22171.74	25987.51	16147.49	12217.84	15117.74

数据来源：Comontrade

3. 主要出口农产品

从表8可看出，自2010年以来，巴林向世界各国出口的农产品有鱼及其他水产品、乳制品类、糖及糖果、其他食用剂和烟草及其替代品。其中，其他食用剂类出口金额最大，其次为糖及糖果类，乳制品类次之，鱼类及其他水产品最小。

表8 2010—2016年巴林出口农产品 （单位：万美元）

年份	鱼、甲壳类、软体动物和其他水生无脊椎动物	乳制品、蛋品、天然蜂蜜、动物食用产品	糖和糖果	其他食用剂	烟草及其替代品
2010	1457.91	12346.89	92.72	11219.42	582.37
2011	2228.54	17715.01	89.41	12993.67	4926.49
2012	3542.59	17468.69	139.01	15830.03	5083.76
2013	2298.52	26554.71	391.94	19165.84	14000.29
2014	2411.44	20595.30	6376.98	16181.38	9309.95
2015	2652.72	4425.13	10199.73	7749.99	13208.58
2016	2775.09	4850.22	6995.72	9726.29	4724.37

数据来源：Comontrade

4. 中国与其贸易情况

巴林奉行温和的外交政策，目前已同156个国家建立了外交关系。巴林签署多边及双边贸易协定超过68个，涵盖了投资促进与保护、规范税收及所得、经济贸易及技术合作等方面。巴林于1972年加入国际货币基金组织（IMF），1995年加入世界贸易组织（WTO），巴林还是海湾阿拉伯国家合作委员会（GCC）、大阿拉伯自由贸易区成员国（GAFTA）以及阿拉伯石油输出国组织（OAPEC）成员国。巴林实施自由贸易政策，外贸持续顺差，主要贸易伙伴是沙特、美国、日本、阿联酋和中国等。2016年，巴林进口总额为147.49亿美元，其中排在前5名的分别是中国、美国、阿联酋、日本和沙特阿拉伯，进口额分别是14.30亿美元、12.75亿美元、10.92亿美元、8.96亿美元和8.09亿美元。2016年，巴林出口总额为128.92亿美元，其中出口额排在前5位的分别是沙特阿拉伯、阿联酋、美国、日本和卡塔尔，出口额分别为23.38亿美元、22.34亿美元、14.12亿美元、11.16亿美元和6.12亿美元。2016年，中国为巴林最大进口来源国，进口额14.3亿美元，占巴林进口总额的12.4%。中国位于巴林非石油出口目的国的第13位，出口额0.66亿美元（含再出口0.11亿美元），占巴林出口总额的1.0%。

中国与巴林在20世纪50年代建立了贸易关系。据商务部统计，2016年，中巴双边贸易额与上年相比下降24%，为8.54亿美元。其中，中国进口0.64亿美元，比上年下降

42.8%，主要是铁矿砂、铝、液化石油气等；中国出口 7.90 亿美元，比上年下降 21.9%，主要是机电产品、钢材、纺织服装等。目前，中国与巴林之间的贸易合作呈现波动中上升的趋势，借助"一带一路"平台，中巴之间的贸易合作将进入一个崭新的阶段。

从表 9 可看出，自 2010 年以来，巴林与中国的农产品贸易总额不断增加，巴林的农产品进口额增加了 30.5%，巴林的农产品出口额减少了 43.4%，进出口总额增加了 29.6%。

表9 2010—2016 年巴林与中国农产品贸易额　　　　　　　　　　（单位：万美元）

年 份	进口额	出口额	合 计
2010	3168.13	38.93	3207.05
2011	3861.31	189.69	4051.00
2012	3404.35	0.00	3404.35
2013	3830.78	0.00	3830.78
2014	4023.64	3.93	4027.57
2015	4044.55	1.00	4045.56
2016	4135.30	22.02	4157.32

数据来源：中国海关

巴林主要进口中国的食品种类如表 10 所示，总体看来，2008—2016 年，巴林进口中国的农产品增加了 72.8%。其中，干豆增加了 107.7%，花卉增加了 166.6%，谷物减少了 84.0%，蔬菜增加了 52.7%，水产品增加了 1151.5%，水果减少了 76.6%，畜产品增加了 26.1%，油籽增加了 541.7%。

表10 2008—2016 年中国对巴林主要食品贸易情况　　　　　　　　（单位：万美元）

项 目	2008 年	2009 年	2010 年	2011 年	2012 年	2013 年	2014 年	2015 年	2016 年
农产品	1962.38	2006.53	2706.16	3249.18	2914.01	3455.47	3639.12	3665.88	3391.15
干豆	9.25	7.04	5.09	10.40	5.06	6.43	8.75	19.21	
花卉	5.93	7.18	7.90	7.42	3.11	13.16	13.03	14.32	15.81
谷物	13.20	12.88	10.57	15.07	0.54	2.16	2.11		
蔬菜	442.19	344.37	689.87	683.37	706.96	743.50	855.87	743.73	675.39
水产品	2.93	11.63	9.10	12.17	31.70	9.64	20.65	304.94	36.67
水果	143.28	128.98	70.47	89.14	83.05	29.43	58.65	15.82	33.51
畜产品	1078.87	941.55	1308.71	1629.73	1387.23	2000.41	2089.47	1793.47	1360.51
油籽	41.62	29.87	38.75	45.22	61.46	59.47	57.46	196.26	267.09

数据来源：中国海关

（四）农业科技发展

1. 农业科研机构

巴林重视国家教育事业的发展。巴林的教育宗旨是普及和完善教育种类，提高教学水平，在国内普及九年一贯制的中等教育制度。国民识字率较高，文盲率仅不到5%，适龄青年受教育率高，15～25岁青年受教育率接近100%，是中东海湾地区受教育程度较高的国家。

2014年，上海大学和巴林大学合作开办了巴林首所孔子学院，是中巴教育合作的标志性事件。2017年5月，巴林大学孔子学院主办了"首届'一带一路'国际学术研讨会"，会议分为绿色能源和跨文化交流两个主题，来自7个国家的100余名教授和研究人员参加了会议。巴林孔子学院在承担两国交流桥梁的角色同时，也成为"一带一路"倡议的依托平台。

巴林的农业科研机构主要有德尔蒙大学、阿拉伯海湾大学、巴林大学、巴林理工学院、巴林培训学院和巴林农业工程师协会。阿拉伯海湾大学主要注重现代技术研究，如水培、组织培养和农业生物技术以及农业废水处理的研究；巴林大学主要致力于一种表面张力抑制剂化合物的研究，该制剂对受到污染的土壤清洗有重要的作用；巴林理工学院主要致力于土壤肥力、植物保护、粮食安全、水产养殖等方面的研究；巴林培训学院主要关注农业环境、作物生产方面的研究；巴林农业工程师协会主要关注农业园林设计、市场营销、废水处理与利用、农业新能源开发、有机农业、切花生产技术、温室蔬菜、无土栽培技术与灌溉施肥系统，以及棕榈树的种植、病虫害防治等方面的研究。

2. 农业科技发展状况

2012年，巴林内阁批准了农业领域基础设施发展规划，兴建兽医和农业实验室。巴林政府投资665万美元，添置用于检测动植物样本的设备；发展农业和植物检疫，在入境通道兴建动物和农业检疫站；培养专业人才，按照海湾和国际标准招揽专家，加强发现动植物疾病和污染的能力，以保护公民健康。农业技术的创新离不开基础科学研究。通过建立以市场为导向的技术发展和农民自学信息系统为一体的农业创新体系，加强科学研究，进一步拓展了农业发展的空间。

（五）农业管理体系与政策

1. 农业管理体系

巴林的农业管理机构有以下几个层级：工程、市政事务和城市规划部，市政和农业事务司和农业事务厅，农业事务厅下设有种植局、养殖局和农业工程和水资源局。市政事务和城市规划部的作用，在于支持国民经济和提高公共部门的效率，提供广泛的服务，直接影响每个家庭，企业和其他机构，并触及每个公民。种植局主要工作内容涉及种子实验、认证，土壤分析、评估与复垦，养分评估、家庭肥料登记，农药使用与登记，农产品进口许可等；养殖局主要工作内容涉及动物健康认证、出口许可等；水资源局的工作内容主要涉及地下水利用、水井挖掘、排水设施建设、泵站的维修和运行等。

巴林工商部主管贸易和投资，该部按工业和商业两大业务系统分设主管部门。在贸易方面的职责：协调并制定外贸政策，对外联系谈判多双边协议，负责商业注册、公司成立及监管、珠宝首饰检验、审计公司监管、行业标准制定和电子商务管理，以及消费者权益和知识产权的保护和监管等。在投资方面的职责：制定和实施外资管理政策，对外推广投资机会，重点吸引制造类外资企业，以及工业公司许可及注册、工业土地管理等事宜。

为了引进外资，巴林设立了巴林开发银行、巴林经济发展委员会等机构。巴林开发银行是巴林政府组建的。其通过信贷和融资，对各种项目的发起人提供支持，鼓励他们在工业、商业和贸易领域投资发展。巴林经济发展委员会是一个半私营的自治机构，成立于2000年4月，董事会由7位大臣和来自私方的7位高级执行董事组成，主要任务是规划监督巴林的经济发展战略，引进外国直接投资。巴林还建造了三个展览和会议中心——巴林国家展览中心、海湾国际会议中心和巴林会议中心，借此引进外资。

2. 农业支持政策

农业支持政策直接相关的有肉价补贴，即本国公民可通过电子系统获得现金补贴，补贴金额根据家庭成员年龄组别计算，享受政府补贴肉价。为确保国内市场供应平稳，巴林商业工业部设立消费者保护司，监督市场上食品等大宗基本商品的供应及储备情况，制定物价补贴措施。间接支持政策是吸引外资的优惠，巴林地理位置优越，处于东西时区的中点，基础设施完善，交通通讯便利，宏观经济稳定。除石油行业外，巴林不限制投资者将资本、利润、产权收入和红利汇回母国，不征收个人所得税、法人税、直接税和预扣赋税。巴林属于海合会成员国之一，成员国的公民可以在6个成员国里自由往来，可以在这些国家拥有土地和财产所有权。巴林货币第纳尔与美元挂钩，汇率稳定。法律行政管理框架实用规范，新企业团体法人注册管理制度齐全。金融业比较发达，有170家银行和200多家保险机构，融资便利。在一定条件下，允许建立100%归外国所有的企业。目前，巴林已经拥有7处工业区，第8处位于希德港区，正在建设当中。巴林有2个自由贸易区，第一个是萨勒曼港口自由贸易区，为免税进口的机械设备提供自由转运便利。第二个位于巴林斯特拉工业区，在巴林加工的原材料、在巴林注册的企业进口的机械设备都享受免税待遇。巴林自由贸易区也为用于再出口的临时进口物资提供便利。

3. 农业发展规划

2007年，巴林经济发展局发布《巴林2030年经济展望报告》，提出了巴林经济的发展目标，即到2030年，建立具有先进生产力水平和全球竞争力、可持续发展的国民经济体；大力发展私有经济，私营经济部门每年为巴林籍人提供1100个就业岗位，月工资500巴第以上（约合1330美元），为外籍人提供约2700个就业岗位；实现家庭实际可支配收入在现有基础上翻两番。2012年，巴林内阁批准了农业领域基础设施发展规划，包括兴建兽医和农业实验室，添置用于检测动植物样本的设备；发展农业和植物检疫，在入境通道兴建动物和农业检疫站；培养专业人才，按照海湾和国际标准招揽优冠专家，加强发现动植物疾病和污染的能力，以保护公民健康。2013年，巴林政府与伊斯兰发展银行签署了总额为100万美元的协议，为农户培训无土栽培技术投资建设孵化器项目。

三、农业投资环境

（一）国家商业环境

根据《2018年营商环境报告》，巴林营商便利指数排名全球第66位，前沿距离总体分数为68.13[①]。预计2022年新的沙特—巴林跨海大桥建成后，巴林陆路运输进口成本将会下降50%，营商环境也将更具吸引力。根据巴林经济发展委员会数据，巴林的现有基建项目规模为320亿美元，交通、住房、能源等领域投资前景较好。

1. 基建项目

巴林地理位置优越，位于海湾国家中心区域，基础设施相对完善，交通通讯比较便利。通过跨海大桥和海上交通，连接沙特等海湾国家。巴林境内无铁路，首都和主要城镇有公路相连，公路交通便利。2013年境内公路总长4274千米，主要道路（高速）563千米，二级道路656千米，其他2325千米。巴林现有5个机场，是连接东西方的空中交通枢纽，位于穆哈拉克岛的巴林国际机场，日均起落300余架次，是中东地区繁忙的空港之一。2009年4月，哈利法·本·萨勒曼港正式启动商业运营，港区面积90万平方米，仓库面积2.36万平方米，泊位水深15米，长1800米，其中客轮泊位300米、滚装船泊位600米、货柜船泊位900米。年吞吐能力110万个集装箱，实际吞吐量53万个。此外，巴林还有米纳·萨勒曼港、穆哈拉克港以及其他6个企业自有的专用码头。巴林是中东电信市场开放较早的国家，

---

① 前沿距离分数（DTF）显示每个经济体与"前沿水平"的距离，它代表自2005年以来每个指标在《营商环境报告》样本的所有经济体中观察到的最佳表现。经济体与前沿水平的距离反映在0～100的区间里，其中0代表最差表现，100代表前沿水平。营商便利度排名范围为1～190。

也是中东地区互联网覆盖程度最高的国家，截至2015年，互联网渗透率达96.4%。巴林发电能力达4000兆瓦，可满足国内生产和居民的生活需要。

2. 与投资相关的政策法规

巴林是海湾地区传统的自由贸易区，为鼓励当地人和外国人投资，提供了较多的便利条件。在税收方面，不征收外国企业的企业所得税、增值税、营业税和个人所得税等，对烟酒以外的商品征收关税不超过5%，税收体系较为简单，属于低税国家。在融资方面，外资企业可与巴林本地企业享受同等待遇。在控股方面，外企无需当地保人即可拥有100%的股权。在外汇方面，外企能以固定汇率兑换美元，不实行外汇管制。为构建多元化经济结构，巴林不断引进人才和科学技术，在基础设施领域也鼓励私人投资，同时大力发展旅游业，成为海湾国家中对外来资本最开放的国家。

（二）农业优势与潜力

巴林地处波斯湾核心位置，与周边重要国家通航距离均不超过一小时，交流非常便利。伴随"一带一路"建设在中东地区从框架到逐步落地实施，巴林可以借此机遇，深化与中国各领域的交流合作，促进两国的互利共赢。随着对食品安全问题的日益重视，巴林拟逐步提高本国产品的种植面积和自给率，为此成立了国家农业发展计划，通过展会、资金扶持计划等发展本国农业。根据《2016年全球食品安全指数报告》，对113个国家的食品安全情况进行评估后，结果显示，巴林综合排名第33名，在中东北非地区位列第7名。巴林在相关农业方面的进口关税、农民资金支持、家庭食品支出及基础设施建设等方面均取得较高分数。

巴林优越的地理位置是发展农业贸易的重要优势，便利的交通条件使得巴林与周围的重要国家通航时间在1小时以内。巴林具有较强的税收优势，是进行农业贸易的有利条件。巴林的椰枣等特色产品具有重要的商业价值，可与先进的生产技术相结合，提高产量，依托便利的交通条件和互联网技术，加快该产业的升级转型。巴林近年来关注无土栽培技术、新能源技术，这些是发展农业的重要优势。巴林可借助中国的"一带一路"战略，加强与中国在农产品、能源产品、先进生产技术方面的合作。

（三）风险分析

1. 经济风险

世界银行预测2017年全球经济增长率将上升至2.7%，2018—2019年将进一步上升至2.9%。但是，世界经济仍面临一些下行风险，其中包括保护主义加剧，政策不确定性加剧，金融市场动荡的可能性以及从长期来看潜在增长疲软。巴林虽然近年来大力发展制造业（主要是电解铝）和金融、旅游、会展等第三产业，但石油仍是其支柱产业。由于2014年以来，油价下降影响较为严重，经济增长有所放缓，政府存在较高债务压力。

2. 社会治安

根据联合国2016年度人类发展报告，巴林的人类发展指数排名第47位[①]，巴林社会治安总体良好，刑事犯罪案件较少。根据巴林劳工与社会保障部公布的数据，2016年巴林因犯人数2836人，较2015年增长38.5%。但是由于贫富差距、教派冲突等问题依然存在，以及受西亚北非地区局势动荡及2011年国内动乱的持续影响，局部冲突时有发生，抗议人员会给交通出行和人身安全带来不便和隐患。

3. 制度风险

制度风险可以由全球和平指数、政治稳定性指数和腐败控制指数三个权威指标来衡量。2018年，巴林的和平指数得分2.437，排在全球130位，和平指数较低，属于第四级（表11）。世界银行构建了世界治理指数（WGI）指标体系，其中政治稳定性指数是世界公认的反映各国政治稳定状况的权威指标。该指标分为6个等级，分别为很高、高、较高、较低、低、很低，满分100分，得分越高，政治稳定性越高，投资风险越低（表12）。一方面，2011年巴林受西亚北非地区部分国家政局突变影响，爆发大规模抗议活动，2012年以来，巴林国内局势逐步恢复稳定。另一方面，巴林允许成立政治性团体，但禁止成立政党。民间目前有全国团结协会、国家行动宪章协会、伊斯兰正统协会、伊斯兰全国和解协会、全国兄弟协会、权利运动、民主爱国行动协会、民主进步论坛、民族民主集团等政治团体30多个。所以，巴林的政治性稳定指数得分为10左右，处于第6级，政治稳定性很低。世界银行构建的世界治理指数（WGI）指标体系中，腐败控制指数划分为6个等级，分别为很高、高、较高、较低、低、很低，满分100分，得分越高，腐败控制程度越高，投资风险越低（表13）。巴林的腐败控制指数得分为62分，处于第3级。

表11 和平指数等级划分

和平指数特征	等　级	得分区间（0～4分）	涵盖国家数量
很高	1级	1.15～1.50	25
高	2级	1.54～1.89	38
中等	3级	1.90～2.20	52
低	4级	2.20～2.85	35
很低	5级	2.91～3.65	12

数据来源：经济与和平研究所（IEP）

[①] 共有188个国家（地区）参与排名

表 12　WGI 政治稳定性指数等级划分

政治稳定性指数特征	等　级	得分区间（0～100 分）
很高	1 级	90～100
高	2 级	75～90
较高	3 级	50～75
较低	4 级	25～50
低	5 级	10～25
很低	6 级	0～10

数据来源：世界银行世界治理指数

表 13　WGI 腐败控制指数等级划分

腐败控制指数特征	等　级	得分区间（0～100 分）
很高	1 级	90～100
高	2 级	75～90
较高	3 级	50～75
较低	4 级	25～50
低	5 级	10～25
很低	6 级	0～10

数据来源：世界银行世界治理指数

4. 法律风险

世界正义事业联盟（WJP）通过对限制政府权力、控制腐败、透明政府、法律和安全、监管执法、民事审判和刑事审判等指标加权计算，得出全球法治指数。巴林排在 100 名之后，法制程度较低。为了引进外国投资，促进经济健康有序的发展，巴林制定了一系列经济贸易法规，涉及税费、所有权、政府支持、劳动力教育和基础设施建设等方面。根据海合会成员国此前达成的统一增值税协议，各成员国将于 2018 年统一征收税率为 5% 的增值税。目前，沙特和阿联酋已宣布于 2018 年 1 月 1 日开始征税，预计增值税收入将占沙特、阿联酋 2018 年国内生产总值的 2%。

（四）总体评价

综合看来，巴林地理位置优越，近年来的政治环境较为稳定，经济自由度高，经济环境宽松，投资方面的优惠政策较多，拥有现代化的管理体系和基础设施。经济、制度、法律和社会治安方面存在一定的风险，但农业发展的优势与潜力较大，基建项目有较大的合作前景，能够保证跨国企业在巴林的业务需要。

四、中巴农业合作现状与合作重点

(一)合作现状

1989年4月18日,中国和巴林建立了外交关系,多年来,两国关系发展顺利。巴林对中国友好,重视中国大国地位,积极参与"中阿合作论坛"活动,先后承办第三届部长级会议论坛、"中阿新闻合作论坛"等,还主办了"中国—海湾国家经贸合作论坛"。而"一带一路"倡仪的提出,为两国关系的深入发展与双边合作,提供了强有力的平台,为两国进行多层次的交流奠定了基础。2017年12月,巴林提出申请加入上合组织。

1. 合作机制

中巴两国于1990年7月在北京成立经济、贸易、技术联委会,签订了《中巴经济、贸易、技术合作协定》。之后,双方分别于1993年、1996年和2002年召开了联委会会议。1999年6月,中国与巴林政府签署了《鼓励和互相保护投资协定》。1995年9月,中国与巴林政府签署了《互相给予最惠国待遇换文》。两国政府于2002年5月签署了《关于对所得避免双重征税和防止偷漏税的协定》。

2015年,巴林经济发展委员会代表团在华访问期间,签订了6份协议。巴林经济发展委员会与包商银行签署谅解备忘录,旨在帮助包商银行在中东建立一个区域总部;巴林经济发展委员会与中国阿拉伯国际交流中心签署谅解备忘录,旨在为双方建立合作框架,以加强中国和巴林之间的经济关系;巴林经济发展委员会与中国阿拉伯经济文化交流协会签署谅解备忘录,以吸引包括基础设施建设、金融服务、制造和能源等更多领域的投资机会;工程建筑有限公司与中国机械设备工程股份有限公司签署谅解备忘录,旨在鼓励更多中国企业进入巴林王国的建筑行业;中国中东投资贸易促进中心在京签署了两份谅解备忘录,其中包括与中国最大的调味品制造商之一,河南莲花味精股份有限公司签署的备忘录,旨在为2018年年底开始营业的"巴林龙城"部署筹备;中国中东投资贸易促进中心与小笨鸟网络签署备忘录,后者将为巴林龙城提供物流服务。

2. 科技合作

在农业科技交流方面,主要有农业教育合作、产品推介会议、技术交流会议等。中国每年均设有留学生奖金,支持巴林的学生前来中国学习先进的科学技术和理论知识,现有1000名巴留学生在华接受高等教育。另外,巴林的孔子学院也多次举办主题研讨会,加强两国在具体项目上的交流。

3. 贸易合作

据巴林经济发展委员会预计，2017年巴林国内生产总值327亿美元，增速3.1%，人均国内生产总值2.2万美元。2017年前三季度，巴林非油气进出口总额147.8亿美元，其中进口95.8亿美元，出口52.0亿美元。2017年，巴林主要进口产品为非球团铁矿、氧化铝、四轮汽车、金锭，主要出口产品为球团铁矿、铝线、未锻轧铝合金。巴林主要进口来源国为中国、美国、阿联酋、沙特。中国为巴林最大进口来源国，2017年前三季度，巴林从中国进口12.0亿美元，占进口总额的12.5%。巴林主要出口目的地为沙特、阿联酋、美国和印度。2017年前三季度，巴林向中国出口2.1亿美元，占出口总额的4.0%。

4. 投资合作

由于自然条件恶劣，巴林农业规模很小，农业产值占国内生产总值不足1%，农产品主要依赖进口。随着对食品安全问题的日益重视，巴林拟逐步提高本国产品的种植面积和自给率，为此成立了国家农业发展计划，通过展会、资金扶持计划等发展本国农业。外资不允许获得农业耕地权，但可以通过租赁获得经营权，租期通常需要在5年以上。巴林不仅土地狭促，而且降水稀少，本地仅有小规模的椰枣树林，不允许外资获得林地所有权。

（二）合作潜力

1. 合作基础

1989年4月18日，中巴两国正式建立外交关系，在两国政府和人民的共同努力下，双边政治、外交、经贸和文化等各领域的友好合作关系不断发展，成效显著。巴林整体缺乏专业技术人员，如管理、技工、医护、空乘等岗位都需要外籍劳务。自2002年3月起，中国与巴方就提供"农牧渔业技术合作"签订换文，已陆续派遣三期专家到巴林开展技术合作。4位专家抵巴开展无土栽培、养鸡、鱼病防治等合作。

2. 合作前景

中巴经贸合作在两国政治互信、民间交流频繁的良好氛围下，面临着诸多合作机遇。首先，巴林与中国开展经贸合作意愿强烈。哈马德国王成功访华，财政、工商大臣多次赴华宣介巴林市场环境，推动工业投资项目，商工会代表团积极参加中阿企业家大会、中阿博览会等活动，经济发展委员会在驻华使馆派驻了招商专员。其次，中国和巴林的贸易和产业结构是互补的。中国在机电产品、钢铁、纺织服装、建筑施工、加工制造、通信服务等领域有比较优势，巴林在球团矿、铝、液化天然气等资源类产品上具有比较优势。巴林推行经济多元化战略，为中国相关产业开辟了市场空间。中国与巴林在制造、建材、石化、农渔、食品加工领域合作潜力较大。两国在海湾石化公司扩建、海上油气区块勘探开发、液化天然气码头、炼油厂扩建等大项目也有一定的合作可能。同时，也为基础设施建设项目带来机遇。巴林住房、机场、公路、铁路、通信、发电、污水处理等项目已经或将陆续推出，双方合作有望继续深化。

（三）合作重点

1. 重点领域

中国与巴林在农业领域的合作可以重点集中在先进的科学技术指导与合作、高附加值农业和援助基础设施建设三个方面。巴林属于沙漠气候，耕地面积较少，不仅缺水、缺土地，农业劳动力也较少，这就为两国的合作提供了可能，中国可利用先进的灌溉技术、无土栽培技术、高产的种子优势，与巴林展开相关项目合作；巴林的特色产品，例如椰枣，也可不断提高产量，增加附加值，运用中国的电商发展经验，迈向全球。另外，巴林的污水处理设施、农业灌溉设施等建设，均可以与中国开展基建合作，既发挥中国在此方面的优势，也可改善巴林的农业发展现状，实现双赢。

2. 重点产业

在种植业重点产业方面，中国的小麦、谷物、坚果、柑橘、香蕉、苹果、烟草等均可出口巴林，且蔬菜和水果类种植技术也可与巴林进行技术合作，巴林的特色蔬菜、水果也可引进中国，扩大生产，再出口至巴林，满足当地的需求。另外，在新能源开发方面，两国也可共同研发。在畜牧业重点产业方面，中国各类动物的肉类及内脏、奶制品、蜂蜜、调味剂等产品，均可大量出口到巴林，巴林的鱼虾类品种可有选择的引进到中国。总之，中国不仅可以与巴林进行技术合作，还可以作为农产品基地，将一些商品出口到巴林，巴林的一些特色产品也可出口至中国。双方在产业链的各环节均可发挥各自的比较优势，展开合作。

五、中巴农业合作建议

（一）政府层面

1. 积极开展互动交流，制定农业战略合作政策

巴林王国政府一直积极推动两国的合作，希望通过与中国的经贸合作、人文交流等，实现经济多元化发展，同时，中国也积极开展双边及多边合作，巴林也是中国在中东地区重要的合作伙伴。伴随"一带一路"建设在中东地区从框架逐步落地实施，中巴两国的合作平台将更加宽阔，可以借此推动农业领域更深层次的合作。巴林资源匮乏，国土面积狭小，水资

源稀缺，与中国在农业合作方面有极大的互补性。双方在产业合作方面，可通过探索农业合作延伸产业链条，推进产业化经营新机制，在创新研究方面，可交流现代农业管理，关注高科技农业，打造特色农业发展，全面拓展双方合作的深度和广度。立足巴林等中东地区，制定明确的农业投资合作领域、目标和具体内容，完善相关配套措施和服务，有利于双方合作的开展。

2. 推动政府高层对话，打造良好稳定的合作环境

中国政府和巴林王国政府继续保持政治友好互信，在涉及彼此利益的立场上给予相互支持。中国正处于国家发展转型的关键期，巴林也面临着发展的挑战和机遇，双方在政治经济制度、宗教信仰、意识形态、法律体系、民族文化与语言文字等方面都存在着差异，双方应在秉持"求同存异"的原则下，不断拉近彼此的认同，逐步构建和生成相互依存、互助互进的"协同合作"模式。

（二）企业层面

1. 了解当地法律体系，获取便捷服务

巴林是一个法治国家，建国以来，法律体系不断完善，多数法律规定明确、适用清晰，尤其是环保、劳工权益方面的法律规定相对严格。《民法》《商业公司法》《统一海关法》《劳工法》《工业法》和《环保法》等是涉及投资与贸易的主要法律，各类法律及其执行细则明确界定了企业的权利和义务，整体对外资态度友好，且均可以通过巴林政府网站公开查询。此外，巴林的警察、海关等司法和劳动、卫生监察等行政执法部门专业性较强，企业也可较便捷地获取律师等法律专业人士的服务。

2. 加强风险防范意识，保护财产和人身安全

近年来网络诈骗事件多发，经常有网络黑客入侵贸易双方邮件系统，拦截双方正常来往邮件。对此，企业一方面要加强风险意识，汇款前一定要打电话跟对方确认核实；另一方面要选择合适的付款和担保方式，确保资金或者货物安全。巴林近年来先后遭国际金融危机和"阿拉伯之春"冲击，目前低烈度示威仍在持续，巴林的暴力活动基本不针对外国人，但巴林的中资企业人员应尽力避免介入巴林暴力活动，在风险较高的时间节点远离敏感地点，避免被暴力活动殃及。

3. 跟踪大型工程建设情况，慎重选择投资方向

为刺激经济发展，近年来，巴林政府宣布要在基础设施领域投入资金，同时，巴林政府尝试在一些基建项目中引入"BOT"模式，政府政策的引导会影响相关产业的发展，有意向的企业应做好充分研究，慎重选择投资方向。

4. 注重企业自身信誉，不断拓展市场

巴林商人信誉良好，信守承诺。对于有意开拓巴林及其周边国家市场的中国企业来说，要想和巴林企业建立长期的合作伙伴关系，就要切实维护自身的声誉，诚实守信。巴林是海合会成员国，是中东地区的金融中心之一，与周边国家交通便捷，而且巴林是中东地区的重要会展中心，中国企业可以积极参加会展，从而进入巴林市场和海湾国家市场。目前，中国的轻工产品、建筑材料、纺织品和家电已在巴林市场占据重要地位，大型机电产品的出口量也逐步增加。但是，高附加值产品在巴林市场的份额较低，高端技术产品的市场拓展空间较大。

参考文献

韩亲亲.2014.GCC经济一体化进程缓慢推进［J］.阿拉伯发展报告（2013—2014）（9）：1-3.

孙　超.2017.巴林的"辐射力"——访巴林王国驻华大使安瓦尔·艾勒·阿卜杜拉［J］.中国发展观察（5）：45-47.

埃 及

阿拉伯埃及共和国（以下简称埃及）横跨亚、非两大洲，绝大部分位于非洲东北部，只有其西奈半岛位于亚洲。北邻地中海，东部经阿里什直通巴勒斯坦，东濒红海，隔海与沙特阿拉伯相望，海岸线长 2900 多千米，南接苏丹，西连利比亚。苏伊士运河沟通了大西洋与印度洋，使埃及处于欧、亚、非三大洲的海上交通要冲，战略位置和经济意义都十分重要。

一、国家基本概况

（一）自然地理

埃及是四大文明古国之一，面积 100.15 万平方千米，国土形状近似四方形，南北 1024 千米，东西 1240 千米，地形平缓，全境大部分海拔 100～700 米，丘陵山地分布区于红海沿岸和西奈半岛，最高峰为凯瑟琳山，海拔 2642 米。埃及全国 95% 地区为沙漠与半沙漠。西部占全国面积 2/3 的利比亚沙漠多流沙，中间分布有绿洲，东部阿拉伯沙漠则多砾漠和裸露岩丘。

尼罗河流贯埃及全境，境内河段长 1350 千米，两岸狭长河谷宽 3～16 千米，在首都开罗以北近海区域形成了尼罗河三角洲，约 2.4 万平方千米。埃及的主要湖泊有大苦湖和提姆萨赫湖，以及非洲最大的人工湖——纳赛尔水库，该水库是随阿斯旺高坝建立而形成的。

（二）人口状况

近年来，埃及人口迅猛增长。从 2006 年的 7815.90 万人增长到 2016 年的 9568.87 万人。尤其在 2010—2016 年，年增长率维持在 2.2% 左右（表 1）。伊斯兰教为埃及国教，其中逊尼派信徒占总人口的 84%。另有约 600 万海外侨民[1]。埃及人口居住高度集中。埃及国土只有 100 多万平方千米，而且大约 95% 的国土面积为无法居住的荒漠，能够居住的国土面积只有 5 万多平方千米。而其中 95% 的人口居住在尼罗河及三角洲地带 20 千米范围内。其他大面积地区人烟稀少或无人居住。

埃及人口有 43.2% 居住于城市地区，其中首都开罗人口 1877.2 万人，亚历山大港 477.8 万人。其他大部分人口居于农村地区。埃及男女性别比例为 1.02，平均预期寿命 73 岁。埃及劳动力总数为 2995 万人，其中农业、工业和服务业所占比重分别为 29.2%、23.5% 和 47.3%。2016 年贫困线以下人口占 25.2%[2]。

---

[1] 数据来源：中华人民共和国外交部，埃及国家概况
[2] 数据来源：CIA

表1 2000—2016年埃及人口及构成情况　　　　　　　　　　（单位：万人，%）

年　份	人口总数	增长率	农村人口占比	城镇人口占比
1990	5741.22	2.5	56.5	43.5
2000	6990.60	1.9	57.2	42.8
2001	7122.69	1.9	57.2	42.8
2002	7259.01	1.9	57.1	42.9
2003	7398.19	1.9	57.1	42.9
2004	7538.19	1.9	57.0	43.0
2005	7677.81	1.8	57.0	43.0
2006	7815.90	1.8	56.9	43.1
2007	7953.73	1.8	56.9	43.1
2008	8095.39	1.8	56.9	43.1
2009	8246.50	1.9	57.0	43.0
2010	8410.76	2.0	57.0	43.0
2011	8589.76	2.1	57.0	43.0
2012	8781.33	2.2	57.0	43.0
2013	8980.74	2.3	57.0	43.0
2014	9181.26	2.2	56.9	43.1
2015	9377.82	2.1	56.9	43.1
2016	9568.87	2.0	56.8	43.2

数据来源：世界银行

（三）政治制度

埃及是"以劳动人民力量联盟为基础的民主和社会主义制度的国家"。2014年1月18日，埃及新宪法以98.1%的高支持率通过。宪法规定，总统由公民投票选举，并任命副总统、总理及内阁部长。埃及实行政教分离，明确禁止以宗教为基础成立政党，在议会制度上为"一院制"并允许军事法庭审判平民等。

（四）社会和经济发展

埃及是非洲第三大经济体，属开放型市场经济。2011年初以来的埃及动荡局势对国民经济造成严重冲击。埃及政府采取措施恢复生产，增收节支，吸引外资，改善民生，多方寻求国际支持与援助，以渡过经济困难，但收效有限。2013年7月临时政府上台后，经济面临较大困难，在海湾阿拉伯国家的大量财政支持下，经济情况较前有所好转。2014年6月新政府成立后，大力发展经济，改善民生。2016年2月，总统宣布"埃及2030愿景"战略，目标是将埃GDP增速提高到12%，降低财政赤字为2.3%。2017年埃及国内生产总值达到 3.47 万亿埃及镑，人均国内生产总值为 35570.35 埃及镑（表 2），农业、工业和服务业占 GDP 比重分别为 11.5%、33.8% 和 54.7%。

表 2　2000—2017 年埃及经济发展情况（现价）

年　份	GDP（亿埃及镑）	GDP 增长率（%）	人均 GDP（埃及镑）
1990	961	5.7	1674.52
2000	3401	5.4	4865.11
2001	3587	3.5	5036.02
2002	3789	2.4	5219.72
2003	4175	3.2	5643.27
2004	4853	4.1	6437.89
2005	5385	4.5	7013.71
2006	6177	6.9	7903.12
2007	7448	7.1	9364.17
2008	8955	7.2	11061.85
2009	10422	4.7	12638.09
2010	12066	5.1	14345.91
2011	13711	1.8	15962.04
2012	16747	2.2	19071.15
2013	18604	2.2	20715.43
2014	21300	2.9	23199.44
2015	24439	4.4	26060.44
2016	27094	4.3	28314.74
2017	34700	4.2	35570.35

数据来源：世界银行

二、农业发展现状

（一）农业资源条件

1. 气候

埃及绝大部分地区属热带沙漠气候，降水稀少，干燥炎热。埃及南部夏季气温偏高，昼夜温差大，甚至有时高达 40℃，属热带沙漠气候。北部较为温和，属亚热带地中海气候，1 月气温平均为 12℃，7 月为 26℃。降水量由北往南急剧减少，北部降水多集中在冬季，地中海沿岸年平均降水量 50～200 毫米。亚历山大港年降水量 190 毫米，开罗年降水量仅 33 毫米，而地面蒸发量高达 1020 毫米。开罗以南地区甚至全年无雨。

2. 土地

埃及国家总面积 10014.5 万公顷，其中，土地面积 9954.5 万公顷，内陆水域面积 0.06 万公顷，分别占国土面积的 99.4% 和 0.6%。埃及的农用地面积很少。2015 年，农用地面积 382 万公顷，比 1990 年 264.8 万公顷增加了 44.3%，占土地利用比重从 2.7% 上升到 3.8%（FAO）。农用地绝大部分为耕地和长期作物，其中耕地 2.8% 左右，长期作物面积 0.8%。灌溉面积 374.4 万公顷，较 1990 年 264.8 万公顷增加了 41.4%。

3. 水

埃及的水资源极为稀缺，可更新水资源总量 573 亿立方米，人均 702.8 立方米。农业是埃及的用水大户，年用水量占总用水量的 80%。埃及的农业用水主要有尼罗河水、地下水、降水、农业废水及城市废水的回收再利用。

尼罗河是埃及的生命线，是其最重要的用水资源。它自苏丹流入埃及，由南到北贯穿全境，境内河段长 1530 千米，平均流量为 2700 立方米/秒（840 亿立方米/年）。阿斯旺建有高坝，形成巨大的纳赛尔水库。按照埃及与苏丹政府达成的协议，埃及每年分得尼罗河水 555 亿立方米，其中约 86% 用于农业灌溉。地下水主要采自尼罗河谷及三角洲含水层，每年约开采 46 亿立方米，沙漠深部含水层每年约开采 5 亿立方米。埃及年总降雨量在 15 亿立方米左右，而可利用量不到一半。农业废水主要指农田排水和灌溉中的回水，每年回收利用达到 47 亿立方米。城市废水通过净化用于农业，目前处于试验及小面积应用阶段，每年约 5 亿立方米。埃及目前十分重视在沿海地区的海水淡化，已建成海水淡化工程，现在可每天提供 8 万立方米的饮用水。

4. 生物资源

埃及拥有独特的生态系统，相应的动植物资源也很丰富，包括欧亚物种和纯粹的亚撒哈拉物种。由于埃及气候干燥，许多动植物为适应沙漠气候而常常难以找到，因而许多人认为沙漠是荒芜的，但事实并非如此。埃及位于非洲东北角，处于四个生物地理区的交界处，同时位于从非洲西北角一直延伸到中亚高寒沙漠带的中心地区，其东部和北部临近红海和地中海两个内海。这种生态区的多样性，使埃及成为多种动物和植物的家园。虽然物种数量相对较少，但其组成极为多样。目前，埃及发现的植物有 2434 种，陆地动物 12191 种，海洋动物 3059 种，淡水动物 197 种（表 3）。

表3 埃及生物资源情况

生　物	分　类	物种数量
植物		2434
	苔藓植物门	337
	蕨类植物	16
	种子植物：裸子植物	6
	被子植物	2075
陆地动物		12191
无脊椎动物	昆虫	10000
	蛛形纲	1517
脊椎动物	两栖类	9
	爬行动物	103
	鸟类	470
	哺乳类	92
海洋动物		3059
无脊椎动物		1740
脊椎动物	鱼（软骨鱼和硬骨鱼）	1300
	爬行动物（海龟）	5
	哺乳动物	14
淡水动物		197
无脊椎动物		124
脊椎动物	鱼（硬骨鱼）	70
	爬行动物	3

数据来源：埃及生物多样性，http://www.egyptheritage.com/BiodiversitySite/Biodiversity/index.html

（二）农业生产情况

1. 农业产值规模及构成

埃及是农业古国，农业现在依然是埃及国民经济的基本支柱。农业产值不断上升，但占GDP的总量呈下降趋势。1990年，农业产值为186.19亿埃及镑，占GDP总量的19.4%。到2016年，农业产值达到3230.53亿埃及镑，增长16倍，年均增长率11.6%，而占GDP比重则下降到11.9%（表4）。

表4 GDP各业所占比重　　　　　　　　　　　　　　　　　　　　　　（单位：%）

年份	农业	工业	服务业
1990	19.4	28.7	52.0
2000	16.7	33.1	50.1
2001	16.6	33.3	50.1
2002	16.5	34.8	48.7
2003	16.3	35.7	48.0
2004	15.2	36.9	48.0
2005	14.9	36.3	48.8
2006	14.1	38.4	47.5
2007	14.1	36.8	49.2
2008	13.2	37.9	48.9
2009	13.6	37.6	48.8
2010	14.0	37.5	48.5
2011	14.5	37.6	47.9
2012	11.0	38.4	50.6
2013	10.9	38.6	50.6
2014	11.0	38.5	50.5
2015	11.3	36.2	52.5
2016	11.9	32.9	55.2

数据来源：世界银行

埃及的种植业与畜牧业发展比较均衡。在农业总产值中，种植业与畜牧业之比为6∶4（表5）。种植业方面，埃及绝大部分为灌溉地，耕作集约化程度较高，一年两熟或三熟。埃及作物单产较高，主产长绒棉和稻米，产量均居非洲首位，此外玉米、小麦等则居非洲前列。埃及没有单独的自然牧场，畜牧业与种植业紧密相连。埃及的畜牧业主要是私营牧场，尤其是小农。

表5 埃及农业产业结构　　　　　　　　　　　　　　　　　　　　　　（单位：亿美元，%）

年份	农业总产值	种植业		畜牧业	
		产值	比重	产值	比重
2000	132.23	84.31	63.8	47.92	36.2
2001	130.42	84.79	65.0	45.64	35.0
2002	137.25	88.11	64.2	49.14	35.8
2003	143.46	87.50	61.0	55.96	39.0
2004	148.45	92.55	62.4	55.90	37.7
2005	155.05	95.57	61.6	59.47	38.4
2006	163.79	99.36	60.7	64.43	39.3

(续表)

年 份	农业总产值	种植业		畜牧业	
		产 值	比 重	产 值	比 重
2007	170.51	100.10	58.7	70.41	41.3
2008	177.49	102.58	57.8	74.91	42.2
2009	176.05	102.19	58.1	73.86	42.0
2010	169.54	94.89	56.0	74.65	44.0
2011	177.50	101.94	57.4	75.56	42.6
2012	186.11	107.26	57.6	78.86	42.4
2013	183.98	105.54	57.4	78.43	42.6
2014	189.19	110.23	58.3	78.97	41.7
2015	188.72	113.29	60.0	75.43	40.0
2016	192.52	116.78	60.7	75.73	39.3

数据来源：联合国粮农组织

2. 主要农产品产量

（1）种植业

由于埃及农业完全依靠灌溉，因而受气候影响极其有限，农业生产稳定，单产较高。埃及的种植面积总计为407.4万公顷左右。小麦是埃及城市人口的主要食粮，1990年，栽培面积、单产和产量分别为82.13万公顷、5196.69千克/公顷和426.80万吨；2016年栽培面积较1990年增加66.7%，为136.88万公顷，单产提高26.5%，增至6575.26千克/公顷，产量由于面积和单产均提高而增加了一倍多，达到900万吨。玉米是埃及广大农村人口的主要食粮，播种面积仅次于小麦。1990年，玉米栽培面积、单产和产量分别为83.02万公顷、5780.27千克/公顷和479.86万吨；到2016年，玉米栽培面积增加到108.28万公顷，而单产增加到7389.79千克/公顷，产量因而增加66.7%到800.14万吨。稻米是埃及传统的粮食出口作物。1990年稻谷总产316.74万吨，2016年增加到630.00万吨。2016年稻谷单产达9366.89千克/公顷。

埃及水果蔬菜品种多、品质好。主要水果品种有柑橘、葡萄、芒果、香蕉、椰枣、蕃石榴、梨、苹果、莱檬、李、桃、无花果、杏、橄榄。2016年种植面积67.44万公顷。蔬菜主要品种有番茄、西葫芦、马铃薯、茄类、豆角类、叶菜类、茎菜类等。2016年种植面积68.25万公顷，主要出口番茄、马铃薯以及冬季反季节蔬菜。

棉花是最主要的经济作物，被誉为埃及的"白金"，但近年来面积逐渐减少。1990年种植面积41.72万公顷，到2015年减少到10.12万公顷，2016年则锐减到5.50万公顷（见

表6），单产从1990的2008.4千克/公顷增加58.4%到2016年的3181.82千克/公顷，总产量则从83.8万吨减少到17.5万吨。埃及人民生活中离不开糖，甘蔗产量一直以来平稳发展。2016年甘蔗总产为1576.04万吨，单产达115.03吨/公顷。

表6 2000—2016年埃及主要作物面积 （单位：万公顷）

年份	小麦	玉米	稻谷	柑橘	番茄	棉花	甘蔗
1990	82.13	83.02	43.59	8.69	15.59	41.72	11.06
2000	103.50	84.30	65.92	8.77	19.54	21.78	13.40
2001	98.37	87.30	56.30	8.36	18.07	30.71	13.11
2002	102.96	82.81	65.03	8.36	19.12	29.68	13.59
2003	105.30	83.41	63.36	8.31	19.30	22.48	13.75
2004	109.47	78.85	64.57	8.32	19.52	30.03	13.53
2005	125.38	86.82	61.33	8.45	19.50	27.50	13.50
2006	128.68	76.15	67.05	8.78	22.01	22.50	13.73
2007	114.10	77.59	70.41	8.93	22.56	24.20	14.08
2008	122.67	93.63	74.51	9.33	24.02	13.13	13.59
2009	133.53	98.31	57.55	9.85	25.18	11.95	13.30
2010	128.76	96.85	45.95	10.13	21.64	15.50	13.45
2011	128.49	88.83	59.32	11.04	21.24	21.85	13.67
2012	133.62	104.13	62.03	11.87	21.64	14.00	13.69
2013	141.87	103.03	59.71	12.56	20.53	12.04	13.82
2014	142.51	103.92	57.37	12.64	21.40	15.51	13.95
2015	145.75	106.10	51.09	13.13	19.69	10.12	13.79
2016	136.88	108.28	67.26	13.60	19.97	5.50	13.70

数据来源：联合国粮农组织

（2）畜牧业

自20世纪80年代以来，埃及畜牧业发展迅速。从畜产品产量来看，1990—2016年，所有畜禽产品均有所增长。2016年，肉、蛋、奶总产量分别为227.18万吨、50.78万吨和468.42万吨，分别比1990年增长211.8%、259%和105%（表7）。肉类中，以禽肉为主，其次为牛肉和羊肉。2016年，禽肉产量117.99万吨，占肉类总产量的51.9%，比1990年的26.15万吨增长3倍多。牛肉和羊肉产量分别为84.91万吨和12.29万吨，各占37.4%和5.4%。从存栏量来看，所有畜禽品种均有所增长。其中鸡的增长最为迅速，从1990年的3720.8万只增长到2016年的14851.7万只，增长了近3倍（表8）。

表7 2000—2016年埃及肉蛋奶产量　　　　　　　　　　　　　　　　　　　　　　（单位：万吨）

年　份	蛋　类	肉　类	牛　肉	禽　肉	羊　肉	奶　类
1990	14.15	72.85	30.40	26.15	8.20	228.55
2000	17.67	139.26	57.00	59.18	12.40	378.33
2001	19.96	142.10	55.70	61.78	12.70	393.87
2002	28.80	166.21	67.39	73.87	13.65	419.21
2003	27.75	158.43	65.30	68.59	13.96	525.53
2004	24.50	156.07	67.00	64.72	13.70	465.69
2005	23.50	161.63	70.70	66.46	13.80	521.04
2006	24.00	169.21	72.70	71.68	14.00	538.82
2007	27.90	182.42	76.32	81.08	14.70	590.62
2008	35.55	180.13	80.49	73.86	14.80	596.16
2009	24.93	185.28	82.77	78.19	14.40	561.20
2010	29.12	194.50	85.57	85.11	12.81	576.28
2011	30.55	198.31	85.03	90.08	12.66	578.93
2012	47.24	201.75	84.95	93.67	12.85	583.57
2013	47.09	213.96	82.45	107.42	12.79	554.79
2014	48.13	221.43	80.10	116.59	12.80	558.94
2015	49.45	224.83	83.70	116.75	12.60	465.34
2016	50.78	227.18	84.91	117.99	12.29	468.42

数据来源：FAOSTAT

表8 2000—2016年埃及畜禽存栏情况　　　　　　　　　　　　　　　　　　　　（单位：万头，万只）

年　份	水　牛	牛	山　羊	绵　羊	禽	鸡
1990	289.75	261.78	240.00	336.36	6216.50	3720.80
2000	353.00	352.97	342.48	446.91	11880.20	8900.00
2001	353.22	380.11	349.70	467.12	12132.30	9100.00
2002	371.70	408.10	358.20	510.50	12246.30	9200.00
2003	377.70	422.70	381.10	493.90	12597.30	9500.00
2004	384.50	436.90	387.90	504.30	10024.00	7431.60
2005	388.50	448.50	380.30	523.20	9899.00	7178.80
2006	393.70	461.00	387.70	538.50	10135.40	7246.70
2007	410.48	493.27	421.07	546.75	11519.20	8957.80
2008	405.26	502.32	447.35	549.80	12086.20	9186.10
2009	383.87	452.50	413.93	559.16	12577.50	9777.50
2010	381.82	472.87	417.50	552.95	13446.00	10378.90
2011	398.32	477.97	425.82	536.51	14159.40	11237.80
2012	416.49	494.64	430.63	542.95	14668.80	11489.20
2013	391.52	474.50	415.33	556.41	17561.30	14020.00
2014	394.93	476.25	418.58	550.26	17602.10	14060.00

(续表)

年 份	水 牛	牛	山 羊	绵 羊	禽	鸡
2015	370.16	488.32	404.62	546.32	17801.90	14456.30
2016	369.35	495.49	411.89	563.96	17918.00	14851.70

数据来源：FAOSTAT

3. 主要农业产业布局

埃及按自然条件可分为尼罗河流域及尼罗河三角洲、西部沙漠、东部沙漠、以及西奈半岛4个地区。开罗以南一般称为上埃及，以北称为下埃及。埃及农业主要集中在尼罗河流域和三角洲地区。其中小麦主要集中在东北省、布哈拉省、米尼亚省、塞得港和卡夫拉·谢赫省几个省份。水稻主要集中在代盖赫利耶省、东北省、亚历山大、法尤姆省、艾斯尤特省和新河谷省等地。棉花主要集中在代盖赫利耶省、布哈拉省、东北省、盖勒尤比省、法尤姆省、米尼亚省、索哈杰省和新河谷省等地。甘蔗主要集中在基纳省、阿斯旺省、卢克索省、米尼亚省四个主要省份，其他索哈杰省、苏伊士省、开罗省、东北省、亚历山大省和杜姆亚特省也有部分甘蔗生产①。此外柑橘主要集中在盖勒尤比省、布哈拉省、东北省、伊斯梅利亚省和曼努菲亚省。其中脐橙的种植量最大，占整个柑橘产量的60%。目前脐橙和葡萄是出口中国的主要农产品②。

（三）农产品贸易情况

1. 主要农产品贸易规模

近年来，埃及农产品出口实现大幅增长，这是埃及政府奉行经济对外开放、鼓励出口，并对出口商品实行补贴的结果。埃及农产品国际贸易中，主要出口农产品是棉花及棉花制品、稻米、柑橘和马铃薯等，进口农产品主要为小麦、面粉、玉米、肉（冷藏或冷冻）、奶及奶制品等（表9）。埃及出口的粮食作物主要是稻米。埃及稻米质量优良，在国际市场上具有一定的竞争力。水果蔬菜出口也不断增长。2015年，埃及农产品出口金额为49.4亿美元，同比下降5.4%。农产品进口金额为149.0亿美元，同比下降5.1%。

---

① 埃及国家统计局. http://www.capmas.gov.eg
② 中非贸易研究中心. 2018. 埃及成中国第三大柑橘出口国 柑橘农场蓬勃发展，[RB/OL]. www.afrindex.com，2018-02-04

表9 2016年埃及主要进出口农产品　　　　　　　　　　　　（单位：亿埃及镑）

出　　口		进　　口	
原棉	9.10	小麦	224.58
棉纱	19.57	面粉	0.54
棉织品	17.95	玉米	185.95
服装制造	120.02	肉（冷藏或冷冻）	118.37
精制糖	20.74	奶及奶制品	66.55
柑橘	50.41	精制糖	24.82
大米	24.46		
马铃薯	15.41		

数据来源：埃及国家统计局. Statistical Yearbook 2017

2017年埃农作物出口总量增长到480多万吨，柑橘类水果是最重要的出口作物，约为140万吨，较上年有较大增幅。马铃薯出口总量80万吨，洋葱50万吨，葡萄14万吨，石榴13万吨，草莓4万吨，芒果4.9万吨。埃及农业和土地开垦部部长表示，农作物领域的成功为园艺作物领域的投资创造了机会，增加了农村地区的收入。埃及已在中国、加拿大、肯尼亚、坦桑尼亚、南非和毛里求斯等地区为农作物开辟了新市场。美国农业部（USDA）预计埃及将在2017—2018季成为世界上最大的柑橘出口国。而埃及能否达到第一位仍取决于西班牙的产量，保守估计埃及有望成为全球第二大出口国[①]。

2. 主要贸易伙伴

埃及的贸易伙伴遍布全球，有120多个国家和地区。农业贸易方面，2015年，自埃及进口农产品的国家和地区中，按金额排名，沙特阿拉伯第一，6.89亿美元，同比增长17.0%；俄罗斯第二，2.96亿美元，同比下降6.7%；阿拉伯联合酋长国第三，2.92亿美元，同比增长14.5%。

2015年，埃及进口农产品来源国和地区中，按金额排名，巴西第一位，22.27亿美元，同比增长33.8%；阿根廷第二，13.63亿美元，同比增长18.6%；乌克兰第三，13.61亿美元，同比下降12.9%。

3. 中国与其贸易情况

在贸易方面，中国是埃及最大的贸易伙伴，埃及也是中国在非洲的第三大贸易伙伴。多年来，埃及对中国始终是贸易逆差的状态。2016年，中国与埃及双边货物进出口额为

---

① 中非贸易研究中心. 2017年埃及农作物出口超过480万吨. [EB/OL]. news.afrindex.com，2018-02-03

113.25亿美元。其中,中国对埃及出口107.76亿美元,自埃及进口5.48亿美元。农产品贸易中,据中国海关统计,中国一直处于顺差地位,两国农产品贸易逐年增长。中埃双边农产品贸易额从2008年的1.82亿美元增长到2017年的3.47亿美元,增加了91.2%。其中中国向埃及出口从1.49亿美元增加到2.35亿美元,增加了58.2%(表10);自埃及进口从3308.80万美元增加到1.12亿美元,增长了2.4倍(表11)。中国对埃及出口的农产品较为集中,主要为油籽、水产品及其他农产品。其中,油籽和水产品占埃及出口农产品比重分别为32.5%和20.3%,出口额分别为7649.53万美元和4785.06万美元。其他出口产品主要包括蔬菜、畜产品等。中国自埃及进口的农产品非常集中,其中仅水果就占到了76.8%,其次棉麻丝占14.4%,进口额分别为8612.30万美元和1614.77万美元。其他进口农产品还有棉花、水产品和畜产品等。

表10　2017年中国出口埃及农产品分类情况　　　　（单位:万美元,吨）

项　目	出口额	出口量
农产品	23518.13	161066.24
其他农产品	7671.81	34189.45
油籽	7649.53	75965.13
水产品	4785.06	23957.25
蔬菜	1043.26	11500.94
畜产品	710.14	242.21
糖料及糖	389.09	6973.12
坚果	291.33	1314.17
调味香料	241.16	1485.85
饮品类	208.84	978.03
水果	200.24	1885.71
粮食制品	134.37	997.20
精油	109.40	22.79
食糖	36.33	319.82
粮食(谷物)	21.15	500.00
稻谷产品	21.15	500.00
干豆(不含大豆)	18.63	164.50
药材	15.24	45.21
植物油	9.41	14.39
花卉	9.18	738.68

（续表）

项　目	出口额	出口量
饼粕	7.33	91.00
棉麻丝	2.96	0.62
食用植物油	0.96	6.05

数据来源：中国海关

表11　2017年中国进口埃及农产品分类情况　　　（单位：万美元，吨）

项　目	进口额	进口量
农产品	11219.39	120095.40
水果	8612.30	106934.48
棉麻丝	1614.77	8285.81
棉花	927.25	599.57
水产品	551.21	1619.43
畜产品	149.73	162.45
其他农产品	71.51	282.63
精油	65.69	8.99
饮品类	64.57	1178.46
糖料及糖	53.40	1325.54
食糖	53.40	1325.54
调味香料	21.34	65.39
粮食制品	7.70	145.70
蔬菜	4.96	80.52
药材	2.10	6.00
植物油	0.11	0.02

数据来源：中国海关

在从埃及进口的水果中，以柑橘为主。过去几年，由于中国对高品质水果的需求迅速增长，埃及对中国的柑橘出口迅速增长。2015年，埃及向中国出口2.3万吨柑橘类产品，2016年超过3.6万吨，2017年则大幅上升到10.1万吨，仅3年，就增长了三倍多。如今埃及已成为中国的第三大柑橘出口国。目前，埃及出口商正努力增加葡萄和枣的对华出口，以满足我国快速增长的需求[1]。

（四）农业科技发展

1. 农业科研机构

埃及政府一贯十分重视农业科研以及农业科技在农业中的应用推广工作。埃及的农业科研机构包括三大系统，即中央的农业研究中心和农业发展中心，地方农业研究站，以及综合大学里农学院及所属研究单位等。除农业部外，埃及农牧产品加工部、水利资源部及科学研究和技术院也设有自己的专门研究机构。

埃及农业研究中心受农业部直接领导，其任务是研究如何合理利用和开发国家农业资源。该中心位于开罗近郊的吉萨，下设13个研究所，涉及大田作物、果木园艺、棉花、农药、植保、畜牧、兽医、土壤和灌溉、沙漠改良、渔业资源、农业经济、良种推广和农业机械化等专业。埃及农业发展中心是在联合国开发总署的援助下，由农业部与土地开垦部共同建立，位于阿米里亚。其主要任务包括对土地进行全面规划，合理使用水利资源以及农业应用技术研究。埃及各地农业研究站由埃及农业研究中心管理。研究站负责解决当地农业生产的具体问题，农业科技成果的推广，良种发放，农民培训等，并将当地问题向上级中心汇报。此外，埃及全国有14座综合大学设有农学院，从事农业科学的教学并开展相关研究。

2. 农业科技发展状况

埃及政府一贯十分重视农业科学研究，科研直接为农业生产服务。近年来，埃及的水利、良种繁育、植物保护、畜禽病防治、农业机械、旱作及耐旱品种研究及遥感等技术都得到了快速发展，尤其是抗旱良种培育和节水技术。

埃及十分注重抗旱基因研究，建立了国家作物品种基因库，并从中优化选育出多个抗旱作物品种。沙漠研究所还将加快对沙漠开发的步伐，加强对耐盐、抗高温作物的研究和应用。农业研究中心大田研究通过杂交培养出众多优良作物品种。其中杂交玉米心品种比老品种平均增产30%～40%。其培育出的稻米品质优良，在国际市场上甚至高于日本品种。大田研究所的小麦品种播种面积占全国小麦总播种面积的60%，棉花的品质也在不断提高。

由于水资源极其紧缺，埃及积极发展并推广节水机械和技术。一方面不断研究开发和引进国外的各种节水设备，同时加强当地适应性研究，改进灌溉方法。还进一步发展了农田节水技术，包括农田集雨、秸秆覆盖栽培等，并得到了广泛地推广应用。近年来，埃及大力发

---

[1] 中非贸易研究中心. 埃及柑橘农场蓬勃发展 成中国第三大柑橘出口国[EB/OL], news.afrindex.com，2018-02-02

展的低压喷灌技术耗水量比普通漫灌节水60%，比高压喷灌节水30%。此外，埃及加强现代技术应用，通过3S技术实时监测土壤含水变化，促进水资源合理调配和利用。这节省了农业生产成本，并促进了农业产量的稳定提高。

（五）农业管理体系与政策

1. 农业管理体系

埃及农业部成立于1913年11月，1996年更名为农业与土地复垦部（简称农垦部）。农垦部职能是根据国家发展计划制订农业政策及土地开垦政策，要促进最新农业科技在农业中的应用，增加土地面积，开发农业资源，促进农、林、牧、渔各业经济发展。

农垦部设部长一名。埃及农业部呈金字塔结构，部长是最高领导，由总统任免，全面负责工作。部长下辖11个相关机构，各个机构又管理多个不同职能的司局，各司局下又设不同的部门。各机构、人员、经费均纳入政府管理和财政预算。埃及的农业推广体系约4万余人，由农业部直接管理，经费全部由国家提供[1]。

2. 农业支持政策

埃及政府采取了一系列优惠政策鼓励农户采用节水技术。由于传统灌区经营规模小，发展节水灌溉大大增加了农民成本，因而政府并不强迫农民应用新技术。而在新垦区，政府鼓励农户积极投资，促进沙漠开发变成耕地。对于采用节水灌溉新技术的农户，政府负责修建配套的水利工程等基础设施。农场主只需根据自己种植的作物和技术要求选购自己需要的节水灌溉设备。

埃及政府通过长期低息贷款鼓励农民购买农业机械，开垦荒地。而且埃及规定，新开垦的土地在10年内免交土地税。埃及对种子、化肥、农药等均有相应的投入补贴，以促进农业科技应用。此外，埃及为维护农民利益还实行了农作物保险制度。

埃及政府十分重视农业教育。每年农业院校毕业生近3万名，他们可优先得到国家新开垦的土地，以促进大学生充分利用他们所学到的农业科技知识，并起到试验示范作用，推进农业科技的推广应用，通过潜移默化的作用提高农民素质，提高农业科技贡献率。

3. 农业发展规划

埃及土地资源有限，而且由于常年施用大量化肥，造成土地板结、盐碱化，农业耕地肥力下降，这引起了埃及政府的高度关注。通过召集地质、水利、农业等方面专家对南部地区开发进行考察研究，不断鼓励人们走出人口拥挤的旧河谷地和尼罗河三角洲，在南河谷开垦

---

[1] 畅雄勃. 援非手记（一）：埃及农业概况[J]. 农机质量与监督，2010，（7）：39-40

荒地，将纳赛尔湖水引入西部沙漠绿洲，不断扩大耕地面积。

穆巴拉克国家农业计划是 1987 年开始实施的，也被称作年轻毕业生的新垦区计划。该计划目标就是通过为未就业大学毕业生提供新垦土地，解决大学毕业生就业问题；建立农业毕业生组成的新垦农村综合社区；促进现代农业技术应用，提高农产品竞争力，发展新垦地区；减轻尼罗河三角洲地区的人口密度；以及开垦更多土地，增加耕地面积。目前该项目已吸纳 7.3 万名毕业生。

另外，埃及政府还推出了扩大耕地计划，开垦耕地的原则就是保证扩大的耕地能够利用尼罗河进行灌溉，这也是提高单产的措施之一。该计划是从 1999 年到 2017 年近 20 年的时间里，利用国家投资并引进外资开垦尼罗河两岸的土地后备资源，再扩大 350 万费丹（1 费丹约合 4200 平方米）的可耕地。具体计划是 1999—2006 年扩大耕地 100 万费丹，2007—2010 年扩大耕地 100 万费丹，2011—2017 年扩大耕地 150 万费丹，目前这些目标已基本达到。

新政府成立后，为促进经济发展，制定了 2015—2030 年长期经济发展规划，确定了未来经济发展政策的三大核心：一是保持国家宏观经济稳定，减少财政赤字；二是改善投资环境，大力吸引外资；三是在各领域实施类似新苏伊士运河项目的大型"国家项目"。具体到农业方面，其规划目标为：通过提高灌溉质量以增加单位土地产量；增加新开垦土地面积；通过采用现代化的仓储设备减少粮食浪费；在农业区发展食品加工业；重组农业信贷主办银行（PBDAC）[①]。2015 年，埃及还在法拉弗拉启动了一项土地复垦项目，政府和私人都投入了大量资金。2017 年 6 月，埃及总理谢里夫·伊斯梅尔（Sherif Ismail）宣布该项目已开垦土地 170 万费丹，并称这项工作将持续下去。2017 年 5 月，塞西总统要求武装部队拆除非法建筑物以增加开垦土地[②]。

三、农业投资环境

（一）国家商业环境

2014 年下半年以来，埃及局势逐步趋稳。2015 年，外国对埃直接投资总额 69 亿美元。2016 年达 81 亿美元。

埃及的投资环境正逐步改善。2017 年 6 月，埃及颁布新《投资法》，对行政管理程序进

---

① 中国驻埃经济参赞处.埃及重点/特色产业[EB/OL]. http://www.cclycs.com/a34268.html
② 埃及农业农垦部[EB/OL].https://en.wikipedia.org/wiki/Ministry_of_Agriculture_and_Land_Reclamation_(Egypt)

行了大规模修改,包括简化审批程序、缩短审批时间、畅通投诉渠道等具体内容。在土地出让模式、所得税减免、投资保障、本地雇员数量等方面提供了许多优惠政策。据世界经济论坛《2017—2018全球竞争力报告》显示,在全球137个国家和地区中,埃及排名第115位,十分靠后,但其趋势企稳回升。在世界银行发布的《2017世界营商环境报告》中,埃及营商环境排名呈现显著提升(第122位),较2016年(第131位)上升9个席位[①]。埃及的国家营商环境正逐步改善。

(二)农业优势与潜力

埃及的农业都聚集在尼罗河两岸及三角洲地区。尼罗河带给埃及充足的灌溉水源,希腊历史学家希罗多德称"埃及是尼罗河的赠礼"。111米的阿斯旺水坝形成的世界第二大人工湖——纳赛尔湖,实现了尼罗河水的多年调节,使埃及能保证农业生产,基本自给自足。

埃及的常年高温十分有利于农作物生长。同时,由于大部分处于热带沙漠气候,埃及的节水旱作、海水淡化、品种繁育等农业技术发展都较为先进。这使埃及许多农作物的单产水平在世界上都处于前列,尤其是稻谷、小麦和棉花。2016年,埃及稻谷、小麦和棉花单产分别为9366.9千克/公顷、6575.3千克/公顷和3181.8千克/公顷(表12),分别比世界平均水平高102%、93.1%和47%。

表12 2000—2016年埃及主要粮食作物单产与世界对比 (单位:吨/公顷)

年份	小麦		玉米		稻谷	
	埃及	世界	埃及	世界	埃及	世界
1990	5.20	2.56	5.78	3.69	7.27	3.53
2000	6.34	2.72	7.68	4.32	9.10	3.89
2001	6.36	2.74	6.98	4.48	9.28	3.95
2002	6.43	2.75	7.77	4.39	9.39	3.86
2003	6.50	2.65	7.83	4.46	9.75	3.95
2004	6.56	2.94	7.91	4.95	9.84	4.03
2005	6.49	2.83	8.16	4.82	9.99	4.08
2006	6.43	2.89	8.37	4.77	10.08	4.12
2007	6.47	2.82	8.05	5.00	9.77	4.23

---

① 世界银行公布2017经商环境排名.https://www.prnasia.com/story/161985-1.shtml

(续表)

年份	小麦		玉米		稻谷	
	埃及	世界	埃及	世界	埃及	世界
2008	6.50	3.06	7.91	5.08	9.73	4.29
2009	6.38	3.04	7.82	5.16	9.59	4.35
2010	5.57	2.97	7.27	5.19	9.42	4.34
2011	6.54	3.16	7.74	5.18	9.57	4.46
2012	6.58	3.09	7.77	4.89	9.53	4.54
2013	6.67	3.25	7.72	5.46	9.59	4.51
2014	6.51	3.32	7.76	5.62	9.53	4.56
2015	6.59	3.32	7.35	5.54	9.43	4.60
2016	6.58	3.41	7.39	5.64	9.37	4.64

数据来源：FAOSTAT

表13　2000—2016年埃及主要园艺与经济作物单产与世界对比

（单位：吨/公顷）

年份	柑橘		甘蔗		番茄		棉花	
	埃及	世界	埃及	世界	埃及	世界	埃及	世界
1990	18.12	15.72	100.33	61.65	27.16	26.30	2.01	1.64
2000	18.36	17.40	117.22	64.63	34.72	28.47	2.54	1.67
2001	20.29	16.65	118.81	64.20	35.02	28.10	2.71	1.74
2002	21.64	16.93	117.87	65.52	35.45	29.57	2.58	1.75
2003	21.28	16.33	118.16	66.77	37.00	29.63	2.43	1.80
2004	22.23	17.11	119.95	66.28	39.15	30.62	2.61	2.02
2005	22.96	16.73	120.89	66.42	38.97	30.80	2.04	2.00
2006	24.14	17.21	121.35	68.94	38.96	31.40	2.62	2.07
2007	23.00	16.51	120.85	70.59	38.29	32.48	2.56	2.20
2008	22.91	17.15	121.19	71.30	38.32	33.57	2.42	2.14
2009	24.08	16.96	116.39	70.71	40.81	35.18	2.35	2.05
2010	23.71	16.86	116.76	71.07	39.49	34.66	2.44	2.18
2011	23.34	17.92	115.32	70.26	38.15	34.87	2.91	2.30
2012	23.47	17.83	113.57	70.25	39.86	33.95	2.94	2.29
2013	22.73	17.79	114.15	70.66	40.39	34.15	3.61	2.27
2014	24.81	17.89	115.13	69.69	38.73	35.25	3.39	2.21
2015	25.52	18.37	115.36	70.76	39.31	36.38	3.16	2.09
2016	25.28	18.46	115.03	70.61	39.77	37.02	3.18	2.16

数据来源：FAOSTAT

埃及具有独一无二的区位优势。埃及苏伊士运河是联通欧亚的航运生命线。埃及还拥有与欧洲、亚洲、非洲各国相连的海运、空运及同非洲相连的陆路交通网。埃及是中东地区的人口大国，也是该地区教育水平较高的国家之一，劳动力素质具有很大竞争力。虽然基础设施较为老旧，但公路已基本连接全国大部分城镇乡村。埃及的农业发展优势巨大，其国际合作与贸易潜力巨大。

（三）风险分析

1. 经济与社会风险

长期以来，埃及财政收支连年赤字。未来，埃及政府政策改革面对利益团体的阻挠，而且，埃及经济复苏缓慢，税收前景仍不乐观，其财政赤字占 GDP 的比重或仍将上升。根据透明国际公布的 2013 年清廉指数，埃及得分为 32，排名第 114 位（177 个国家和地区），低于中东及北非地区平均的 37 分。尽管埃及刑法典中也有类似规定，但并不明确，这些都增加了外国投资者的经济风险。

此外，自 2011 年埃及政局发生动荡以来，社会治安形势不容乐观，尤其是 2014 年以后，埃及部分地区恐怖袭击频发。埃及国内还面临较高的失业率，而经济增长率较低，经济和社会治安形势均不稳定。

2. 政治与政策风险

埃及国内政治仍然不稳定。自 2011 年以来，埃及始终动荡不安。2013 年第一位民选总统穆尔西被迫下台，充分暴露了埃及各方势力的博弈。2014 年 5 月，塞西当选，将埃及重新带回军人政治传统。2018 年，塞西再次当选，但其反对者仍不断抗议。另外，埃及行政部门手续繁琐，耗时长久。埃及还实行了一系列技术贸易壁垒政策以保护本国产业。埃及的劳工政策也十分严格，以限制外国劳务进入埃及市场，给外国企业进入埃及增加了难度[①]。

（四）总体评价

总体来说，埃及属于风险较高国家，但风险逐渐降低。经过两次国内动荡，埃及总统塞西 2018 年获得连任，这将促进埃及形势趋于稳定。根据最新的阿联酋 NBD 埃及采购经理指数（PMI）公布的调查结果，由于通胀压力减轻、投资价格和产出费用以较低的利率上涨，预计 2018 年埃及经济将有所改善，经济改革的负面影响开始消退[②]。国际货币基金组织

---

① 尹继武，方鹿敏．"一带一路"投资政治风险研究之埃及 [EB/OL]．中国网 2015-05-12
② 中非贸易研究中心．3 月份埃及经济呈现改善迹象 [EB/OL].news.afrindex.com

公布的最新年度报告预计，埃及经济增长率在 2017—2018 财年将达到 5.2%，远超去年的 4.2%，并且预计在 2018—2019 财年将进一步提升到 5.5%。多措并举的经济改革计划激发了埃及经济的潜在活力，令包括中国在内的外国投资者重新燃起了对于埃及经济发展前景的信心和投资动力。得益于此，埃及宏观经济持续稳定，经济增长向好趋势明显，通货膨胀率下降到了 11%，外汇储备节节高升，公众债务比率在近 10 年中首次降到期望值，埃及民众已经安然度过了改革的阵痛阶段。标普已上调埃及主权信用评级，认为埃及会逐步结束混乱，走向稳定。哈佛大学国际发展中心（CID）评估，预计埃及在未来 8 年内每年平均经济增长 6.6%。而根据《埃及公报》2018 年 6 月 14 日报道，近期公布的盖洛普民调显示，埃及是非洲民众安全感最高的国家，其安全度超过英国和美国[①]。综合来看，企业对埃及进行投资将是风险挑战与机遇并存，且前景向好。

四、中埃农业合作现状与合作重点

（一）合作现状

1. 合作机制

中国与埃及的农业合作源远流长。1999 年 4 月，两国农业部正式签署农业合作议定书，根据议定书，中埃两国农业部建立了"中埃农业工作合作组"，并已成功召开了多次工作组会议。2012 年 8 月，时任埃及总统穆尔西访问中国期间，双边政府和机构签署了《中华人民共和国政府和阿拉伯埃及共和国政府经济技术合作协定》《中华人民共和国科学技术部和阿拉伯埃及共和国农业与农垦部关于加强中埃农业技术研究示范基地合作的协议》。

2014 年 12 月，中埃两国签署了《关于建立全面战略伙伴关系的联合声明》。2016 年 1 月，国家主席习近平访问埃及期间，与埃及总统塞西发表关于加强两国全面战略伙伴关系的五年实施纲要，并启动埃及的"中国文化年"及中国的"埃及文化年"活动。纲要表示双方将加强农业领域的合作。鼓励和支持两国企业和科研机构在农业科技、作物种植、土壤改良、畜牧兽医、农产品加工、农业机械和渔业等领域开展交流，并实施合作项目。纲要还提出要建立农业合作联委会，每年轮流在两国各召开一次会议，商定重点合作领域，制定合作计划。并提出要在水资源和灌溉领域开展合作，包括水资源优化配置与综合管理、地下水管理、灌溉排水、海水淡化、雨水收集利用及水利信息化等领域合作。此外，习近平主席访问

---

① 驻埃及使馆经商处.2018.盖洛普民调称埃及安全度在非洲居首，超过英国和美国[EB/OL]. 2018-06-19

埃及期间，双边政府和机构还签署了《中华人民共和国政府和阿拉伯埃及共和国政府关于共同推进丝绸之路经济带和21世纪海上丝绸之路建设的谅解备忘录》《中华人民共和国政府和阿拉伯埃及共和国政府2016—2018年发展援助谅解备忘录》《中华人民共和国政府和阿拉伯埃及共和国政府经济技术合作协定》等双边协议。在中埃双边合作协议、中非合作论坛"十大合作计划"以及中阿合作论坛"1+2+3"合作框架下，中国与埃及的农业合作得到了日益长足的发展。

2. 科技合作

2016年12月，中埃农业科学技术合作论坛在武汉举办，来自埃及本哈大学、埃及国家水研究中心、埃及沙漠研究中心等7所高校与研究机构的近30名农业研究专家及中方70余名同领域学者参加。埃及本哈大学校长、国家水研究中心主任以及沙漠研究中心主任授权代表纷纷表示希望双方在交换生项目等已有合作的基础上，加强科研合作，共同培养具有国际视野的农业科学人才，服务两国农业发展。华中农业大学与埃及本哈大学、国家水研究中心、沙漠研究中心等分别签订了合作协议。双方将围绕共建中埃科教基地、联合申请研究项目、增进教师互访和学生交换培养、举办双边学术会议等方面推进具体合作。

2017年4月，中国农业科学院蔬菜花卉研究所代表团访问埃及，与埃及蔬菜领域科研院校、相关企业及大型蔬菜农户等单位进行广泛交流，深入了解了埃及蔬菜科技与产业发展现状、瓶颈与需求，以及未来发展重点等情况，并就进一步加强中埃双边蔬菜科技与产业合作达成多项共识，在种质资源交换、品种筛选、联合育种、无土栽培等方面达成科技合作意向，为推进"一带一路"农业科技合作奠定了良好基础。2017年12月在中国海南省举办的第四届中非农业合作研讨会上，作为研讨会分会之一的"中非农业科研机构10+10合作研讨会"也成功召开。中国农业科学院哈尔滨兽医研究所与埃及开罗大学兽医学院签署"中国农业科学院哈尔滨兽医研究所埃及开罗大学兽医合作协议"。

3. 贸易合作

中埃经贸交往有着悠久的历史。1955年8月，中埃签订了政府间第一个贸易协定。至1985年的近30年间，中埃一直实施政府间记账贸易。1985年8月，中埃政府签订的贸易协定，规定由记账贸易改为现汇贸易。1995年3月，中埃政府签订新的经济贸易协定，取代1985年的贸易协定。2014年年底两国关系提升到"全面战略合作伙伴"关系后，中埃两国不仅高层间互访频繁，同时经贸领域的合作也加速推进。2014—2016年，两国首脑一共进行了6次会晤，经贸合作始终是重点之一。2016年1月习近平主席访问埃及时，还与塞西总统共同为中埃泰达苏伊士经贸合作区的拓展区揭牌。2018年11月，中国将举办第一届中国国际进口博览会，中埃双方已签订了462平方米参展意向书，共有32家埃及企业正式确认参加博览会。

中埃农业经贸合作发展迅速。2017年，在双方共同努力下，埃及农产品对华出口持续扩大，埃及的鲜橙和葡萄成功进入中国市场，中国进口埃及柑橘达10万吨。

4. 投资合作

1994年4月，中埃政府签订了《投资保护协定》。1997年8月，中埃政府签订了《关于对所得避免双重征税和防偷漏税协定》。中国对埃及投资不断增长。据中国商务部统计，截至2015年年末，中国对埃及直接投资存量6.63亿美元，2015年直接投资流量为8081万美元。直接解决就业人口近1.1万人，其中中国就业人员约2400人。而据埃及投资总局统计，截至2015年底，在埃及投资的中国企业有1249家，在外国投资国家中排第23位[①]。2017年来，埃政府大力改善投资环境，中资企业对埃投资不断增加。据埃央行数据显示，2017年上半年，中国对埃及新增直接投资1.06亿美元，在埃所有投资来源国中列第6位。2017年中资企业新增投资主要来自巨石、大运摩托、泰达、安琪酵母、新希望等企业。始建于2008年的中国·埃及苏伊士经贸合作区已成为中国在埃投资的一张名片，共吸引中方投资超过10亿美元，为当地创造超过3000个就业机会。目前扩展区一期2平方千米项目已完成基础设施建设，招商工作正稳步推进。

（二）合作潜力

1. 合作基础

一是埃及政治局势日益稳定，经济增长恢复可期。2014年塞西当选埃及总统之后，政治局势稳定不断增强。经济方面，塞西大力推动经济发展，埃及的大型经济项目在不断实施，其中包括苏伊士运河扩建，以及启动新首都的大型建设项目。同时，包括电力等在内的一系列能源项目的建设，解决了此前埃及供电短缺的问题。后来埃及又通过了新的投资法。上述举措对埃及经济复苏有很大的帮助。埃及经济主要面临非常严重的外汇短缺，但自从2016年10月埃及实行浮动汇率后，整个宏观经济的指标出现明显好转，国际社会对埃及发展的信心越来越强。尽管埃及发生了几起较大的恐怖袭击事件，但并没有对政局稳定造成较大影响，埃及政府和民众反而更加团结来应对恐怖主义，同时加强了对国家进行建设的信心。尤其是2016年第四季度的经济增速达到了5%，表明经济运行状况整体上已经好转。

二是两国高层最近几年互访频繁，政治互信加强，经贸合作增加。自2014年底以来，

---

① 驻埃及使馆经商参处. 2017. [EB/OL]. http://eg.mofcom.gov.cn/article/f/201701/20170102499005.shtml

两国高层频繁互访，不断加强双边合作。两国首脑的多次会晤和高层互访增进了双方了解，促进了埃及对中国技术及基础设施建设等领域的认可。目前，国家电网、中国建筑、中国中铁等企业，都获得了在埃及的较大额度建设任务，其中包括斋月十日城轻轨项目、埃及新首都的 CBD 建设任务等。中埃泰达苏伊士经贸合作区的建设也是积极推进。中埃双方还签署了多个金融合作协议。从央行的 180 亿货币互换，到国家开发银行和埃及几个银行的授信协议，尤其是最近签署的人民币贷款协议，使得相当于 50 多亿美元的资金可以从中国进入到埃及银行系统，这将进一步推动中埃双方的经贸合作。

2. 合作前景

埃及目前的状况可以用稳定、发展和改革三个词来概括[①]。埃及正在进一步开发苏伊士运河走廊，使其不仅仅是水上通道，而且要变成高端经济区和工业区。目前埃及拟三年内完成 150 万费丹的土地改良。这将大大缓解埃及粮食供应紧张的问题。中国的技术日新月异，中国现在推行技术创新驱动的政策，有很多相对适合埃及的技术。中国企业在基建、饲料加工等方面合作机遇众多。目前，新希望在埃及的饲料生产工厂已经建了三家，第四家正在建设中，安琪酵母也已开始在埃及进行相应投资。但在某些领域，埃及在技术招标时对中国的技术和设备输入有些限制。随着大家相互里了解的加深，会有更多的合作空间。

现在埃及已经意识到，其拥有巨大的人口基数，但是人口基数如何转换为红利，有很多工作要做，比如人员的培训，特别是年轻企业家精神的培养，不是一朝一夕就能改变的。而中国已经具有一定的能力来帮助埃及发展工业化，以及在工业化进程中开展相应合作。一是中国经济实力较强，对发展中国家而言，如果缺乏资金，中国有实力提供相应贷款或援助。二是中国的技术具有优势，不仅中国的商品价廉物美，技术也是价廉物美，中国技术对发展中国家的适应度比西方国家高。将适合埃及发展阶段的技术，不断适应当地情况，因时因地制宜地完善和提升，比一开始引入最先进的技术更加合适。随着埃及政府投资支持政策落实，将对外国投资产生巨大吸引力。埃及贸工部部长塔里克·卡比勒称"埃及投资战略是把中国项目作为埃及审批的优先项目"，他表示，未来希望中国对埃及加强技术交流与技术转移[②]。可以说，中埃双方的农业合作前景广阔。

[①] 李果.专访中国驻埃及使馆经商参处公参韩兵：中埃经贸合作迎来充满机遇的新时期[EB/OL].21世纪经济报道，2018年03月21日

[②] 中非贸易研究中心.埃及以"全方位"投资政策吸引外商[EB/OL]，中埃新闻网 news.afrindex.com，2017-10-15

（三）合作重点

1. 重点领域

中埃作为两大发展中经济体，面临着共同的外部挑战和时代机遇。当前，中国提出的共建"一带一路"倡议与埃方"苏伊士运河走廊开发"战略高度契合，中埃双方可以此为契机，加强战略对接、深化利益交汇。在农业方面，今后应重点加强农业贸易、投资与科技等领域合作。

贸易方面，埃及农业部正在制订全面的详细实施方案，如理顺运输、冷藏、包装等环节，力争在3年内把农产品出口额提升到30亿美元。目前，中埃贸易中埃及有巨额逆差。埃及农产品单产较高，品质优良，尤其是水果类。今后，需进一步加强双边农产品贸易合作，促进我国结构性短缺而埃及盛产的优质农产品进口。要进一步促进自由贸易协定的谈判与签署，加强双边农产品贸易便利化。

投资方面，目前，中埃苏伊士经贸合作区已成为两国投资合作示范平台，吸引近70家企业入驻。苏伊士经济特区管委会副主席马哈福兹·麦尔祖格表示，埃方将继续鼓励和支持中方企业在到埃及投资，特别是在埃及有比较优势的领域。卡比勒部长表示埃及愿意向投资者提供必要支持，解决相关问题与障碍。随着"一带一路"倡议和苏伊士运河走廊开发战略的深入推进，双方合作面临良好发展机遇。埃及新农村开发公司主席阿塔尔·哈努拉表示，未来中埃在现代化农业灌溉系统等方面合作前景广阔。

此外，尽管埃及自古以来就是一个以农业为主的国家，随着埃及工业化步履维艰和人口的激增，埃及的粮食安全也出现了众多问题。充分利用中国经验，促进中国管理与技术在埃及的适应化应用，加强双边粮食安全合作，提高埃及粮食生产能力，不但有助于增强埃及的粮食安全保障，而且由于埃及对周边国家的辐射作用，也有利于提高区域粮食安全水平。

中埃双方应进一步推动双边贸易，一方面引入更多更好的埃及农产品，另一方面在现有苏伊士经贸合作区基础，鼓励中国企业赴埃投资，进一步增强埃及粮食安全保障水平，提高区域粮食安全保障能力，培育中埃农业合作新的增长点。

2. 重点产业

（1）种植业

尽管埃及粮食单产较高，但其生产总量不足以满足国内需求，国内粮食供给难以满足粮食消费需求，粮食安全存在较大威胁。造成埃及粮食安全问题的主要原因并非技术因素，而是制度因素。目前埃及的土地经营规模小，这既不利于农业基础设施建设，也不利于农业机械化水平的提高。重工轻农的国家政策也导致了农业的严重滞后。这些都是我们国家曾经存在并已逐步得到解决的问题。要加强中埃农业政策对话合作，促进埃及对农业的大力支持，提升埃及农产品综合生产能力。

（2）园艺产业

通过加强与埃及的蔬菜、水果等园艺作物合作，加强我国设施农业种植、品种推广和技术示范合作。同时加强双边优势农产品贸易，进一步增加对埃及柑橘、葡萄等优质水果的进口，满足国内人民多样化优质产品需求。

（3）沙漠化防治与节水旱作农业

埃及由于大部分国土属于沙漠，在沙漠化防治与节水旱作方面积累了丰富经验。中国则在西北地区抵御沙漠化的过程中，也摸索出了防沙、治沙、用沙的有效经验。要加强两国沙漠防治合作，推行简单易行、资源耗费低的治沙方法，并将交流机制双向化，尤其可促进埃及沙漠研究中心与中国荒漠化研究所的进一步合作。这一方面可因地制宜的改进埃及防沙治沙技术在我国西北地区推广，提高西北地区农业综合生产能力，另一方面也可带动与埃及周边国家的沙漠化防治合作，改善其农业设施，提高农产品产量，进而提高区域粮食安全水平。

五、中埃农业合作建议

（一）加强高层交流，做好农业合作战略规划

加强政府间高层交流有助于快速高效地解决经贸政策问题。虽然近年来中埃友好合作不断发展，但由于历史、宗教、文化等差异，给农业合作造成了不少壁垒。因此，应建立完善的中埃政府间定期磋商机制，加强国家政府间的有效联系，及时解决问题，切实保障我国对埃投资企业合法利益，从政府层面进一步加强两国的互信和友谊。

2013年9月和10月，中国国家主席习近平分别提出建设"新丝绸之路经济带"和"21世纪海上丝绸之路"的倡议构想。2015年3月，国家发展改革委、外交部、商务部等多个部门对今后一带一路倡议实施进行了战略规划。但具体到农业，尚没有具备可操作性的战略规划。而且各国国情不同，需针对占重要地理位置的埃及，制定有的放矢的详细战略规划，推动中埃农业合作的顺利开展。

（二）以企业为主体加强投资合作

在加强高层交流，营造良好合作宏观环境的同时，应加强企业为主体的对埃投资合作。

农业属于高度依赖自然资源的弱势产业，世界各国无不都对农业采取了各种补贴政策，我国目前也实行了多项惠农政策。赴非洲埃及进行农业开发，风险更大、困难更多，国家应给予相应支持。尤其要加强风险保障工作，要深入细致评估对埃及农业投资的风险，引入农业保险，运用市场模式，帮助赴外农业开发主体规避投资风险。

此外，为避免资源掠夺争议，尽量减少对国有大中型农业企业境外开发与投资的直接支持，减弱我国赴埃及投资的官方色彩，而充分利用中小型企业船小好调头的优势，积极促进中小型企业走出去，灵活适应当地条件和外部环境。今后，国家可有针对性的支持企业走向非洲，支持更多中小企业借助"一带一路"倡议，利用丝路基金"走出去"，促进企业外向型经济的发展，充分利用埃及优势资源并带动当地就业。

（三）加强科研机构和大学等机构合作，促进民间交流

近年来，中国与非洲国家互惠互利往来交流日益增强，合作日益密切，"非洲晴雨表"调查结果表明，非洲民众认为中国对于本国的发展前景具有极大的正面影响，他们认为中国在非洲的经济及援助活动具有积极意义。在农业对非合作中，要大力推进科研机构、大学及民间机构的合作与交流。促进知识资源共享，加强农业合作研究，促进民间组织来对农业走出去进行统筹协调。

（四）完善相关政策，增强农业对外合作服务体系建设

目前中国对埃的农业投资合作尚处于起步阶段，为避免无序竞争现象，使对埃的农业合作更有利有效，应未雨绸缪，防患于未然，提前对中埃农业合作企业进行有组织的有序引导。一是对埃及各地区农业资源、投入、市场及法规政策进行详细研究，为企业走出去提供可信赖的信息咨询；二是加强对走出去企业的规划引导，避免内部过度竞争；三是通过制定不当竞争处罚相应触发机制，引导企业主动开展自律，减少不当竞争。

此外，政府应组织相关部门，对埃及农业生产、消费、流通、市场、政策规划等进行更加详细深入的系统研究，落实到具体区域、具体产品，并将其纳入农业走出去信息服务平台，为走出去企业提供可靠的信息服务。

参考文献

畅雄勃.2010.援非手记（三）：埃及农业发展扶持政策纵览［J］.农机质量与监督，(9)：37-38.
畅雄勃.2010.援非手记（一）：埃及农业概况［J］.农机质量与监督，(7)：39-40.

李　宁.2009.全球粮食危机背景下的埃及农业发展和中埃农业技术合作建议,全球科技经济瞭望,（12）：23-27.

郭　艳.2017.以"全方位无死角"投资政策 埃及敞开怀抱吸引外商投资.中国对外贸易,（9）：16-17.

王永春、王秀东.2017-05-18.农业走出去,走得快还要走得稳.光明网.

王永春,徐明,王秀东.2015.我国农业对外投资的特点、问题与对策.经济纵横,（10）：79-84.

吴东科.2014.灌溉和施肥对埃及尼罗河三角洲玉米生长和水分利用的影响［D］.西北农林科技大学.

尹继武,方鹿敏.2015-05-12."一带一路"投资政治风险研究之埃及.中国网.

张梦华.2011.中埃农业合作发展成效及建议（上）［J］.农机质量与监督,（5）：38-39.

张梦华.2011.中埃农业合作发展成效及建议（下）［J］.农机质量与监督,（6）：44-45.

张　瑜,杨　晓.2017.企业参与"一带一路"战略的投资风险及对策.中国货币市场,（8）：28-33

伊 朗

伊朗伊斯兰共和国（简称伊朗）位于亚洲的西南部，同土库曼斯坦、阿塞拜疆、亚美尼亚、土耳其、伊拉克、巴基斯坦和阿富汗相邻，南部波斯湾和阿曼湾，北部里海与俄罗斯和哈萨克斯坦相望，是"一带一路"沿线的重要节点国家，素有"欧亚陆桥"和"东西方空中走廊"之称。经济总量和人口排名均位居中东北非地区第 2 位。中国和伊朗有两千多年友好交往的历史，推动了古丝绸之路沿线国家的合作交流，促进了世界贸易的发展和便利化。1971 年 8 月 16 日中伊建交，2016 年 1 月两国建立全面战略伙伴关系。中国目前是伊朗最大贸易伙伴，中伊两国在农业经济上有互补性，有较为广泛的合作潜力和市场。

一、国家基本概况

伊朗位于亚洲西南部，属于中东国家。伊朗南部是波斯湾和阿拉伯海，北部为里海，东边是巴基斯坦和阿富汗，东北部为土库曼斯坦，西北紧邻阿塞拜疆和亚美尼亚，西部接壤土耳其和伊拉克。伊朗古称波斯，是一个具有 5000 多年历史的文明古国，地处西亚的心脏地带，其重要的地缘战略位置、丰富的石油和天然气资源以及历史宗教文化遗产决定了其在中东和海湾地区的重要大国地位。石油产业是伊经济支柱和外汇收入重要来源之一，相关收入占伊外汇总收入的一半以上。工业和农业产品是伊朗主要进口商品。根据伊朗海关数据，截至 2015 年 11 月，伊朗前 8 个月进口非石油产品贸易额达 273 亿美元，中国继续保持伊最大进口贸易伙伴国地位。伊朗农耕资源丰富，农业在国民经济中占有重要地位。

（一）地形地貌

伊朗位于北纬 25°～40°，东经 44°～63.5°，国土面积 164.5 万平方千米，世界排名第 19 位，海岸线长 2700 千米。高原较多，是高原与山地相间的国家，东部为盆地和沙漠。北部有狭长的厄尔布尔士山脉。达马万德峰海拔 5671 米，为伊朗最高峰。西北部有全国最大的乌尔米耶湖。伊朗境内主要河流有卡伦河和塞菲德河。

伊朗位于世界上最干旱和半干旱的地区，年平均降水量 252 毫米（为世界平均降水量的 1/3），其中 71% 的降水量直接蒸发掉，年蒸发量在 1500～2000 毫米。2000 年，伊朗一些地区曾遭受了严重的旱灾。

（二）行政区划

伊朗全国共设 31 个省，约 1200 个城镇。首都德黑兰，是伊朗政治、经济、文化和科研的中心。伊朗总人口 8028 万，德黑兰人口 1400 万，占全国的 17.5%。其他主要经济中心城市（根据最新人口普查，常住人口超过 100 万）为：马什哈德、伊斯法罕、大不里士、设拉子、亚兹德、卡拉季、阿瓦士和库姆。马什哈德是伊朗第二大城市，什叶派穆斯林圣城之一。伊斯法罕是伊朗第三大城市，也是最古老的城市之一，建于公元前 4、5 世纪的阿契美尼德王朝时期，多次成为王朝首都，为南北来往所必经之路，著名的手工业与贸易中心。

（三）人口状况

根据世界银行发布的最新统计数据（表 1），2016 年，伊朗总人口达到 8028 万人，增长 1.1%。从性别结构来看，女性人口 3989 万人，占总人口比重为 49.7%，男女比例为 101.2∶100。从城乡分布来看，城镇人口占比约 74.4%，城市人口集中在德黑兰、马什哈德、伊斯法罕等大城市。2016 年，65 岁以上人口比例约为 5.2%，比 2000 年上升 1.01 个百分点。2016 年出生率为 1.6%，比 2000 年下降了 2.3 个百分点。总生育率（女性人均生育数）从 2000 年的 2.21 降低到 2016 年的 1.66。据世界银行数据，2016 年伊朗人均寿命为 75.95 岁。近年来，国内人口出生率及死亡率均呈持续下降的发展趋势，人均寿命不断延长。

人口比较集中的省份有德黑兰、伊斯法罕、法尔斯、呼罗珊拉扎维和东阿塞拜疆。全国人口中波斯人占 66%，阿塞拜疆人占 25%，库尔德人占 5%，其余为阿拉伯人、土库曼人等少数民族。官方语言为波斯语。伊斯兰教为国教，98.8% 的居民信奉伊斯兰教，其中 91% 为什叶派，7.8% 为逊尼派。

表 1　2000—2016 年伊朗人口规模　　　　（单位：万人，%）

年　份	人　口	人口年增长率
2000	6613	1.6
2001	6710	1.4
2002	6798	1.3
2003	6881	1.2
2004	6962	1.2
2005	7042	1.1
2006	7123	1.1
2007	7203	1.1
2008	7285	1.1
2009	7369	1.1
2010	7457	1.2
2011	7549	1.2

（续表）

年份	人口	人口年增长率
2012	7645	1.3
2013	7744	1.3
2014	7841	1.3
2015	7936	1.2
2016	8028	1.1

数据来源：世界银行数据库

（四）政治制度

伊朗实行总统内阁制。总统作为国家元首和政府首脑，是名义上仅次于最高领袖的国家领导人，由公民投票直接选举产生，任期4年，可连任一届。2017年5月伊朗第十二届总统大选，哈桑·鲁哈尼连任总统。从国内政治环境看，最高领袖始终牢牢掌控国家的大政方针和发展方向，国内政局基本稳定。

（五）经济状况

2004—2007年伊朗经济一度保持较快增势，GDP增速从2004年的4.4%逐步升到2007年的8.2%，但2008年世界经济危机以及2012年西方国家对伊朗实施石油禁运和金融制裁后，2008年GDP增速降到0.3%，2012年GDP增速为-7.4%，GDP增速明显放缓。2016年伊朗与六国（联合国五个常任理事国和德国）达成伊核协议，签署《联合全面行动计划》，2016年欧美部分解除了对伊核相关的制裁，伊朗经济发展进入了新的历史阶段。基于国家利益的现实需要，伊朗政府调整与加强对外关系，逐步推行温和开放政策，提高伊朗投资吸引力，扩大对外贸易往来和经济合作，致力于国民经济的恢复和振兴。2016年GDP增速高达13.4%（表2）。

伊朗拥有丰富的能源资源，石油、天然气和煤炭蕴藏丰富。石油产业是伊朗经济支柱和外汇收入的主要来源之一。截至2016年年底，已探明石油储量1584亿桶，居世界第4位，石油日产量460万桶，居世界第4位。天然气储量33.5万亿立方米，居世界第一位。天然气年产量2024亿立方米，居世界第3位。从经济机构上来看，2017年伊朗农业、工业和服务业增加值占其GDP的比重分别为10.1%、21.2%和65.4%。

表2 2000—2017年伊朗GDP总量及增速（现价）

年 份	GDP总量（亿美元）	GDP年增速（%）	人均GDP（美元）
2000	1095.92	5.9	1657.17
2001	1268.79	0.8	1890.99
2002	1286.27	7.3	1892.04
2003	1535.45	8.7	2231.34
2004	1900.43	4.4	2729.84
2005	2264.52	3.2	3215.65
2006	2662.99	5.0	3738.69
2007	3498.82	8.2	4857.37
2008	4060.71	0.3	5574.41
2009	4140.59	1.0	5619.12
2010	4870.70	5.8	6531.93
2011	5835.00	2.6	7729.34
2012	5988.53	-7.4	7832.90
2013	4674.15	-0.2	6036.19
2014	4344.75	4.6	5540.98
2015	3858.74	-1.3	4862.30
2016	4189.77	13.4	5219.11
2017	4395.14	4.3	5415.21

数据来源：世界银行数据库

二、农业发展现状

（一）农业资源条件

农业在伊朗历史上一直占据重要地位。农耕资源丰富，国土面积16450万公顷，全国可耕地面积超过5200万公顷，占其国土面积的30%以上；已耕面积1800万公顷，其中可灌溉耕地830万公顷，旱田940万公顷。森林面积1060万公顷。农业人口占总人口的43%，农民人均耕地5.1公顷。农业机械化程度较低，其联合收割机与拖拉机保有量分别为1.3万台和36万台。

伊朗总面积的1/3适合耕地，由于土壤贫瘠和缺水，其中大部分没有耕种。耕地总面积中的12%被开发利用耕种（耕地、果园和葡萄园），少于耕地面积1/3的为灌溉区，其余面积只用于旱作农业。伊朗西部和西北部地区土壤肥沃程度较高。

伊朗是一个水资源紧缺的国家，且水资源分布不均衡，降水量从西向东、从北向南逐渐减少。年均降水量238毫米，折合降水总量3979亿立方米，因蒸发损耗水量超过70%。伊朗全国降水量最高的地区是里海沿岸和厄尔布尔士山北坡，另一个降水较多的地区是西北部山地和扎格罗斯山西部。

根据伊朗综合性项目调查，全国可再生利用的水资源约为1300亿立方米，农业、工业、采矿和家庭消费用使用量总计为895亿立方米，其中92.7%用于农业，约830亿立方米。官方数据显示，伊朗人均日消耗水0.25立方米，是世界平均水平的两倍，而每年的降水量却只有世界平均水平的1/3。近6年来更是连续降水低于过往平均值。根据世界资源研究所统计，在水资源最紧张的国家中，伊朗位列第24名。

影响伊朗粮食生产的主要因素为气候干旱、水资源短缺。干旱的气候带来水体蒸发损耗问题严重，湿地湖泊面积连年缩减，水量减少的同时，工业发展和农业灌溉带来的面源污染问题又引发水质性缺水。伊朗可利用的水资源有91%用于农业灌溉，水利和灌溉是发展农业的关键。伊朗发明了最古老的传统灌溉方式——坎儿井。温带大陆性气候，光照充足温差大，气候干燥，这些因素决定了伊朗的粮食的生产以旱地为主，水田为辅。

（二）农业生产情况

1. 农业产值规模及构成

伊朗是传统农牧业国家，农业产值占GDP比重从1990年开始呈缓慢下降趋势，由1990年的12.5%降至2011年的5.4%。2012年因受西方经济制裁，农业占GDP比重开始慢慢提升，从2012年的7.6%逐步增加到2017年的10.1%，农业及农产品外贸在国民经济和非油贸易中占重要地位（表3）。

表3　2000—2017年伊朗GDP构成占比　　　　　　　　（单位：%）

年　份	农业增加值（占GDP的百分比）	工业增加值（占GDP的百分比）	服务等增加值（占GDP的百分比）
1990	12.5	32.8	53.2
2000	9.1	40.3	51.4
2001	8.3	39.9	52.3
2002	7.8	45.5	47.7
2003	7.5	45.1	48.8
2004	6.9	47.5	47.9
2005	6.5	49.6	48.0

(续表)

年 份	农业增加值 （占GDP的百分比）	工业增加值 （占GDP的百分比）	服务等增加值 （占GDP的百分比）
2006	7.1	48.3	49.1
2007	7.2	48.2	47.6
2008	6.1	47.7	48.6
2009	6.9	43.1	51.5
2010	6.5	44.2	51.1
2011	5.4	47.9	48.7
2012	7.6	43.3	50.8
2013	9.8	42.9	48.3
2014	9.8	39.6	49.9
2015	10.5	33.0	55.9
2016	9.6	33.9	55.2
2017	10.1	21.2	65.4

数据来源：世界银行数据库

伊朗是全球重要的农产品生产国。主要农产品包括：小麦、大米、大麦、棉花、茶叶、甜菜、水果、干果、奶制品、鱼子酱、羊毛等。在小麦、蔬菜、鸡、椰枣和马铃薯的生产中，排名全球前20。2016年伊朗农产品出口增幅明显，特种经济作物生产、出口也显著提升。伊朗是最大的藏红花生产国，产量占全球总产量的93%，主要产于呼罗珊省及南呼罗珊省。伊朗开心果占全球销量的一半。开心果、葡萄干和椰枣是伊朗出口的三种主要干果。鱼子酱是美国根据伊核协议豁免的伊朗少数出口农产品之一，2016年3—9月伊朗向12个国家出口580千克鱼子酱，创汇139万美元，同比增长22%。

自20世纪70年代后期以来，由于伊朗经济重视石油工业发展，忽视农业，导致伊朗农产品产量增长相对缓慢，大量依赖进口，国内粮食安全问题凸显。伊斯兰革命后，政府开始重视农业生产，伊朗农业发展取得良好成就。但2008年，受严重的霜冻和干旱等极端气候影响，其产量急剧下降，特别是谷物和豆类，到2016年，其年产量虽有显著提升，但仍未恢复，产量尚不能满足国内需求。

2. 种植业

根据FAO统计，伊朗的农作物主要包括两大类：年度播种作物，包括食用和饲用粮食作物；园艺作物，包括水果和蔬菜。播种作物主要有小麦、大麦和水稻。但小麦和水稻的总产量仍不能满足国内需求，需要大量进口。其他主要作物包括马铃薯、豆类、蔬菜、水果、饲料作物、油籽、坚果（开心果、杏仁和胡桃）、棉花、甘蔗、甜菜、草药、香料、茶叶和烟草。

表4 2013年伊朗作物种植面积 （单位：万公顷）

作　物	种植面积
小麦	640.00
大麦、水稻和其他粮食作物	163.50
豆类	132.49
其他一年生作物	197.77
乔木、坚果等其他多年生作物	180.60
合计	1314.36

数据来源：FAOSTAT

在一年生作物中，小麦是伊朗种植面积最大的农作物。过去10年，小麦平均年收获面积达625.12万公顷，占其可耕地总面积的1/3。2008年，受霜冻和干旱天气影响，小麦面积和产量均急剧下降，此后虽逐渐恢复，但至2016年仍未恢复到2007年的1588.66万吨。2016年，小麦收获面积568.18万公顷，产量1109.76万吨，分别较2007年下降21.3%和30.1%。大麦是伊朗种植面积第二大的农作物，2016年，大麦收获面积和产量分别达到161.14万公顷和290.76万吨，比2007年分别下降1.9%和6.3%（表5）。

表5 伊朗主要农作物生产情况 （单位：万公顷，吨/公顷，万吨）

产　品	2007年			2008年			2016年		
	收获面积	单产	产量	收获面积	单产	产量	收获面积	单产	产量
小麦	722.23	2.20	1588.66	524.60	1.33	700.00	568.18	1.95	1109.76
大麦	164.18	1.89	310.40	107.01	1.45	154.74	161.14	1.80	290.76
水稻	61.59	4.33	266.42	52.69	3.93	207.00	55.68	4.29	238.65
开心果	35.72	1.06	37.80	27.99	0.59	16.51	34.60	0.94	32.52
番茄	15.48	35.76	553.43	19.55	24.69	482.64	15.91	40.05	637.26
胡桃	11.97	2.50	29.98	11.59	2.25	26.04	15.36	2.64	40.53

数据来源：FAOSTAT

伊朗的园艺作物生产具有多元化和高价值的特点，主要用于出口。开心果是伊朗最主要的园艺作物之一，其出口值仅次于石油。在伊朗生产的所有农作物中，胡桃和番茄的价值位居第三和第四。伊朗多变的气候可供其生产种类繁多的产品。据2015年FAO数据，伊朗的蔬菜和水果产量分别位列全球第五和第八。

表6　2015年伊朗主要蔬菜水果产量在全球排名

农产品	世界排名	农产品	世界排名
开心果	1	椰枣	2
藏红花	1	杏	2
石榴	1	扁桃仁	3
胡桃	3	猕猴桃	3
樱桃	3	柑橘	4
苹果	4	榛子	4
无花果	5	番茄	5
李子	5	洋葱	5
西瓜	3	葫芦	4
茄子	3	南瓜	5

数据来源：伊朗农业部

3. 畜牧业

过去40年来，伊朗畜牧业和家禽业的产量保持平均每年3.8%的增长率，占农业部门增加值的31%，占GDP的4.5%。

伊朗人喜欢吃鸡肉、羊肉、牛肉，养殖业主要为鸡、羊、牛等。家禽业于60年前建立，目前有超过200万传统家禽养殖户。2007—2016年，鸡存栏量有明显上升趋势，从2007年的6.5亿只增加至2016年的10.26亿只，增长了57.8%；牛的存栏量自2007年后整体呈下降趋势，2007年存栏量为798.9万头，2016年降至565.9万头，减少29.2%；羊类养殖主要以绵羊为主，绵羊存栏约为山羊的2.1倍（表7）。

表7　2007—2016年伊朗主要畜禽存栏量

项目	2007年	2008年	2009年	2010年	2011年	2012年	2013年	2014年	2015年	2016年
鸡（万只）	65000	71000	87370	88000	90000	92500	92700	93000	93959	102582
牛（万头）	799	709	726	743	761	780	794	423	457	566
山羊（万只）	2583	2233	2168	2144	2122	2101	2059	2041	2000	1910
绵羊（万只）	5227	4998	4813	4759	4668	4621	4543	3142	4473	4250

数据来源：FAOSTAT

伊朗的畜产品包括红肉（牛肉、羊肉）、鸡肉、鸡蛋、牛奶和蜂蜜等。根据联合国粮农组织数据，2007—2016年，伊朗禽类产品产量明显增长，鸡肉产量从146.8万吨增至212.6万吨，增长44.8%；牛肉产量从38.8万吨增至56.5万吨，增长45.5%；山羊肉从12.3万吨降至8.3万吨，减少32.3%；牛奶从734.3万吨降至600万吨，减少18.3%；鸡蛋从

70.3万吨增至118.6万吨，增长68.7%；蜂蜜产业涨势明显，从4.7万吨增加至8.1万吨，涨幅达71.4%。从增长速度来看，蜂蜜产量增长最快，其次是鸡蛋和牛肉（表8）。

表8　2007—2016年伊朗主要畜禽产品产量　　　　　　　　　　　　　　　（单位：万吨）

年 份	鸡 肉	牛 肉	山羊肉	牛 奶	鸡 蛋	蜂 蜜
2007	146.8	38.8	12.3	734.3	70.3	4.7
2008	156.5	32.2	9.5	628.2	72.7	4.1
2009	161	32.5	9.7	649.6	75.1	4.6
2010	166.6	34.4	10.0	681.4	76.7	4.5
2011	178.3	34.9	9.7	704.1	70.0	5.1
2012	187.1	35.2	9.8	730.0	91.3	7.1
2013	196.7	38.9	9.4	759.0	89.3	7.5
2014	203.3	40.6	9.0	810.7	76.1	7.8
2015	205.4	46.6	8.6	570.5	111.2	7.9
2016	212.6	56.5	8.3	600	118.6	8.1

数据来源：FAOSTAT

4. 渔业

伊朗的渔业水域主要分布在北部里海、南部波斯湾和阿曼湾。根据FAO统计数据，2000—2010年，伊朗渔业总产量增长了56.3%，尤其是人工养殖产量增长了近4.4倍。近年来，随着伊朗政府对渔业的重视和渔业技术水平的提高，2010—2014年，渔业总产量从2010年的66.37万吨增至94.74万吨，增加了42.7%；养殖和捕捞产量稳步增长，与2010年相比，2014年的养殖量和捕捞量分别增长了45.5%和41.4%。鱼子酱、虾和鲟鱼是伊朗最主要的出口水产品。

5. 农业布局

伊朗农业主要集中在北部里海沿岸及波斯湾、阿曼湾沿岸，农业结构以种植业为主。2016年种植业产值比重约为87.3%，畜牧业和渔业分别占11.8%和0.9%。

种植业主产区分布在伊朗北部、东北部和东南部省份。粮食产量各省分布相差较大，从克尔曼沙省最高的208.6万吨年产量到因布什尔省最低的7.9万吨。

波斯湾沿岸的胡齐斯坦省和法尔斯省、里海沿岸的马赞达拉省、克尔曼沙省和戈莱斯坦省、东北部的呼罗珊省和哈巴丹省等7个省份的产量占全国粮食产量的一半以上。

中部、南部和西部省份人均粮食产量极低。德黑兰、伊斯法罕和库姆等人口密集的城市以及包括布什、霍莫兹干、锡斯坦—瓦尔—俾路支斯坦和亚兹德在内的低产量省份的人均生产量较低。德黑兰的人均谷物产量最低为31千克，阿尔达比的谷物产量最高为477千克。

（三）农产品贸易情况

1. 总体情况

由于受气候、地理和水资源条件限制，伊朗还需要进口粮食来满足国内需求。进口的农产品主要有小麦、水稻、玉米。小麦进口主要来自中亚地区和澳大利亚；玉米进口主要来自巴西、阿根廷和乌克兰；大米进口主要来自印度；大豆进口主要来自巴西、阿根廷和印度。伊朗出口的农产品主要是园艺类，包括坚果、水果、蔬菜、蜜饯等，主要销往欧盟、俄罗斯、阿联酋、中国和印度。

总体上，伊朗农产品贸易呈现逆差，是农产品进口大国。2016年，伊朗农产品进口额为70.26亿美元，出口总额19.29亿美元，贸易逆差达50.97亿美元（表9）。

表9　2007—2016年伊朗与世界农产品贸易情况　　　　　　　　　　（单位：亿美元）

年　份	出口额	进口额	总　额	顺　差
2007	18.31	44.01	62.32	-25.70
2008	19.33	75.36	94.69	-56.03
2009	12.55	58.22	70.78	-45.67
2010	49.85	113.51	163.37	-63.66
2011	45.88	132.24	178.13	-86.36
2012	21.43	106.97	128.39	-85.54
2013	21.75	115.77	137.52	-94.02
2014	25.55	101.59	127.14	-76.04
2015	21.29	76.96	98.24	-55.67
2016	19.29	70.26	89.55	-50.97

数据来源：英国皇家国际事务研究所资源贸易数据库

2. 主要贸易产品

（1）出口情况

伊朗的出口量波动较大。受2008年自然灾害影响，伊朗农产品产量普遍下降，2009年出口量降幅明显，2010—2011年，伊朗年出口量开始增长，此后波动下降。

开心果是伊朗主要出口的农产品（图1），占全球市场产量一半。2010年伊朗开心果出口量占世界出口量第一，出口额最高达到近12亿美元，近几年有所下降，2016年出口额达到7.26亿美元。

2016年，伊朗新鲜水果和新鲜蔬菜出口额分别为4.3亿美元和1.84亿美元，其中水果出口以葡萄干、椰枣为主，此外还有猕猴桃、西瓜、苹果；蔬菜出口以黄瓜、番茄为主（表10）。

表10 伊朗主要农产品出口情况　　　　　　　　　　　　　　　（单位：亿美元）

项　目	2007年	2008年	2009年	2010年	2011年	2012年	2013年	2014年	2015年	2016年
开心果	6.81	6.93	5.03	11.71	10.27	7.53	6.69	9.93	8.60	7.26
水果	4.35	3.75	1.91	11.65	10.15	4.19	5.25	5.04	4.44	4.30
葡萄干	1.31	1.37	0.67	3.00	2.69	1.85	2.14	1.66	1.39	1.24
椰枣	1.03	0.93	0.64	1.28	1.66	0.87	0.98	0.98	1.15	1.16
蔬菜	0.86	0.81	0.56	6.07	4.83	1.38	1.96	2.96	2.06	1.84
黄瓜	0.28	0.29	0.40	1.80	1.50	0.77	0.88	0.87	0.66	0.68

数据来源：英国皇家国际事务研究所资源贸易数据库

（2）进口情况

伊朗进口产品以谷物、肉类为主。谷物进口主要有大豆、玉米、大米、小麦，肉类进口以牛肉为主。此外，进口农产品还有红茶、棕榈油、大麦、杏仁等。2010年之前，进口呈增长趋势，2010—2016年，进口量在波动中下跌。根据英国皇家国际事务研究所资源贸易

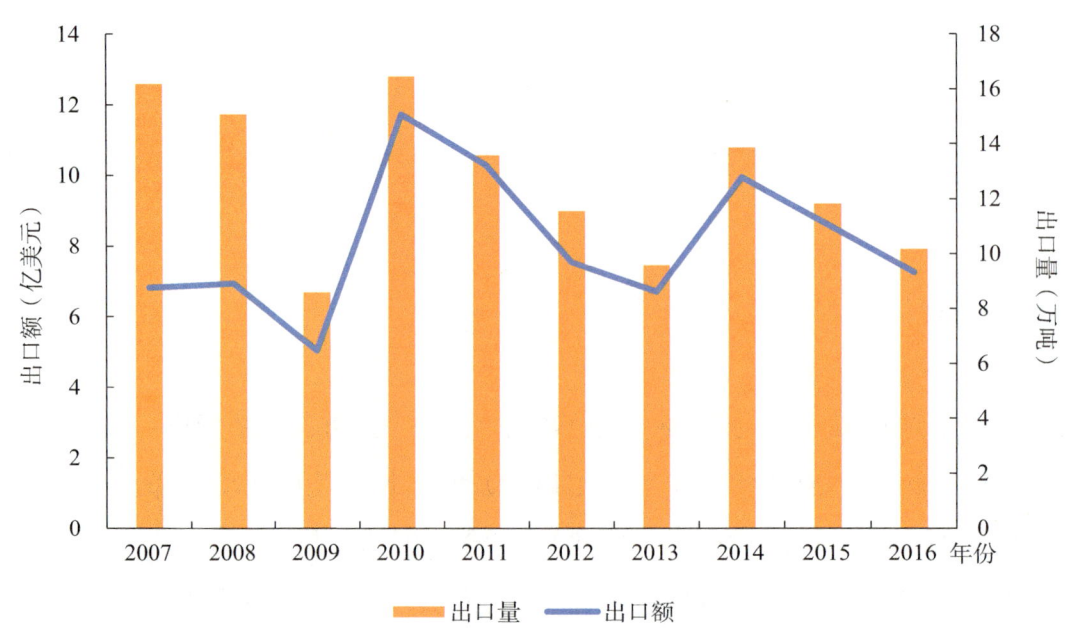

图1　2007—2016年伊朗开心果出口情况

数据来源：英国皇家国际事务研究所资源贸易数据库

数据，2016 年，伊朗进口大豆 13.18 亿美元，玉米 10.03 亿美元、大米 9.07 亿美元、牛肉 4.07 亿美元、小麦 3.19 亿美元（表 11）。

表 11　伊朗主要农产品进口情况　　　　　　　　　　　　（单位：亿美元）

项　目	2007 年	2008 年	2009 年	2010 年	2011 年	2012 年	2013 年	2014 年	2015 年	2016 年
大豆	9.53	9.38	9.29	18.78	27.12	16.23	24.41	14.49	14.41	13.18
玉米	5.79	6.66	5.85	16.47	23.19	12.48	9.84	12.40	9.84	10.03
大米	4.45	11.44	7.47	10.48	11.64	11.84	25.05	13.74	11.47	9.07
牛肉	1.71	3.49	3.46	11.73	10.01	4.76	4.15	3.25	4.03	4.07
小麦	0.31	15.00	9.70	4.68	0.41	17.13	13.06	19.98	6.86	3.19

数据来源：英国皇家国际事务研究所资源贸易数据库

3. 主要贸易伙伴

伊朗重要的农业贸易伙伴有巴西、阿联酋、印度、俄罗斯、阿根廷等。

2011—2015 年，小麦消费的进口份额为 23%，大麦为 29%，大米为 52%，玉米为 71%。伊朗进口的玉米大部分来自巴西，但阿根廷和乌克兰的供应量也在增加。伊朗的大米进口几乎完全来自印度。大豆产品供应商包括阿根廷、巴西和印度。在 2011 至 2015 年期间，小麦进口主要来自澳大利亚、欧洲和中亚地区。伊朗的农产品出口以园艺作物为主，包括坚果、水果和蔬菜。开心果是伊朗最有价值的出口作物，并且与核桃一起，在海外销售的农产品近十亿美元。

从出口来看，2016 年中国香港是伊朗农产品出口的第一大目的地，出口产品 99% 为开心果，出口至中国香港的农产品占伊朗农产品对外出口总额的 13.4%。阿联酋、俄罗斯分别是伊朗第二和第三大农产品出口目的地，分别占出口总额的 12.3% 和 11.7%，其次为德国和印度。从进口看，2016 年巴西是伊朗第一大进口来源国，约占伊朗农产品进口总额的 30.0%。阿联酋和印度是第二、第三大进口来源国，分别占农产品进口总额的 13.9% 和 12.2%。俄国和阿根廷分列第四、第五，分别占农产品进口总额的 6.1% 和 6.0%。

分产品看，2016 年伊朗的小麦进口来源国主要为德国、俄罗斯、哈萨克斯坦、立陶宛和澳大利亚；玉米的进口来源国主要为巴西、俄罗斯、阿联酋和土耳其；稻米主要从印度、阿联酋和巴基斯坦进口。伊朗出口的农产品主要为开心果，占其农产品出口总额的 38.2%，主要出口国家和地区为中国香港、印度、德国、阿联酋和西班牙。

4. 中国与其贸易情况

根据中国海关数据，2017年中国与伊朗的农产品贸易额为3.92亿美元，其中中国对伊朗的出口额为3.60亿美元，进口额为0.32亿美元。2008—2017年，中国出口伊朗的农产品贸易规模不断扩大，出口额从2008年0.73亿美元增加到2017年的3.60亿美元，增长了4.93倍；中国从伊朗进口的农产品以坚果为主，主要是开心果，其变动幅度随进口开心果总额的变化而变化，2010年，开心果进口额达到最高值1.43亿美元，其进口农产品总额达到近几年最高，为1.55亿美元（图2）。

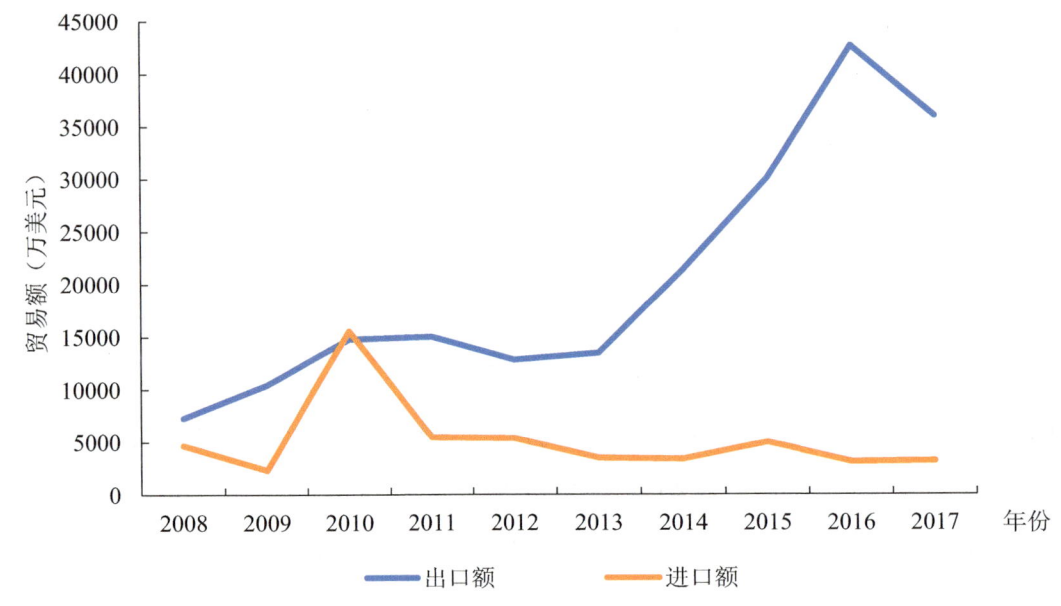

图2 2008—2017年中国与伊朗农产品贸易情况

数据来源：中国海关统计2017

在进口方面，2008—2017年，中国从伊朗进口的农产品以坚果为主。2016年中国从伊朗进口坚果2124.66万美元，占当年中国从伊朗进口农产品总额的68.1%，2017年略有下降，为529.55万美元，占比16.5%。2010年，中国从伊朗进口坚果最多达1.42亿美元，占比当年进口总额的91.7%。2017年，主要进口农产品还有调味香料、水产品、水果和棉麻丝，其中进口占比最大（45.3%）的为调味香料，其次为水产品794.44万美元。2008—2017年，水产品占进口总额比重稳步增长，其中2012年进口额最高，达985.11万美元，占比为18.4%；2013年，棉麻丝进口额占比最高（38.2%），约为1333.46万美元。调味香料在2016和2017年的进口额显著增长，进口额分别为352.63万美元和1451.57万美元，分别占当年总额的11.3%和45.3%（图3）。

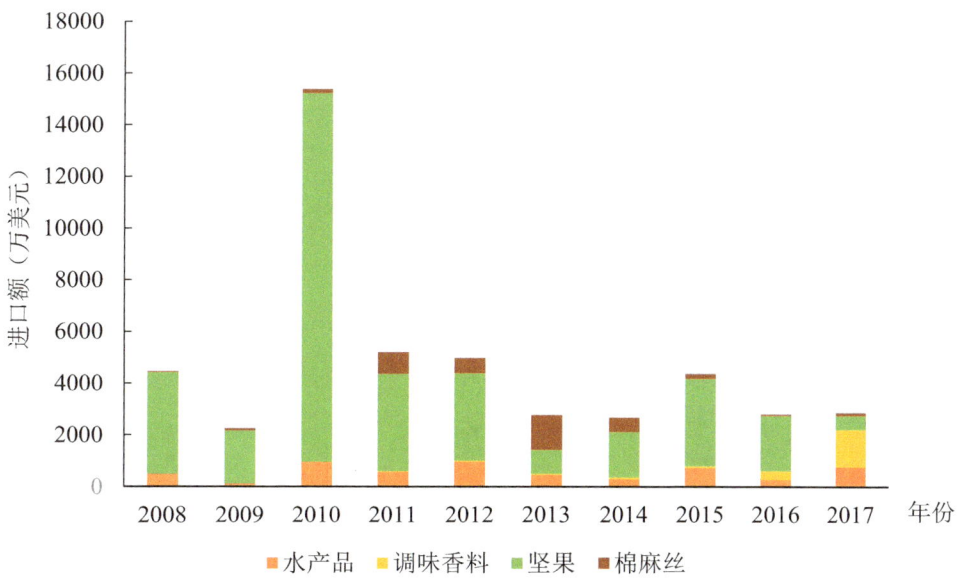

图3 2008—2017年中国从伊朗进口农产品情况

数据来源：中国海关统计2017

在出口方面，中国向伊朗出口农产品以油籽、水产品、坚果为主，此外还有蔬菜、糖料、饮品类，整体呈增长态势。2017年，中国对伊朗出口农产品总额为3.60亿美元，其中，出口油籽1.46亿美元，占当年中国对伊朗农产品出口总额的40.7%；出口水产品0.59亿美元，占当年出口总额的16.5%（图4）。

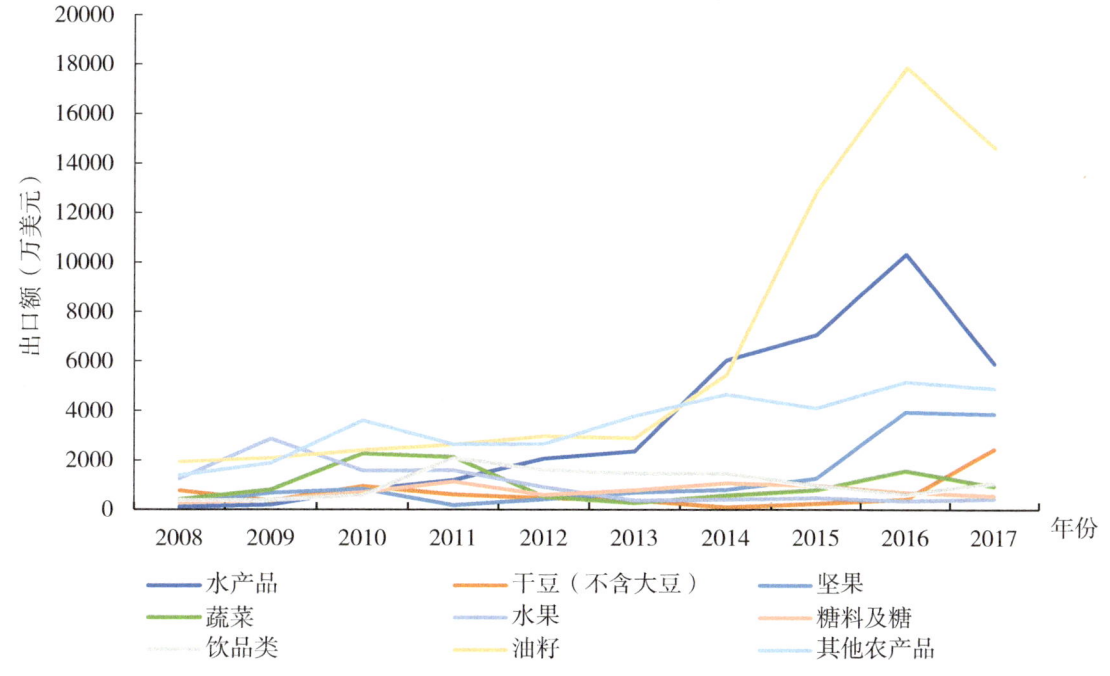

图4 2008—2017年中国对伊朗出口农产品情况

数据来源：中国海关统计

（四）农业科技发展

1. 农业科研机构

伊朗的农业研究体系包括不同部委下的诸多科研机构。主要力量以农业部和大学的相关研究机构为主。

农业部下属的主要农业科技研究机构包括：农业研究、教育和推广机构，农业规划、经济和农村发展研究所等。其中农业研究、教育和推广机构是伊朗最大的农业研究和教育负责机构，监督政府主导的农业研发，包括农业生物技术研究所、农业工程研究院、动物科学研究所、应用高等农业教育研究所、棉花研究所、旱地农业研究所、园艺科学研究所、国际鲟鱼研究所、伊朗渔业科学研究所、伊朗植物保护研究所、国家盐度研究中心、拉齐疫苗和血清研究所、水稻研究所、种子和植物认证和注册研究所、种子和植物改良研究所、丝绸研究所、土壤保持和流域管理研究所、土壤和水研究所、糖种子研究所等。

德黑兰大学农业与自然资源学院是伊朗历史最悠久的农业领域的研究学院，创建于1900年。1917年，学院迁至卡拉季市的索莱曼尼宫。该学院目前包括农业经济与发展学院、农业科学与工程学院、自然资源学院、农业工程与技术学院、国际沙漠研究中心、国际水和环境研究中心和生物技术系。其他具有农业科技研究相关机构的主要高校学院还有伊斯法罕技术大学农业学院、设拉子大学农业学院、伊斯兰阿扎德大学和塔比亚特莫达雷斯大学。

2. 农业科技发展状况

伊朗是传统农牧业国家，具有悠久的灌溉历史，最早的坎儿井的发明，提高了农村灌溉引水效率，促进了农业发展。在巴列维时期推行以工业化带动现代化的改革举措，促进了伊朗城市化进程，却间接阻碍了乡村地区社会与经济的发展。伊斯兰革命后，为满足粮食自给自足，伊朗制定了一系列的政策和措施。但是整体上来说，农业生产与世界平均水平相比较为粗放，农业机械化水平发展缓慢，但逐渐提高。

农业研究、教育和推广机构负责全面管理全国24个国家农业研究机构。其中大多数是以商品为导向的（例如小麦、大麦、玉米、油籽作物、甜菜、大米、开心果、柑橘、椰枣、棉花、渔业、牲畜），而其他则是基于特定的学科（如土壤/水、植物病虫害、农业工程、农业经济）或农业系统（如旱地）。省级政府机构明确区域重点，国家政府机构对具体产品或学科有明确的定位。农业研究、教育和推广机构通过其附属研究机构和中心为可持续的食品、饲料等生产研发适当技术，在农业部门的可持续发展中发挥关键作用。同时负责提供利用自然资源的综合信息。

（五）农业管理体系与政策

1. 农业管理体系

伊朗农业部成立于 1941 年。自然资源部于 1972 年并入农业部，负责粮食、农业生产和农产品进出口等。农业领域的科研机构有力支持了本国在自然资源的合理利用、生产开发与国际合作的研究。农业部负责制定全国农业五年发展计划框架，促进社会经济顺利发展。农业部在全国有 32 个省级机构。

伊朗林业事务由农业部林业和牧业组织负责管理。林业和牧业组织对于农村发展和林农参与森林采伐和造林活动非常重视。1972 年 3 月成立的环境部是自然保护和保护区管理的行政机构。它的职责包括自然保护、野生动物资源管理和污染防治，也参与栖息地管理规章的制定。然而，对现有自然保护法规的贯彻执行能力有限。环境部设有多个部门，负责管理不同的环境事务。公园和野生动物处负责保护区管理，提出保护区建立和保护区划分变化的建议。放牧管理工作由林业与牧业组织和环境部依据相关规章制度共同负责。

2. 农业支持政策

出于粮食安全的考虑，实现农业自给是伊朗农业政策的最重要目标之一。为此，政府出台相关政策扶持农业生产者，保护国内食品（特别是小麦）生产能力，确保农业领域具有充裕的资金。

政府一直以来对农业生产者提供支持的方式包括：对肥料、杀虫剂、饲料、种子、农机以及基本投入（如水和能源）提供补贴。政府扶持政策现在开始逐步转向对生产者提供低息贷款，并且针对畜牧生产者扩大了农业保险理赔范围，以减少直接投入补贴所产生的市场问题。政府为小麦、大米以及其他 18 种作物设定最低收购价，从而确保国内生产者价格明显高于国际价格。政府为国家出资购买小麦提供了固定价格，有效增加了小麦产量。保证价格的小麦购买量从 2013 年的 220 万吨增加到 2016 年的 850 万吨。

政府对消费者提供食用粮食补贴，用于改善儿童营养和减少婴儿死亡率，并取得明显成效。但是近来全球原油价格下跌，政府收入大幅减少，无力维持一度占国内生产总值 3% 的高额食品补贴。目前政府已经停止提供直接食品补贴，开始对家庭提供现金转移补贴。

在贸易方面，政府一直对小麦和大米提供高关税保护，平均税率分别为 50% 和 45%。但当国内生产不能满足时，上述进口税率则取消。在 2007—2008 年发生食品价格危机时，政府就曾对小麦出口实施禁令，以确保国内消费得到充足供应。目前，伊朗农产品出口税率平均为 17%。

伊朗主要的农业生产区分布在水资源较为充沛的里海和波斯湾沿岸平原地带，其余大部分地区都是干旱缺水，不利于农业生产。自 2003 年以来，伊朗政府逐年加大农业扶持力度，支持水利灌溉等农田基础设施建设，加强农业科研、信贷与自然环境保护，改善农耕环境，提高农民生产积极性。

3. 农业发展规划

伊朗政府通过制定"国民经济、社会、文化发展五年计划"，对国民经济的发展进行规划和调控。

（1）"2025 年愿景"，伊朗最高领导人于 2009 年 1 月通过"2025 年愿景"，伊朗的目标是在 2025 年成为该地区在经济、科学、技术领域位列第一的发达国家。

（2）"全面农业政策"，2005 年 7 月伊朗国家利益委员会通过的全面农业政策。

（3）"水务部门全面政策"，1998 年 12 月伊朗国家利益委员会批准的水务部门全面政策。

（4）"第四个五年国民经济、社会、文化发展计划"，2005—2009 年，延长至 2011 年 3 月。

（5）"第五个五年国民经济、社会、文化发展计划"，2011 年 3 月至 2016 年 3 月。

（6）"第六个五年国民经济、社会、文化发展计划"，2016 年 3 月至 2021 年 3 月。

在伊朗政府所制定的第 6 个五年发展计划中，一个重要的目标就是努力减少对原油收入的依赖，吸引更多外国投资，所设定的经济增速目标为 8%。预计伊朗需要吸收的外国投资高达 300 亿～500 亿美元。

2004 年森林山脉和流域管理组织制定了"防治荒漠化和减轻干旱影响的国家行动纲要"，伊朗渔业组织（SHILAT）根据第五个五年计划制定了"农业和渔业发展五年规划"。

"2025 年愿景"提出关键目标是建设一个拥有先进知识的社会，能够在人力资源和社会资本在国家生产中发挥优越作用的同时，创造科学和技术。

解决伊朗的农业结构性问题，需要改进"促进增长和扶贫"政策、流程和机构。需要将透明度、放松管制、更少的寻租方法与对人类发展和社会福利的关注结合起来。提供更公平的私营部门发展机会，加强外部合作，尤其是高科技投资，发展最优贸易制度，提高出口潜力。这些发展政策首先关注的是提高国内和国外市场的竞争力，并消除扩大非石油出口的障碍，在日益依赖人力资源和先进技术的基础上实现经济多样化。

农村地区的收入增长和减贫也是面临的问题。第 5 个五年规划的一项重大创新是逐步减少政府机构的直接作用，增加私营和非政府实体的作用。伊朗政府为农业协会提供财务、法律和培训支持，优先考虑合作社，以促进农业用地的统一管理，解决农田过度分散化的问题。采取措施促进环境保护，恢复自然资源，包括水资源、森林、牧场和流域管理，防治荒漠化等。

自给自足的目标依赖于支持国家生产和出口的补贴的保护体系。这一补贴制度在第 5 个五年规划中进行了修订，更加强调以现金支付形式向消费者提供补贴以及刺激基础设施发展和环境保护的措施，减少各种形式的波动，同时提高国际竞争力。

为了满足伊朗本国水稻的需求，伊朗制定了一项拟在南美国家种植水稻的海外农业计划。该海外农业种植计划的目标产品包括水资源密集型水稻和玉米作物，以及油籽和牲畜等。伊朗农业部部长穆罕默德·霍贾提早前曾表示，伊朗政府计划在多个国家进行总面积达 50 万公顷的农田投资，以确保粮食供应。

三、农业投资环境

（一）国家商业环境

世界经济论坛最新发布的《2017—2018 年全球竞争力报告》显示，全球 137 个国家地区中，伊朗在全球竞争力排名中位列 69 位，处于中间水平。最新的世界银行 2018 年《营商环境便利度排名》显示，在全球 190 个经济体中，伊朗的营商便利度综合排名位于 124 位。在最新发布的《2018 年环境绩效指数（EPI）报告》中，在 180 个经济体的 10 个政策领域共 24 项绩效指标排名中，伊朗位于第 80 位。

在巴列维时期，由于重视工业，经济政策优先发展工业，伊朗对进口农产品实施价格补贴，加上失败的土地改革，对伊朗农业发展产生了较大危害，使得大量人口从农村进入城市，农业产值在国内生产总值中的比重持续大幅下降。伊朗伊斯兰革命后上台的霍梅尼领导的政权，对农业实施积极发展政策，把发展农业作为政府重要任务，重视粮食安全问题，解决长期依赖农产品进口的问题，明确提出农产品特别是粮食要达到自给自足的口号。在经济政策上，确立了政策向农业领域倾斜，通过多种途径扩大对农业投资。伊朗政府一直致力于实现农业自给自足，改变单一石油经济的局限，向经济的多元化发展努力转型。

伊朗目前向 150 多个国家和地区出口产品，而 93% 的出口集中在 20 个国家和地区，即中国、阿联酋、伊拉克、土耳其、南非、印度、阿富汗、日本、巴基斯坦、阿曼、阿塞拜疆、意大利、土库曼斯坦、西班牙、亚美尼亚、德国、泰国、叙利亚和埃及和中国台湾地区，其他 130 个国家仅占伊朗出口产品额的 7%。2016 年伊朗海关数据显示，中国是进口伊朗货物的主要国家。2016 年前 8 个月，伊朗向中国出口货物价值 51.1 亿美元，同比增长 1.8%。其他主要出口目的地包括：阿联酋（43.7 亿美元）、伊拉克（46.9 亿美元）、土耳其（26 亿美元）、韩国（21.4 亿美元）。其中，对韩国出口比去年同期增长 708%。伊朗主要进口来源地包括：中国（64.7亿美元）、阿联酋（46.7亿美元）、韩国（21.4亿美元）、土耳其（17.6亿美元）、德国（14.6亿美元）。来自中国、阿联酋、韩国、土耳其的进口分别比去年同期降低4.8%，10.9%，12.4%和14.243%，而自德国进口同比增长25.2%。

伊朗不是WTO成员国，与所有国家没有关税互惠协议，只在地区经济合作组织之间对特定产品有少量关税互惠协议。伊朗于2005年获得WTO观察员身分，2009年曾向WTO递交政府之贸易政策相关文件，并于2011年回复WTO相关提问。2002年，伊朗政府颁布了《鼓励和保护外国投资法》，后又发布《鼓励和保护外国投资法实施细则》，放宽投资领域和投资方式，使投资方的资金与收益可以自由汇出国外，从而提高了外资在伊朗投资安全度。在国内经济上，伊朗鼓励民营企业发展，降低国有成分在国民经济中的垄断地位，加快经济私有化和全球化融合过程，使经济运行和发展模式逐步合理化。

伊核问题全面协议于2015年10月正式生效。在2015年3月至12月期间，来自欧洲的71个代表团，亚洲的41个团队和非洲的34个代表团密集访问了伊朗。德国向伊朗派出了最多的代表团，派遣了12个经济团体。意大利派出最大的代表团前往伊朗，包括360名成员。

2018年5月，美国总统特朗普宣布退出伊朗核问题协议，并对伊朗进行新一轮制裁后，伊朗重新面临严峻的国际形势。因为自2015年伊核协议签订后，外国公司对伊投资合作显著增加。德国、法国、意大利等欧洲国家与伊朗合作显著增加，西门子、空客等公司在伊核协议签订后开展对伊投资，汽车制造商戴姆勒和石油公司道达尔等企业也开始进入伊朗市场。但在美国退出伊核协定后，受美国对伊重启经济制裁的影响，数家欧洲大型公司不得不放弃在伊朗的投资，以保障其在美国业务不受影响。

更为深远的影响是，因为长期制裁所带来的投资风险，外国对伊投资将更为谨慎，尤其欧洲国家的对伊经济合作将受到巨大冲击。

（二）农业优势与潜力

农业在伊朗国民经济中占有重要地位，由于政府给予农业领域提供积极的财政鼓励政策，农业经济持续增长。伊朗目前农业政策核心是发展现代农业和农业基础设施更新。伊朗主要农产品有小麦、大米、大麦、棉花、茶叶、甜菜、水果、干果、奶制品、鱼子酱、羊毛等。伊朗主要粮食作物产量不足，只能满足其80%需求。为支持本地大米种植和生产，伊朗从2015—2016年起将大米关税从18%提高至40%。伊朗是中东地区主要的干鲜果品生产和出口国，其中，开心果、核桃、柠檬、橘、柑、猕猴桃、无花果和石榴是主要出口产品。

伊朗目前国内政治和经济较稳定，GDP预期将逐步增长，占据西亚中东地区战略位置，与邻近的15个国家市场有密切联系和接近度，能覆盖邻近人口3亿的市场，具有较大的市场潜力、拥有较低的公用事业和生产成本、丰富的自然资源、新的投资立法和财政激励等。

伊朗具有多样性的土地资源和丰富的气候资源，拥有生产多样性农产品的良好条件，伊朗在世界农产品多样性排名第三。据FAO统计，世界农产品结构主要包括66种不同产品，伊朗是世界上能够生产其中15种农产品的前10位国家之一，一年四季都有农产品生产。

伊朗的大陆性气候特点不仅是指该国具有不同类型的气候，还包括显著性气温差异，即：国家在不同地理区域之间温度差异、不同季节温度差异、以及较大的昼夜温差。伊朗有12000种植物，全年平均日照晴天数高达300天。这一特定气候条件，使得伊朗可以在全国范围内种植众多园艺作物，且具有较高质量。如，伊朗的园艺业包括250万公顷的果园，年产量超过1500万吨水果。还有80万公顷的蔬菜作物、花卉和药用植物。此外，伊朗是各种园艺作物的原产地中心，是波斯核桃等特定原生种质资源丰富的国家。伊朗椰枣、开心果、无花果和石榴，在世界上占据第一的位置。因此，伊朗在提高园艺作物的质量和数量方面具有很大潜力，为世界园艺市场提供广泛的园艺产品。

制裁解除后，据伊朗国家统计中心公布的数据，2016年3月至2017年3月期间，伊朗经济增长8.3%，非石油领域增长6.3%。其中，农业领域增长5%，工业（含矿业、制造业、能源和建筑业）增长11.3%，服务业增长7.1%。伊朗在农业产品方面主要包括农产品和园艺产品，以及家禽、畜牧业和渔业产品。农业增长具有较大潜力。

提高伊朗农产品的竞争能力和竞争优势，发展的潜力，可采取如下措施：首先，降低生产成本是伊朗特定农产品竞争优势增长的最重要战略之一。降低生产风险，必须要降低要素价格和总生产价格。其次，汇率上升时，增加对农产品进口的比例，是伊朗特定农产品竞争优势增长的另一个重要因素。最后，通过进口资本货物降低最终价格以及加强培训和教育，提高生产技术来帮助农民。

（三）风险分析

1. 制度风险

总体来讲，伊朗在制裁解除后，国家风险有所改善。伊朗政府逐步推行温和开放政策，加强对外关系，大力吸引外资和引进国外先进技术设备，扩大对外贸及往来和经济合作，发展本国油气工业和其他经济部门，致力于国民经济的恢复和振兴。伊核全面协议的达成将逐步提高伊朗投资吸引力。

2000年伊朗出台法律放宽了外资准入政策，政府尽力优化投资环境以提高吸引外资水平。但伊朗仍存在一定的外部和内部政治风险。

外部政治风险。首先，美国总统特朗普在2018年5月宣布退出伊朗核问题协议，并对伊朗进行新一轮制裁，国际公司对伊朗的投资将变得更为谨慎，伊朗今后的国际经济投资合作会受到影响。其次，持续的政治对抗加重了本国的经济负担。最后，由于30多年的战争，伊朗已经收留了数百万的阿富汗和伊拉克难民，并为难民提供医疗保健教育等保护。随着周边国家的动荡，难民涌入可能还会持续。

内部政治风险。首先，在如何维护伊朗伊斯兰价值观和伊斯兰体制方面，国内各派力量分歧明显，主要表现在对西方的政策方面。其次，伊朗人民对于长期以来高物价、高失业率和经济萧条不满，在伊核问题全面协议签署后，民众对政府改善经济抱有期待，但在过去的两年时间里，民众生活并没有得到显著改善，通胀率达到两位数。

2. 经济风险

面临的经济风险主要源于以下几个方面。

伊朗国内制度体系严格，在投资方面会存在一定阻力。伊朗有严格的雇佣外籍员工条例，程序繁杂。国内绝大部分生活物资、生产资料、消费品等都受到政府价格管制。另一方面，伊朗本国融资成本较高，外国企业难以在当地进行融资。

伊朗里亚尔货币持续贬值风险。2017年1月伊朗里亚尔对美元汇率为32382∶1，2017年12月伊朗里亚尔对美元汇率为35619∶1，2017年全年贬值约10%。2018年1月伊朗里亚尔对美元汇率为36448∶1，2018年6月伊朗里亚尔对美元汇率为42291∶1，2018年仅上半年贬值约16%。如果把观察的时间段拉长到2012年，则可以看到伊朗里亚尔对美元汇率当时为11228∶1，2012—2018年，伊朗里亚尔贬值的幅度很大。伊朗对外汇管制很严厉。现阶段美元等外汇无法自由出入。到伊朗从事工程承包项目一般要求承包商提供融资方案。

3. 基础设施风险

在巴列维时期推行的以工业化带动现代化的改革举措，促进了伊朗城市化进程，伊朗的基础设施获得了一定的发展，但后来两伊战争和长期的经济制裁制约了伊朗的基础设施的发展，整体水平还较为落后。公路是伊朗运输业的骨干力量，90%的运输由公路完成，据伊朗国家统计中心数据，2013—2014年伊朗公路总里程为8.6万千米，其中高速公路2203千米，高速公路建设相对滞后。伊朗与邻国公路连接情况较好，与土库曼斯坦、阿富汗、巴基斯坦、伊拉克、土耳其、亚美尼亚、阿塞拜疆均已有公路连接，陆路运输便捷。2013—2014年伊朗铁路总里程13241千米，以德黑兰为中心向周边放射。伊朗铁路连接土库曼斯坦、巴基斯坦、土耳其。中伊货运班列可以从中国义乌市出发，经哈萨克斯坦、土库曼斯坦抵达伊朗。伊朗机场公司管理伊朗54个机场，其中国际空港13个。但是因制裁，伊朗难以购买西方科技，目前运营的客机老旧，伊朗共有266架客机，在运营的客机平均机龄23年。伊朗海港大部分集中在南部波斯湾，北部的主要港口是里海的安扎里港。基础设施落后短期内依然影响经济增长和企业发展及国外投资。

4. 自然风险

伊朗是一个高原山地相间，东部为盆地和沙漠，农业受自然因素影响较大，农业可用土地的有限供应和缺水是伊朗农业最重要的自然障碍。

伊朗包括湿润、半干旱和干旱地区三种类型。湿润地区分布在里海沿岸，里海东部平原以及扎格罗斯山脉西部和中部地区，年平均降雨量超过700毫米。半干旱地区年降雨量为250～700毫米，大部分为10月至翌年4月。农业生产主要基于休耕/轮作的谷物或豆类单作栽培。干旱地区年降水量不足250毫米。作物生产只能在灌溉条件下进行。主要农业区位于伊朗北部，从西部的阿塞拜疆省到东部的霍拉桑省，大部分主要农作物都是在上述地区生产。伊朗多样化的气候条件适合生产各种农业和园艺作物。

伊朗大陆性气候，国内地形封闭且复杂、气候类型多样、降水少，旱涝灾害频繁造成了伊朗国内植被稀疏。农业生产中92%的农产品依赖水资源，但能灌溉的耕种地仅1/3。农业生产严重受制于气候干旱与降水稀少等不利因素。同时，水利设施不足、农业生产方式偏传统化，也使得可以利用的灌溉水源不足。伊朗虽然耕地面积广，开发利用不高，适宜耕种的土地较少。另一方面，土壤的贫瘠也影响农作物生长和产品质量。

农业生产力不高。水资源紧张，农业机械化水平低，农业劳动力人口减少等因素导致农业生产力增速缓慢。

（四）总体评价

伊朗的农业以种植业为主，农业整体比较落后。伊朗农作物主要包括年度播种作物（食用粮食和饲用粮食）和园艺作物（水果和蔬菜）。小麦、稻米总产量目前无法满足国内需求，需要大量进口。《财经论坛》报道，根据联合国粮农组织发布的最新数据，伊朗2017年谷物产量达到2060万吨，与2016年的1780万吨相比增长了15.3%。2017年伊朗谷物产量位居土耳其之后，居中东第二位。2016年伊朗农产品出口增幅明显，2016年3月到11月，农产品出口量超过380万吨，出口额超过35.3亿美元，分别同比增长25.2%和4.1%。伊朗农业合作发展具有较大的市场潜力。伊朗目前有十大产业对投资有重大吸引力，分别是炼化和石化产业、可再生能源产业、食品加工产业、旅游业、药品及医疗器械制造产业、废物循环及回收利用产业、工业设备制造业、电子设备制造业、现代农业和服务业。伊朗现在有7个自由贸易区30个经济特区。与该地区其他发展中国家相比，伊朗发展了自己的科技基础设施，包括电子商务发展，建立电子商务推广所需的基础设施等。

四、中伊农业合作现状与合作重点

（一）合作现状

1. 合作机制

伊朗在"一带一路"中占据重要节点的地位，是"丝绸之路经济带"与"海上丝绸之路"的交汇点。中伊两国作为具有悠久农业发展历史的大国，有良好的合作历史与合作基础。

习近平主席在2016年对伊朗进行国事访问时，中伊两国宣布建立全面战略伙伴关系。以共建"一带一路"为主线，引领务实合作。中伊两国签署了一系列扩大双边合作的协议，包括古丝绸之路贸易的复兴，涉及投资、建设与发展、自由贸易区领域等诸多领域。两国预期在未来10年将双边贸易额增至6000亿美元。

2014年5月，中伊两国农业部门签订《中伊农业合作备忘录》，双方将加强在蔬菜、水果、其他农产品、农业机械化和种植新技术等领域的合作。

2015年1月，中伊两国农业部部长签署了《中伊农业合作谅解备忘录》。在"一带一路"建设框架下推进四个领域的合作：一是加强高层往来和人员互访，充分发挥中伊双边农业联委会机制作用；二是促进中伊农业投资合作，推动农产品贸易快速发展；三是开拓渔业合作新领域；四是加强能力建设，深化双边农业技术合作。

2016年9月，中伊两国农业部部长就全面深化中伊农业合作交换意见。一致认为两国在完善合作机制、促进科技与人员交流、粮食安全合作、渔业捕捞与投资合作等方面取得了快速发展。一致同意尽早签署《中伊关于推进"一带一路"建设农业合作的协议》，并在此框架下深化两国农业投资与贸易合作，让更多中国企业参与伊朗农业建设与发展，双边贸易更多惠及两国人民。

2017年5月，中华人民共和国农业部（已于2018年改为农业农村部）、国家发展改革委员会、商务部、外交部四部委联合发布《共同推进"一带一路"建设农业合作的愿景与行动》。合作重点是，构建农业政策对话平台、强化农业科技交流合作、优化农产品贸易合作、拓展农业投资合作、加强能力建设与民间交流。合作机制包括加强政府间双边合作、强化多边合作机制作用、发挥重大会议论坛平台作用、共建境外农业合作园区。

2. 农业合作

渔业捕捞。2015年4月农业部批准后，5月浙江台州港"汉荣117"等6艘远洋渔船前往伊朗海域从事远洋捕捞作业，成为两伊战争结束后国内首批赴伊朗海域的远洋捕捞船队。2016年7月中国农业部在访问伊朗期间表示将向伊朗渔业养殖业投资30亿美元，投资主要在伊朗南部格什姆岛以及阿巴斯港。2016年9月，韩长赋与霍加迪共同签署了中伊农业部关于加强渔业合作的谅解备忘录等文件。2017年10月山东省威海市5艘远洋渔船赴伊朗南部海域阿巴斯港从事单拖捕捞作业，扩大远洋渔业作业区域，有力带动与"一带一路"沿线国家的渔业合作。

检验检疫合作。2016年中伊两国农业部长签署中伊政府间关于动物卫生及动物检疫的合作协定。

粮食安全合作。中国是稻米生产大国，伊朗需要水稻种植方面的技术满足其国内需求确保粮食安全，两国在水稻育种和技术推广方面有很好的合作前景。

农机和农业技术合作。中国在土壤改良、节水灌溉、育种栽培、小型农机具、农产品深加工等方面具有适宜伊朗当地农业环境的实用农业技术，都可在伊朗进行推广。通过科技交流、人员培训、共建联合实验室、示范园区等形式开展农业技术合作，提升伊朗农业科技与装备水平，为农业合作奠定基础。

就农业产业和技术而言，伊朗亟待中国干果业、食品加工、海产加工业等优势行业涉足于伊朗，带动伊朗农业农产品产业市场化和技术现代化。

3. 贸易合作

中国是伊朗的第一大贸易伙伴、伊朗石油的第一大买家。中国海关发布数据显示，2017年中伊贸易额为371.8亿美元，较上年增长19%。中国对伊出口185.99亿美元，同比增长13.3%；中国自伊朗进口货物185.79亿美元，同比增长25%。

随着中伊两国贸易的发展，经济互补性日益增强。中国目前很多企业具有国际先进技术和管理经验，迫切希望能"走出去"，参与国际合作。伊朗拥有丰富的资源，希望加快资源开发，加强基础设施建设。伊朗较为缺乏先进技术、设备和管理人才。双方具有较强的合作互补基础。伊朗劳动力素质近年提高较为显著，劳动力资源丰富，但是高失业率是伊朗当前重大社会问题。截止到2016年第三季度，伊朗年轻人失业率达三成。在很多工厂项目中，伊朗缺乏高级工程师等技术人员。在伊工程项目中，本地劳工与外国劳工的配比一般不能低于3∶1。

可积极利用"一带一路"建设贸易便利化措施，优化农产品贸易环境，加强农产品贸易通关合作；建立出口农产品生产基地，推动农产品加工贸易发展，并借助伊朗的地理位置优势，辐射周边国家，挖掘贸易新增长点。

4. 投资合作

《2016年度中国对外直接投资统计公报》数据显示，截至2016年年末，中国对伊朗直接投资存量33.31亿美元。目前，伊朗已成为中国在海外工程承包、技术和成套设备出口最主要的市场之一。目前在伊朗的中资企业超过100家，大部分从事对外工程承包项目跟踪和开发，涉及领域包括油气开发、高铁、地铁、钢铁有色、电力、化工、矿业、通讯和汽车、摩托车、家电组装等，竞争较为激烈。奇瑞公司投资建设的中伊汽车工业园，成为伊朗第一大外资汽车企业。近期伊朗第二大汽车制造商赛帕公司计划扩大与华晨汽车、长安汽车的合作，加速成为伊朗最大的汽车制造商。

在农业投资方面，需要拓展农业机械、温室作物栽培、农产品深加工与包装、渔业养殖业等领域合作，建设境外经贸合作区等产业园区合作新模式，提升农业投资合作水平。

（二）合作潜力

1. 合作基础

2016年1月，习近平主席在《伊朗报》发表了题为《共创中伊关系美好明天》的署名文章，强调了中伊两国将建立全面战略伙伴关系，深化双方在上海合作组织、亚信、联合国等多边框架内合作，不断增进政治互信，丰富战略关系内涵。中伊两国将在政治、经济、文化等进行全方位的合作。

（1）两国农业发展互补领域多

中伊两国经济互补性日益增强，两国都是拥有悠久农业发展历史的国家，在科技发展水平上各有优势。伊朗的农业先进技术、设备和管理人才相对匮乏，农业发展又受制于干旱水资源匮乏与水资源污染等问题，这些方面中国有较多的经验和技术，可以借鉴和利用。在农业基础研究，比如水稻研究上，中国处于领先地位。伊朗有大量干果制品的出口，中国在食品加工、包装、农产品市场化方面也较有经验。2015年7月，伊朗开放热带水果进口。伊朗农业部宣布对香蕉、菠萝、椰子和芒果进口将不设置任何限制，以防止水果进口垄断。除伊朗本国不能出产的热带水果外，伊朗农业部禁止任何其他水果进口，以保护本国农民和供应商。

（2）中伊贸易关系重要

中国是伊朗最大的贸易合作伙伴国和海外出口目的地。中伊双边经贸合作，市场潜力大、互补性强。中国自伊进口商品主要包括：原油（占中国自伊进口额的一半以上）、石化产品（甲醇、乙醇、乙醚、二甲苯、聚乙烯等）、矿产品（铁矿砂、铜矿砂、铅锌锭、大理石等）以及食品（开心果、藏红花等）。中国对伊出口商品主要有：机械设备、电子产品、石化产品、钢材建材、轻工产品等，中国继续保持伊朗第一大贸易伙伴。

2018年6月，中国商务部发言人针对中国与伊朗经贸合作关系的前景介绍，中伊两国一直保持正常经贸往来，2018年1—4月，中伊双边贸易额132.1亿美元，同比增长了9.3%。

2018年5月，中伊铁路全线贯通，全程8352千米的铁路运输网，从中国内蒙古出发、途径哈萨克斯坦、土库曼斯坦，最终到达伊朗首都德黑兰，成为中伊两国贸易的坚实基础设施。该铁路运输线路意义重大，标志着中国与欧洲的贸易线路正式开通，惠及铁路沿线周边国家。

（3）中伊的投资领域不断拓宽

伊朗吸引外资力度加大，投资环境更加开放。中国企业在伊投资考察和合作规模不断增加，领域也逐渐拓宽。近两年来，中国对伊直接投资增长迅速，特别是中国私营企业对伊投资热情高涨。中国在伊朗本地合资合作设立了石化炼厂、陶瓷制造厂、汽车制造厂、地铁车辆组装、智能水电表组装厂、节能灯具制造厂等多个工业领域内的生产制造型企业。中伊合资合作工厂带动了中国制造的成套设备和组装零部件对伊出口。中伊产业园区项目稳步推进，成为中伊投资新亮点。

2. 合作前景

把握"一带一路"建设的历史机遇，积极推进中伊两国多方面的合作发展，推进中伊两国农业产业发展合作，努力健全政策和资金支撑体系，改善优化合作环境，多渠道、宽领域地开展中伊两国农业合作，促进中伊两国共同发展。

（1）加强粮食安全方面的合作交流

中国和伊朗共同面临粮食安全问题。伊朗的农业发展致力于满足粮食的自给自足，但是由于气候问题、水资源紧张且效率低、农业投资不足等，伊朗目前粮食还需要进口，粮食安全面临比较严峻的问题。中国可以与伊朗在农业技术、节水灌溉等基础设施、水资源保护利用、水稻小麦种植技术研究等方面加强合作。伊政府计划在多个国家进行总面积达50万公顷的农田投资，以确保粮食供应。伊朗农业部馆员称伊朗在推进其海外农业种植计划，目标产品包括水资源密集型水稻和玉米作物，以及油籽和牲畜投入品。

（2）充分发挥两国农用机械、化肥、农药、种子等优势

伊朗需要提高农业生产力，改善灌溉系统，通过采用高产和抗旱的新品种、新型农业机械、化肥、农药等资料，加强投入，从而提高整个伊朗农业产量。伊朗目前的农业技术比较落后，农业机械化使用水平较低，降低了农业生产效率和产量。制裁期间，农业机器磨损严重，许多农场没有实施机械化，伊朗农民使用过时的农业技术。农民广泛使用的是本国生产的拖拉机和农业机械，但这些农机制造商不能有效采用农机领域的新技术。伊朗农业部门需要全面的现代化和最新技术的更新。伊朗非常需要能够减少自然资源（特别是水）消耗的现

代系统和技术，从而提高农业生产率。中国可通过与伊朗的农业合作，向伊朗出口农机产品，包括灌溉系统、输水管道、控制单元、有机栽培设备和收集回收废水的系统。此外，畜牧业、温室技术、水稻栽培机械和园艺工具也有需求。

（3）扶植外向型农业企业投资伊朗

伊朗具有渔业养殖业、水果蔬菜的优势。中国可以扶植一批在这方面具有竞争优势的农业企业或企业集团，作为中伊两国农业合作的主力军。中国企业可以在中伊农业部关于加强渔业合作的谅解备忘录的指导下，开发伊朗海域的渔业资源。伊朗具有多样性农产品生产的地理气候环境优势，中国企业还可以利用当地农业资源进行生产，以伊朗为中心，辐射周边中东地区国家。

（4）广泛开展科技交流与培训项目

开展农业科技人才交流与培训合作，加强先进农业技术交流，合作开展动植物疫病疫情监督和控制。组团调研考察，参加农业科技展会，开展学术交流，举办学术会议以及举行培训等。

（三）合作重点

1. 重点领域

（1）科技合作

在科技合作方面，农业技术推广包括农业生产资料与生产技术、农业机械化、水资源利用、农作物种植、温室作物开发研究、农业管理技术、农产品生产深加工技术等。比如，伊朗每年需进口大量稻米满足国内粮食需求。据2018年6月《人民日报》报道，袁隆平带领中国研发团队在阿联酋迪拜热带沙漠实验种植水稻初获成功，最高亩产超过500千克，这是全球首次在热带沙漠成功实验种植水稻。将为中国沙漠水稻在中东地区展开技术合作奠定基础。伊朗由于干旱缺水，其温室作物开发研究也有很大的市场，在作物种植和栽培技术方面可以开展合作。有机农业也是伊朗目前考虑的一个方向，调整农业结构，提升农作物品质，这方面与中国农业结构侧改革有相同需求。伊朗的特色农产品也可以引进到我国，用于发展中国的农业生产。

（2）投资合作

中国目前正在稳步推进"一带一路"建设，如何"走出去、引进来"以提高竞争力和农业生产的经济效益则是中国农业当前必须解决的重要问题。2016年度中国对伊朗直接投资存量为33.3亿美元。在农业渔业养殖业继续投资合作，农业生产、农产品加工、食品加工等方面，具有投资潜力，提高产品质量，实现可持续发展。2017年，伊朗农业部表示前9

个月的农业领域完善直接投资 5.9 亿美元，大多数在温室、笼养鱼和畜牧业。新一轮灌溉制度五项计划，农业土地排水计划、农地土地作业实施、养殖鱼笼、建设温室复合基础设施，其中优先圣哈密达省项目实施。

伊朗已经建立了若干自由贸易区，免除关税。伊朗具有毗邻阿富汗、土耳其、伊拉克和其他中亚国家的地理优势，可以拓展中亚地区巨大的区域市场，扩大潜在市场。

（3）贸易合作

中伊两国可以在如下领域重点开展贸易合作：一是农业生产资料贸易。包括农业机械（特别是中国生产的小型农业机具）、化肥、农药。二是农产品贸易。中伊两国的农业各具特点，农产品贸易具有一定的互补性。伊朗在农产品干果等方面很有潜力，其开心果，藏红花和椰枣等产品在世界范围内享有声誉。

2. 重点产业

在农业方面，可以与伊朗进行合作的产业有农作物栽培育种、食品加工与包装产业、农业机械制造业、有机农业、捕捞养殖业、农业电子商务等。

伊朗农业经济发展领域的重要计划之一是温室作物的发展。鉴于伊朗国家气候和水资源短缺现状，温室作物对于节约用水和保护产品免受气候条件的影响非常重要。温室开发在减少用水量方面发挥重要作用，可以将蔬菜等转移到温室生产。中国可以与伊朗在上述产业进行引进开发或者在提高产量优化品质上加强合作。同时，在灌溉节水设施上，也可以合作共同开发。

水稻育种种植的合作上有巨大的市场和潜力。中国在沙漠水稻种植上拥有科技优势，可以与伊朗在此进行合作，提高伊朗本国粮食的生产量，满足本国的粮食安全的战略需求。

渔业捕捞业的合作与投资，充分利用伊朗的丰富的渔业资源，扩大中国远洋渔业作业区域，带动整个"一带一路"沿线国家的渔业合作。

农作物、食品加工包装的合作。伊朗有大量干果制品出口，中国在食品加工、包装和市场化方面经验丰富，可以与之进行合作，并以此为抓手，扩大在中东地区的品牌和市场影响力。

有机农业方面的合作。中伊两国都有农业供给侧改革的需求，在有机农业方面有共同的市场和发展潜力。

农业电子商务的潜力。伊朗拥有巨大的电子商务的潜力，现在是亟待开发的市场，中方企业可以早日布局和规划，结合中国现有的农业电子商务的经验，合作前景较好。

农资方面的合作。伊朗的土壤较为贫瘠，需要种子、化肥、农药等农业生产资料，我国可以与之在这些方面进行合作。

在农业机械设备上产业合作。中伊合资合作工厂将可以带动中国制造的成套设备和组装零部件对伊出口。

五、中伊农业合作建议

伊朗与中国以及"一带一路"沿途诸国的合作，将会在重建欧亚大陆国际秩序中扮演重要甚至关键的角色。总体上看，中伊两国农业在科技合作、农业渔业和农产品共同开发上，合作潜力大，尤其是随着伊核协议的签订，伊朗经济有望得到进一步发展，中伊两国合作空间将不断拓宽。特别是2016年中伊两国宣布建立全面战略伙伴关系后，两国在多领域的合作上取得丰富成果，交流日益密切。两国关系具有深入发展的潜力。但是，同样也要看到近日美国宣布退出伊核问题协议，并开始新一轮制裁后，国际形势有一定的不确定性，中国与伊朗的农业合作将还需要讲究方式方法和一定的灵活性。

（一）加大政府间农业合作交流和务实推进

近几年中伊两国政府高层多次互访，2018年6月习近平主席同伊朗总统鲁哈尼举行会谈，习近平主席强调中伊双方加强各层级交往，要以共建"一带一路"为主线，引领务实合作，以增进中伊友好为目标，深化人文交流合作。

中伊两国的农业发展以两国部长签署的《中伊农业合作谅解备忘录》为基础，落实《共同推进"一带一路"建设农业合作的愿景与行动》。应充分利用"一带一路"的推进作用，为农业走出去提供相应的政策服务，补充和修订相应的法规，努力完善合作的政策，解决目前合作中存在的各种现实问题。积极搞好规划统筹，拟定相应的目标，分阶段、分重点地展开工作。

（二）建立投资合作保障机制

国家间农业合作离不开投资合作机制的保障。中伊两国各级政府部门应进一步落实两国间签署的系列合作交流协议、投资合作方式，在双方互利互惠的基础上，鼓励企业间展开农业合作，促进两国农业合作的进一步发展。中伊两国政府在保证农业招商引资政策稳定性和连续性的基础上，优化投资环境促进农业合作，制定配套优惠政策，为相互农业投资提供便利，为两国农业企业投资营造良好的政策环境。

（三）强化科技人才合作交流与培养

科技发展与人才培养是国家间农业合作的重要推动力。基于中伊两国的农业科技发展合作的巨大潜力，以科技合作为突破口推进农业合作。伊朗的科技研究基础较好，农业相关的机构和组织比较完善，具有农业科研上的合作基础。

伊朗劳动力资源丰富，但是缺乏高级工程师等技术人员和高级管理人员，可以通过高等院校、研究所或企业合作的形式定向培养，或者通过相互引进高层次人才实现互补，从而为实现两国农业由劳动密集型投资向技术密集型投资转变提供智力支持。

（四）建立多样性农业合作模式

贸易是两国最早推动农业合作的主要方式。中国从伊朗进口的农产品主要是坚果、水产品。中国出口伊朗的主要是油籽、水产品。合作开发农业渔业海洋资源，加强在水稻、小麦等方面的涉及粮食安全问题的农产品上的合作，同时在农产品加工和食品加工等领域展开合作，逐步提高进出口农产品的科技含量和附加值。在两国都有共同需求的有机食品贸易的发展上，可以进一步合作开展有机食品技术、温室作物和灌溉设备技术开发及应用技术的研究，建立以规模大、技术含量高、带动力大的农产品加工基地，满足日益提高的消费市场需求。

参考文献

董战峰，郝春旭，李红祥，等.2016.2016年全球环境绩效指数报告分析［J］.环境保护，44（20）：52-57.
杜林泽.2016."一带一路"中的伊朗地位及中伊合作［J］.外国问题研究，（3）：66-75，119-120.
高婧.2018.伊朗农业发展现状与展望［J］.粮食科技与经济，43（1）：118-20.
葛慧，周永东，陈峰，等.2017.中国和伊朗双边渔业合作前景研究［J］.中国渔业经济，（5）：4-11.
韩少卿.2008.新时期伊朗投资环境及中国对伊朗投资战略研究［D］：西南大学.
侯瑞峰.2017.伊朗伊斯兰革命后的乡村社会发展情况研究［J］.开封教育学院学报，（8）：11-12.
徐晓云，杨兴礼，刘敏.2009.伊朗粮食安全的地理影响因素［J］.全国商情（经济理论研究），（4）：10-11.
喻发美，陈俊华，刘雪莉，等.2016.伊朗地理环境对农业发展的制约因素及对策［J］.世界农业，（9）：194-199.
张超.2013.伊朗水资源管理模式对我国的启示［J］.中国国情国力，（10）：56-58.
郑淑娟.2011.2010年伊朗开心果的出口占据国际市场［J］.世界热带农业信息，（5）：19.

伊拉克

伊拉克拥有悠久的历史与灿烂的文化，兴起于美索不达米亚平原之上的古巴比伦王国，是古代四大文明发源地之一。但由于受到两伊战争、第一次海湾战争、第二次海湾战争影响，伊拉克经济受到重创，农业生产几乎停滞。战后的伊拉克政府根据自身发展需要，制定农业政策，吸引投资，推动农业科技发展。目前，伊拉克农业尚未实现自给自足，每年进口大量农产品。中国是伊拉克的主要农业合作伙伴之一，中伊两国农业合作潜力较大。中国可以尝试在伊拉克建立农业产业园区，开展旱作农业技术、节水灌溉技术、土壤改良技术等方面的技术合作。

一、国家基本概况

（一）自然地理与人口状况

伊拉克属于西亚，地处阿拉伯半岛东北侧，国土面积为43.7万平方千米。伊拉克的西南部地区属于阿拉伯高原，东北地区属于库尔德山地，西部属于沙漠地区，自高向低往东部平原延伸；高原与山地的中间地带是占国土大部分的美索不达米亚平原，该平原绝大部分海拔不足100米。幼发拉底河和底格里斯河自伊拉克的西北地区向东南平原地区贯穿全境，两条河流在库尔纳交汇为夏台阿拉伯河，最终注入波斯湾。伊拉克国土的东南端是频临波斯湾的狭窄的出海口，其海岸线长度大约为60千米，但领海宽度仅12海里。伊拉克北部与土耳其接壤，南边分别与沙特阿拉伯、科威特相邻，东侧为伊朗，西部为叙利亚和约旦。

近几年，伊拉克人口增长较快。2017年伊拉克人口增长超过了往年的平均值，全国人口已经达到了3713.95万人，15～49岁的育龄妇女生育率约为3.96。目前伊拉克男性的平均寿命71.5岁，女性平均寿命75.4岁。

（二）政治与经济状况

2006年10月11日伊拉克议会通过联邦制法案确立为联邦制国家。该法案规定伊拉克设总统委员会（由1名总统和2位副总统组成）、总理府（由若干名部长内阁组成）和议会（由325名议员组成），以总理为首的部长内阁是伊拉克实际权利的拥有者。目前，伊拉克政府机构主要由总理、副总理领导的内政部、国防部、国家安全事务部、财政部、石油部、外交部、通讯部、建设部、文化部、电力部、教育部、人权部、工业与矿产部、劳动和社会事务部、贸易部、交通部、水资源部、铁道部等相关政府部门组成。全国下辖18个省，分别是：安巴尔、巴格达、杜胡克、卡迪西亚、尼尼微、瓦西特、巴士拉、巴比伦、萨拉赫丁、穆萨纳、济加尔、纳杰夫、米桑、卡尔巴拉、迪亚拉、埃尔比勒、基尔库克、苏莱曼尼亚。

伊拉克是一个以阿拉伯人为主的多民族国家，其中阿拉伯人约占78%，库尔德人约占15%，其余为土库曼人、亚美尼亚人等。什叶派穆斯林约占60%，逊尼派穆斯林约占18%，官方语言是阿拉伯语和库尔德语。伊拉克居民中95%以上信奉伊斯兰教，少数人信奉基督教等其他宗教。

2017年伊拉克国内生产总值（GDP）约为1868亿美元，人均约为GDP 4958美元，外汇及黄金储备466亿美元。伊拉克原油储量排名世界第四，排在委内瑞拉、沙特阿拉伯和伊朗之后。伊拉克经济高度依赖于石油产业，石油经营收益是政府财政预算的主要来源。随着石油工业的复苏，伊拉克经济近年来上升势头良好。

二、农业发展现状

（一）农业资源条件

伊拉克常年受西北风影响，冬季多雨凉爽，空气湿润，最低气温在0℃左右。夏季高温干燥，最高气温可达50℃以上。年平均降雨量由南至北逐渐增加，从100毫米增至500毫米，北部山区可达700毫米。伊拉克的可耕地面积占国土总面积的27.6%，主要集中在底格里斯河和幼发拉底河之间的美索不达米亚平原。农业用水严重依赖地表水，灌溉农业已有数千年历史。

伊拉克农业人口占全国总人口的1/3。主要农产品有小麦、黑麦、大麦、稻米、棉花、烟草、温带水果与椰枣等，粮食不能自给。椰枣出口量居世界首位。畜牧业主要分布在东北部地区，家畜有牛、羊、驴、马，西南部干旱高原上以游牧业为主。

（二）农业生产情况

1. 农业产值规模及构成

2016年伊拉克农业总产值，以当期美元价格计算为34.73亿美元，其中谷物总产值为16.70亿美元，作物总产值为27.58亿美元，畜牧业总产值为7.15亿美元。伊拉克农业总产值不高，且在经济总产值中的比重也较小。由于伊拉克严重依赖石油经济，加上自身农业生产条件的限制，农业在伊拉克是弱势产业。

2. 主要农产品产量

伊拉克的农产品生产受到当地自然地理条件、饮食习惯和宗教文化的影响很大，主要农产品是粮食、畜产品、蔬菜和水果。伊拉克主食消费以小麦、大麦等面食为主，喜欢吃鸡肉、鸡蛋和牛羊肉。

2007—2016年，伊拉克种植的农产品主要包括：谷物、水果、蔬菜、豆类、油料、棉花和烟叶等。10年间，累计产量排名前10位的农作物依次为小麦、番茄、大麦、椰枣、马铃薯、玉米、茄子、黄瓜、西瓜、水稻。其中，小麦累计产量最大，为2870.97万吨，是伊拉克第一大农产品。椰枣累计产量为581.26万吨，是伊拉克第一大水果（表1）。

表1 2007—2016年伊拉克主要农作物累计产量排名 （单位：万吨）

排名	品种	累计产量
1	小麦	2870.97
2	番茄	786.16
3	大麦	772.23
4	椰枣	581.26
5	马铃薯	392.12
6	玉米	357.84
7	茄子	354.74
8	黄瓜	349.19
9	西瓜	344.57
10	水稻	271.19

数据来源：FAOSTAT

2016年，伊拉克小麦、水稻、大麦、玉米、马铃薯、番茄、黄瓜、茄子、西瓜、椰枣的产量分别为305.29万吨、18.13万吨、49.92万吨、25.95万吨、19.07万吨、28.66万吨、9.15万吨、10.25万吨、19.20万吨和61.52万吨。与2007年相比，仅有小麦和椰枣的产量有所增长，小麦产量增长了38.6%，椰枣产量增长了42.8%；而水稻、大麦、玉米、马铃薯、番茄、黄瓜、茄子、西瓜的产量有所下降，其中，黄瓜的下降幅度最大，为78.3%（表2）。

表2 2007—2016年伊拉克主要农作物产量 （单位：万吨）

年份	小麦	水稻	大麦	玉米	马铃薯	番茄	黄瓜	茄子	西瓜	椰枣
2007	220.28	39.30	74.80	38.40	59.80	95.50	42.23	29.15	57.75	43.09
2008	125.50	24.82	40.40	28.80	34.88	80.24	38.10	40.61	45.57	47.63
2009	170.04	17.31	50.15	23.81	22.31	91.35	42.09	39.62	32.67	50.70
2010	274.88	15.58	113.72	26.67	20.46	101.32	43.19	38.74	30.42	56.77
2011	280.89	23.51	82.02	33.57	55.74	105.95	49.56	45.21	34.05	61.92
2012	306.23	36.13	83.20	50.34	58.60	76.84	41.37	42.23	40.63	65.55
2013	417.84	45.18	100.32	83.13	64.73	90.38	40.56	51.09	41.60	67.61
2014	505.51	40.30	127.78	28.93	40.23	77.06	27.30	43.43	30.03	66.24
2015	264.51	10.92	49.92	18.23	16.29	38.87	15.63	14.42	12.64	60.23
2016	305.29	18.13	49.92	25.95	19.07	28.66	9.15	10.25	19.20	61.52

数据来源：FAOSTAT

2007—2016年，累计产量排名前十位的畜产品依次为牛奶、鸡肉、绵羊奶、鸡蛋、黄牛肉、绵羊肉、水牛奶、山羊奶、山羊肉、水牛肉。其中，牛奶累计产量最大，为220.53万吨，是伊拉克第一大畜产品（表3）。

表3 2007—2016年伊拉克主要畜产品累计产量排名　　　　　　　　　（单位：万吨）

排　名	品　种	累计产量
1	牛奶	220.53
2	鸡肉	73.60
3	绵羊奶	60.58
4	鸡蛋	47.05
5	黄牛肉	44.84
6	绵羊肉	42.86
7	水牛奶	27.33
8	山羊奶	17.48
9	山羊肉	10.87
10	水牛肉	5.20

数据来源：FAOSTAT

2016年，伊拉克黄牛肉、牛奶、水牛肉、水牛奶、绵羊肉、绵羊奶、山羊肉、山羊奶、鸡肉、鸡蛋的产量分别为3.78万吨、23.65万吨、0.32万吨、3.33万吨、4.59万吨、5.68万吨、1.02万吨、1.58万吨、8.7。万吨和4.54万吨。与2007年相比，黄牛肉、牛奶、水牛奶、绵羊肉、绵羊奶、山羊肉、鸡肉、鸡蛋的产量有所增长，水牛奶产量增长了40.7%，牛奶产量增长了38.2%，这两种产品增幅较大；而水牛肉和山羊奶的产量有所下降，其中，水牛肉的下降幅度最大，为13.4%（表4）。

表4 2007—2016年伊拉克主要畜产品产量　　　　　　　　　　　　　（单位：万吨）

年　份	黄牛肉	牛　奶	水牛肉	水牛奶	绵羊肉	绵羊奶	山羊肉	山羊奶	鸡　肉	鸡　蛋
2007	3.12	17.11	0.37	2.37	3.72	5.48	0.95	1.75	8.10	4.04
2008	4.30	17.48	0.90	2.46	4.40	5.50	1.06	1.78	4.90	4.58
2009	4.75	22.00	0.75	2.30	4.00	6.00	1.12	1.82	3.41	3.53
2010	5.00	22.60	0.61	2.49	4.20	7.24	1.16	1.77	5.28	4.63
2011	5.01	23.30	0.58	2.72	4.40	5.58	1.14	1.88	8.72	5.09
2012	5.03	23.49	0.65	2.95	4.72	7.40	1.15	2.00	8.79	5.30
2013	5.13	23.80	0.36	2.48	3.73	6.36	1.16	1.80	10.10	5.40
2014	4.53	23.50	0.35	3.07	4.54	5.65	1.10	1.54	7.00	5.40
2015	4.20	23.60	0.33	3.16	4.56	5.68	1.02	1.56	8.60	4.54
2016	3.78	23.65	0.32	3.33	4.59	5.68	1.02	1.58	8.70	4.54

数据来源：FAOSTAT

3. 主要农业产业布局

伊拉克根据地形和气候等因素，对农业产业进行布局。两河流域是最重要的农业区，占国土总面积的50%以上，即美索不达米亚平原。由于两河的灌溉，沿河地带发展了农业，但两河水位年际变化极大，常造成干旱与洪水泛滥，近年来伊拉克兴建了一些水利设施，著名的巴迪塔水库，对农田灌溉十分有利，主要农作物有小麦、大麦、椰枣、水稻、棉花、烟叶、蔬菜、果树等。椰枣主要分布在两河下游和阿拉伯河两岸，远销50多个国家。西北部库尔德山区，冬季受西风影响，降水较多，属半湿润地中海气候，植被以草原为主，且有森林分布，种植谷类、烟叶、水果，农田多分布谷地，畜牧业也有一定地位，产牛、羊、驴、马等。伊拉克政府着重推动该区域的畜牧业发展。西南部干旱的高原则以游牧业为主。

（三）农产品贸易情况

1. 主要农产品贸易规模

2007—2016年，伊拉克农产品贸易以进口为主，累计进口总额为497.46亿美元，进口额最大值出现在2011年，为63.57亿美元；进口额最小值为2007年的22.33亿美元。进口额总体上呈现先上升后下降的趋势。伊拉克农产品出口额相对较小，2007—2016年平均出口额为1.55亿美元，2014年出口额最大，为2.26亿美元，出口额的最小值为2007年的0.63亿美元。

2007—2016年，伊拉克农产品贸易总额均值为51.1亿美元，最大值为2011年的64.55亿美元，最小值为2007年的22.96亿美元。伊拉克农产品对外贸易持续逆差，年平均逆差额为48.39亿美元（表5）。

表5 2007—2016年伊拉克农产品贸易情况 （单位：亿美元）

年 份	出口额	进口额	总 额	差 额
2007	0.63	22.33	22.96	-21.71
2008	0.93	40.37	41.30	-39.44
2009	0.70	43.32	44.02	-42.62
2010	0.68	54.39	55.06	-53.71
2011	0.98	63.57	64.55	-62.60
2012	2.10	59.58	61.68	-57.47

(续表)

年份	出口额	进口额	总额	差额
2013	2.08	61.80	63.88	-59.72
2014	2.26	60.40	62.66	-58.13
2015	1.60	47.05	48.65	-45.45
2016	1.59	44.65	46.24	-43.06

数据来源：联合国贸易数据库

2007—2016年，伊拉克累计贸易额排名前十的农产品依次为：谷物，园艺产品，乳制品、鸡蛋和蜂蜜，肉类，糖，油籽，烟草和香料，豆类，其他农产品，块根和块茎。其中，谷物贸易额占比最大，为32.0%（表6）。

表6 2007—2016年伊拉克累计贸易额排名前十的农产品

排名	产品	贸易总额（亿美元）	占比（%）
1	谷物	163.61	32.0
2	园艺产品	94.12	18.4
3	乳制品、鸡蛋和蜂蜜	82.58	16.2
4	肉类	56.28	11.0
5	糖	43.16	8.5
6	油籽	34.61	6.8
7	烟草和香料	11.36	2.2
8	豆类	7.77	1.5
9	其他农产品	5.95	1.2
10	块根和块茎	4.15	0.8

数据来源：联合国贸易数据库

2007—2016年，伊拉克累计出口额排名前十的农产品依次为：园艺产品，其他农产品，橡胶和树胶，豆类，谷物，烟草和香料，肉类，乳制品、鸡蛋和蜂蜜，油籽，活体动物。其中，园艺产品和其他农产品累计出口额占比较大，分别为67.7%和27.0%（表7）。

表7 2007—2016年伊拉克累计出口额排名前十的农产品

排名	产品	出口总额（万美元）	占 比（%）
1	园艺产品	91735.18	67.7
2	其他农产品	36529.26	27.0
3	橡胶和树胶	3010.41	2.2
4	豆类	1799.60	1.3
5	谷物	1027.00	0.8
6	烟草和香料	438.27	0.3
7	肉类	414.79	0.3
8	乳制品、鸡蛋和蜂蜜	222.08	0.2
9	油籽	127.54	0.1
10	活体动物	107.31	0.1

数据来源：联合国贸易数据库

2007—2016年，伊拉克累计进口额排名前十的农产品依次为：谷物园艺产品，乳制品、鸡蛋和蜂蜜，肉类，糖，油籽，烟草和香料，豆类，根和块茎，水产品。其中，谷物，园艺产品，乳制品、鸡蛋和蜂蜜的累计出口额占比较大，分别为32.9%、17.1%和16.6%（表8）。

表8 2007—2016年伊拉克累计进口额排名前十的农产品

排 名	产 品	进口总额（亿美元）	占 比（%）
1	谷物	163.50	32.9
2	园艺产品	84.95	17.1
3	乳制品、鸡蛋和蜂蜜	82.56	16.6
4	肉类	56.23	11.3
5	糖	43.15	8.7
6	油籽	34.60	7.0
7	烟草和香料	11.32	2.3
8	豆类	7.59	1.5
9	根和块茎	4.15	0.8
10	水产品	3.50	0.7

数据来源：联合国贸易数据库

2. 主要贸易伙伴

2007—2016年伊拉克主要农产品贸易伙伴依次为：土耳其、美国、印度、阿联酋、伊朗、泰国、叙利亚、巴西、约旦、澳大利亚。其中，土耳其是伊拉克最大的农产品贸易伙伴，伊拉克与土耳其的农产品累计贸易总额占伊拉克10年累计农产品贸易总额的28.3%。其中，土耳其、叙利亚、约旦是伊拉克的近邻，运输距离短，贸易成本低；美国、印度、巴西、泰国是农业大国,农产品丰富,具有一定的贸易竞争力(表9)。

表9　2007—2016年伊拉克主要农产品贸易伙伴

排　名	国　家	累计贸易总额(亿美元)	占　比(%)
1	土耳其	144.48	28.3
2	美国	33.44	6.5
3	印度	28.14	5.5
4	阿联酋	32.73	6.4
5	伊朗	26.81	5.3
6	泰国	28.48	5.6
7	叙利亚	24.21	4.7
8	巴西	23.18	4.5
9	约旦	17.51	3.4
10	澳大利亚	16.63	3.3

数据来源:联合国贸易数据库

2007—2016年伊拉克主要农产品出口伙伴依次为:印度、阿联酋、意大利、土耳其、叙利亚、约旦、摩洛哥、埃及、中国、巴基斯坦。其中,印度和阿联酋是伊拉克农产品主要出口目的地,占比分别为35.0%和26.6%(表10)。

表10　2007—2016年伊拉克主要农产品出口伙伴

排　名	国　家	累计出口总额(亿美元)	占　比(%)
1	印度	4.75	35.0
2	阿联酋	3.61	26.6
3	意大利	1.18	8.7
4	土耳其	0.77	5.7
5	叙利亚	0.69	5.1
6	约旦	0.42	3.1
7	摩洛哥	0.40	2.9
8	埃及	0.33	2.4
9	中国	0.20	1.5
10	巴基斯坦	0.17	1.3

数据来源:联合国贸易数据库

2007—2016年伊拉克主要农产品进口国依次为:土耳其、美国、伊朗、印度、泰国、阿联酋、叙利亚、巴西、约旦、澳大利亚(表11)。

表11 2007—2016年伊拉克主要农产品进口伙伴

排名	国家	累计进口总额（亿美元）	占比（%）
1	土耳其	143.71	28.9
2	美国	33.36	6.7
3	伊朗	28.14	5.7
4	印度	27.99	5.63
5	泰国	26.81	5.4
6	阿联酋	24.87	5.0
7	叙利亚	23.52	4.7
8	巴西	23.18	4.7
9	约旦	17.10	3.4
10	澳大利亚	16.63	3.3

数据来源：联合国贸易数据库

3. 中国与其贸易情况

2017年，中国与伊拉克农产品贸易总额为1.52亿美元，其中，中国向伊拉克出口农产品1.51亿美元，占两国农产品贸易总额的比重为99.3%；中国从伊拉克进口农产品100.94万美元，占两国农产品贸易总额的比重为0.7%；中方农产品贸易顺差为1.5亿美元。2017年，中国向伊拉克出口的贸易额较大的农产品分别为：油籽、蔬菜、畜产品、坚果、调味香料、糖料及糖，出口额分别为7660.73万美元、2539.91万美元、1517.51万美元、902.67万美元、240.65万美元、125.61万美元，油籽的出口额占农产品出口总额的比重最大，为50.7%。中国从伊拉克进口的农产品仅有一种，就是水果，进口额为100.94万美元。由此可见，中国向伊拉克出口的农产品数额较大，且品种多样；中国从伊拉克进口的农产品数额很小，且种类单一，只有水果一种农产品（表12）。

表12 2017年中国与伊拉克农产品贸易情况　　　　　　　　　　（单位：万美元）

产品名称	出口额	进口额	贸易总额	贸易差额
农产品	15115.40	100.94	15216.34	15014.46
粮食制品	93.77	—	93.77	93.77
棉麻丝	0.04	—	0.04	0.04
棉花	0.04	—	0.04	0.04
油籽	7660.73	—	7660.73	7660.73
大豆	0.13	—	0.13	0.13
糖料及糖	125.61	—	125.61	125.61
食糖	4.36	—	4.36	4.36
蔬菜	2539.91	—	2539.91	2539.91

(续表)

产品名称	出口额	进口额	贸易总额	贸易差额
水果	79.96	100.94	180.90	-20.98
畜产品	1517.51	—	1517.51	1517.51
羊肉	1.81	—	1.81	1.81
水产品	96.13	—	96.13	96.13
干豆（不含大豆）	14.27	—	14.27	14.27
坚果	902.67	—	902.67	902.67
饮品类	51.36	—	51.36	51.36
调味香料	240.65	—	240.65	240.65
花卉	3.04	—	3.04	3.04
精油	36.73	—	36.73	36.73
其他农产品	1753.01	—	1753.01	1753.01

数据来源：中国海关统计

（四）农业科技发展

1. 农业科研机构

伊拉克的农业科研机构，主要是农业院校，其代表是巴格达大学农业学院。巴格达大学农业学院是伊拉克第一所农业学院，创建于1952年。该学院校舍和实验基地分布在全国400多个地方，学院有管理层、科研部门、图书馆、实验室、商店和工厂。该学院为伊拉克培养学生，充实农业科研团队。巴格达大学农业学院培养适应不同农业学科研究的学生，涉及农业知识及其创新，并能够满足农民和公众的需求。该学院不断推动农业科学发展，制定农村发展和农业方面的专门计划，解决常见的农业问题。发展农业信息技术，向公众提供农业科学知识和新信息。巴格达大学农业学院内设动物资源系、食品科学技术系、农业机械与装备系、植物保护系、园艺和景观系、土壤科学与水系等11个系。

2. 农业科技发展状况

伊拉克本身有自己的农业科技体系，但由于常年战争的破坏，农业科技水平直线下降，现在处于农业科技复兴的关键时期。

伊拉克是世界上最古老的从事农业生产的地区，具有较高的农业科技发展水平。但由于常年战争的破坏以及美国和英国发起的制裁，已经彻底摧毁了伊拉克的农业科技领域。近几年，伊拉克农业科技复兴主要是在美国政府主导下开展的，主要由美国负责伊拉克农业重建与发展，开展了小麦、大麦、水稻、玉米、高粱、马铃薯和番茄的品种改良实验，进行饲料补充剂和兽医治疗研究、推广农用拖拉机等农业机械。

（五）农业管理体系与政策

1. 农业管理体系

伊拉克农业部是伊拉克政府的部委之一，其任务是管理伊拉克的公共和私营农业，目前部长是法拉赫哈桑阿齐德丹。伊拉克农业管理体制混乱而薄弱，尤其在农村中缺少必要的管理干部，造成经营管理水平低下。生产资料所有制分为三种，即国家所有制、集体所有制和个体劳动者所有制。生产经营组织形式灵活多样，主要有国营农场、集体农场、合作社和自耕农。

2. 农业支持政策

目前，由于农业在伊拉克经济发展中具有举足轻重的作用，伊拉克政府也根据自身发展需要，来确定农业政策的基本基调：一是要确立农业地位，大力发展粮食生产；二是增加农业投资，确保农作物和畜产品的有效增长；三是实行农业和畜牧业并重政策，促进农业和畜牧业的整体发展；四是加强技术改造，提高机械化水平；五是科学种田，培训技术人员；六是扩大农田基本建设，兴修水利，改良土壤。

3. 农业发展规划

伊拉克的农业发展目标是：综合利用伊拉克历史积累的农业发展技术和经验，并以近些年中东农业的前沿技术为基础，依靠英美等发达国家的农业投资和技术，来创造伊拉克新的农业系统。伊拉克的农业发展规划包括以下内容：一是吸引外来投资和技术援助，尤其要依靠美欧发达国家的资金和技术，来恢复和增强自身农业生产能力；二是利用土地复垦和修复技术，降低战争对土壤的破坏，提高农业土地的生产效率；三是通过育种、植保、畜牧、兽医、农产品加工等科学技术手段，增加农产品产量；四是推动与其他国家农产品贸易，保障国内农产品的有效供给。

三、农业投资环境

（一）国家商业环境

在世界银行发布的《2017年营商环境报告》中，伊拉克在全球190个经济实体中，排名靠后，为第165位。伊拉克尚未被列入达沃斯世界经济论坛全球竞争力非名中。安全局势动荡、基础设施落后、法律及金融体系不完善，是伊拉克排名靠后的主要原因。

1. 基础设施

铁路：伊拉克的铁路线路主要是以巴格达为中心的 3 条干线：一是起始于巴格达，途径摩苏尔，最终达到土耳其的铁路线；二是起始于巴格达，途径基尔库克，抵达埃尔比勒的铁路线；三是苏联时期建设的从巴格达到乌姆盖斯尔港的铁路线。

公路：国内交通运输以公路为主。公路网遍布全国，总长 5.96 万千米，部分公路与叙利亚、约旦、科威特、土耳其等国相连。

水运：水道里程超过 5000 千米，主要水道集中在幼发拉底河和底格里斯河，以及夏台阿拉伯河等。主要港口有巴士拉港、法奥港、豪尔艾迈耶港、阿巴克港和乌姆盖斯尔港。

航空：主要有巴格达、巴士拉、埃尔比勒、苏莱曼尼亚、纳杰夫和摩苏尔等 6 个国际机场，基尔库克等地有较小的民用机场。伊民航业务因战争曾长期中断。战后，伊国内航班陆续恢复，伊拉克航空公司还陆续开通了巴格达至安曼、开罗、贝鲁特、大马士革、迪拜、科威特、伦敦等地的国际航线。航空客运量约 200 万人次 / 年。

水电：伊拉克民用电每度约 0.27 美分，农业用电每度约 0.33 美分，商业用电每度约 0.36 美分，工业用电每度约 0.42 美分。居民用水每立方约 0.1 美分，商业用水每立方约 1.28 美分。

2. 金融环境

伊拉克政府不禁止本国货币与外国货币的实际交易，但在具体操作中也有诸多限制。伊拉克颁布实施的《国家投资法》明文规定，在伊拉克境内的投资者有权利通过金融机构将资产或资金转至伊拉克境内或境外。伊拉克中央银行负责制定货币相关政策。伊拉克的银行体系包括 7 个国有商业银行，最大的两个分别是拉菲丹银行和拉希德银行；还有央行批准的 32 个私人银行和 6 个伊斯兰银行；另有央行批准的 11 个外资银行在伊拉克银行中有战略投资。私人银行的主要业务是为中央政府向省级主管部门或个人进行财务转账，而不是提供企业贷款等业务。伊拉克的货币流通仍主要基于现金。对真正意义上的金融中介来讲，伊拉克银行相差甚远。伊拉克贸易银行作为一个独立的政府机构于 2003 年成立。贸易银行的主要目的是提供金融及相关服务，以促进进口贸易。该银行的支付系统于 2006 年 8 月开始有限的运行。目前伊拉克银行尚没有信用等级评定。伊拉克国家投资法允许外国投资者在伊拉克证券交易所买卖股票和证券。贸易交割和买卖票据均是用手书写。部分商店和宾馆饭店可使用当地银行发行的或国际信用卡，如 VISA 卡、MasterCard 卡等。伊拉克正逐步走出战争阴影，社会经济开始步入正轨，投资机会开始显现。

3. 投资政策

伊拉克新政府为了吸引外国投资，为本国营造良好的投资环境，尤其是为了加强对外来投资的保护，于2006年10月颁布了《国家投资法》。大力推动落后的国内企业与境外企业合资经营，在外资企业用地、水电等方面给予优惠。

（二）农业优势与潜力

伊拉克水源短缺、土质变劣、肥料和农业机械匮乏、劳动力不足、经济作物单一，特别是经过长年战争的摧残，农业受到严重破坏，百废待兴，农业发展潜力巨大，为中国资本和技术进入伊拉克农业提供了空间。

由于自然地理条件的限制，伊拉克农业生产效率较低，粮食和畜产品产量不能满足国内需求，每年都要从国外进口大量的粮食和畜产品。因此，伊拉克是中国潜在的农产品出口市场。

（三）风险分析

中国与伊拉克农业合作的风险主要是政治风险和安全风险。

（四）总体评价

伊拉克经过长年战争的影响，农业遭到严重破坏，农业发展潜力巨大。伊拉克由于本身自然地理条件的限制，需要大量进口农产品。这都为中国与伊拉克农业合作提供了空间。但是，伊拉克政治局势不稳定，时刻受到安全威胁，中国与伊拉克农业合作的风险也较大。

四、中伊农业合作现状与合作重点

（一）合作现状

1. 合作机制

中国与伊拉克保持国家高层的良好关系，伊拉克领导人多次来华访问，达成了一系列合作协议，涉及能源、教育、通信、经贸等领域，但尚未形成专门针对农业的合作机制。

2015年12月22—23日，伊拉克共和国总理海德尔·阿巴迪对中国进行正式访问。访问期间，中华人民共和国主席习近平会见阿巴迪总理，双方决定进一步提升双边关系水平，建立战略伙伴关系。双方签署了《中华人民共和国和伊拉克共和国关于建立战略伙伴关系的联合声明》。伊方对中方关于建设"丝绸之路经济带"和"21世纪海上丝绸之路"的倡议表示赞赏，愿积极参与"一带一路"建设。双方强调，愿在共建"一带一路"框架内加强两国各领域务实合作，实现互利双赢。伊拉克总理办公室发布的公告显示，中伊两国22日签署了5份合作协议和备忘录：第一个文件涉及伊拉克参与建设"一带一路"，第二个文件涉及经济合作和技术交流，第三个文件是能源领域合作的框架协议，第四个文件是军事合作协议，第五个文件涉及两国对持外交护照者免签。

2. 科技合作

中国与伊拉克已经签订了有关合作的战略协议，但政府层面的合作尚未开展，农业合作主要是民间合作。

伊拉克的农业部在2006年由零重新开始，通过建立及资助全国项目的方式，恢复蘑菇种植。在2006年和2007年，在福州及巴格达两地分别举办两期培训班，寻求重振此产业。福建农林大学与伊拉克农业部在2006签署合约，目的是要为伊拉克发展农业、优先种植蘑菇出力，此协议获得两国政府批准。

由农业部对外经济合作中心承办的"2015年伊拉克农业及农村基础设施建设研修班"一行20人在农业部对外经济合作中心的带领下，于2015年9月6—11日赴呼和浩特市和乌兰察布市进行了参观考察。研修班一行在呼和浩特市先后参观考察了伊利集团和内蒙古农牧业科学院，并在乌兰察布市先后参观考察了食品公司、农民专业合作社和马铃薯大型喷灌种植基地。

青岛罗素生物技术有限公司于2014年开发的椰枣灰飞虱综合治理技术已在伊拉克地区被广泛应用，大大提高了伊拉克地区椰枣的产量和质量，此后，该技术将继续在伊拉克及阿拉伯地区的椰枣种植区进行推广并开发其他害虫的综合治理项目。

3. 贸易合作

2007—2016年，中国累计向伊拉克出口农产品4.89亿美元，2014年的出口额达到最大值，为2.29亿美元。同期，中国累计从伊拉克进口农产品2015.9万美元，2012年进口额达到最大值，为405.01万美元。中国与伊拉克农产品贸易逆差在2014年达到最大值，为2.28亿美元。两国农产品贸易额总体上先上升后下降，在2014年达到峰值，为2.31亿美元（表13）。

表13 2007—2016年中国与伊拉克农产品贸易情况　　　　　　（单位：万美元）

年 份	出口额	进口额	总 额	差 额
2007	1385.77	97.26	1483.03	1288.52
2008	1478.45	210.04	1688.49	1268.40
2009	769.01	242.12	1011.13	526.88

（续表）

年　份	出口额	进口额	总　额	差　额
2010	1277.51	111.63	1389.14	1165.88
2011	2082.41	341.53	2423.94	1740.88
2012	1199.35	405.01	1604.36	794.34
2013	1380.49	148.39	1528.87	1232.10
2014	22920.48	133.60	23054.08	22786.88
2015	7585.45	98.34	7683.79	7487.11
2016	8779.99	227.99	9007.98	8552.01

数据来源：联合国贸易数据库

2007—2016年，中国与伊拉克农产品贸易以产业间贸易为主，但也存在产业内贸易。产业间贸易，全部表现为中国向伊拉克出口，涉及的农产品主要有谷物、乳制品、鸡蛋和蜂蜜、水产品、肉类、油籽、豆类、块根和块茎、烟草和香料、糖。其中，中国向伊拉克出口乳制品、鸡蛋和蜂蜜，水产品、块根和块茎、烟草和香料，中国向伊拉克出口的谷物和糖的贸易额也不大，仅在2014年两种农产品的出口额猛增，分别为1.62亿美元和1352.21万美元；仅有油籽一种农产品的出口额持续增大，2007年仅为0.88万美元，2016年则增加至5985.73万美元，2016年出口额约是2007年出口额的6819倍；肉类和豆类的出口额呈不规律变化（表14）。

表14　2007—2016年中国向伊拉克出口的主要农产品　　　　　　（单位：万美元）

年　份	谷物	乳制品、鸡蛋和蜂蜜	水产品	肉　类	油　籽	豆　类	块根和块茎	烟草和香料	糖
2007	17.17	218.02	0.54	676.49	0.88	329.00	0.00	1.55	26.51
2008	32.56	57.06	0.00	384.01	34.92	802.49	0.00	2.10	24.41
2009	1.86	0.19	0.00	244.38	68.89	80.31	0.00	0.00	30.50
2010	1.39	0.00	0.00	389.74	216.02	216.62	0.00	9.86	22.00
2011	0.00	191.06	19.18	1277.46	185.28	27.54	0.00	9.75	11.11
2012	8.65	1.14	3.96	346.94	244.56	19.48	3.20	5.59	11.14
2013	8.45	3.92	9.47	234.40	473.03	4.42	0.04	4.73	0.00
2014	16227.10	27.58	71.21	221.66	2795.70	111.19	45.25	169.72	1352.21
2015	0.00	34.63	0.68	1143.20	4776.65	12.59	3.02	115.66	12.82
2016	0.05	56.61	9.82	703.62	5985.73	14.04	0.77	144.70	11.57

数据来源：联合国贸易数据库

中国与伊拉克存在产业内贸易的农产品主要有：园艺产品、橡胶和树胶及其他农产品。

10年间，就园艺产品贸易而言，以中国出口为主，中国累计向伊拉克出口园艺产品3454.91万美元，2014年的出口额最大，为949.48万美元。中国累计从伊拉克进口园艺产品1112.47万美元，2011年进口额达到最大值，为314.43万美元。中国与伊拉克园艺产品贸易总额不断扩大，贸易顺差和贸易逆差互现（表15）。

表15　2007—2016年中国与伊拉克园艺产品贸易情况　　　　　（单位：万美元）

年　份	出口额	进口额	总　额	差　额
2007	27.94	0.00	27.94	27.94
2008	11.01	8.99	20.00	2.01
2009	86.73	15.02	101.75	71.71
2010	98.81	111.63	210.44	-12.82
2011	162.61	314.43	477.04	-151.82
2012	223.44	200.78	424.22	22.66
2013	300.93	145.75	446.68	155.17
2014	949.48	133.60	1083.07	815.88
2015	628.56	72.96	701.52	555.60
2016	965.41	109.31	1074.72	856.10

数据来源：联合国贸易数据库

2007—2016年，中国与伊拉克橡胶和树胶贸易额不断扩大，从2007年的117.69万美元，增加到2016年的731.53万美元。出口额不断扩大，但进口额波动较大（表16）。

表16　2007—2016年中国与伊拉克橡胶和树胶贸易情况　　　　　（单位：万美元）

年　份	出口额	进口额	总　额	差　额
2007	20.43	97.26	117.69	-76.83
2008	27.80	185.29	213.09	-157.49
2009	41.91	227.10	269.01	-185.19
2010	103.74	0.00	103.74	103.74
2011	106.44	27.10	133.54	79.34
2012	165.93	197.32	363.24	-31.39
2013	215.82	0.00	215.82	215.82
2014	514.75	0.00	514.75	514.75
2015	514.08	13.60	527.68	500.48
2016	630.40	101.12	731.53	529.28

数据来源：联合国贸易数据库

2007—2016 年，中国与伊拉克其他农产品贸易，以中国出口为主，中国累计向伊拉克出口其他农产品 1953.79 万美元。中国累计从伊拉克进口其他农产品 54.53 万美元（表 17）。

表 17　2007—2016 年中国与伊拉克其他农产品贸易情况　　　　　　（单位：万美元）

年　份	出口额	进口额	总　额	差　额
2007	67.24	0.00	67.24	67.24
2008	102.09	15.76	117.85	86.33
2009	214.23	0.00	214.23	214.23
2010	219.34	0.00	219.34	219.34
2011	91.99	0.00	91.99	91.99
2012	165.14	6.91	172.06	158.23
2013	125.05	2.52	127.57	122.53
2014	367.87	0.00	367.87	367.87
2015	343.55	11.78	355.33	331.77
2016	257.28	17.56	274.83	239.72

数据来源：联合国贸易数据库

4. 投资合作

中国与伊拉克投资合作主要集中在石油、通信、基础建设等领域，农业领域投资很少。根据中国商务部的统计，2016 年中国对伊拉克直接投资额为 5287 万美元。截至 2016 年年底，中国对伊拉克直接投资存量为 5.58 亿美元。目前，进驻伊拉克的中资企业有中石油、中海油、绿洲公司、上海电气、中建材、华为技术有限公司、中兴通讯股份有限公司、苏州中材公司、杭州三泰公司，大部分集中在伊拉克北部库尔德斯坦地区、东南部的瓦希特省、南部巴士拉省。但由于伊拉克国内的安全现状，中国与伊拉克尚没有大型农业投资合作项目。

（二）合作潜力

1. 合作基础

首先，双边关系逐渐升温。双方签署了《中华人民共和国和伊拉克共和国关于建立战略伙伴关系的联合声明》。双方同意加强高层交往，就双边关系及共同关心的国际和地区问题加强战略沟通，不断扩大共识，巩固战略互信。双方将进一步促进两国政府、立法机构和政党间的交流合作，增进相互了解。双方承诺继续在涉及国家主权、独立、领土完整与安全问题上给予对方坚定支持，照顾彼此核心利益和重大关切，互不干涉内政。

其次，我国农业科技水平高，具有走出去的条件。无论是育种水平、植保技术、农产品加工技术，还是旱地耕作技术、节水灌溉技术，我国在国际上都达到了较高水平，完全可以与伊拉克开展农业技术合作。

最后，伊拉克投资环境不断改善。公路网遍布全国，并不断延伸。不断修建铁路，并于国家铁路接轨。修建港口，货物吞吐量不断攀升。航空客运量也较大。伊拉克政府也不断优化投资环境，放宽融资限制。

2. 合作前景

中国与伊拉克农业合作的前景是广阔的，一方面可以帮助伊拉克提高粮食和畜产品的产量，有效提高伊拉克农业科技水平，发展伊拉克农业；另一方面，可以积极拓展中国农产品和农业技术的海外市场，但要时刻防范风险。

（三）合作重点

1. 重点领域

在贸易方面，由于伊拉克受到战争的破坏时间较久，农业发展缓慢，加上自然地理条件的制约，粮食尚未实现自给自足，进口需求大，因此，中国可以扩大向伊拉克粮食出口，或者加大对伊拉克的粮食援助。

在投资方面，中国可以尝试在伊拉克建立农业产业园区，一是可以推广中国先进的农业生产技术，二是积极拓展伊拉克农业市场，利用伊拉克的农业资源。

2. 重点产业

第一，旱作农业技术。伊拉克夏季炎热干燥，而夏季正是农作物生长的黄金时期。发展旱作农业技术，包括最大限度地蓄水保墒和提高水资源利用率，针对蓄水用水方法，形成了以存雨蓄水为主的耕作保墒技术，将会有效提高伊拉克农业生产效率。我国旱作农业技术体系已经基本完善，两国旱作农业技术交流与合作将是未来农业合作的重点。

第二，节水灌溉技术。由于淡水资源的稀缺性和伊拉克特殊的气候、地理条件，发展节水灌溉技术，将有效提高伊拉克农业水资源的利用水平。中国现有常用节水灌溉方法包括渠道防渗、喷灌、微喷灌、渗灌和滴灌等，属于人为控制灌溉时机和灌水量，属于"被动式"灌溉模式。我国已经研发出"痕量灌溉"技术，一举打破农作物"被动式补水"传统灌溉模式，改由农作物自主吸水、按需吸水。变人为强制"灌"水为植物自主"吸"水，中国节水灌溉技术取得重大突破。两国共同研究节水灌溉技术是两国农业合作的方向。

第三，土壤改良技术。由于农业用地的不合理规划和利用，伊拉克出现次生盐碱地等问题。在排灌地区，农民一年多次耕种土地，地下水位不断升高，表层水份蒸发后，上面留下一层盐碱。年复一年，土壤盐碱化的程度越来越严重，致使很多地方产量下降。因此，大量土壤质量受到破坏，对土壤改良技术的需求旺盛。我国土壤改良新技术、新材料、新方法在不断应用和创新，同时，也结合当地农民的经验，如锄地刀坑法、躲碱巧种法、挖坑填沙法、麦糠改碱法等。利用我国土壤改良技术，来改善伊拉克耕地质量将是提高伊拉克农业收益的有效举措。

五、中伊农业合作建议

贸易方面，中国可以扩大向伊拉克粮食出口，或者加大对伊拉克的粮食援助，尤其在我国玉米去库存的大背景下，可以加大向伊拉克出口玉米的力度。另外，伊拉克生产椰枣，椰枣不仅香甜可口，而且有一定的保健功能，可以从伊拉克进口椰枣。投资方面，中国在伊拉克建立农业产业园区，农业产业园区可以利用中国的育种、植保、加工等技术，推广中国先进的农业生产技术，开拓伊拉克农业市场，进而利用伊拉克的农业资源。技术方面，针对旱作农业技术、节水灌溉技术、土壤改良技术进行合作，有效提高伊拉克农业生产能力。

农业走出去，企业应该是主力军，中国企业应该积极到伊拉克拓展海外市场，一方面将中国的农产品出口到伊拉克，另一方面，要有效利用伊拉克的农业资源。此外，中国政府要积极为我国农业走出去提供政策和信息支持，还要为中国企业走出去保驾护航，抵御各种风险。

参考文献

阿吉艾克拜尔，邵孝侯，常婷婷，等.2013.我国盐碱地改良技术和方法综述［J］.安徽农业科学，（16）：7269-7271.

哈密特·阿里·哈特温.2007.在伊拉克培育食用菌：过去，现况及前途［C］.国际食（药）用菌生物科学高峰论坛暨第二届中国（古田）食用菌节——纪念中国食用菌协会成立二十用耳论文集，57-58.

刘月琴.列国志.2007.伊拉克［M］.北京：社会科学文献出版社.

李敬，李然，谢晓英.2007."一带一路"相关国家贸易投资关系研究 -- 西亚北非十六国［M］.北京：经济日报出版社.

李明华.2005.伊拉克的水产养殖和食物安全［J］.中国渔业经济，（2）：55-56.

尚松峰，杨光，宋近双.2013.中资石油企业投资伊拉克的机遇与挑战［J］.中外能源，（3）：7-11.

于广威，杜柟，齐灵子，等.2017.伊拉克椰枣灰飞虱综合治理项目的开发与应用［J］，安徽农学通报，（20）：50-52.

郑青亭.2015-12-23.中国与伊拉克建立战略伙伴关系 签署 5 份合作协议［N］.21 世纪经济报道，

商务部.2017.对外投资合作国别（地区）指南——伊拉克［M］.北京：商务出版社.

约 旦

约旦哈希姆王国（简称约旦）位于阿拉伯半岛西北部，处于亚欧非三大洲贸易线路的交汇点，地理位置优越，在红海拥有唯一出海口——亚喀巴港，自古以来就是中东地区贸易往来的要道。中约两国于1977年4月7日建交，2015年建立战略伙伴关系，双边友好合作关系不断深化，经贸合作稳步发展。目前，中国是约旦第二大贸易伙伴和第一大进口来源国。2017年双边贸易额达31.7亿美元。自中国提出"一带一路"建设倡议以来，约旦积极参与，并已在能源、基建、农业等领域开展了较深入的合作。在贸易全球化背景下，中约两国经济互补性强，经贸等合作前景十分广阔。在这一战略背景下，中约双方应利用这一契机，在农业领域挖掘广泛、深入的合作机遇，实现优势互补，共同推动两国农业的发展。

一、约旦基本概况

（一）自然地理

约旦位于亚洲西部，阿拉伯半岛西北部，国土面积8.93万平方千米，其中陆地面积8.88万平方千米，海洋面积540平方千米。约旦基本上是个内陆国家，亚喀巴湾是唯一出海口。约旦西邻以色列和巴勒斯坦，北接叙利亚，东北与伊拉克接壤，东南及南部与沙特阿拉伯相接。东部和东南部为沙漠，占全国面积78%。西南一角临红海亚喀巴湾，海岸线全长26千米，大陆架有120平方千米。

约旦全国分为12个省，分别是安曼省、伊尔比德省、马安省、扎尔卡省、拜勒加省、马弗拉克省、卡拉克省、塔菲拉省、马德巴省、杰拉什省、亚喀巴省、阿杰隆省。首都安曼，全国最大的城市，是政治中心，也是商业、金融、工业与交通中心，大部分西方公司的中东总部设立于此。另一个重要的城市是港口城市亚喀巴，位于约旦国土最南端，是约旦唯一出海口，距首都安曼300千米，位置十分独特，是中东地区的重要商贸中心。

（二）人口状况

2015年约旦全国人口普查数据显示，总人口为953.17万人，本国人口661.35万人，占总人口69.4%。其中首都安曼人口最为集中，占全国总人口的42.0%，其他几个人口较为集中的城市分别为伊尔比德、扎尔卡、巴卡、克拉克和马德巴。主要民族是阿拉伯人，占全国人口的98%，其他2%的人口主要是切尔克斯人、车臣人和亚美尼亚人，此外还有库尔德人、土库曼人、德鲁兹人、波斯人和希腊人。约旦人主要信仰伊斯兰教，逊尼派教徒占人口的92%，若曾教徒占人口6%，主要信仰希腊东正教。

近年，约旦人口增长率较高。约旦人口增加较快的一个重要因素是周边地区战乱和冲突不断，大批难民涌入约旦。1948年及之后的几次中东战争中，很多巴勒斯坦人逃到约旦并定居下来，目前巴勒斯坦人在约旦总人口中的比例高达60%。伊拉克战争和叙利亚冲突爆发也导致大量伊拉克难民与叙利亚难民涌入约旦。目前，在约旦的叙利亚难民约140万人。

约旦当地常住华人数量约数百人左右，主要在首都安曼、亚喀巴特区和省会城市，从事餐饮业、批发零售业、农业种植和旅游服务。

（三）政治制度

约旦是世袭阿拉伯君主立宪制国家，立法权属议会和国王。国王是国家元首、三军统帅，有权审批和颁布法律、任命首相、批准和解散议会，统率军队，权力高度集中。议会称国民议会，由众议院和参议院组成。众议院议员150人，由普选产生，凡年满19岁的男女公民均可参加选举。议长每年由议员匿名选举产生，议员任期四年，均可连任。参议院议员全部由国王从年龄40岁以上的知名人士中任命，人数不超过众议院的一半。议长任期两年，议员任期四年，均可连任。

司法机构包括法院和检察院两部分。宪法规定法官独立行使司法权。法官任免由国王依法批准，同时接受高级司法委员会的监督。法院分为民事法院、宗教法院、特别法院三类。民事法院负责审理有关民事和刑事案件，宗教法院主要负责婚姻、继承、收养等事务，特别法院包括国家安全法院、军事法院、警察法院、重大刑事案法院、海关法院。

约旦已同131个国家建立了外交关系。对外关系上，一方面巩固与美国的特殊盟友关系，与以色列保持外交关系，加强与海湾国家和地区大国的合作，推行睦邻友好政策，在中东问题等地区事务中发挥着独特作用；另一方面，坚持多边外交战略，重视发展与各大国关系，为国内稳定创造良好的外部条件。因此，虽然中东地区局势动荡，但约旦长期保持政局稳定，享有"中东和平绿洲"的美誉。

中约两国于1977年4月7日建交。此后，两国在政治、经济、军事、文化等各方面的关系稳步发展，友好往来不断增加。现任国王阿卜杜拉二世登基后曾八次访华。2015年9月，中国国家主席习近平在人民大会堂会见约旦国王阿卜杜拉二世。两国元首共同签署了《中华人民共和国和约旦哈希姆王国关于建立战略伙伴关系的联合声明》。

（四）社会和经济发展

约旦是发展中国家，经济基础薄弱，资源较贫乏，可耕地少，农产品赖进口。国民经济主要支柱为侨汇、外援和旅游。阿卜杜拉二世国王执政后，把发展经济和提高人民生活水平作为其施政重点，深化经济改革，约旦经济状况有所好转。1999年约旦加入世界贸易组织。2006年，约旦继续推进私有化、贸易自由化政策，大力改善投资环境，GDP连续数年实现6%以上的增长。随后受到国际金融危机、"阿拉伯之春"及叙利亚危机等一系列负面因素影响，约旦经济增速大幅回落。

2016年，约旦国内生产总值386.55亿美元（现价美元），较上年增长2.0%，总量位列世界第87位；农业、工业和服务占GDP的比重分别为4.2%、29.6%和66.2%。人均GDP为4087.88美元，位居世界第102位，被世界银行列为中低等收入国家（表1）。

表1 2001—2016年约旦GDP总量及增速　　（单位：亿美元）

年　份	GDP总量（现价美元）	GDP总量（2010年不变价美元）	GDP增速（%）
2001	89.76	150.95	5.3
2002	95.82	159.69	5.8
2003	101.96	166.33	4.2
2004	114.11	180.58	8.6
2005	125.89	195.29	8.1
2006	150.57	211.10	8.1
2007	171.11	228.36	8.2
2008	219.72	244.87	7.2
2009	238.20	258.28	5.5
2010	264.25	264.25	2.3
2011	288.40	271.09	2.6
2012	309.37	278.28	2.7
2013	335.94	286.15	2.8
2014	358.27	295.01	3.1
2015	375.17	302.06	2.4
2016	386.55	308.12	2.0

数据来源：世界银行数据库

工业。约旦规模较大的工业企业主要集中在磷酸盐、御盐、炼油、水泥、化肥生产和制药几个方面，其他多属轻工业和小型加工工业，涉及的主要领域有采矿、炼油、食品加工、玻璃、纺织、塑料制品、卷烟、皮革、制鞋、造纸等。约旦是磷矿石主要出口国。2016年，约旦磷酸盐产量为798.9万吨，钾盐产量为200.4万吨，化肥产量为54.7万吨。约旦还有21家制药企业，医药制品为约旦主要出口商品之一。

旅游业。约旦政局稳定、社会安定，旅游资源丰富，主要景点有安曼、死海、杰拉什、佩特拉、阿杰隆古堡、月亮谷、亚喀巴等，加之较高的医疗水平和适中的医疗费用，吸引了大批来自海湾、欧洲和美国等地的游客，为约旦经济做出了重要贡献，是约旦一项重要的财政收入来源，2016年，旅游业收入为41亿美元。

农业。受地理和自然环境影响，约旦可耕地少，农业发展较为落后，农业产值占GDP总量的4.2%。

交通运输。约旦的交通状况良好，以公路运输为主。政府注重道路建设，高等级公路贯穿南北与东西12省，具备连接城乡的全国公路网络以及连接伊拉克、叙利亚、沙特阿拉伯和以色列等邻国的国际公路网络。公路总长8000千米，注册车辆188万辆，年运输量超1000万吨。铁路在约旦交通中发挥作用较小。亚喀巴港是约旦唯一的出海口，也是进出口贸易集散中心，拥有集装箱码头和散装码头，设置22个深水泊位，固定航线29条，分别通往全世界除西非海岸及南美西部海岸的200多个港口，年货物吞吐量达2200万吨。

教育。约旦重视教育事业，在教育方面投入很大，教育水平在中东名列前茅。高等教育前可分为基础教育和高中教育。基础教育为10年制，公民可享受免费义务基础教育；高中教育是建立在一般文化基础上的非义务教育，分为普通学校和职业学校两种，学制2年。有10所公立大学和17所私立大学，主要有约旦大学、雅尔穆克大学、约旦科技大学、哈希姆大学、穆塔大学、艾勒·贝塔大学、侯赛因大学、拜勒加应用大学等，另有51所中专院校。教师近8.4万人，学生153万名。学龄儿童入学率为95%，全国文盲率约为7%，其中男性占4.1%，女性占11.4%。

医疗卫生。约旦卫生事业发展很快，卫生保健系统健全，是卫生条件最好的中东国家之一，医疗旅游是该国具有特色的医疗项目，每年为约旦经济贡献的外汇收入超过10亿美元。目前共有99家医院，10279张病床。其中，卫生部下属医院30家，另有368所医疗中心和56家私人诊所、700个卫生保健中心。各类专科医生2500名。全国有护士1.15万名。全国共有21家药厂，药房2700家，药店550家。

二、农业发展现状

（一）农业资源条件

土地资源。受地理和自然环境影响，沙漠占约旦国土面积的90%以上，可耕地面积约

90万公顷，仅占国土面积的7.8%，集中在约旦河谷。农耕面积22.4万公顷，其中粮食作物7.2万公顷，蔬菜3.3万公顷，果树11.9万公顷。

水资源。约旦全国缺水，为世界上十大严重缺水的国家之一，水资源短缺成为制约农业发展的最大障碍。约旦西部山区和约旦河谷地区年降水量在380～630毫米，而东部沙漠地区气候恶劣，日夜温差大，干燥，风沙大，年降水量少于50毫米。

气候资源。约旦西部高地属亚热带地中海型气候，气候温和，平均气温1月为7～14℃，7月为26～33℃，东部和东南部为沙漠。首都安曼夏季气温平均达25.6℃，夜晚凉爽。由于该地区气温比全国其他地区要高几度，常年适宜农业种植，土壤肥沃，冬季多雨，从而成为约旦的粮仓。

（二）农业生产情况

1. 农业产值规模及构成

约旦农业发展较为落后，农业人口约11万人，农业产值约占GDP总量的近5%。主要粮食作物为小麦和大麦，主要蔬菜为番茄、马铃薯、茄子和西葫芦，主要果树为橄榄、葡萄、苹果和桃。蔬菜多出口至周边国家，是约旦主要出口商品之一。2016年，约旦蔬菜出口额5.65亿美元，同比下降12.4%。约旦与伊拉克、叙利亚之间的边界持续关闭，是农产品出口数量和收入持续下降的主要原因。由于水资源匮乏，多年来约旦农业经济面临持续衰退。虽然消耗了近3/4的水资源，但农业产值占国内生产总值的比重不到5%。

2. 主要农产品产量

蔬菜作物中，最主要的是番茄。2009—2016年，番茄的种植面积占蔬菜种植总面积的比例维持在35%左右的水平，产量占到蔬菜总产量的一半。2016年，番茄种植面积1.23万公顷，占蔬菜种植总面积的32.6%，产量为83.73万吨，占蔬菜总产量的47.6%；其次是马铃薯，种植面积6839公顷，占蔬菜种植总面积的18.1%，产量为27.39万吨，占蔬菜总产量的15.6%；其他面积及产量较高的是黄瓜、生菜、花菜、辣椒、西葫芦和茄子，以上6种农产品种植面积占蔬菜种植总面积的36.7%、产量占总产量的38.7%。

橄榄是约旦最主要的经济林果作物，近10年来，平均种植面积维持在6万公顷以上，2016年橄榄的种植面积为6.40万公顷，产量为11.58万吨，但产量比2015年下降42.3%，主要原因是单产水平低于常年的平均值。

约旦生产的水果以葡萄、苹果、桃子、柑橘、西瓜为主。近10年来，约旦的水果种植面积维持在2.5万公顷左右的水平。2016年，果树种植面积为2.59万公顷，水果总产量为53.78万吨。上述5种水果的种植面积占全部的51.3%，产量占全部水果产量的56.0%。

分品种看，葡萄的种植面积近 10 年来得到逐步提高，2016 年种植面积达到 3888 公顷，较 2007 年增加了 25.9%，占整个水果种植面积的 15.0%，产量为 6.23 万吨，占整个水果产量的 11.6%，单产水平为 16.03 吨/公顷。苹果的种植面积为 2389 公顷，占整个水果种植面积的 9.2%，产量为 5.52 万吨，占整个水果产量的 10.3%，单产水平为 23.10 吨/公顷；桃子的种植面积为 2558 公顷，占整个水果种植面积的 9.9%，产量为 5.46 万吨，占整个水果产量的 10.1%，单产水平为 21.36 吨/公顷；柑橘的种植面积为 2678 公顷，占整个水果种植面积的 10.3%，产量为 5.13 万吨，占整个水果产量的 9.5%，单产水平为 19.16 吨/公顷；西瓜的种植面积为 1772 公顷，占整个水果种植面积的 6.8%，产量为 7.76 万吨，占整个水果产量的 14.4%，单产水平为 43.77 吨/公顷。

约旦粮食作物主要是大麦、小麦，还有一些玉米。2016 年，大麦的种植面积为 3.92 万公顷，产量为 3.79 万吨，单产水平为 0.97 吨/公顷；小麦的种植面积为 2.78 万公顷，产量为 3.12 万吨，单产水平为 1.12 吨/公顷（表 2）。

表 2　2007—2016 年约旦主要农产品面积与产量　　　　　　　　（单位：公顷，吨）

项目		2007 年	2008 年	2009 年	2011 年	2012 年	2013 年	2014 年	2015 年	2016 年
番茄	面积	10540	11752	12394	12954	12345	15434	14564	12887	12336
	产量	610240	600336	654306	777820	738227	869138	744602	870017	837342
黄瓜	面积	1465	1553	1693	1956	2076	2903	2343	2410	2633
	产量	150866	125925	137681	227151	155943	172284	279017	231982	280157
马铃薯	面积	3543	5843	3800	5885	6038	3403	6389	7256	6839
	产量	98868	139787	118705	216483	141573	103224	204084	188326	273907
生菜	面积	645	1421	1590	2260	1898	1982	1323	1463	1771
	产量	35129	41589	39753	40376	39532	63556	50835	57751	70558
花菜	面积	1364	1987	2705	1711	1339	2890	2506	2301	2941
	产量	44480	54978	80320	62530	39849	66208	78506	72258	93699
辣椒	面积	1445	1924	1477	1305	1715	2051	1920	2440	1939
	产量	41735	51527	43672	63738	72178	60868	66103	86677	84700
西瓜	面积	1760	2145	2557	2686	2932	2783	3424	2629	1772
	产量	85650	97599	106515	121805	108731	87734	127910	116494	77568
西葫芦	面积	2486	3426	3115	3056	2951	3375	2683	2665	2601
	产量	54519	48803	59256	93118	68967	78653	60002	64777	76020
茄子	面积	2938	3753	2729	2395	3585	3771	2557	2324	1987
	产量	98130	99902	106793	116969	121172	109413	80680	77016	74613
橄榄	面积	60140	60531	60660	62088	62687	62390	62656	63883	63963
	产量	125029	94068	140719	131847	155640	128186	155764	200896	115813

（续表）

项　目		2007年	2008年	2009年	2011年	2012年	2013年	2014年	2015年	2016年
葡萄	面积	3089	3110	3138	3941	3952	3801	3806	3831	3888
	产量	27604	26370	34475	38371	35668	35160	34571	62265	62328
苹果	面积	2291	2291	2307	2381	2381	2381	2390	2390	2389
	产量	31523	34913	31111	39653	36377	40635	39902	56570	55197
桃子	面积	1764	1764	1764	1764	1764	1761	1921	1945	2558
	产量	17079	20833	19046	16147	28126	30709	32012	37289	54635
柑橘	面积	2587	2591	2601	2617	2623	2643	2649	2663	2678
	产量	35190	36336	43361	38709	40581	39976	38924	51754	51311
大麦	面积	29153	27184	31263	27794	36342	38382	38139	39297	39173
	产量	13518	10328	17062	29285	32050	40915	38873	40486	37929
小麦	面积	20760	12456	15878	14330	15499	21379	23018	22255	27761
	产量	20997	7835	12484	19801	19205	28517	27452	21925	31150
玉米	面积	792	1041	1043	796	1361	768	585	940	630
	产量	17781	19241	19754	16460	14387	14233	9467	26362	25460

数据来源：FAOSTAT

3. 主要农业产业布局

由于约旦国土面积的90%都为沙漠，使得约旦的农业生产主要集中于约旦河谷地区。据约旦统计局农业普查数据显示，约旦农业用地总面积为26.99万公顷。作物种植土地有7.16万公顷，其中主要分布在马夫拉克省，占比22.5%。农业生产92.9%依靠自然降水，其余依赖灌溉。灌溉地中，64.3%靠自流井水灌溉，19.7%靠约旦河谷的阿卜杜拉国王灌渠灌溉。约旦蔬菜种植面积2.79万公顷，其中以巴卡省为主，占比35.4%，蔬菜种植几乎全部依靠灌溉水资源。果树种植主要分布在伊尔比德省，占比达28.2%，一般依靠灌溉水源。

（三）农产品贸易情况

1. 主要农产品贸易规模

（1）总体概况

据约旦国家统计局统计，2017年，约旦全年进出口贸易总额278.76亿美元，其中出口74.69亿美元，进口204.07亿美元，贸易逆差129.38亿美元。

约旦出口主要涉农产品包括化肥、蔬菜、动物产品、水果。2017年出口额13.55亿美元。化肥是主要的出口农化工品，2017年出口额6.57亿美元。2017年，约旦蔬菜出口额3.80亿美元，其中以番茄出口为主，出口额为2.23亿美元，占蔬菜出口总额的58.7%，蔬菜出口目的地主要是中东国家；动物产品出口额1.67亿美元，其中以活羊出口为主，出口额1.62亿美元，占动物产品出口额的97.0%，活羊主要出口国是沙特阿拉伯。水果出口额1.51亿美元，以桃子、车厘子、杏、李子等为主，出口额为9674.9万美元，占水果出口总额的64.1%。

约旦进口的主要农产品为谷物、肉类及副产品、水果及坚果、奶制品、禽蛋、蜂蜜、糖等，2017年农产品进口额为18.81亿美元。2017年，约旦谷物进口额为6.89亿美元，主要来自于美国、罗马尼亚和阿根廷，其中玉米进口额1.96亿美元，占比28.4%，小麦进口额1.91亿美元，占比27.7%，大米进口额1.62亿美元，占比23.5%，大麦进口额1.39亿美元，占比20.2%；肉类及副产品进口额3.73亿美元，其中羊肉（鲜、冷冻、羔羊）进口额1.45亿美元，占肉类进口总额的38.9%，牛肉（新鲜与冷藏的、冷冻的）进口额1.33亿美元，占肉类进口总额的35.7%，禽肉类进口额9188.8万美元，占肉类进口总额的24.6%；水果及坚果等进口额3.06亿美元，其中坚果类进口额9355.8万美元，占比30.6%，苹果、梨和柑橘进口额7238.3万美元，占比23.7%；奶制品、禽蛋、蜂蜜等进口额2.74亿美元，其中乳酪及凝乳进口额1.06亿美元，占比38.7%，奶和奶油进口额1.00亿美元，占比36.5%；糖及甜果等进口额2.39亿美元，其中蔗糖进口额1.90亿美元，占比79.5%，其余包括白巧克力等糖果。

（2）主要进口农产品

谷物进口。谷物是约旦进口的主要农产品，2017年谷物进口额6.89亿美元。约旦是粮食净进口国，根据FAO统计显示，约旦97%的谷物和饲料依赖进口。进口谷物主要包括玉米、小麦、大米和大麦。

小麦是约旦进口的主要谷物，近10年来，小麦的进口量呈波动状态，最低的2009年进口量22.92万吨，最高的2016年，达到创纪录的192.37万吨，近5年来，每年进口量基本维持在80万～90万吨。2017年进口额1.91亿美元，占谷物进口额的27.7%，进口量90.25万吨，进口来源国主要为罗马尼亚（55.98万吨，占比62.0%）、美国（17.09万吨，占比18.9%）和乌克兰（10.66万吨，占比11.8%）。

玉米进口最近几年增长显著，2013年以来，每年进口60万吨左右，2017年进口94.12万吨，比2008年进口量增加了1.07倍。进口玉米主要用于养殖业，进口来源国主要为阿根廷（58.61万吨，占比62.3%）、美国（17.33万吨，占比18.4%）和巴西（10.80万吨，占比11.5%）。

大米的进口近4年来一直维持在每年19万吨左右的水平，2017年大米进口量19.55万吨，比2008年增加了45.6%，进口来源国主要为美国（11.93万吨，占比61.0%）、印度（5.55万吨，占比28.4%）（表3）。

表3 2008—2017年约旦谷物进口量与进口额　　　　　（单位：万美元，万吨）

年份	小麦		玉米		大米		大麦	
	进口额	进口量	进口额	进口量	进口额	进口量	进口额	进口量
2008	38182.87	97.57	14714.12	45.47	12482.94	13.43	23870.73	65.69
2009	10931.66	22.92	15424.50	0.00	17252.02	17.11	9039.39	24.55
2010	11061.02	48.96	15723.15	51.36	11834.44	13.30	4247.76	23.13
2011	15002.53	43.74	19662.15	54.41	14876.90	14.01	5562.80	19.23
2012	29173.17	93.24	21418.90	58.39	15261.90	18.29	23782.40	74.84
2013	21620.79	63.07	18850.48	55.79	12652.68	14.86	22806.59	72.29
2014	28118.23	94.97	18682.16	67.29	18680.88	19.62	25599.58	93.83
2015	21049.36	81.66	15340.29	63.66	18969.97	20.87	15599.51	66.10
2016	43093.56	192.37	17096.29	80.03	14378.11	18.10	19009.96	95.62
2017	19070.48	90.25	19551.17	94.12	16174.52	19.55	13883.54	76.12

数据来源：联合国商品贸易统计数据库

肉类、奶类及糖进口。约旦进口的肉类主要为羊肉（鲜、冷冻、羔羊）、牛肉（新鲜与冷藏的、冷冻的）和禽肉，奶类产品主要为乳酪及凝乳、奶和奶油等，糖主要是蔗糖。

羊肉产品进口从2010年开始，维持在每年2万吨进口量水平，最高年份2012年的2.81万吨，最低年份2011年的1.99万吨。2017年进口了2.45万吨，比2008年增加了67.8%。主要进口来源国是澳大利亚（1.17万吨，占比47.8%）和新西兰（9269吨，占比37.8%）。

牛肉产品进口量近10年来基本维持在每年3万吨的规模。2017年进口量3.31万吨，其中鲜的和冷藏的进口量1.48万吨，主要来源国是巴西（6605吨，占比44.7%）和哥伦比亚（4892吨，占比33.1%）；冷冻牛肉进口量1.83万吨，主要来源国是印度（1.08万吨，占比59.0%）和巴西（3999吨，占比21.8%）。

约旦国内的奶及奶制品几乎全部依赖于进口，且进口量近年来大幅增加。2008年超过2万吨，2012超过3万吨，2014年超过4万吨，2017年超过5万吨。2017年进口量5.02万吨，比2008年增加了1.07倍，比2014年增加了24.9%。奶制品进口中，主要为：①非浓缩、非添加的牛奶和奶油，2017年进口量1.89万吨，主要来源国为沙特阿拉伯（1.29万吨，占比68.3%）；②浓缩、添加的牛奶和奶油，2017年进口量3.12万吨，主要来源国为阿联酋（9300吨，占比29.8%）、沙特阿拉伯（4178吨，占比13.4%）、新西兰（4023吨，占比12.9%）和比利时（3518吨，占比11.3%）。

约旦国内消费的蔗糖全部来自于进口，蔗糖进口近10年来基本稳定在每年30万吨的规模。2017年进口量32.88万吨,进口额1.90亿美元。主要进口来源国为沙特阿拉伯(12.49万吨,占比40.0%)、阿尔及利亚(7.87万吨,占比23.9%)、阿联酋(5.49万吨,占比16.7%)和印度(4.01万吨,占比12.2%)(表4)。

表4 2008—2017年约旦肉类、奶制品、糖进口量与进口额(单位:万美元,万吨)

年 份	羊肉		牛肉		禽肉		奶及奶制品		蔗糖	
	进口额	进口量	进口额	进口量	进口额	进口量	进口额	进口量	进口额	进口量
2008	4146.23	1.46	7711.79	3.02	7573.66	4.50	12075.57	2.42	13448.55	30.71
2009	7303.96	1.48	8630.34	1.39	5943.27	3.18	9036.98	2.45	11497.88	15.76
2010	9333.87	2.27	11362.16	3.42	6973.29	4.91	7565.21	1.91	20012.83	27.95
2011	10542.46	1.99	12884.37	3.53	9263.69	5.43	9878.51	2.69	21174.43	24.76
2012	16119.29	2.81	13219.25	3.16	10019.78	6.19	12399.84	3.74	22635.46	30.63
2013	13120.70	2.37	14374.93	3.51	14823.44	8.18	11638.88	3.71	18582.14	30.68
2014	15107.33	2.44	14639.31	3.48	12661.25	8.12	14920.72	4.02	18285.09	32.89
2015	15963.25	2.80	15721.72	3.81	13102.11	8.45	13848.63	4.44	15715.54	30.12
2016	11725.27	2.40	13168.91	3.42	10054.07	6.86	10301.60	4.09	17778.76	31.97
2017	14478.62	2.45	13292.92	3.31	9188.80	5.96	11714.38	5.02	19001.84	32.88

数据来源:联合国商品贸易统计数据库

水果及坚果进口。主要进口坚果类,苹果、梨、柑橘类等。坚果类进口近10年来大幅度增加。2017年进口量1.19万吨,进口额9355.78万美元,比2008年分别增加了1.61倍和2.80倍,主要进口来源国为美国(6742吨,占比56.6%)、伊朗(1826吨,占比15.3%)和中国(1142吨,占比9.6%)。苹果、梨进口量近10年来也是大幅增加,2017年进口量5.83万吨,比2008年增加了1.40倍,主要进口来源国为意大利(2.49万吨,占比42.7%)、波兰(8753吨,占比15.0%)和希腊(8272吨,占比14.2%)。柑橘类产品进口量也显著增加,2017年进口量4.84万吨,比2008年增加了69.3%。主要进口来源国为埃及(4.09万吨,占比84.6%)(表5)。

表5 2008—2017年约旦水果进口量与进口额 (单位:万美元,吨)

年 份	坚果		苹果、梨		柑橘类	
	进口额	进口量	进口额	进口量	进口额	进口量
2008	2463.60	4557.65	2234.64	24283.37	1753.62	28596.99
2009	2825.80	5497.46	3041.90	26264.28	2899.57	31714.09
2010	2865.60	5162.97	2936.21	29875.27	2419.29	37109.78

（续表）

年 份	坚果		苹果、梨		柑橘类	
	进口额	进口量	进口额	进口量	进口额	进口量
2011	4055.62	5885.27	3346.35	33293.50	2466.30	38373.84
2012	4663.80	7280.52	4683.06	40359.89	2993.53	47317.57
2013	6112.34	8073.67	4713.16	48774.75	3547.67	51325.95
2014	4918.39	6298.62	5642.28	48610.96	4206.50	68356.75
2015	9885.37	10766.00	6412.97	56315.18	3550.20	49190.92
2016	8953.48	11415.91	7632.27	60130.19	3737.46	44309.69
2017	9355.78	11908.08	7238.28	58308.55	4233.13	48416.19

数据来源：联合国商品贸易统计数据库

（3）主要出口农产品

约旦出口的主要涉农产品包括化肥、蔬菜、动物产品、水果。2017年农产品出口额13.55亿美元。化肥是约旦主要的出口农化工品，2017年出口额6.57亿美元，但相比之前，下降明显，比最高时的2008年下降了54.6%；化肥主要出口国是印度（1.70亿美元，占比25.8%）、中国（1.18亿美元，占比18.0%）、伊拉克（6337.8万美元，占比9.7%）和印度尼西亚（5314.2万美元，占比8.1%）（表6）。

表6 2008—2017年约旦主要涉农产品出口额　　（单位：亿美元）

年 份	活动物与动物产品	活动物	活羊	蔬菜水果产品	蔬菜类	番茄	水果类	化 肥
2008	1.50	0.08	0.04	4.74	3.95	1.94	0.57	13.69
2009	1.96	0.31	0.25	4.81	3.78	1.70	0.73	7.87
2010	2.15	0.47	0.41	5.53	4.41	2.33	0.92	10.80
2011	2.38	1.19	1.16	6.43	4.81	2.25	1.27	12.57
2012	2.72	1.40	1.38	7.03	4.73	2.51	1.86	10.22
2013	3.63	2.33	2.32	7.26	4.78	3.17	1.99	8.90
2014	3.35	2.20	2.19	8.09	6.09	4.00	1.52	10.27
2015	3.25	2.05	2.04	7.94	5.28	3.32	0.20	8.28
2016	2.40	1.43	1.42	6.28	4.07	2.56	1.59	6.22
2017	2.72	1.67	1.62	5.31	3.80	2.23	1.51	6.57

数据来源：约旦国家统计局

蔬菜一直是约旦重要的出口农产品。但近年来，受水资源匮乏、边境局势影响，蔬菜出口受到很大冲击。2017年，约旦蔬菜出口额3.80亿美元，较2016年下降了6.7%，较2015年最高值下降了37.6%。蔬菜的主要出口国是沙特阿拉伯（9400.5万美元，占比24.8%）、阿联酋（8178.1万美元，占比21.5%）、科威特（7362.9万美元，占比19.4%）、阿曼（3056.6万美元，占比8.1%）等中东国家。番茄是蔬菜出口的主要部分，2017年出口额为2.23亿美元，占蔬菜出口总额的58.7%，番茄的主要出口国是阿联酋（6323.8万美元，占比28.3%）、沙特阿拉伯（5991.3万美元，占比26.9%）和科威特（4617.5万美元，占比20.7%）。

约旦的养殖业以养羊为主，近年来发展迅速，也构成了主要的畜产品出口类型。但2016年开始，出口形势转向，2016年活动物出口额1.42亿美元，较2015年下降了30.3%；2017年出口额有所恢复，达到1.67亿美元，但是较2013年最高点下降了27.9%。活羊出口占据了约旦动物产品出口的绝对主力，2017年出口额1.62亿美元，占活动物出口额的97.0%，活羊主要出口国是科威特（9808.5万美元，占比60.7%）、卡塔尔（3362.7万美元，占比20.8%）和沙特阿拉伯（2055.7万美元，占比12.7%）。

水果也是约旦较为重要的出口农产品，2017年水果出口额1.51亿美元，主要出口国是科威特（4859.1万美元，占比32.2%）、沙特阿拉伯（4157.7万美元，占比27.6%）和阿联酋（1325.0万美元，占比8.8%）。其中以桃子、车厘子、杏、李子等为主，2017年出口额为9674.9万美元，占水果出口总额的64.1%，主要出口国是科威特（3856.4万美元，占比39.9%）和沙特阿拉伯（3528.0万美元，占比36.5%）。

2. 主要贸易伙伴

约旦主要贸易伙伴依次为沙特、中国、美国等。出口方面，美国和沙特分别是约旦两大出口市场，2017年约旦对美国出口额16.03亿美元，对沙特出口额8.46亿美元。进口方面，2017年，中国为约旦第一大进口来源国，自中国进口额达到29.6亿美元，排在第二位的是沙特，进口额为27.55亿美元，第三位的是美国，进口额20.00亿美元。

约旦蔬菜瓜果等农产品的主要贸易国是阿拉伯、阿联酋、科威特中东国家；化肥的主要贸易国是印度、中国、伊拉克等。

3. 中国与其贸易情况

据中国海关统计，2017年中约双边贸易额31.7亿美元。其中，中国对约旦出口29.6亿美元，中国一跃成为约旦第一大进口来源国；中国自约旦进口2.1亿美元。中国主要出口商品是机电产品、通信器材和纺织服装类产品，进口则主要为化肥和化工产品。中国对约旦贸易长期顺差。农产品贸易方面，2017年中国向约旦出口额6902.24万美元，进口额191.36万美元，中国对约旦一直处于顺差状态（表7）。

表 7　2008—2017 年中国对约旦农产品贸易情况　　　　（单位：万美元，吨）

年　份	进口量	进口额	出口量	出口额
2008	8.65	5.84	60204.49	9250.13
2009	0.00	0.09	54903.11	7549.52
2010	43.15	9.57	48752.36	9313.33
2011	11.68	5.56	52535.37	9347.39
2012	171.16	22.04	53331.86	9860.38
2013	0.21	0.17	43207.65	7465.68
2014	436.27	27.33	36840.51	6733.62
2015	252.79	35.13	30800.63	5831.98
2016	993.25	148.82	36958.26	6374.78
2017	1201.31	191.36	43676.81	6902.24

数据来源：中国海关数据

（四）农业科技发展

1. 农业科研机构

约旦农业科技基础比较薄弱，主要科研机构有皇家科学院、阿卜杜拉二世设计与开发局以及分布于全国 10 所公立大学和 17 所私立大学的研究机构。约旦最知名的从事农科技研究的科研机构是约旦大学农学院，开设了园艺与作物科学专业、畜牧专业、营养食品科学专业、土地与环境专业、农业经济与农业管理专业和环保专业。

2. 农业科技发展状况

根据美国《科学》杂志 2017 年报道，约旦在该年对科研的投入仅占到 GDP 的 0.4%。2005 年，约旦政府成立了科研支持基金，以提升该国的研究能力。2008—2016 年，该基金总计为 325 个项目提供了资金，农业科学研究项目是重点支持的领域。约旦农业科技重点发展方向是节水农业、设施农业等。2016 年 11 月 5 日，"丝绸之路农业教育科技创新联盟"在陕西杨凌成立，旨在加强丝路沿线国家和地区农业教育科技领域交流合作与发展。约旦大学作为约旦代表加入了该联盟。

（五）农业管理体系与政策

1. 农业管理体系

约旦涉及农业管理的政府部门包括农业部、水利与灌溉部、贸易与供给部、海关。海关从不同领域促进、推动和管理农业发展与农产品贸易。农业部负责国内农产品生产布局、政策制定等，水利与灌溉部负责农田水利与灌溉设施的规划、建设、维护等，同时进行水资源管理；贸易与供给部主管对外贸易的政策、法规执行，开展与其他国家和组织的经济合作，向内阁提出有关区域合作和加入某经济组织的建议等；约旦海关负责对进出口货物进行监管，制定关税政策等。

2. 农业支持政策

发展农业是保障约旦经济、社会及环境发展的基本因素，约旦政府把发展农业列为首要任务。约旦农业部部长强调，约旦需要进一步加大在农业领域内的科技投入，加强农业科技探索和研究，加快科技成果的转化与利用，提高农业产量。目前，约旦政府针对农业发展，采取了多项鼓励措施：推进发展高产、节水的设施农业，约旦政府向转型发展温室栽培的农业生产者提供无息贷款；为鼓励发展养殖业，政府承诺不会放开饲料价格，并向养殖户提供饲料补贴，确保养殖户能够有效控制饲料成本；同时，政府向小麦、大麦或者其他饲料种植者提供种植补贴，以提高种植户的积极性。

3. 农业发展规划

2005年，约旦颁布皇家法令正式成立国家规划指导委员会，制订了国家中长期规划。该规划分3个阶段实施。第一阶段从2007—2012年，以提高劳动力素质、解决就业为主；第二阶段从2013—2017年，以提升和加强工业基础为主；第三阶段从2018年开始，以实现具有世界竞争力的知识经济为基本目标。其中，针对农业领域，提出要提高农业生产质量和高产农作物产量，优化水资源利用效率，以促进粮食和用水安全。在食品和饮料加工行业，制定综合性战略以吸引跨国公司进入。约旦国王指示政府制定综合经济发展规划时，切实考虑改善营商环境，促进创新和行业发展，努力解决贫困和失业问题。出台综合规划，以促进粮食和用水安全。

2015年5月，约旦发布《2025年发展规划》。规划显示，约旦致力于在2025年将GDP增幅提高至7.5%，将贫困率从14%降至8%，将失业率从12.2%降至8%～9.2%，并将妇女就业率从15%提高至24%。

三、农业投资环境

（一）国家商业环境

约旦政局总体稳定，经济发展环境较好。约旦政府重视经济建设，积极推行改革举措。近年来，约旦政府重视实施吸引外资战略。约旦政府颁布《投资法》，实施私有化政策，为外来投资者提供了更好的机会。总体来看，约旦政府高度重视国内投资环境的建设与完善，希望能吸引更多外国投资者来约投资。约旦投资署致力修订新的国家投资战略，健全完善投资管理规章制度体系，努力营造更为便民亲商、开放包容的投资环境；提升基础设施保障能力、继续制定低税收政策和简化投资手续等激励机制，进一步加大招商引资力度。

世界经济论坛《2017—2018年全球竞争力报告》显示，约旦在138个国家和地区中，竞争力排名第65位。世界银行公布的《2018年全球营商环境报告》中，约旦在190个经济体中排名第103位。

（二）农业优势与潜力

约旦的农业发展集中于西部山区和约旦河谷地区，约旦西部高地属亚热带地中海型气候，气候温和，平均气温1月为7～14℃，7月为26～33℃，且这两个地区年降水量在380～630毫米。约旦河谷地区温度高于其他地区，且拥有便利的灌溉条件，常年适宜农业种植，土壤肥沃，冬季多雨，因此成为约旦的粮仓。也为约旦发展农业奠定了良好的基础。

另一方面，约旦境内90%以上是沙漠地带，未曾开发利用，随着干旱农业发展技术的推进，在沙漠边缘地带开拓干旱农业生产带日渐成为可能。这也为未来新的农业技术的采用提供了很好的空间。

（三）风险分析

1. 总体风险

世界银行发布的《全球营商环境报告（2018）》是反映投资总体风险的综合性报告，由1个综合性指标和10个二级权重指标构成。1个综合性指标为营商便利度，10个二级权重指标涵盖海外投资面临的诸多影响因素，包括开办企业、治办证照、电力供应、资产登记、信贷获取、中小投资者保护、税负、跨境贸易、契约精神和破产处理等。该指数满分100分，得分越高，经商环境越好，风险越低。同时，按照20分一个等级，将全球不同国家的经商环境划分为5级。其中第1级表示优，第2级表示较好，第3级表示中等，第4级表示较差，第5级表示差。根据报告，2018年全球190个经济体中，约旦的营商环境综合得分60.58分，排名第103位，综合营商环境处于较好级。

2. 制度风险

关于制度风险，本部分选取3个权威指标，包括全球和平指数、政治稳定性指数和腐败控制指数，分析进入一个国家投资面临的制度风险状况。

（1）全球和平指数

全球和平指数由全球知名智库经济与和平研究所（IEP）构建，是世界上公认的反映各国和平状况的权威指标。该指标从高到低划分为 5 个等级（表 8）。

表 8　和平指数等级划分

和平指数特征	等级	得分区间（0～4分）	涵盖国家数量
非常高	1 级	1.148～1.503	25
高	2 级	1.542～1.891	38
中等	3 级	1.903～2.196	52
低	4 级	2.210～2.845	35
很低	5 级	2.910～3.645	12

数据来源：经济与和平研究所

约旦和平指数综合得分 1.944 分，处于第 3 级，表明和平度中等。

（2）政治稳定性指数

世界银行构建了世界治理指数（WGI）指标体系，其中政治稳定性指数是世界公认的反映各国政治稳定状况的权威指标。该指标分为 6 个等级，分别为非常高、高、较高、较低、低、很低，满分 100 分，得分越高，政治稳定性越高，投资风险越低（表 9）。

表 9　WGI 政治稳定性指数等级划分

政治稳定性指数特征	等　级	得分区间（0～100分）
非常高	1 级	90～100
高	2 级	75～90
较高	3 级	50～75
较低	4 级	25～50
低	5 级	10～25
很低	6 级	0～10

数据来源：世界银行世界治理指数

约旦政治稳定性得分 26.21 份，指数处于第 4 级，政治稳定性较低。

（3）腐败控制指数

世界银行构建了世界治理指数（WGI）指标体系，其中腐败控制指数是世界公认的反映各国政府腐败控制程度的权威指标。该指标分为 6 个等级，分别为非常高、高、较高、较低、低、很低，满分 100 分，得分越高，腐败控制程度越高，投资风险越低（表 10）。

表10 WGI腐败控制指数等级划分

腐败控制指数特征	等级	得分区间（0～100分）
非常高	1级	90～100
高	2级	75～90
较高	3级	50～75
较低	4级	25～50
低	5级	10～25
很低	6级	0～10

数据来源：世界银行世界治理指数

约旦腐败控制指数得分61.54分，处于第3级，腐败控制程度较高。

3. 经济风险

关于经济风险，本部分选取2个权威指标，包括经济自由度指数和商业环境指数，来分析进入一个国家投资面临的经济风险状况。

（1）经济自由度指数

经济自由度指数是世界上公认的反映一个国家支持经济自由发展的政策与制度基础的指标，由个人自由选择、自由交易、自由进入市场、公平竞争和保护私有财产等指标构成，由全球知名智库美国传统基金会（FRSER）构建。该指标分为4个等级，指数最高10分，最低0分，得分越高，经济自由度越高，越有利于投资。

约旦经济自由度指数得分7.93分，处于第2级，经济自由度程度高。

（2）商业环境指数

商业环境指数由经济发展、金融自由度、政治环境、外资法律监管、人力资源和基础设施水平等指标经过加权计算，用于反映一个国家商业环境的综合性指标，由国际知名智库"经济学人"权威发布。该指数满分10分，得分越高，商业环境越好，越利于投资。该智库发布了目前全球排名前82位国家的商业环境指数。

约旦商业环境得分6.13分，处于较好的水平。

4. 法律风险

关于法律风险，本部分选取2个权威指标，包括法治水平指数和全球国家法治指数，用来分析进入一个国家投资面临的法律风险状况。

（1）法治水平指数

世界银行构建了世界治理指数（WGI）指标体系，其中法治水平指数是世界公认的反映各国法治程度的权威指标。该指标分为6个等级，分别为非常高、高、较高、较低、低、很低，满分100分，得分越高，法治程度越高，投资风险越低（表11）。

表 11 WGI 法治水平指数等级划分

法治水平指数特征	等级	得分区间（0～100分）
非常高	1 级	90～100
高	2 级	75～90
较高	3 级	50～75
较低	4 级	25～50
低	5 级	10～25
很低	6 级	0～10

数据来源：世界银行世界治理指数

约旦法治水平指数得分 69.71 分，处于第 3 级，表明其法治水平较高。

（2）全球国家法治指数

全球国家法治指数由限制政府权力、控制腐败、透明政府、法律和安全、监管执法、民事审判和刑事审判等指标经过加权计算得出，用于反映一个国家法治状况的综合性指标，由世界正义事业联盟（WJP）权威发布。该指数分为 10 个等级，指数得分最高 1 分，最低 0 分，得分越高，表明法治程度越高。该智库发布了目前全球排名前 100 位国家的法治指数。

约旦法治指数得分 0.56 分，处于第 3 级，法治程度中等。

5. 投资综合风险

为了综合分析某个国家的投资风险状况，选取政治稳定性、腐败控制、营商环境、经济自由度和法治水平这 5 个代表性指标，利用矩阵雷达图表现方式，分析综合性风险。

约旦经济自由度程度高，营商环境较好，表明经济风险较低；法治水平较高，表明法律风险较低；腐败控制程度较高，但政治稳定性较低，表明制度风险存在不确定性（图 1）。

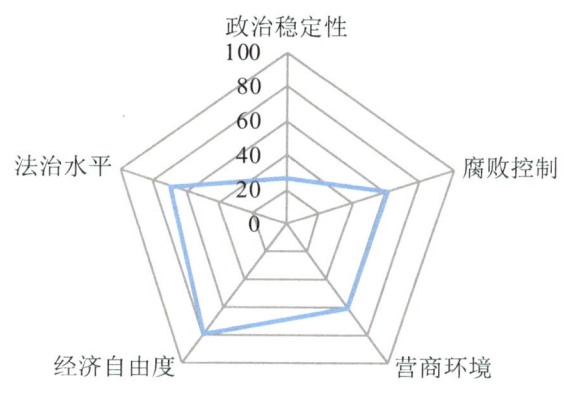

图 1 约旦投资风险矩阵

数据来源：世界银行，美国传统基金会

（四）总体评价

总体而言，约旦地理位置独特，产品经陆路和水路直接面向国际市场，区位优势十分明显。约旦政局总体稳定，劳动力充足，在吸引投资方面采取了一系列优惠政策，先后建立了12个自由区、合格工业区、开发区、经济特区等特殊经济区域，为投资者提供了宽松的自由投资环境，给予税收减免等优惠政策。通过多边、双边贸易协定，积极融入区域经济圈，与美国、欧盟、加拿大、新加坡、土耳其和泛阿拉伯地区签署了自由贸易协定和优惠贸易安排，货物进出口多国可享受零关税，逐渐发展成为连接亚欧非三大洲的贸易服务中心，给约旦吸收外国投资带来了一定便利。但另一方面，约旦经济总量小，市场空间有限、资源匮乏，政府财政负担重，加上地缘政治风险，使其吸引外资受到一定限制。

四、中约农业合作现状与合作重点

（一）合作现状

1. 合作机制

中约两国建交以来，政治互信逐渐加深，经济、文化等各方面的关系稳步发展，友好往来不断增加。2015年9月，两国共同签署了《中华人民共和国和约旦哈希姆王国关于建立战略伙伴关系的联合声明》，进一步巩固和加深了双方的合作。经贸关系在平等互利的基础上发展顺利，贸易额逐年增长。特别是近年来，两国在各领域互利合作不断扩大，双边贸易保持较快增长。

2. 科技合作

目前，借助"一带一路"战略的推动，中国与约旦正逐步开拓农业领域的合作空间，2016年11月5日，"丝绸之路农业教育科技创新联盟"在陕西杨凌成立，约旦大学作为约旦代表加入了该联盟，与中国西北农林科技大学、华中农业大学等高校建立了农业科研合作关系。

3. 贸易合作

目前中国与约旦双边农产品贸易规模还较小，2017年中国向约旦出口额6902.24万美元，进口额191.36万美元。约旦对中国农业技术、农业设备、优质农产品的需求在逐步上升，同时中国对来自约旦的农化产品、优质农产品的需求未来也会逐步上升。

4. 投资合作

自中国国家主席习近平提出"一带一路"倡议以来，约旦积极回应，并希望借助该倡议加强与中国合作，吸引更多中方企业赴约投资。2015年9月10—13日，约旦作为主宾国参加了在宁夏银川举行的2015年中阿博览会。在博览会期间，举行了中约经贸论坛，双方签署了农业、卫生、投资、金融、交通、能源等领域11项合作协议。宁夏自治区作为中国与约旦合作的桥头堡，借助中阿经贸论坛和中阿博览会，已初步构筑了我国向西开放的战略平台，对加强中阿经贸合作、促进双边贸易发展起到了重要作用。2105年中阿博览会期间，约旦与中国宁夏自治区签署了农业合作备忘录，涉及粮食生产、畜牧养殖、农产品贸易等多个领域。2015年12月，宁夏六盘山薯业公司正式与约旦企业签署了马铃薯种植协议，在约旦马安省开展马铃薯种植项目，主要涉及引进宁夏马铃薯种植技术，提高约旦马铃薯单产水平，目前已经开展第一期100公顷马铃薯种植项目。约旦非常重视与宁夏在农业技术方面的合作，约旦农业部将在宁夏签署的协议提交内阁进行了认真商议，约旦国王也号召加强与中国的合作。

2017年9月，中国—阿拉伯国家现代农业科技合作推介对接会在银川举行。来自约旦农业联盟的农业科技管理和科研机构的专家与来自中国科学院、中国农业科学院、中国水产科学院等国家院所5家进行了科研技术交流。约旦农业联盟负责人介绍了阿拉伯国家在发展节水农业、智慧农业、生态农业方面的情况和技术需求。中国农业科学院沼气科学研究所、中国水利水电科学研究所和宁夏大学等院所专家介绍了我国在高效节水灌溉、智慧农业、设施农业、马铃薯生产等领域的最新技术成果。

（二）合作潜力

1. 合作基础

"一带一路"倡议为中约的农业合作提供了广阔的空间，双方有共同的利益交汇点，这构成了中约农业合作的政治基础。约旦自身农业发展技术水平较低，投资不足，现代设备缺乏，农业发展亟待升级，开展农业国际合作的关注点主要在于引进适用的先进农业技术，以提高本国农业发展水平，提高农业竞争力，提高农产品出口创汇能力，保障国家粮食安全，等。中国是农业大国，也是农业科技强国，在涉及种植业、养殖业、果树、蔬菜等产业方面，都具有全面而先进的技术，双方能够找到共同的技术合作领域。同时中国宁夏、甘肃地区也是干旱地区，农业产业结构与约旦有很强的相似性，这为中约开展农业合作，助推约旦农业技术升级换挡，提供了很好的合作基础。同时，通过中阿经贸合作论坛与中阿博览会，中国相关部门及研究机构、企业已经与约旦的农业部门建立了良好的合作关系，为双边进一步的合作打下了良好的基础。

2. 合作前景

约旦的农业生产结构以蔬菜瓜果种植、山羊养殖为主,由于国内水资源匮乏,加之适宜发展农业生产的土地有限,同时农业技术有限,单产较低(如马铃薯单产水平只有中国宁夏回族自治区单产水平的一半),导致国内农产品在国际市场的竞争力逐步下降。因此约旦迫切需要发展高产、高效的设施农业,以及旱作农业、节水灌溉技术、农业机械等。而中国农业产业门类齐全、拥有完整而先进的现代农业技术体系。中国在设施农业、旱作农业、节水灌溉、农业生产资料(农资、农机等)等方面,都具有很强的技术优势,而且中国西部的生长环境与约旦相似,农业技术在约旦具有很好的适应性。因此,中约双方农业方面的合作具有很好的前景。

(三)合作重点

1. 重点领域

中约农业合作的重点领域包括农业科技、设施农业、旱作农业及节水灌溉、农资农机等。

(1)农业科技

农业科技合作是中约农业合作的重点领域。双方应在保持前期农业科技合作的基础上,借助于"21世纪陆上丝绸之路"建设契机,利用中国—阿拉伯经济贸易合作平台、中国—阿拉伯博览会这些平台,进一步加强双边在涉及种植养殖技术、设施农业、节水技术、旱作农业等农业科技领域展开深入的合作,促进技术创新和利用,以支撑约旦国内农产品生产技术的提高、提高粮食安全保障能力、消除贫困等。通过共建中约农业科技示范园区等方式,推动双方研究机构间建立长期稳定的合作伙伴关系,促进新型农业技术领域的高水平联合研究、科技人员交流与培养、适用技术转移,及新技术在生产领域的推广应用,推动双方农业技术水平提升和相关行业发展。

(2)设施农业

约旦以蔬菜瓜果种植为主,但是适宜种植的土地面积少,常规露天种植受季节影响,产量不高,而且约旦是水资源匮乏的国家,用此发展集约高效高产的设施农业非常符合约旦农业发展的需求。中国在设施农业发展方面,拥有先进的建造工艺与管理经验,能够进行有效的技术输出。因此,这一领域的合作应该是双方合作的重点之一。

(3)旱作农业与节水灌溉技术

约旦国土面积90%被沙漠覆盖,也是严重缺水的国家。因此发展农业产业结构方面,应该更注重发展抗旱作物,发展节水灌溉技术,推广旱作农业品种是约旦应对国内水资源不足问题的重要手段。中国在旱作农业发展方面积累了丰富的实际经验，从品种选育、技术管理等方面，都形成了完整的体系；同时滴灌、喷灌等节水技术被广泛应用，国内也形成了相应的设备工艺产业体系。因此，中约双方应围绕旱作农业与节水灌溉技术这一领域展开务实合作，中方加大对约方相关领域的投资力度，以提高约旦农业产业对水资源的利用效益，以及挖掘沙漠的农业发展潜力。

（4）农业机械及农化产品贸易

农业机械化是发展现代农业的重要支撑，小农生产在中约国内农业生产中都占有很大比例，小微型农业机械应用范围很广，需求量大。这方面，中国小型农业机械的生产具有一定的优势，产量大、产品种类较全、适应性广。约旦国内农业机械主要依靠进口，因此，双方可以在农机方面展开合作。同时，约旦盛产化肥，可以吸引中国大型化工企业赴约旦投资，扩大约旦化肥产能，增加对中国的出口。

（5）畜牧养殖

畜牧养殖业是约旦重要的农业产业之一，特别是羊的养殖，是约旦重要的出口畜产品。约旦鼓励国内畜牧业发展，对养殖业提供了补贴，并制定了吸引投资的政策。中国在畜牧业规模化发展、养殖技术、疫病防治、加工等方面，都具有较强的实力，双方有合作的潜力。可以开展羊的改良技术、饲养技术方面的合作，以及畜产品、清真食品等加工合作等。

2. 重点产业

（1）农业科技示范园项目

农业科技示范园有助于农业科技的集中展示、推广应用，是农业科技最好的展示载体。因此，两国在农业科技合作方面，应建设一个农业科技示范园，集中展示目前最先进的、适宜在约旦推广发展的新品种、新技术、新栽培方法。比如节水农业、设施农业、智慧农业等，通过建立农业高新技术示范园区，将使中约农业科技合作更深入，更富有成效。

（2）番茄设施种植项目

番茄是约旦最大的出口农产品，2017年出口额为2.23亿美元，占蔬菜出口总额的58.7%。因此，番茄的种植与生产对于约旦至关重要。设施种植番茄，既能够大幅度提高单产水平，又能够不受季节限制的持续生产，对于蔬菜而言是最高效高产的种植方式。但约旦目前国内设施番茄种植比例非常低。设施大棚的技术要求高、投资高、建造成本高，在资金与技术方面，约旦缺乏，而中国在番茄等蔬菜的设施种植方面，具有显著的技术优势，资金充裕，融资便利。中约双方的农业企业与农业科研机构，应该开展合作，由中方出资金、技术，约旦方面提供土地，共同发展设施番茄种植项目。

(3)马铃薯栽培技术与节水灌溉项目

马铃薯是约旦种植面积第二大的农作物,仅次于番茄。但约旦的马铃薯单产水平较低,还不到与约旦具有类似自然生态特征的中国宁夏自治区马铃薯单产水平的一半。原因,一方面是科研弱、品种老化、更新替代慢;另一方面,由于约旦缺水,马铃薯虽然不是高耗水作物,但是关键生长期也需要水,而约旦的节水灌溉技术在马铃薯生产中的运用很低。马铃薯作为很好的食物,对于保证约旦本国的粮食安全具有重要意义,同时约旦大面积的沙漠,是可以通过一定的技术手段将沙漠边缘转化为农业生产用地,提高粮食作物产量。马铃薯是耐旱作物,是非常适合推广旱作农业的品种。如果再同时利用节水灌溉技术,采用滴灌等方式,将能够大幅度提高约旦马铃薯的单产水平与适宜种植面积。中国在抗旱马铃薯种苗研究、栽培技术与辅助滴灌方面,具有成熟的技术与完整的产业链,与约旦的合作能够满足双方的需求。因此,中约双方应该围绕马铃薯产业,更新优化约旦马铃薯品种、发展适应旱地及沙地的马铃薯种植技术,同时运用节水技术,推动约旦马铃薯生产区域的扩大与产量的提高,促进约旦粮食安全水平的提高。

(4)农机与化肥生产投资项目

约旦国内具有丰富的磷矿资源,化肥生产与出口是约旦最大的出口创汇产品。但约旦化肥生产长期投入资金有限,亟待进行产能扩充与生产工艺更新,而中国的农化产业具有绝对的优势,相关企业工艺先进,资金充裕,融资便利,也有开展国际业务的意愿,双方应该共同投资合作,进一步开发约旦境内丰富的磷矿资源,提高约旦的化肥产量与出口量,一方面可以提高约旦的出口创汇能力,另一方面可以向中国出口化肥,这也有助于解决双边贸易不平衡的问题。

同时,约旦农业发展对小型农机的需求大,但国内不具备完整的农机生产供应体系。中国是农机设备生产大国,农机的种类齐全,适宜约旦农业发展使用的农机品种多,又具有一定的价格优势。因此,中约双方应加强农机项目的合作,鼓励中国国内有实力的农机企业在约旦主要的农业产区设立农业机械分支机构,针对约旦农业发展对农机的需求特点,研发与生产适宜约旦当地农业生产的机械,并提供销售信贷与优质的售后服务,从而提高约旦农业的机械化水平,并为国内的农机开辟约旦市场。

(5)畜牧养殖与加工项目

畜牧业是约旦重点发展的产业之一,也是政府进行保护与补贴的行业之一。约旦畜牧业发展具有较大的潜力,但目前结构单一,养殖技术、饲草种植技术较为落后,需要更新改良相应的技术,同时也需要吸引外资投入畜牧业产品的深加工项目。中国相关企业在畜牧业规模化养殖、深加工、品种繁育、疫病防治等方面,都具有很强的实力,中约双方可以在这些方面进行深入的合作，特别是建立一批符合环境要求、规模化、高度自动化的奶牛、羊、家禽养殖企业，带动约旦的小农发展养殖业，并提供技术、知识技能培训服务，帮助贫困人口脱贫。同时在畜产品深加工方面，由中方提供设备、技术与资金，与约旦相关畜牧企业进行畜产品深加工领域的合作，共同建立乳制品加工厂、家畜家禽的屠宰深加工厂等。从而提高约旦的畜牧业发展水平与乳制品、畜产品的供给能力。

五、中约农业合作建议

（一）明确农业合作目标与定位

约旦在西亚北非地区具有重要的战略地位，是"21世纪陆上丝绸之路"的重要一环。中约农业发展具有良好共通性、互补性，合作潜力巨大，合作前景光明。由于约旦农业发展技术相对薄弱，更多的是中方的设备、技术、资金进入约旦，因此双方要在建立充分互信的基础上，以构建利益共同体和命运共同体为发展目标，围绕约旦急需发展的农业产业，开展深入而务实的合作，一方面助推约旦的农业产业升级与技术更新换代，提高约旦农产品的生产能力与国际市场竞争力，另一方面，为中国国内的农业企业开拓出新的国际市场，为国内发展寻求海外资源。

（二）做好规划设计、强化支撑体系

中约双方的农业合作，要突出主要产业，做大做强，同时兼顾经济效益与社会效益。在具体合作过程中，应强化产业规划和产业政策的协调，以约旦的资源禀赋为基础，以产业项目建设为支撑，充分发挥约旦的地域优势，规划建设双边农业合作产业园区，促进产业集聚发展。针对农业投资项目风险高、投资期长等特点，要通过一定的金融政策给予资金支持，例如设立产业基金、引导金融机构提供低息融资服务等方式，为中企对约旦的农业投资提供资金支持。

（三）要重视合规、合法与遵从当地治理方式

中企进入约旦投资，一方面要聘请专业法律顾问，熟悉约旦的对外投资法规以及相应的规章制度，严格做合法的商业活动；另一方面要处理好与政府、议会等国家机构的关系，以获得相应的支持。同时，在项目实施地，要注意尊重当地居民的习俗，建立和谐的关系。

（四）重视投资风险管理

中企进入约旦投资过程中，要研判投资风险，要特别注意事前调查、分析、评估相关风险，做好风险规避和管理工作，切实保障自身利益。同时，强化风险补偿与风险转移。建议企业在开展对外投资合作过程中使用中国政策性保险机构——中国出口信用保险公司提供的包括政治风险、商业风险在内的信用风险保障产品，并积极利用商业保险、担保、银行等金融机构和其他专业风险管理机构的相关业务保障自身利益。

参考文献

商务部国际贸易经济合作研究院.2018.对外投资合作国别（地区）约旦（2017年版）[EB/OL].

李 茜.2016.约旦现代化进程研究[D].西北大学.

科威特

科威特位于中东地区，是阿拉伯国家联盟和海湾合作委员会成员国。科威特农业以种植业、畜牧业和渔业为主，受自然环境恶劣和水资源稀缺所限，农业规模较小，2016年农业和渔业对GDP贡献率仅为0.4%。科威特农牧产品主要依赖进口，进口来源国遍布全球，与中国农产品贸易规模较小。中科两国在干旱半干旱农业技术、清真食品与畜产品贸易领域有较大合作空间。

一、国家基本概况

（一）自然地理

科威特位于中东地区，阿拉伯湾西北岸，与沙特阿拉伯、伊拉克、伊朗相邻，国土面积17818平方千米，海岸线290千米。科威特属于热带沙漠气候，年平均降水量在22～352毫米，绝大部分国土为沙漠，境内无山川、河流和湖泊，气候与自然资源不利于农业生产。科威特拥有9个岛屿，水域面积5625平方千米，具有良好的渔业发展资源。

（二）人口状况

根据科威特民政信息总局最新数据，2016年科威特总人口413.24万人，其中科威特籍123.87万人，占总人口30%；外籍人口289.37万人，占总人口70%，主要来自印度、埃及、菲律宾、孟加拉、叙利亚、伊拉克等国家。首都科威特是人口聚集区，人口达到277.9万人。科威特籍人口主要为阿拉伯人，伊斯兰教为国教，阿拉伯语为官方语言，英语为通用语言。

在科威特从事农业与渔业生产的劳动力主要为外籍人口。根据科威特2011年人口普查数据，科威特籍人口中，农业、狩猎与林业劳动力仅有204人，占0.1%，渔业劳动力849人，占0.3%；非科威特籍人口中，农业、狩猎与林业劳动力有21482人，占1.5%，渔业劳动力有2864人，占0.2%。

（三）政治制度

科威特是君主世袭制酋长国，国家元首兼武装部队最高统帅称为埃米尔。科威特1962年颁布宪法，规定埃米尔必须由穆巴拉克·萨巴赫家族后裔世袭；立法权由埃米尔和议会行使，科威特国民议会于1963年成立，每四年选举一次，最新一届议会于2016年选举产生；行政权由埃米尔、首相和内阁大臣行使；司法权由法院在宪法规定范围内以埃米尔名义行使。科威特政府由首相和内阁大臣组成，最新一届政府为科威特第34届政府，于

2016年成立。科威特行政机构分为内阁、省、区三级。内阁主要包括最高计划发展委员会、国防部、外交部、内阁事务部、新闻部、内政部、教育部、高等教育部、工商部、议会事务部、石油部、水电部、财政部、司法部、宗教基金与伊斯兰事务部、通讯部、公共工程部、卫生部、社会事务与劳动部等。内阁直属单位包括中央银行、海关总署、中央统计局、农业与渔业资源总局、青年与体育总局、民事信息总局、审计署、民航局、港务局、社会保障局、环保局、文官委员会、投资局、直接投资促进局、住房福利总署、工业总局、舒艾巴工业区管理局、科威特石油总公司、科威特阿拉伯经济发展基金会等。

科威特奉行和平中立的外交政策，迄今已同120个国家建立了外交关系，是联合国、阿盟、海湾合作委员会（GCC）等国际组织和地区组织成员国。

1971年科威特与中国建交，是第一个与中国建交的海湾阿拉伯国家，双方在政治上保持友好关系，在经贸、军事及文化等领域有着形式多样的合作。科威特高度评价并积极响应中国提出的共建"丝绸之路经济带"和"21世纪海上丝绸之路"倡议，是第一个与中国签署共建"一带一路"合作文件的国家，也是亚洲基础设施投资银行的创始成员国之一。

（四）社会和经济发展状况

科威特政局总体稳定，经济发展平稳，社会福利完善。科威特石油资源丰富，是石油输出国组织（OPEC）成员，石油、天然气工业是科威特国民经济的主要支柱。根据科威特中央统计局数据，2007—2016年科威特GDP略有波动，由2007年的32581万第纳尔逐渐波动增长至2013年的49392万第纳尔，之后回落到2016年水平（表1）。2016年科威特GDP为3.35亿第纳尔，其中，农业和渔业占比为0.4%，工业占比为59.6%，服务业占比为40%。科威特的工业主要以石油开采、炼化和石油化工为主。科威特现已探明石油储量1049亿桶，居世界第5位，天然气储量为1.78亿立方米，居世界第19位。科威特国民议会于2015年通过了《2015/2016—2019/2020年发展规划》，总投资额341.5亿第纳尔，旨在将科威特打造成地区贸易和金融中心，解决经济、住房以及人口失衡等一系列问题。

表1 2007—2016年科威特GDP （单位：万第纳尔）

项目	2007年	2008年	2009年	2010年	2011年	2012年	2013年	2014年	2015年	2016年
GDP	32581	39620	30478	34369	42512	48722	49392	46285	34473	33507

数据来源：科威特中央统计局2007—2016统计年报

注：1科威特第纳尔=3.3124美元

教育方面，科威特教育系统发展完善，从幼儿园到大学全部实施免费教育，科威特现有

1所公立大学和3所私立大学。1982年科威特颁布义务扫盲法,2015年15岁以上成人文盲率为4.0%,小学入学率88.1%。医疗方面,科威特医疗设施完善,2015年,平均每千人拥有医生2.4人、护理人员6.6人、医院床位2张。

二、农业发展现状

(一)农业资源条件

科威特是一个国土面积非常小的国家,仅17818平方千米,其中12497平方千米为沙漠和沙漠化的土地。2015年农业用地面积仅为103.23平方千米。科威特属于热带沙漠气候,降水主要集中在当年10月至次年4月,但这一时间段内暴雨多发,容易造成水土流失。科威特全年多发沙尘暴,会对温室冷却系统造成损坏。科威特位于阿拉伯湾北部的美索不达米亚浅大陆架的西部,拥有290千米的海岸线,渔业资源丰富。

(二)农业生产情况

1. 农业产值规模及构成

科威特农业产值呈波动上升趋势,2007—2016年10年间由69.5万第纳尔增长至190.2万第纳尔,增长近2倍,并在2014年达到208.6万第纳尔的最高点(表2)。从农业产值构成来看,科威特农业主要以种植业和畜牧业为主,并有少量渔业。2007—2016年科威特农业产值的增长几乎全部来自于种植业和畜牧业的增长,由2007年的61.0万第纳尔增长至2016年的184.0万第纳尔,而渔业产值在这10年间在小幅波动中几乎维持相同水平(表2)。因此,科威特种植业和畜牧业在农业产值中的比重由2007年的87.8%增长至2016年的96.7%,渔业所占比重则相应减少,2016年所占比重仅为3.3%。

表2 2007—2016年科威特农业GDP (单位:万第纳尔)

项目	2007年	2008年	2009年	2010年	2011年	2012年	2013年	2014年	2015年	2016年
种植业和畜牧业	61.0	58.5	73.4	71.8	128.9	168.0	165.7	198.0	179.2	184.0
渔业	8.5	4.9	6.6	8.2	8.0	7.3	9.7	10.6	6.2	6.2
农业GDP	69.5	63.4	61.4	80.0	186.6	175.3	175.4	208.6	185.4	190.2

数据来源:科威特中央统计局2007—2016统计年报

2. 主要农产品产量

（1）种植业

科威特种植业主要以田间作物和温室作物种植为主，分为冬季、早夏季和晚夏季三个生产季。田间作物主要种植水果、绿叶菜、根茎菜、豆类及其他作物。

如图1所示，2007—2016年，水果产量波动较大，2007—2011年水果产量持续增长，由3.92万吨增长至10.78万吨，2012—2014年持续下跌至5.41万吨，随后在2015年和2016年猛增至20万吨以上。绿叶菜产量先是在2007—2009年期间由2.35万吨快速增长至8万吨，后陆续降至2016年的4.28万吨。根茎菜产量在2007—2013年持续增长，由5.94万吨增长至12.28万吨，后持续下降至2016年的3.63万吨。豆类产量略有波动，但总体产量始终低于2000吨。其他作物产量波动较大，总体上在2011—2014年位于产量高位。

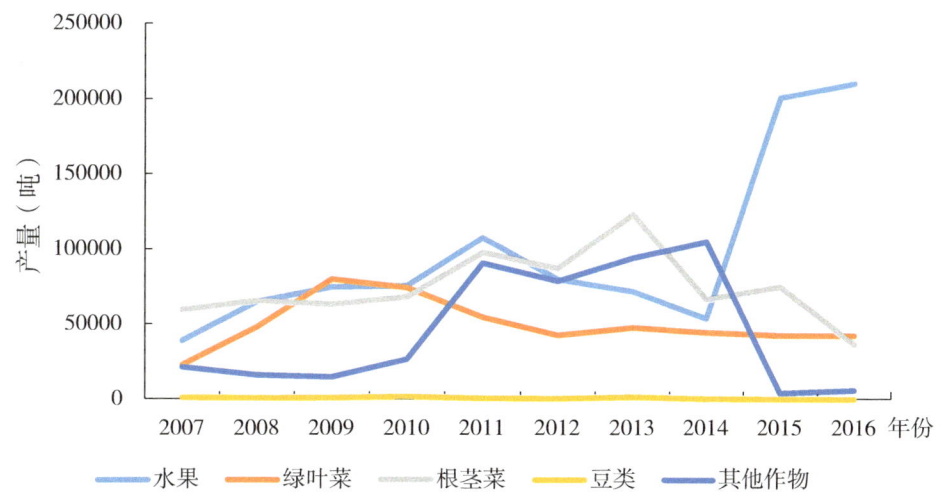

图1　2007—2016年科威特主要田间作物产量情况

数据来源：科威特中央统计局2007—2016统计年报

温室作物以蔬菜为主，主要有番茄、黄瓜、胡椒、茄子、香菜、生菜、绿豆等。

如图2所示，番茄和黄瓜产量较高，但年度间波动也较大，番茄产量在2009年和2012年出现显著下滑，2016年产量为7.21万吨。黄瓜产量在2013年出现峰值，达到10.06万吨，其余年份处于逐渐上升趋势，在2016年达到7.79万吨。其余蔬菜产量相对较小。

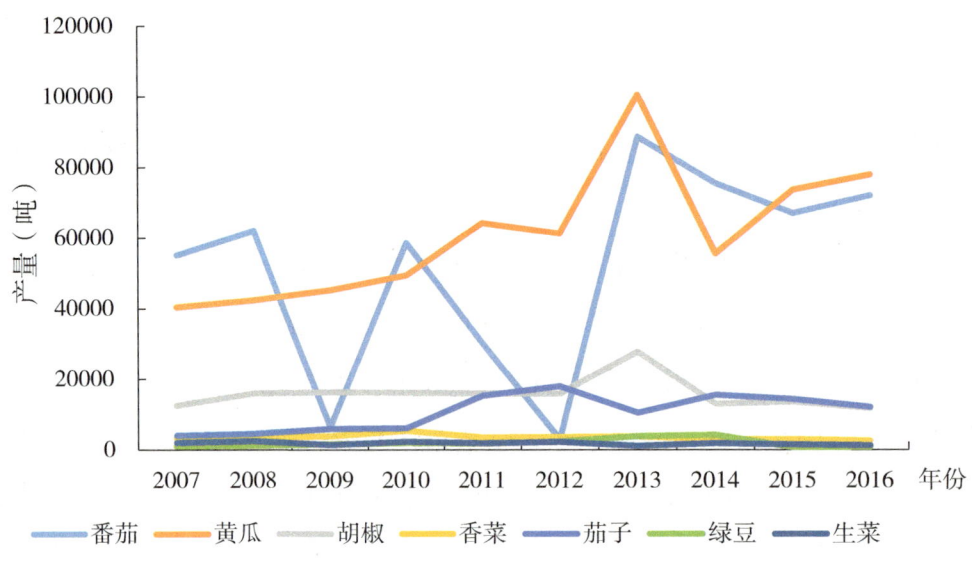

图 2　2007—2016 年科威特主要温室作物产量情况

数据来源：科威特中央统计局 2007—2016 统计年报

（2）畜牧业

科威特畜牧业生产包括奶类、蛋类、羊肉、牛肉、禽肉、骆驼肉和羊毛等产品，其中以奶类、蛋类和禽肉生产为主。2007—2016 年 10 年间，奶类产品产量由 2007 年的 5.92 万吨逐渐增长至 2016 年的 7.04 万吨，增长约 1/3；蛋类产量由 2007 年的 1.95 亿枚快速增长至 2016 年的 11.59 亿枚，增长约 4 倍；禽肉类产品产量由 2007 年的 3.27 万吨增长至 2016 年的 5.33 万吨，增长约 2/3（表 3）。

表 3　2007—2016 年科威特畜牧业生产情况

项目	2007 年	2008 年	2009 年	2010 年	2011 年	2012 年	2013 年	2014 年	2015 年	2016 年
奶类（吨）	59199	47188	45169	59854	59855	65445	56705	62823	61526	70358
蛋类（万枚）	19540	29360	58270	66710	79770	106400	94800	93800	102200	115900
羊肉（吨）	3767	4355	4709	7979	8179	6685	5344	7806	7441	7806
牛肉（吨）	796	1488	228	2004	1609	1433	1353	1888	1882	1401
家禽肉（吨）	32740	37770	48332	37831	44289	49128	46216	46193	53293	53297
骆驼肉（吨）	187	232	316	30	275	381	419	622	286	287
羊毛（吨）	416	354	315	475	521	551	646	609	756	859

数据来源：科威特中央统计局 2007—2016 统计年报

（3）渔业

科威特渔业资源丰富，主要水产品包括虾、银鱼、黄鳍黑鲷、银鲳鱼和褐斑石斑鱼。

2016年，科威特木质船舶牌照158个，铁质船舶牌照8个，玻璃钢船舶牌照639个，捕鱼许可证639个，渔夫2114人，主要来自埃及（1258人）和印度（798人）。2007—2016年，虾产量稳定在1500吨左右；银鱼产量稳定在500吨左右，2009年和2010年分别出现显著下降和增长；黄鳍黑鲷产量在250～500吨波动，2010—2013年产量相对较高；银鲳鱼产量由2007年的100吨增长至2016年的220吨；褐斑石斑鱼产量各年波动较大，整体在100～260吨区间波动（表4）。

表4 2007—2016年科威特渔业生产情况（单位：吨）

项目	2007年	2008年	2009年	2010年	2011年	2012年	2013年	2014年	2015年	2016年
虾	1539.86	1808.55	1754.10	2102.45	1439.14	1468.48	1510.08	1487.55	1444.31	1626.32
银鲳鱼	101.08	114.87	268.00	193.06	234.32	188.02	247.46	242.62	151.56	220.82
褐斑石斑鱼	168.91	129.44	136.31	257.01	174.90	119.76	203.03	133.16	154.90	179.69
银鱼	581.13	594.86	190.89	818.78	449.84	534.71	444.51	471.70	448.57	536.72
黄鳍黑鲷	305.05	299.06	381.84	474.87	467.13	486.85	362.53	252.58	243.98	325.14

数据来源：科威特中央统计局2007—2016统计年报

注： 科威特中央统计局发布的统计年报中，渔业生产数据包括养殖鱼、本地捕捞鱼和进口鱼，此处渔业生产产量数据为渔业生产总量减去进口鱼数量

3. 主要农业产业布局

科威特全国划分为6个行政省：首都省、哈瓦里省、艾哈迈迪省、杰赫拉省、法尔瓦尼亚省和大穆巴拉省。种植业和畜牧业生产主要集中在艾哈迈迪省和杰赫拉省。

种植业方面，根据科威特中央统计局2015/2016年度农业统计年报数据，杰赫拉省总种植面积为87674德南①（占比67%），艾哈迈迪省总种植面积为43347德南（占比33%）。从种植类型上来看，温室种植主要集中在艾哈迈迪省，面积2260德南，占温室总面积的79%；冬季作物在艾哈迈迪省和杰赫拉省都有分布，杰赫拉省比重较大，种植面积22503德南，占冬季作物总面积的60%；夏季作物主要集中在杰赫拉省，种植面积10370，占夏季作物总面积的75%；半干旱作物主要集中杰赫拉省，种植面积48184德南，占半干旱作物总面积的81%。

---

① 1德南（donum）=1000平方米

畜牧业方面，根据科威特中央统计局2015/2016年度农业统计年报数据，杰赫拉省牛养殖数量2.25万头，占总量的95%；杰赫拉省羊养殖数量58.93万只，占总量的68%，艾哈迈迪省占32%；杰赫拉省肉鸡养殖数量2490.73万只，占总量的62%，艾哈迈迪省占38%；杰赫拉省蛋鸡养殖数量538.79万只，占总量的58%，艾哈迈迪省占42%。

渔业方面，根据科威特中央统计局2016年度渔业统计年报数据，科威特养殖渔业2016年总产量为19.66万千克，艾哈迈迪省养殖渔业产量为10.65万千克，占比54%，贾哈拉省养殖渔业产量为9.01万千克，占比46%。

（三）农产品贸易情况

1. 农产品贸易规模

科威特农牧产品主要依赖进口，农产品在进出口贸易总额中占比很小。根据科威特中央统计局数据，2016年，农产品出口仅占总出口贸易额的1.1%，农产品进口占总进口额15.2%。2007—2016年，科威特农产品进出口贸易额稳步增长，进口额远超出口额，农产品进口额由2007年的7.9亿第纳尔增长至2016年的14.2亿第纳尔，增长近一倍；农产品出口额由2007年的0.4亿第纳尔增长至2016年的1.5亿第纳尔，增长超过一倍（图3）。

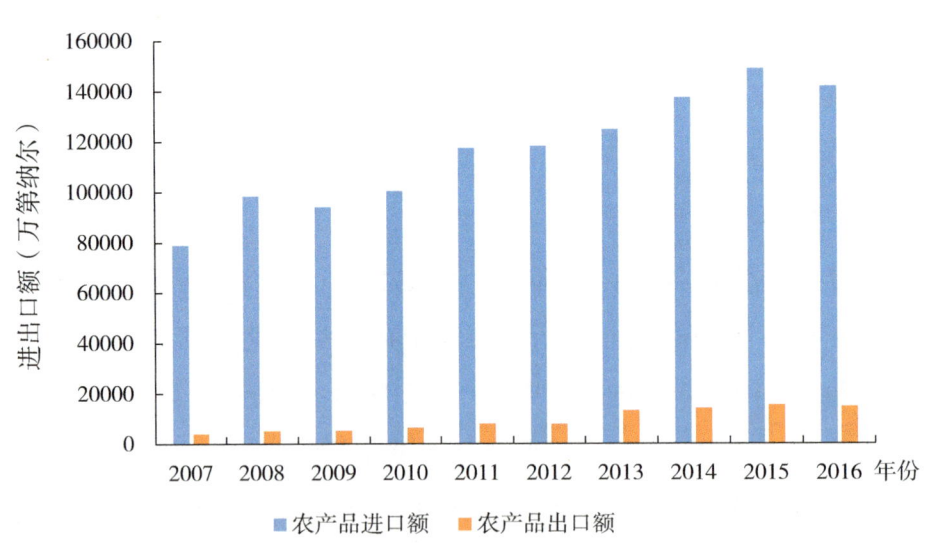

图3　2007—2016年科威特农产品进出口贸易情况

数据来源：科威特中央统计局2007—2016统计年报

（1）进口情况

科威特主要进口农产品为蔬菜水果、谷物、肉类、奶类和蛋类、咖啡、茶、可可和香料、活体动物、鱼类、糖和蜂蜜。如图4所示，2010—2016年，农产品进口基本维持稳定。进口额最大的是蔬菜水果类，进口额由2010年的2.48亿第纳尔在轻微波动中略增长至2016年的3.18亿第纳尔。第二大进口农产品是谷物，2011年以来年进口额都维持在2亿第纳尔以上。其次是肉类和奶类及蛋类产品，这两类农产品年进口基本保持在1亿~2亿第纳尔，波动较小。活体动物、鱼类、糖和蜂蜜以及咖啡、茶、可可和香料类农产品年进口额相对较小且波动不大。

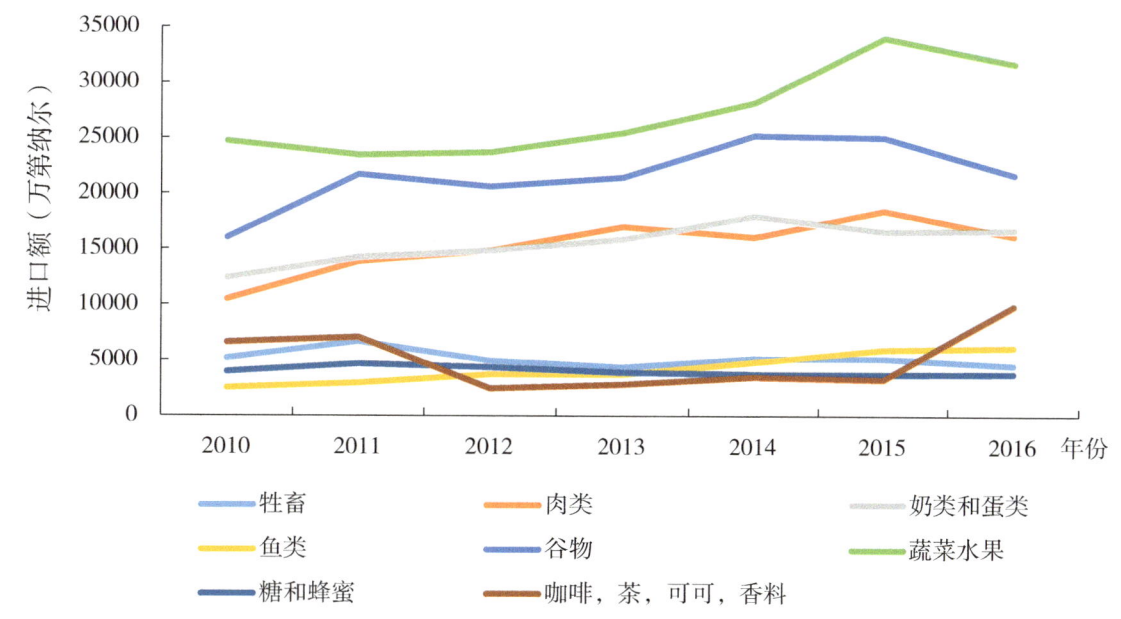

图4　2010—2016年科威特主要进口农产品情况

数据来源：科威特中央统计局2007—2016统计年报

（2）出口情况

科威特主要出口农产品包括加工食品、饮料和醋、烟草，活体动物和动物制品，蔬菜，植物和动物脂肪四大类。伴随着科威特农业生产能力的提升，2007—2016年，以上四大类农产品出口额均实现了持续的显著增长。加工食品、饮料和醋及烟草类产品出口额由2007年的2236万第纳尔增长至2016年的6321万第纳尔，增长了近2倍；活体动物和动物制品类农产品出口额由2007年的897万第纳尔增长至2016年的5210万第纳尔，增长了约4倍；蔬菜类农产品出口额由2007年的750万第纳尔增长至2016年的3135万第纳尔，增长了约3倍；植物和动物脂肪类农产品出口额由2007年的144万第纳尔增长至2017年的264万第纳尔，增长了约1倍（图5）。

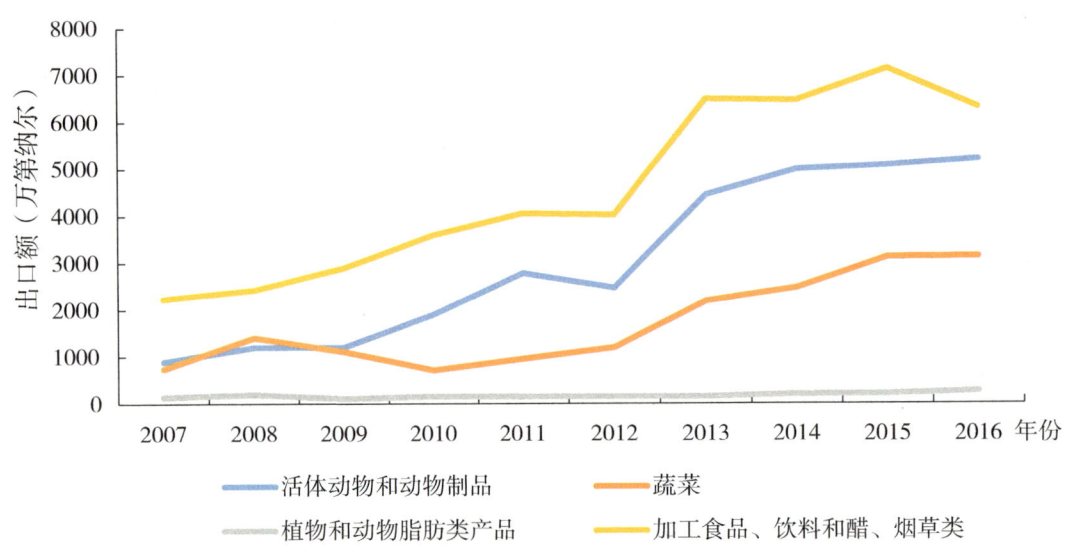

图 5 2007—2016 年科威特主要出口农产品情况

数据来源：科威特中央统计局 2007—2016 统计年报

2. 主要贸易伙伴

科威特农产品生产能力有限，农业出口规模较小，农产品出口目的地国家主要是周边国家，包括伊拉克、沙特阿拉伯、阿拉伯联合酋长国、卡塔尔、约旦等。科威特农产品主要依赖进口，进口来源国遍布全球，主要有印度、沙特阿拉伯、澳大利亚、巴西、埃及、美国等国家。

谷物方面，水稻主要进口自印度，玉米主要进口自美国和南美国家，小麦主要进口自澳大利亚。水果主要进口自埃及、沙特阿拉伯、约旦等周边国家。蔬菜主要进口自周边国家及印度。畜牧产品方面，奶类主要进口自沙特阿拉伯和荷兰，奶酪主要进口自沙特阿拉伯和埃及；肉类方面，禽肉主要进口自巴西，牛肉主要进口自印度、巴基斯坦、美国等国家。

3. 中科农产品贸易

中科农产品贸易规模较小，以中国向科威特出口农产品为主。2017 年，中国向科威特出口农产品 3385.59 万美元，未从科威特进口农产品贸易。中国出口科威特农产品贸易量波动较大，从 2008 年的 6537.68 万美元下降至 2009 年的 5083.69 万美元，经历 2010 年和 2011 年超过 7000 万美元的峰值后，在波动中贸易量逐步下降至 2017 年的 3385.59 万美元（图 6）。

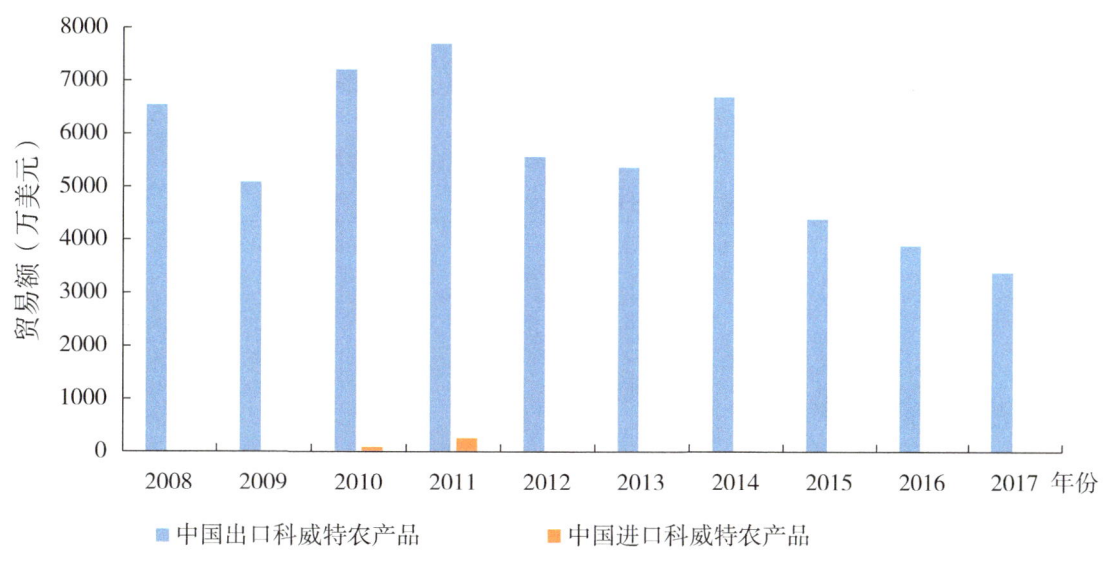

图6 2008—2017年中国与科威特农产品贸易情况

数据来源：中国海关

中国向科威特出口农产品以蔬菜为主，出口额由2008年的1232.49万美元振荡中上升2011年的2007.24万美元，随后经历一波下跌与一波上涨，2017蔬菜出口贸易额为1531.66万美元。畜产品出口额2012年之前维持在1800万美元之上，在2013年骤降至479.67万美元，后逐步下降至2017年的91.27万美元。此外，坚果、水产品、水果、糖料及糖、油籽也是主要的出口农产品（表5）。

表5 2008—2017年中国向科威特出口农产品贸易额　　　　　　（单位：万美元）

项　目	2008年	2009年	2010年	2011年	2012年	2013年	2014年	2015年	2016年	2017年
调味香料	38.01	39.68	52.72	74.64	75.54	127.50	108.61	174.05	147.37	146.50
干豆（不含大豆）	309.91	303.46	362.57	92.76	40.61	95.17	171.38	67.33	49.25	29.38
花卉	17.74	7.59	100.23	22.01	25.71	17.18	33.41	24.92	27.82	18.03
坚果	236.79	234.50	367.59	589.36	325.35	709.22	812.01	374.73	252.06	116.69
精油	—	0.58	0.06	0.62	0.03	1.47	83.24	145.61	45.40	4.17
粮食制品	36.76	21.36	24.41	39.11	52.18	48.02	62.35	56.20	63.75	49.39
粮食（谷物）	26.42	10.82	14.45	20.04	6.77	3.40	10.53	1.85	1.30	0.27
其他农产品	226.41	210.36	216.19	335.09	318.97	237.18	336.35	312.00	180.38	355.36
蔬菜	1232.49	1244.20	1738.30	2007.24	1357.10	1347.56	1667.40	1856.62	1866.59	1531.66
水产品	153.31	255.40	256.34	134.96	165.37	189.20	121.09	172.99	226.73	82.85
水果	427.78	411.58	388.16	327.32	302.21	286.99	182.48	126.06	84.03	117.05
糖料及糖	121.33	118.66	274.46	156.25	216.02	261.05	249.66	167.77	251.99	376.22
畜产品	1926.46	1879.01	2120.13	1947.42	1814.86	479.67	190.62	152.89	130.97	91.27
药材	—	11.71	—	—	8.02	5.88	4.95	3.89	10.92	7.02

(续表)

项　目	2008年	2009年	2010年	2011年	2012年	2013年	2014年	2015年	2016年	2017年
饮品类	6.86	15.82	88.99	51.61	69.17	88.17	136.13	135.55	119.64	62.03
油籽	218.96	318.96	1201.32	927.27	781.55	1468.05	2514.56	615.13	424.28	396.01
植物油	1558.44	—	0.29	968.89	—	—	0.37	—	0.60	1.39

数据来源：中国海关

注："—"代表数据为零或者忽略不计。

（四）农业科技发展

1. 农业科研机构

科威特科学研究院（KISR）是科威特最主要的科研机构，成立于1967年，最初主要开展石油、沙漠农业和海洋生物学相关研究，随后逐步扩展到更多领域，包括环境保护、自然资源可持续发展、能源与水资源管理等。目前，科威特科学研究院拥有580名科研人员和工程师，拥有超过100个实验室，与海湾地区和全球科研机构开展广泛合作。科威特科学研究院的发展目标是到2030年成为全球知名的海湾地区最重要的科学技术和创新中心。科威特科学研究院下属的环境与生命科学研究中心是主要开展农业研究的部门，为科威特农业与渔业产业发展与可持续食物生产、污染风险管理、恢复国家受损生态系统、保护自然环境开展相关研究。

2. 农业科技发展状况

科威特在农业科研领域目前主要有两大科研项目：① 生物技术项目；② 沙漠农业和生态系统项目。科威特气候干旱，生态系统脆弱，水资源面临短缺和盐化的双重挑战。科威特陆地沙漠生态系统已经被过度放牧、基础设施建设和工业发展严重破坏，尤其是20世纪90年代的海湾战争期间，估计有1100万桶石油释放到了陆地和海洋环境中，严重破坏了科威特生态环境。生物技术项目旨在缓解环境退化，保护生态系统，同时支持国内农业产业发展。生物技术项目包含了现代分子生物学、基因组学和基因工程技术与生物技术过程和产品开发工具，旨在开发一套多学科的方法来提高环境质量和建立一个可持续的和可行的国家农业系统。沙漠农业和生态系统项目主要目标是提升本地生产农产品的质量和可获得性，修复生态环境，保护生物多样性。该项目主要包括细胞和组织培养技术、化学工程、植物育种和综合农业系统技术，拥有基因工程实验室和组织培养实验室。

种植业技术方面，科威特科学研究院开发了如下几种重要技术：① 生长箱技术，这是一种适合于干旱气候的新颖、环保、节水、经济上可行的无土生产方法，生长介质和容器可以循环使用以降低人工和时间成本；② 封闭绝缘托盘系统，适用于种植观赏植物以及一些经济价值较高的蔬菜作物,该系统具有高灌溉效率的毛细吸液芯,以及预防病虫害的反光表面,是一种环保、高效的生产技术;③ 受控环境植物工厂,与加拿大圭尔夫大学合作,科威特科学研究院开发了一套全控多层植物生长系统,采用了新兴LED照明、水培营养管理和远程控制系统等新型技术,实现极端环境中的食物生产。

家禽养殖技术方面,过去30年科威特科学研究院与本地家禽产业企业合作共同致力于提高本地生产鸡肉的质量和生产能力。科威特科学研究院开发的家禽饲料提升了肉鸡的质量和健康状况,同时致力于发展生物安全措施、农场管理计划、饲养设施等,提升了降低健康风险的技术与实践的采纳。

水产养殖技术方面,科威特科学研究院的水产项目重要研究和推广能够提高科威特水产业经济效益和食物安全的可行技术,例如繁殖技术和鱼苗孵化早期阶段的技术,制定控制营养和疾病的实用技术规程。

(五)农业管理体系与政策

1. 农业管理体系

科威特农业和渔业资源公共管理局是科威特农业主管部门,负责管理土地分配、水资源管理、疫苗接种、科研与培训等,其主要发展战略旨在通过扩大耕地面积和提高农业生产率促进农业全面发展。

2. 农业支持政策

科威特农业支持主要以补贴的形式实现,补贴分为直接补贴和间接补贴,直接补贴主要由科威特农业和渔业资源公共管理局管理,间接补贴来源相对广泛。

(1)直接补贴

棕榈补贴。由于棕榈适合沙漠气候环境以及科威特当地消费者的偏好,科威特政府鼓励棕榈种植,根据种植棕榈数量和类型进行直接补贴。Barhi、Sukari、Khalas和Magddol这四种类型的棕榈每株补贴5科威特第纳尔,其他类型的棕榈每株补贴2.5科威特第纳尔,在当年财政预算范围内每6500平方米最多补贴1000株棕榈。

渔船所有者补贴。科威特农业和渔业资源公共管理局每年向鱼类养殖公司提供渔船所有者补贴。渔船所有者补贴根据渔船类型提供,2008年平均补贴规模为500~5000科威特第纳尔。

鲜奶生产补贴。科威特鼓励本地生产新鲜牛奶,向本地生产并销售给科威特乳品制造公司的符合生产质量标准的鲜奶提供补贴。

牛犊补贴。科威特农业和渔业资源公共管理局向本地生产和养殖牛犊的农场提供直接现金补贴，每只牛犊补贴150科威特第纳尔，并根据牛犊的成长期分两次支付。

种植业补贴。科威特农业和渔业资源公共管理局向蔬菜种植者提供现金补贴，补贴金额根据蔬菜种植者向本地市场供给蔬菜的价值金额确定，总额限定在当年预算水平之内。

（2）间接补贴

科威特政府通过科威特农业和渔业资源公共管理局和其他政府机构提供农业与渔业领域的间接补贴。

饲料补贴。科威特农业和渔业资源公共管理局每月向繁殖场或牛、家禽和鸵鸟养殖场提供饲料补贴，这些饲料由科威特面粉和面包厂根据科威特农业和渔业资源公共管理局确定的价格提供。鱼饲料补贴主要以提供免费鱼饲料的形式开展，补贴规模根据鱼类养殖企业的生产能力和养殖系统类型确定。

能源补贴。科威特政府提供能源消费补贴，包括电力消费和汽油消费，能源补贴覆盖科威特包括农业在内的所有行业。

用水补贴。科威特是一个极度缺水的国家，科威特所需水资源主要来自于抽取地下水、海水淡化和净化农业用水。消费者和农业生产者都享受科威特政府提供的大量用水补贴。这样的用水补贴政策，加上缺乏用水量合理化政策，导致科威特用水量快速上涨和地下水盐化问题。

商业保护。海关保护是一个国家支持当地生产的最主要的机制之一，海关保护比率与消费者价格增长一致，能在政府不直接补贴生产者的情况下提高生产者价格。这种机制同时还可以增加政府金融资源用于通过其他途径补贴农业部门。但全球来看，科威特关税水平较低，除烟草产品外，其他新鲜农产品和加工农产品关税水平不超过5%。

其他间接补贴。科威特农业和渔业资源公共管理局还通过其他形式向农业部门提供支持，例如建立众多建筑和服务项目，重点项目包括支持农业科学研究，改善农业生产区道路状况，向农业部门提供疫苗服务等。同时，政府还在自然灾害发生时向农业生产者提供补贴支持。

3. 农业发展规划

科威特制定了《2015/2016—2019/2020中期发展规划》，规划的目标是将科威特打造成区域金融和贸易中心，吸引投资者，政府机构创造环境增加社会价值，保障社会认同，实现人力资源发展，提供完善的基础设施、先进的法律和良好的商业环境，以促进私营部门引领竞争力的提升和生产效率的提高。发展规划主要包含五大主题，即公民参与和遵守法律、有效和透明的政府、繁荣和多样的经济、有凝聚力的民族和全球影响力；设计了7个主要项目领域，包括公共管理、经济、基础设施、居住环境、医疗保健、教育与人力资源、国际影响力，并针对各个目标领域设计了具体的评价指标。

农业在科威特国家发展中的作用主要体现在对环境与生态保护的贡献上，因此，发展规划中将农业作为衡量环境发展的指标内容之一。规划中提出要制定环境标准，禁止对鱼类资源的过度开发，以确保渔业的可持续性；同时设立渔业发展项目，旨在改善水资源管理和保护，通过评估渔业资源的现状，恢复枯竭的鱼类资源，发展水产养殖技术和综合系统以保护当地渔业，提供所有渔业活动的准确记录数据，在海洋鱼类的繁殖和生产领域开展人力资源能力建设。

三、农业投资环境

（一）国家商业环境

据世界银行发布的《2018年营商环境报告》，科威特的经商便利程度在190个国家中排名第96位，较2017年上升6位。其中纳税便利程度排名世界第6位，登记财产、保护少数投资者、获得电力和执行合同的便利程度世界排名在第70～100名，开办企业、办理施工许可证、获得信贷、跨境贸易和办理破产的便利程度则位于百位之外。世行报告显示，科威特通过建立一站式办事流程和改善网上注册提高了开办企业的便利程度，通过减少登记财产耗时和增加土地管理透明度提高了登记财产的便利程度。在2016年全球生活质量排名中，科威特首都科威特城在全球230个城市中排名124位，在GCC国家城市中排名第5位。根据世界经济论坛发布的《2017—2018全球竞争力报告》，科威特全球竞争力在138个国家中排名由上年第38位下降至第52位，报告中指出此次下降主要源于宏观经济环境和技术就绪程度下降的影响。

基础设施方面，科威特基础设施发展水平较好，根据世界经济论坛发布的《2017—2018全球竞争力报告》，科威特的基础设施在140个国家中位列第137名，其中，交通设施排名101位，电力和通信设施排名75位。交通运输方面，科威特境内公路交通发达，根据科威特中央统计局数据，截至2016年，全国铺装路面总长7518千米，汽车保有量192.5万辆；拥有两座国际民用机场，2015年进出港航班共9.5万架次，客流量1120万人次，货运量18.6万吨；拥有多个大型港口，石油和碳氢产品主要从艾哈迈迪、阿卜杜拉、祖尔和舒艾巴四个港口出口，非石油产品主要在舒威赫和舒艾巴两个港口进出口。通信方面，科威特信息产业发达，主要电信运营商包括Zain Group、Ooredoo、Viva。电力方面，科威特拥有9个发电厂，2014年总发电量为651.4亿千瓦时。目前，科威特有多个包括铁路、地铁、码头在内的基础设施项目正在或即将实施。

1. 贸易管理规定

科威特是世贸组织和海湾合作委员会的成员。科威特工商部是贸易事务主管部门，科威特市政厅下辖的进口食品管理局负责抽检进口食品质量。科威特整体关税水平较低，自 2003 年 1 月 1 日起，根据海湾关税同盟的规定，科威特一般商品的进口关税统一为 5%；对少数产品征收较高关税，对农产品领域的香烟、烟草制品和各种酒精饮料征收高达 100% 的关税；对食品类产品免征关税。科威特贸易相关的主要法律包括《贸易公司法》《自由区法》等。科威特对部分产品实行进口管制，农产品贸易领域，禁止进口猪肉或者含猪肉食品，出于保护当地产业的需要禁止进口面粉，限制进口马科动物。

2. 外资管理体系与优惠政策

科威特工商部是负责外国直接投资的主管部门。直接投资促进局隶属于工商部，成立于 2003 年，主要负责管理外资及外部招商，具体工作包括便捷项目批准与办理执照、协调办理外籍投资者入境拘留手续、监督工程施工进展、提供相关信息和统计数据、招商引资等。科威特对外投资领域相关法律包括《公共招标法》《直接投资促进法》《商业代理法》《合营公司法》《所得税法》等。《直接投资促进法》规定允许外商投资的三种形式是在科威特注册的外资占 51%～100% 的股份公司、外国公司设立的科威特分公司、外国在科威特设立的以市场研究为目的的代表处（不能从事经营活动）。科威特的企业营业税专门针对外国独资企业和合资企业，目前外资利润税率由 55% 削减到 15%。农业领域，科威特 2015 年第 75 号部长会议决定明确了 10 类不允许外资进入的领域，包括农业领域中的肥料和氮化合物生产。科威特不允许外资公司及外籍人士买卖土地。

科威特发展规划目标之一是发展成为地区金融和商业中心，成为连接欧亚两大洲的桥梁和理想的投资目的地，因此科威特积极吸引外国投资。科威特设立外资投资委员会（FIC）在《吸引外国投资法》的规定下制定并实施投资的优惠政策。《直接投资促进法》中规定了外商投资优惠政策，包括：自投资项目正式运行起最长 10 年内免征所得税或任何其他税，对该项目的再投资同样免征上述赋税，免税期限与兴建该项目时原始投资享受的期限相同；对项目建设、扩建所需的机械、设备和零配件，以及生产所需的原材料、半成品及包装和填充材料等物品进口全部或者部分免征关税；依照国家现行法律和条例划拨投资所需的土地和房产；依照国家现行法律和条例聘用必须的外国劳动力。科威特政府为外资提供"一站式"服务，由专门机构负责受理许可证申请、发放商业、就业和所有其他必要的申请，减少外资的时间成本。

（二）农业优势与潜力

科威特农业气候资源恶劣、土地与水资源匮乏，农业发展潜力有限。但是，科威特十分注重发展干旱半干旱地区农业技术，在温室技术、无土栽培技术、沙漠农业技术、农业环境可持续发展方面具有一定的技术优势。此外，科威特积极开展农产品国际贸易，贸易伙伴遍布全球，在区域农产品贸易中具有重要地位和发展潜力。

（三）风险分析

1. 政治风险

科威特所在地区的政治环境存在一定的风险性，因此应识别潜在政治风险，做好风险规避。

2. 经济风险

从国际方面来看。一是全球经济复苏仍存在不确定性；二是国际油价成本"塌陷"冲击经济发展动能，将恶化石油净出口国经济状况。以上两个因素形成的"叠加压力"，有可能挤压科威特宏观政策调控空间，并进而影响经济增长预期目标。从国内来看，劳动力市场的供需矛盾、公共预算的结构性失衡、私营部门的弱势地位、公共服务的机制欠缺以及基础设施的总量不足，是科威特经济健康可持续发展面临的重要挑战。科威特国家石油美元和民间资本大量外流，除石油和天然气资源由国家垄断外，其他自然资源贫乏，缺乏技术劳动力，依靠进口技术劳动力，加大了投资成本；市场较小，民族工业享受低关税自由贸易，竞争能力有待提升；外国资本到科投资可能受到一定程度的限制，如在一些领域，虽然允许成立外国独资公司，但实际操作可能会遇到一些障碍。

3. 自然环境风险

科威特属于热带沙漠气候，水资源匮乏，淡水资源尤其短缺，而水资源又是农业生产过程中的重要条件。气候以及自然资源均不利于农业发展，且不利天气也会对农业发展产生影响，生态环境破坏与大气污染也会对农业造成影响。因此，企业进入科威特市场时应考虑其自然环境因素。

（四）总体评价

总体来看，科威特农业投资空间依然较大。从政治层面看，近年来科威特政治秩序较为稳定，与一些国家签订和平协定，政府机构可以合理有序运行，同时政权变动对于国内局势的影响较小；从经济层面看，科威特虽然存在着一定的经济风险，但国外企业有着一定的来科投资空间，且近年来经济稳步增长。此外，中国半干旱地区与科威特开展干旱半干旱农业技术交流与合作，将有助于促进双方农业共同发展。

四、中科农业合作现状与合作重点

（一）合作现状

1. 合作机制

中国与科威特自 1971 年正式建立外交关系以来，双边关系得到良好发展，两国间不断扩大交流与合作。多边合作机制方面，两国间通过"一带一路"倡议、"中国—阿拉伯国家合作论坛"与中国—海合会自贸区等平台，深入务实合作，推动了两国在经济、政治、科技、农业、文化等各个领域的发展。这些平台的建立，对两国政府间开展各项合作、推进落实各项措施提供了便利，畅通了两国间企业沟通的渠道，两国间互惠互利、相互借鉴。2018 年 7 月 9 日，两国元首在北京人民大会堂举行会谈，一致决定建立中科战略伙伴关系，为新时期中科关系注入新动力、开辟新前景。科威特是中国在海湾方向共建"一带一路"和维护地区稳定的重要合作伙伴，双方要扩大在能源、基础设施、金融、贸易、投资等领域合作。会谈后，两国元首见证了多项双边合作文件的签署。双方还发表了《中华人民共和国和科威特国关于建立战略伙伴关系的联合声明》。

2. 科技合作

现阶段，中科两国科技合作主要体现在科技合作平台以及两国企业间，两国企业间不断开展科技合作，运用科技手段，务实推进"一带一路"战略构想，为中资企业来科威特市场投资提供支持与服务，在科技层面上深入落实各项政策措施，开拓科威特市场，不断开拓创新，推动中科经贸科技领域合作再上新台阶。

中阿农业高端研讨会作为中国—阿拉伯国家博览会农业板块的重要组成部分，积极推动建立中阿农业科技合作机制和共同推进农业可持续发展，重点关注农业资源与可持续发展及农业"走出去"，成为最主要的中阿农业交流平台。中国农业部支持宁夏建立中阿农业技术转移培训中心，打造中国与阿拉伯国家和穆斯林地区农业技术研发、培训、交流合作平台。

3. 贸易合作

中科两国政府对于双边经贸关系签有几项协定，其中包括 1980 年 10 月签署的《贸易协定》，1986 年 11 月签署的《关于成立经济、技术和贸易合作混合委员会的协定》，1989 年 11 月签署的《避免双重征税协定》等。两国间通过电子商务平台促进贸易往来，与其他国家合作建立电子商务产业园区，同时鼓励各个国家借助这一平台与时俱进，发展各国特色与优势产业，增加农产品贸易量。通过农业领域的投资与合作促进中科两国农业优势互补，开展特色农产品贸易促进活动推动两国共同发展，开展国际农业博览会、展览会等活动，以及对有关农产品市场准入相关的信息进行交流，都可促进中科两国贸易合作。

中科两国双边贸易额呈上涨趋势，中国是科威特潜在的贸易合作伙伴，两国经贸领域合作近年来日趋频繁。科威特政府欢迎中资企业来科投资，并愿意为中国企业提供可靠的数据。畜牧产品是中科两国农产品贸易重点领域，2003—2012年，我国牛肉出口量为1393.11吨，同比减少42.6%；出口额为875.48万美元，同比减少28.3%。主要出口地为以色列、科威特以及中国香港地区，这三地合计数占中国牛肉出口总额的73.0%。近年来双方农产品贸易不断扩展，三亚芒果出口到科威特，位于卫星牧场的黑龙江隆泰牧业有限公司开发的牧草颗粒饲料出口到科威特。

4. 投资合作

科威特经济近年来虽稳步发展，但其国内投资能力依然无法满足经济发展需求，因此鼓励各国企业来科威特进行投资；同时中国的经济稳步快速增长，有许多中国企业希望到国外进行投资合作，两国可通过企业间的投资实现互利共赢。中科两国基于以达成的政策和协议以及两国未来的发展方向和规划，鼓励两国企业进行投资与交流，促进企业间开展相关业务，优势互补，增强各监管部门的交流与讨论，鼓励与其他地区和国家间开展三方或多方合作。

两国签订过多个有关投资方面的协定。1985年11月，中国与科威特两国政府间签署《中科鼓励和保护投资协定》；1989年11月，签订了《经济技术合作协定》；2004年签署了《经济技术合作协定》。这些协定的签署为两国开展投资合作奠定了坚实的基础。2013年9月，中国—科威特合作论坛暨项目对接会在宁夏回族自治区银川市成功召开。论坛通过讨论中科两国经贸投资方面政策趋势以及合作经验，介绍了中国支持企业开展对外投资等内容，推动了中科两国企业在特色农业、清真食品等领域的合作，并且在会议期间实现了企业间的签约。中国与科威特可以通过互补领域开展合作，例如资金、人才、市场、技术等方面实现优势互补，进一步开拓投资与合作。多年来，中国与科威特不断开展广泛交流与合作，同时双方希望未来可以在农业、清真食品、能源、高新技术以及旅游等领域推进合作交流。

（二）合作潜力

1. 合作基础

中科两国有着悠久的合作历史，自古丝绸之路起便进行合作交流，到近年来的"一带一路"倡议，两国间一直保持着交流合作关系，两国有着良好的农业合作基础。近年来，两国政治关系稳定，良好的政治局面为制定两国间合作政策和发展务实合作平台奠定了坚实基础。

近年来，两国政府高层间交流日益频繁，中科关系稳步快速发展，科威特也积极响应并支持我国提出的"一带一路"倡议，对于农业、经济、能源、人力资源开发合作等领域采取了一系列措施不断增进两国间交流与合作。科威特海岸线长，有着丰富的渔业发展资源，盛产鱼虾；种植业则以温室和田间作物为主；畜牧业以禽肉、蛋和奶类为主，主要饲养马、骆驼和羊。中科两国农业互补性强。双方地处不同纬度，科威特气候类型属于热带沙漠气候，而中国是亚热带季风气候，跨越不同气候带，且具有丰富的自然资源，农业生产环境的不同使两国农业合作具有互补性。

2. 合作前景

科威特区位优势明显，有着丰富的人文和自然资源，同时也是"一带一路"沿线国，中科两国有着广阔的合作前景，应有效利用电子商务平台以及地方交往平台，充分发挥两国优势，发展特色产业，不断开拓发展交流与合作，为两国友好合作关系的维系注入新的活力。中科两国对于农产品的需求量大，双方可以在优势农产品和农业技术等方面进行合作。近年来科威特政府重视开发农业，但农业产值比例依然很低，主要生产蔬菜。中国在技术、投资、农业机械等基础设施建设等方面有一定的优势；科威特渔业资源丰富，盛产大虾、黄花鱼和石斑鱼；温室作物中，番茄和黄瓜产量较高，可以通过推动平原地区种植业的发展来带动农产品产量和质量的提升。但是科威特陈旧的基础设施以及频繁的干旱，加上现代化设备的缺乏阻碍了科威特经济的发展。因此，两国可以就优势产业相互合作，实现互利共赢。科威特可通过增加与中国的贸易互通，加强两国之间的合作，两国间可以继续拓展农业领域合作项目，鼓励更多企业参与投资。

（三）合作重点

1. 重点领域

（1）农业技术

科威特农业生产技术相对落后，因此科威特政府希望着力改善这一现状，引进国外先进的生产技术与设备，提高农产品产量。推进农业现代化建设，将引进农业技术、提高农业机械化水平提升到国家战略高度上来。两国在农产品技术开发和科技合作领域开展了日趋频繁的沟通与交流，农业科技领域是中国与科威特两国间交流与沟通的重要部分，中国可通过输出先进设备与经验与科威特进行农业领域的互鉴。吸取两国先进经验，对法律法规进行完善，建立健全农业科技、绿色消费和生产、金融监管等法律制度，推动农业领域的改革与发展。通过加强双方政府间的沟通与交流，通过开展两国间农业技术领域会议，互相学习技术层面的经验，使两国优势领域在合作中发挥出更大的作用。通过开展干旱半干旱农业技术合作与交流，解决科威特和中国西部省份干旱与半干旱农业生产问题，并且鼓励研究适宜在沙漠地区和半干旱地区种植的农作物，从农业科技层面增加农产品产量与质量，发展优势特色农产品，扩大农产品贸易量，拉动经济增长，满足人民需求。

（2）农产品贸易

中国与科威特两国间牛羊肉贸易往来频繁，可通过不断拓展农产品贸易品种扩大两国贸易量，对两国农产品进出口结构进行分析调整，实现两国特色农产品优势互补。两国间可通过制定有效的贸易政策不断扩大进出口规模，对于某些产品给予一定的税率优惠，消除两国非关税壁垒。对于进出口产品加大检疫力度，增设绿色通道等，都可以使两国农产品贸易得到进一步发展。科威特可以向中国出口大虾、黄花鱼、石斑鱼等水产品，中国可向科威特出口蔬菜、水果、茶叶等产品，两国的农产品贸易有着广阔的发展空间。

（3）灌溉与农业基础设施建设

科威特水利灌溉设施存在一定劣势，而中国农业领域在灌溉管理、农业设备生产、节水灌溉技术上有显著优势，并会对科威特在这三方面的发展上给予力所能及的帮助，同时鼓励中国企业和中国投资者对科威特进行水利和农业基础设施建设领域的投资，帮助科威特高效利用水资源，提高农业生产的效率，可为其提供必要的农业机械设备，推动科威特农业快速发展。通过中国有优势的技术、基础设施建设与开发和广阔的融资平台来与科威特进行合作。此外，中国在水产养殖领域也有丰富的经验，可以帮助科威特在渔业技术、生产等方面获取新的知识，开拓发展思路，促使渔业和水产养殖业更好的发展。

2. 重点项目

（1）干旱半干旱农业科技合作

科威特属于沙漠气候，农业以沙漠农业为主，中国西部省区农业多为干旱半干旱农业，两者面临相似的农业自然资源条件，在农业科技领域有迫切的交流合作需求。在宁夏等西部省区，开展中科干旱半干旱农业科技合作，加强干旱半干旱地区种植作物的新品种、新技术示范，加强中科两国科研机构、企业、高校之间的农业科技合作，加强双方人员交流与培训，深化两国农业合作技术，推动干旱半干旱农业科技的"引进来"和"走出去"。

（2）西部省区农产品出口基地建设

科威特与中国西部省区在农业生产和饮食文化上有诸多相通之处，科威特有大量的农产品进口需求，在西部省区建立清真食品和特色农产品出口基地，将有助于扩大中科以及中国与中东地区农产品贸易规模。在中国西部省区发展现代农业，提高农产品质量，创造高附加值的清真食品和特色农产品，建设国际农产品贸易仓储与物流基础设施，提供相关配套支持政策，以出口市场为导向，促进中国西部省区农业产业化发展。

五、中科农业合作建议

依托中阿博览会这个重要平台，创新驱动、实干兴农，突出优势，补齐短板，做好农业对外合作顶层设计，加快特色农产品出口基地建设，加快外向型农业龙头企业培育，扎实推进实用农业技术"走出去"，提升农业"引进来"的质量和水平。

（一）借助区域合作平台，推进项目合作

深入贯彻落实"一带一路"谅解备忘录，积极推动中科"一带一路"合作建设。充分发挥区域合作平台，助推中科农业合作。扩大中国—阿拉伯国家合作论坛与中国—阿拉伯国家博览会影响力，扩大农业合作在论坛与博览会中的比重，借助论坛与博览会区域合作平台，积极对接中科农业合作项目。加快推进中国—海合会自贸区谈判，一是提升中科双方开放水平、拓展深化双方经贸关系；二是通过减免关税、简化海关程序、加强检验检疫合作和完善许可证管理等手段提升中海双方货物贸易自由化水平；三是加强中科在农产品与食品贸易等服务领域的合作，实现互惠互利；四是扩大外商投资合作领域，营造有利于中科双方各类投资者平等准入的市场环境。未来，中国—海合会自贸区必将成为中国与科威特等海湾国家深化经济合作的新支点。

（二）以西部省区为基地，推进农业对外合作

围绕"一带一路"倡议和关于加快农业对外合作的相关政策意见，做好西部省区农业对外开放规划，切实指导农业国际合作健康、有序发展。结合西部省区农业发展特色，加强外向型农业人才培养，重点培养一批针对干旱半干旱农业、畜牧养殖、旱作节水、特色种植等领域外向型农业专家，夯实农业"走出去"基础。

加快西部省区特色农产品出口基地建设。针对国际市场需求，围绕产业升级、产品换代、产业链延伸和技术进步等政策导向，把产业、基地、企业、项目有机结合，加快出口基地公共服务平台建设。同时加快实施出口农产品品牌建设，依照国际目标市场，确保出口农产品质量安全要求。

加快外向型农业龙头企业培育。支持培育一批产业关联度大、技术水平高、竞争力强、带动农民就业和促进农民增收明显的农产品出口龙头企业"走出去",引进国内外农产品精深加工企业,提升瓜菜、优质牧草等特色农产品的生产技术水平和精深加工能力。同时开展多种方式农产品国际贸易,扩大优势特色农产品跨境营销。

（三）农业"走出去"与"引进来"相结合

扎实推进实用农业技术"走出去"。依托中阿博览会平台,积极落实农业合作协议成果,鼓励有实力企业到境外开展农业开发,带动水稻栽培、旱作节水、设施农业、沙漠治理等农业技术、装备、人才输出,加快西部省区特色优势农业技术的组装集成"走出去"步伐。提升农业"引进来"的质量和水平,扩大在设施农业、农产品精深加工、农产品质量安全等领域的项目引进。

参考文献

Faten Jabsheh，Weam Behbehani，Noura Abdulmalek.2014. Agricultural Subsidies in the GCC：Betweet Cost and Benefit — The Case of Kuwait. Journal of Business and Economics，Volume 5，No. 4，573-595.

Haweya Ismail. 2015. Kuwait：Food and Water Security. Global Food and Water Crises Research Programme Strategic analysis paper.

M. Al-Husaini，J. M. Bishop，H.M. Al-Foudari，A.F. Al-Baz. 2015. A review of the status and development of Kuwait's fisheries. Marine Pollution Bulletin 100，597–606.

State of Kuwait. 2015. Kuwait Mid-Range Development Plan 2015/2016 – 2019/2020 [EB/OL]. https://www.scod.gov.kw/Default 10.aspx? cate=3.

World Bank.2018. Doing Business 2018：Reforming to Create Jobs [EB/OL]. https: //www.doingbusiness.org/en/reports/global-reports/doing-business-2018.

黎巴嫩

黎巴嫩共和国，简称黎巴嫩，属于中东国家，国土面积10452平方千米，人口600.66万人。黎巴嫩是中国丝绸之路历史上的重要节点，农业资源条件良好，水资源相对丰富，可耕地面积占国土面积比重较大。黎巴嫩农产品主要为蔬菜和水果，境内果树繁多。黎巴嫩农业产值比重较小，仅不到国民生产总值的5%，农业部门外贸常年存在逆差。黎巴嫩是中东地区相对发达的国家。服务业是黎巴嫩国民经济的主导产业。全国约31.5%的土地为农业用地，森林覆盖率为13.6%。黎巴嫩种植业比重高于养殖业，主要作物有柑橘、甜橙、苹果、马铃薯、番茄等，主要养殖种类有羊、牛、猪、家禽和蜜蜂。由于资源有限，黎巴嫩农业对外贸易依存度较高。2017年，黎巴嫩进出口总额达到224.26亿美元，其中进口总额为195.82亿美元。2017年，农产品出口额为6.91亿美元，进口额为34.03亿美元，主要贸易逆差来自巴西、俄罗斯、乌克兰，主要进口产品为谷物、动物制品、活体动物、动植物油和蔬菜水果。

20世纪50年代，中黎双方就开始开展经贸活动。1971年中国与黎巴嫩正式建交，之后中黎两国的友好合作关系不断发展。在2017年中黎"一带一路"合作文件签署之后，黎巴嫩各界积极响应倡议，中黎双方合作更加密切。至2017年，中国已经连续5年成为黎巴嫩第一大进口来源国。

一、国家基本概况

自2003年开始，黎巴嫩全国分8个省：贝鲁特省、贝卡省、阿卡省、黎巴嫩北方省（以下简称北方省）、黎巴嫩南方省（以下简称南方省）、黎巴嫩山区省（以下简称山区省）、巴尔贝克—赫尔梅勒省（以下简称巴尔贝克省）和纳巴蒂亚省。省下共设25个县，县下设镇。贝鲁特省为黎巴嫩首都，毗邻黎巴嫩山脉，位于地中海边平原地区，黎巴嫩海岸线中部，是地中海东部沿岸最大的港口城市。贝鲁特省在内战爆发前被称为"中东小巴黎"，是黎巴嫩的政治、经济和文化中心，也是中东的金融、新闻出版和旅游中心。

黎巴嫩习惯上被归为中东国家，但和典型的中东国家不同，其与基督教有着相当密切的历史联系，是中东地区最西化的国家。黎巴嫩境内有人类最早期的城市与世界遗产，还拥有很多著名的历史文化遗迹，追溯部分遗迹具有长达5000年的历史。当前旅游业、金融业和房地产业三大产业是黎巴嫩重要的经济来源。

（一）自然环境

黎巴嫩位于地中海东部、亚洲西南部，西邻地中海，海岸线长225千米，东、北部毗邻叙利亚，南部与以色列和巴基斯坦接壤，与欧洲、北非多国隔海相望。黎巴嫩国土面积为10452平方千米，国内地形多样，有平原、谷地、山地等地形。黎巴嫩山脉纵贯全境，海拔超过千米的山地占国土面积50%以上。黎巴嫩最高峰为库尔内特·萨乌达山，海拔达3083米。黎巴嫩境内河道繁多，很多向西汇入地中海。黎巴嫩属于热带地中海型气候，冬天温暖多雨，夏日炎热潮湿，沿海地区与内陆地区的气候差别较大。黎巴嫩有矿产资源铁、铅、铜、褐煤和沥青，但数量较少，且开采不多。据黎巴嫩当本地媒体报道，在黎巴嫩与塞浦路斯海域内，发现存有石油和天然气资源。

（二）人口状况

截至2016年，黎巴嫩全国人口达600.66万人[①]，其中超过50%的人口分布在贝鲁特省和山区省。截至2015年，首都贝鲁特省约有人口220万人，约占全国人口的36%。黎巴嫩的主体民族为阿拉伯族，约占总人口的95%，此外亚美尼亚人约占总人口的4%。由于黎巴嫩多年的内战和民族宗教的复杂特征，黎巴嫩是国际上罕有的海外黎巴嫩裔人口多于国内人口的国家。世界各地的黎巴嫩裔人口约1500万人，主要散布在美洲、欧洲、非洲及海湾国家。在国外黎巴嫩裔人口中，基督教占大多数。目前，在黎巴嫩仅有少数华人。

（三）政治制度

黎巴嫩党派众多，多达260个政党。其中主要政党有：黎巴嫩长枪党、天主教马龙派政党、真主党、伊斯兰教什叶基本教义派政党。

目前黎巴嫩实行三权分立的民主议会制，国家元首为总统，行政权由内阁执行，立法权由议会执行。依据黎巴嫩1943年独立时的《民族宪章》规定，由基督教马龙派担任总统，伊斯兰教逊尼派担任总理，伊斯兰教什叶派担任议长。

黎巴嫩总理是政府首脑，带领内阁，担当最高国防委员会副主席，并与协会商酌组成政府，与总统共同签署命令等。政府是国家权力执行机构，军队归其领导。内阁有为国家制订各项方针政策、法律草案等责任，2/3内阁成员投票同意，政策、草案才具有法律效力。黎巴嫩议会为议院制，由普选产生议员，议席按教派间商酌后分配比例，任期为4年，其主要职责为制定法律、修改宪法、选举总统、批准总理和阁员人选等。

[①] 数据来源：世界银行 https：//data.worldbank.org/indicator/SP.POP.TOTL?locations=LB&view= chart

(四)经济发展状况

黎巴嫩地理位置优越,与欧洲、北非诸国隔海相望,具有约旦和海湾国家的战略地位,曾经是世界与阿拉伯国家贸易交往的必经之地。黎巴嫩推广开放、自由的市场经济,其私营经济占主导地位。世界银行数据显示,2016年黎巴嫩现价GDP总值为495.99亿美元[①],排名世界第80位;人均GDP为8257.29美元,排名世界第63位。2016年,黎巴嫩农业、制造业和服务业分别占GDP的比例为2.9%,15.1%和65.1%。黎巴嫩的工业基础较差,主要以加工业为主,农业也不发达。目前黎巴嫩经济增长的动力来自于金融、房地产和旅游三大产业,商业和服务业成为其经济的主导。

在2010年以前黎巴嫩曾出现过10%的GDP增长率。近几年来,黎巴嫩GDP增速缓慢,2011—2016年GDP年均增长率为2.1%,其中有的年份GDP增长率的值不到1%。另外,黎巴嫩人均GDP增长率2011—2016年均为负值,其经济的增速赶不上人口的增速。但2016年人均GDP减少的速度变缓,为-0.6%(表1)。

表1 黎巴嫩经济发展状况

年 份	GDP现价 (亿美元)	GDP增长率 (%)	GDP不变价 (亿美元)	人均GDP (美元)	人均GDP增长率 (%)
1995	117.19	6.5	203.34	3863.26	4.4
2008	292.27	10.4	323.13	7109.46	9.8
2009	354.77	10.0	355.61	8480.94	8.1
2010	384.20	8.0	384.20	8858.28	4.2
2011	404.76	0.9	387.72	8734.18	-4.6
2012	438.69	2.8	398.59	8922.89	-4.0
2013	460.14	2.6	409.10	8721.25	-4.3
2014	478.33	2.0	417.30	8536.68	-3.9
2015	494.59	0.8	420.70	8452.44	-3.4
2016	495.99	2.0	429.11	8257.29	-0.6

数据来源:世界银行

(五)社会文化

黎巴嫩的母语和官方语言是阿拉伯语,除此之外黎巴嫩还通用法语和英语。黎巴嫩社会

---

① 数据来源:世界银行 https://data.worldbank.org/indicator/NY.GDP.MKTP.CD?locations=LB

整体文化素质较高，受教育状况良好，在商业和服务业的从业人员能基本用英语、法语、阿拉伯语三种语言为顾客提供服务。目前在黎巴嫩，英语和法语十分受年轻人推崇。

黎巴嫩教派繁多，主要有马龙派、希腊东正教、罗马天主教和亚美尼亚东正教等。各种文化早已相互融合并存，目前各教派重要节日均为国家的法定节日。居民主要信奉两大宗教：54.0%信奉伊斯兰教，40.5%信奉基督教。黎巴嫩属于阿拉伯国家，但与典型的阿拉伯国家不同，伊斯兰教不是它的国教，且国内有许多基督教徒。黎巴嫩受欧美文化影响较深，是中东地区最西化、女性最为开放的国家，其社会风俗文化比较开放，只有少数部落仍保留传统的社会风俗。另外由于地理环境的独特性，地处西亚腹地，黎巴嫩还是各宗教少数派和中东被压迫少数民族的避难所，黎巴嫩目前已经拥有多个联合国救济的难民点。

二、农业发展现状

（一）农业资源条件

1. 气候条件

黎巴嫩属于典型的热带地中海型气候，冬天温暖多雨，夏季高温湿润，年平均气温23.2℃[①]。其境内地形复杂多变，气候特征有很大的差异。除此之外，黎巴嫩还受地中海和北部的叙利亚沙漠的影响，境内存在许多不同的微气候，气候之间均有显著的气温和降雨的差别。在黎巴嫩沿海地区和内陆地区，气候也存在较大差异。在地中海沿岸，年平均气温为20℃；在贝卡谷地，年平均气温为16℃，温度变化范围为5～26℃；在高山地区，年平均为10℃。每年5—9月为黎巴嫩旱季，当年10月至翌年4月为雨季，年平均降水量为750～1000毫米，沿海地区降水量能达到1500～2000毫米。

2. 土地资源

黎巴嫩全国可耕地面积约32.8万公顷，占国土面积的31.5%。其中，14.2万公顷为永久性耕地，农业灌溉面积为10.4万公顷。黎巴嫩森林覆盖率为13.6%，国土面积中有57.0%是非耕地或天然牧场。在中东地区，黎巴嫩的农业用地比例较高，农业领域覆盖较广。黎巴嫩东部的贝卡谷地为黎巴嫩主要农业区，水源丰厚、土壤肥饶，具有良好的耕种条件，黎巴嫩的许多粮食耕地和葡萄种植园都位于这里。但黎巴嫩人口密度较高，人均耕地面积有限。大约70%的土壤由碳酸盐岩组成，是典型的地中海类型，另外由于土地陡坡斜率高，黎巴嫩有很多土地并不适宜耕作。

---

① 数据来源：黎巴嫩国家统计局 http://www.cas.gov.lb/index.php/statistical-yearbook#time-series-2011-2013

3. 水资源

山地地形和地中海气候给黎巴嫩带来了丰富的水源，黎巴嫩是中东地区难得的水资源相对丰富的国家，拥有众多河流，无沙漠戈壁。黎巴嫩高海拔山区每年有5个月左右积雪，这些冰雪融水给黎巴嫩带来了优质的水资源，另外黎巴嫩地中海气候每年约有4个月左右的丰雨期，也给黎巴嫩带来了丰富的水资源。

黎巴嫩最长的河流有730千米，主要分布在黎巴嫩西边的山脉。估计每年可再生水资源是48亿立方米，年表面径流是41亿立方米，地下水补给是32亿立方米（其中25亿立方米构成河流水的基本流动）。该国主要的40个河流维持了17%的长期流量。利塔尼河是完全流动在黎巴嫩境内的最长河流，全长170千米。集水面积约2180平方千米，相当于国家总面积的20%。利塔尼河年平均流量为4.75亿立方米。另外，由于高度断裂的地质岩和现有层间岩石地层不同的渗透率，在黎巴嫩能经常发现泉水。黎巴嫩年均降雨量80亿立方米，每年能利用于科技和农业的地表净流量和地下水资源估计为22亿立方米，其中20亿立方米来自于17条河流的地表水资源，主要集中在8个含水层。除此之外，还有0.5亿立方米水来源于地下水。[①]

但由于海水利用的困难和现有供水系统网络的缺陷，黎巴嫩在干燥的夏季蓄水能力非常有限，缺乏水资源仍是制约其农业发展的因素之一。

4. 生物资源

尽管黎巴嫩国土面积有限，但黎巴嫩的地域具有多样性的热点：靠近海岸的高山、东西方向南北多面垂直的山谷，均使黎巴嫩地形和景观具有多样性。黎巴嫩共有5种地貌区域和22个生物气候带，还存在许多类型的栖息地。目前估计，约有400种植物是黎巴嫩、叙利亚、土耳其和巴勒斯坦特有的，其中92种是黎巴嫩特有的。黎巴嫩的生物特有性（12%）与其他地中海国家相比较高，有丰富的植物遗传资源，有潜力用于农业（食物或饲料）、观赏、药用、野生食用等。他们包括小麦、大麦、小扁豆、洋葱、大蒜和果树（杏仁、梨、李子、开心果）。此外，许多野生植物还能用作食物，主要包括多叶蔬菜和芳香植物。黎巴嫩还拥有许多葱属、黄芪、燕麦、辣椒等野生物种。

（二）农业生产情况

1. 农业产值规模及构成

黎巴嫩农业产值位于服务业、制造业之后，是该国的第三大产业。黎巴嫩目前开发的耕

---

① 数据来源：贝鲁特和黎巴嫩山省税务局 http://www.ebml.gov.lb/english/facts-and-figures

地面积有限，农业的投资不足，集约化程度较低，自然经济和传统粗放式经营仍为黎巴嫩农业的主导形式。农业不是黎巴嫩经济收入的主要来源，其农业产业规模不大，在国民经济中比重较小，2016年农业对该国GDP贡献率仅为2.9%。由于黎巴嫩农业生产增速跟不上经济的增速，农业在GDP中所占的份额逐年降，但农业仍是黎巴嫩一个重要的产业。

黎巴嫩种植业主要以水果和蔬菜为主，种植的谷物作物有大麦、小麦、玉米，果树有柑橘、苹果、橄榄、柠檬等，蔬菜有马铃薯、番茄、黄瓜、洋葱等，此外还种植有香料和经济作物烟草。黎巴嫩畜牧业有山羊、绵羊、牛等。21世纪初，黎巴嫩葡萄种植业发展迅速，生产的葡萄酒约有40%出口。

FAO数据统计，2016年黎巴嫩农业生产总产值为20.90亿美元，其中种植业占比77.1%，畜牧业占比22.9%。2016农业总产值相比去年减少了3.0%，而2015年农业增长率为-0.9%，近两年，黎巴嫩农业增长率为负值，产出逐年减少。

黎巴嫩的农业主要以种植业和畜牧业为主。2016年种植业总产值为16.09亿美元，相比去年减少2.9%。其中谷物总产值6.32亿美元，占种植业总产值的39.8%。果树产值4.20亿美元，占种植业26.4%。蔬菜产值2.99亿美元，占种植业18.8%。其他作物为1.17亿美元。2016年畜牧业总产值为4.76亿美元，相比去年减少3.3%，其中奶制品1.7亿美元，占畜牧业总产值的35.6%。家禽1.21亿美元，占畜牧业总产值的25.4%。

2. 主要农产品产量

(1) 种植业

联合国粮农组织数据统计，2016年黎巴嫩生产农产品367.14万吨，主要以水果和蔬菜为主。2010年和2011年黎巴嫩许多农产品产量波动明显，究其原因可能是邻国叙利亚爆发的危机对黎巴嫩经济造成了一定影响，包括影响其农业的正常运作。另外值得注意的是，黎巴嫩许多农产品较10年前相比产量都有明显下降。

2016年黎巴嫩生产水果134.69万吨，占农产品总产量最大份额36.7%，主要包括柑橘、苹果、橄榄、柠檬、香蕉。其中，柑橘产量为15.99万吨，占水果总产值11.8%。近几年柑橘的产量较稳定，但较10前年柑橘的总产量有所下降，下降了30.1%。苹果为12.51万吨，占水果9.2%。数年来，苹果的产量比较稳定。橄榄为11.81万吨，占水果8.7%。近年来，橄榄的产量一直呈逐年增加的趋势，橄榄在黎巴嫩农业中的地位越来越重要，较10年前产量上升了55.0%。

2016年黎巴嫩生产蔬菜159.09万吨，主要包括：马铃薯、番茄、黄瓜、洋葱、卷心菜，共占农产品总产量32.4%。其中马铃薯的产量最大，在黎巴嫩农产品中占有重要地位，2016年产量达40.06万吨，占蔬菜总产值25.1%。但近几年马铃薯的产量波动较大，2016

年马铃薯产量较去年下降了 14.7%，较 10 年前相比下降了 22.1%。番茄产量为 29.13 万吨，占蔬菜总产值 18.3%。番茄除了 2014 年突然增产 9.1% 外，其他年份产量总体变动不大。黄瓜产量为 12.79 万吨，占蔬菜 10.8%，较 10 年前相比产量有所下降，但总体波动不大。洋葱的产量为 7.06 万吨，占蔬菜 4.4%。洋葱产量的波动也较明显，较 10 年前产量有了明显提升，提升了 53.8%。

除了蔬果外，2016 年经济作物烟草的产量为 8781 吨，近年来，烟草的产量也一直呈逐渐下降的趋势（表 2）。通过以上分析不可否认，黎巴嫩农业总产值在逐渐缩水，农业在其国民生产中占的比重越来越小。

表 2　2007—2016 年黎巴嫩主要农作物产量　　　　　　　　　　　　（单位：吨）

年份	柑橘	苹果	橄榄	柠檬	马铃薯	番茄	黄瓜	洋葱	水稻	烟草
2007	228700	125200	76200	114000	514600	305300	142600	45900	116200	9400
2008	228700	125200	85000	114000	514600	305300	131010	50900	143700	11000
2009	177000	138100	79000	121400	425000	194500	87200	86500	111400	9300
2010	119286	153377	200000	78577	265490	279419	183958	90278	83000	10156
2011	87117	145154	88000	93466	275000	290426	146549	84611	125000	9797
2012	169710	126225	70000	103599	280000	289104	128214	83928	150000	9345
2013	162971	127235	104636	103758	412000	294609	130978	84866	140000	9166
2014	161259	126527	113700	104200	451860	325110	129935	90490	140000	9038
2015	161259	125819	117419	104643	470049	295281	128893	87033	140413	8910
2016	159943	125111	118146	105085	400637	291256	127850	70638	147748	8781

数据来源：联合国粮农组织数据库

（2）畜牧业

黎巴嫩的养殖动物比较少，主要有山羊、绵羊、牛、猪、驴、鸡、蜜蜂，产品以肉、奶、蜂蜜为主。总体而言，黎巴嫩畜牧业产量较 10 年前相比，除个别产品外，出现了产量明显下降的情况。2016 年，黎巴嫩山羊存栏量 51.60 万头，年屠宰 18.88 万头，生产山羊肉 3640 吨，较 10 年前产量下降了 11.1%。绵羊存栏量 45.08 万只，年屠宰 35.71 万只，生产绵羊肉 9441 吨，较 10 年前相比下降了 17.4%。牛存栏 8.13 万头，年屠宰 26.81 万头，生产牛肉 5.54 万吨。近年来，牛肉的产量波动较大，2016 年产量较 10 年前比增加了 10.9%。家禽存栏 6577.4 万只，生产禽肉 5.21 万吨，其中鸡肉的产量逐年下降，较 10 年前比，鸡肉的产量已经下降了 61.1%。牛奶、羊奶等奶类总产量为 22.30 万吨，其中，牛奶产量

19.03万吨，经历了2011—2013年的产奶高峰后，近几年牛奶产量呈缓慢下降的趋势。山羊奶的产量近年来较稳定，但较10年前下降了62.6%（表3）。

表3 2007—2016年黎巴嫩主要畜产品产量

年 份	牛奶（万吨）	鸡肉（万吨）	鸡蛋（万个）	山羊奶（吨）	山羊肉（吨）	绵羊奶（吨）	绵羊肉（吨）	牛肉（吨）	猪肉（吨）	蜂蜜（吨）
2007	18.30	13.50	76200	34000	4099	20000	8041	46531	900	5539
2008	24.20	13.60	76200	35000	4230	14800	9240	46620	864	3996
2009	16.80	12.90	78400	21700	3010	4608	13358	61568	800	5541
2010	21.90	8.00	70910	10866	2843	4050	10708	45764	770	5426
2011	30.10	9.50	38790	13988	3899	4050	8186	44689	759	3958
2012	30.10	10.00	37843	13879	3903	8100	6646	44107	770	3711
2013	36.70	8.50	47307	13480	3488	7700	7624	47545	784	4077
2014	21.90	8.20	38000	13500	3033	7500	7090	45550	798	-
2015	21.70	6.40	38500	13100	3400	7600	8211	53543	777	-
2016	19.00	5.20	38790	12700	3640	20000	9441	55384	682	-

数据来源：联合国粮农组织数据库

3. 主要农业产业布局

（1）种植业布局

黎巴嫩全国按行政区划分为8个省，其农作物生产主要集中在除了贝鲁特省以外的7个省，每个省的作物种植分布各不相同。贝卡省主要种植谷物和蔬菜，种植有小麦、生菜、白菜、番茄、苦瓜、马铃薯、洋葱、大豆、梨、葡萄。巴尔贝克省和阿卡省主要种植水果和蔬菜，巴尔贝克省种植有大麦、洋蓟、番茄、黄瓜、茄子、西瓜、苹果、樱桃、烟草；阿卡省种植有小麦、玉米、香菜、百里香、薄荷、番茄、茄子、苦瓜、柑橘、橄榄。纳巴蒂亚省主要种植水果和一些经济作物，种植有西瓜、柠檬、橄榄、芝麻、百里香、烟草。南方省、北方省和山区省主要种植水果，南方省种植有柑橘、甜橙、柠檬、葡萄、香蕉；北方省种植有苹果、梨、李子、橄榄；山区省种植有苹果、栗子、木瓜。

根据农业调查数据显示[①]，种植最多的谷物是水稻、大麦和玉米。其中种植最多的是水稻，贝卡省是黎巴嫩的粮仓，有44%的水稻集中在贝卡省，另外有22%分布在阿卡省。其次种植较多的谷物是大麦，主要集中在贝尔巴克省，种植了大约全国81%的大麦。另外，

---

① 数据来源：黎巴嫩国家统计局 http://www.cas.gov.lb/index.php/statistical-yearbook#time-series-2011-2013

玉米主要集中在阿卡省和贝卡省,两省大约种植了全国75%的玉米(主要集中在阿卡省)。

水果中种植比较多的是甜橙、柑橘、苹果、樱桃和橄榄。其中,甜橙和柑橘是黎巴嫩种植最多的水果,主要集中在南方省,约占全国甜橙和柑橘种植的62%。苹果是黎巴嫩种植的第二大水果品种,种植主要分布在山区省、北方省和巴尔贝克省,分别占全国苹果种植的26%、23%、22%。樱桃是黎巴嫩种植富有价值的水果之一,有65%的樱桃种植集中在贝尔巴克省,其次有26%集中在贝卡省。橄榄主要分布在北方省、纳巴蒂亚省、阿卡省,分别占全国橄榄种植的23%、21%、18%。

蔬菜种植较多的是马铃薯、番茄、黄瓜和洋葱。其中,马铃薯是黎巴嫩重要的农作物之一。马铃薯的种植主要集中在贝卡省,约占全国马铃薯种植的51%,其次分布在阿卡省(27%)和贝尔巴克省(19%)。番茄种植主要集中在巴尔贝克省、阿卡省和山区省,分别占全国番茄种植的22%、18%和17%。黄瓜种植主要集中在巴尔贝克省,约占全国黄瓜种植的41%,其次分布在贝卡省(16%)和阿卡省(13%)。洋葱种植主要集中在贝卡省和贝尔巴克省,分别占全国洋葱种植的40%和38%。

黎巴嫩的经济作物烟草主要分布在巴尔贝克省、纳巴蒂亚省、阿卡省和南方省,分别占全国烟草种植的39%、29%、17%和13%。

(2)畜牧业布局

黎巴嫩的畜牧业分布和种植业一样,主要分布在7省。其中,巴尔贝克省和贝卡省主要养殖山羊、绵羊和牛;阿卡省主要养殖牛、鸡;山区省主要养殖猪、鸡、蜂蜜;北方省主要养殖猪和蜜蜂。

山羊。根据2010年黎巴嫩国家统计局的数据,山羊和绵羊的饲养量最大,山羊的存栏量为40.39万只,主要集中在巴尔贝克省(26%)和贝卡省(25%),这两省的山羊饲养量均超过10万只。其中,母羊存栏量为2.42万只,也主要集中在上述两省。

绵羊。绵羊的存栏量为26.53万头,主要集中在巴尔贝克省(38%)和贝卡省(34%),黎巴嫩有6个省份绵羊的饲养量超过1万头,其中巴尔贝克省饲养量达到10万只,贝卡省的饲养量接近10万只。

牛。牛的存栏量为6.86万头,主要集中在贝卡省(27%),其次是阿卡省(16%)、巴尔贝克省(16%)和山区省(13%),共有3个省份牛的饲养量超过1万头。奶牛在牛的饲养中占很大的比重,2010年奶牛的存栏量为4.02万头,主要集中在贝卡省(30%)和巴尔贝克省(17%)。

猪。由于宗教原因,黎巴嫩饲养猪的数量较少。2010年,猪的存栏量为7735头,主要分布在山区省(55%)、北方省(26%)、贝卡省(9%)和纳巴蒂亚省(7%)。

家禽。黎巴嫩主要饲养的家禽种类为鸡，2010年的存栏量为4500万只，主要集中在阿卡省（32%）和山区省（21%）。分省来看，黎巴嫩7个省份鸡的饲养量均超过百万只。其中，母鸡的存栏量为380万只，主要分布在巴尔贝克省（36%）和贝卡省（24%）。

蜜蜂。蜜蜂养殖也是黎巴嫩重要的畜牧产业，数据统计2010年黎巴嫩约有养殖蜂箱16.90个，主要分布在北方省（25%）、山区省（19%）、纳巴蒂亚省（16%）和阿卡省（13%）。

（三）农产品贸易情况

据黎巴嫩海关数据统计[①]，2017年黎巴嫩主要商品进出口总额为224.26亿美元，其中进口总额为195.82亿美元，出口总额为28.44亿美元，占GDP的5.7%，出口贸易不是该国GDP的主要来源。黎巴嫩对进口商品的依赖程度较大，黎巴嫩外贸依存度为39.5%，大部分由进口依存构成，向国外进口商品对黎巴嫩国民生活有着重要影响。黎巴嫩进口总额相对于5年前有所回落，近几年波动较大，出口总额呈逐年量缩的趋势。黎巴嫩是长期的贸易逆差国，每年黎巴嫩的外贸进口额都远超出口额。近几年黎巴嫩贸易逆差数值总体较稳定，在160亿美元上下波动。2017年黎巴嫩贸易逆差略有增加，贸易逆差额167.38亿美元（图1）。

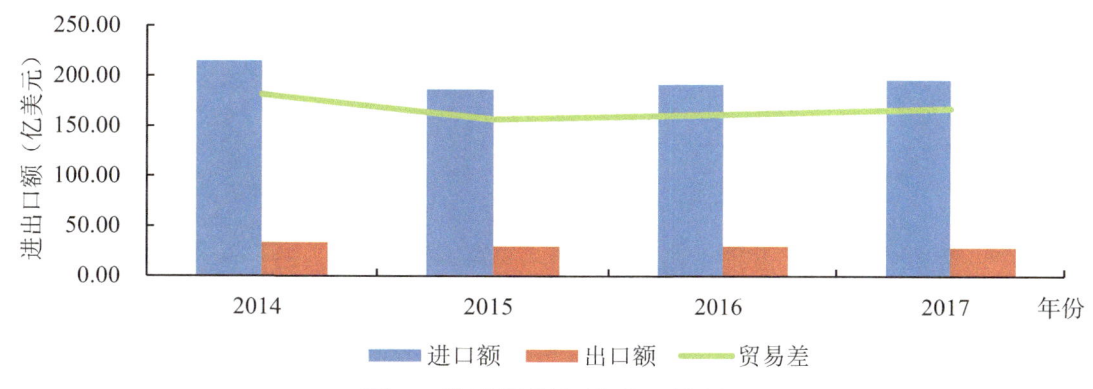

图1　黎巴嫩历年进出口情况

数据来源：黎巴嫩海关

1. 主要农产品贸易规模

2017年黎巴嫩主要进口农产品34.03亿美元（含初级农产品和加工农产品），占贸易总额的17.3%。近5年黎巴嫩农产品进口在所有商品中的比重较稳定，在17%上下波动。2014—2017年，黎巴嫩农产品对外需求相比之前略有减少，但总体来看需求数额较稳定。农业不是黎巴嫩经济的主要驱动力，农产品贸易相对于制造业、加工业的份额较小，但农业

---

① 数据来源：黎巴嫩海关 http://www.customs.gov.lb/customs/trade_statistics/yearly/search.asp

仍是黎巴嫩重要的产业（表4）。

2017年，黎巴嫩主要出口农产品7.11亿美元（含初级农产品和加工农产品），占总出口额24.2%。黎巴嫩出口农产品占贸易的比重也较稳定，近5年黎巴嫩农产品出口额呈缓慢递减的趋势，农业在黎巴嫩经济中的位置略有下降。

黎巴嫩的农产品十分依赖进口，每年都向国外大量进口农产品。黎巴嫩长期以来都是农业贸易逆差国，已经持续了多年的逆差。除各别种类外，大多数农产品都需要从国外进口才能满足需求。特别是谷物，是黎巴嫩农产品第一大需求缺口的农产品。近5年黎巴嫩农产品贸易逆差每年变动幅度较大。黎巴嫩2017年农产品贸易逆差达26.69亿美元，进口农产品远远大于出口的农产品，年均进口额是出口额的4.72倍（图2）。

表4　2014—2017年黎巴嫩农产品进出口情况

年 份	农产品进口总额（亿美元）	占总进口额（%）	农产品出口总额（亿美元）	占总出口额（%）
2014	36.15	16.8	7.8	23.5
2015	33.4	17.9	7.32	24.7
2016	32.72	17.1	6.87	23
2017	34.03	17.3	6.91	24.2

数据来源：黎巴嫩海关

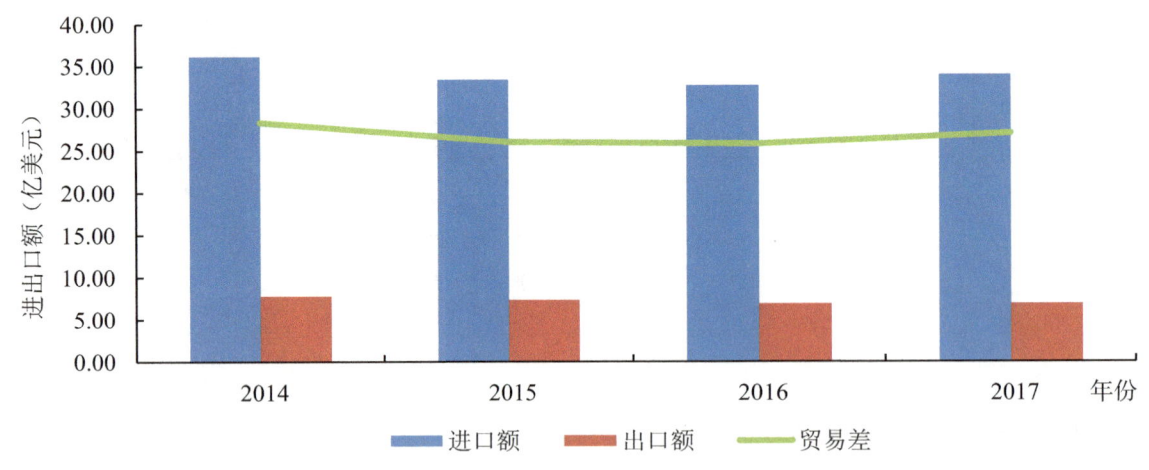

图2　2014—2017年黎巴嫩农产品进出口情况

数据来源：黎巴嫩海关

（1）主要进口农产品

2017年黎巴嫩主要进口的初级农产品价值为18.66亿美元，近5年初级农产品进口的数量波动较大，许多产品（例如谷物、动物源产品、水果、肉类）较5年前相比进口数量明显减少。在进口农产品中占比最大的是谷物和动物源产品。其中,谷物 3.24 亿美元,占 17.4%,;其次是乳品、蛋品、天然蜂蜜等动物源产品 3.16 亿美元,占 16.9%。进口比较多的农产品有:牛 11.50 万吨,价值 2.80 亿美元;奶酪 3.90 万吨,价值 1.59 亿美元;小麦 64.09 万吨,价值 1.30 亿美元;玉米 56.71 万吨,价值 1.08 亿美元(表 5)。

表 5　2014—2017 年黎巴嫩主要进口初级农产品构成　　　　　　　　(单位:亿美元,%)

商品类别	2017 年	2016 年	2015 年	2014 年	2017 年占比
谷物	3.24	2.87	3.15	3.60	17.4
乳品、蛋品、蜂蜜	3.16	2.92	3.07	4.01	16.9
活动物	3.10	3.10	3.57	3.67	16.6
水果类	1.91	1.79	1.80	1.59	10.2
肉类	1.55	1.37	1.54	1.81	8.5
进口总值	18.64	17.06	18.17	20.16	—

数据来源:黎巴嫩海关

2017 年主要进口加工农产品 15.41 亿美元,近 5 年加工农产品进口数量总体较稳定。但有的产品(例如粮食制品、杂项食品、糖及糖食)较几年前相比,进口量明显增加。其中,进口最多的是谷物、粮食粉、淀粉和乳制品类,价值 2.78 亿美元,占 18.0%;其次是杂项食品 2.15 亿美元,占 14.0%;糖及糖食 2.03 亿美元,占 13.2%(表 6)。

表 6　2014—2017 年黎巴嫩主要进口加工农产品构成　　　　　　　　(单位:亿美元,%)

商品类别	2017 年	2016 年	2015 年	2014 年	2017 年占比
谷物、粮食粉、淀粉或乳制品	2.78	2.72	2.78	2.43	18.0
杂项食品	2.15	2.13	1.96	2.02	14.0
糖及糖食	2.03	2.02	1.76	1.64	13.2
动植物油	1.64	1.58	1.64	1.86	10.6
烟草及烟草代用品制品	1.57	1.75	1.76	2.25	10.1
进口总值	15.41	15.63	15.22	15.99	—

数据来源:黎巴嫩海关

(2)主要出口农产品

2017 年黎巴嫩主要出口的初级农产品价值为 2.01 亿美元,近 5 年黎巴嫩出口初级农产品的数量逐年递减。各别产品出口数量较稳定,各别产品表现出数量急剧减少的情况(例如制粉工业产品）。出口结构最大的是水果和蔬菜，占 61.6%。其中水果出口额为 6625 万美元，占 32.9%，近几年出口数量波动较大；蔬菜出口额为 5775 万美元，占 28.7%。出口较多的农产品有：马铃薯 12.83 万吨，价值 3047 万美元；咖啡 3063 吨，价值 2254.80 万美元；苹果 80545 吨，价值 1652.10 万美元；香蕉 2.72 万吨，价值 1261.10 万美元；柑橘 5.15 万吨，价值 1145.00 万美元（表 7）。

表 7　2014—2017 年黎巴嫩主要出口初级农产品构成　　　　　　　　　　（单位：万美元，%）

商品类别	2017 年	2016 年	2015 年	2014 年	2017 年占比
水果类	6625	7355	6009	6364	32.9
蔬菜类	5775	5652	5758	7889	28.7
咖啡、茶、马黛茶及调味香料	3608	3385	3348	3147	17.9
制粉工业产品	1057	1625	1588	2098	5.2
乳品、蛋品、蜂蜜等动物源产品	640	677	742	888	3.1
出口总值	20104	20703	21587	23319	—

数据来源：黎巴嫩海关

另外，黎巴嫩主要出口加工农产品 5.10 亿美元，近 5 年出口加工农产品的数量波动较明显，较 5 年前相比，出口数量明显减少。其中，出口最多的是蔬菜、水果、坚果和其他植物制品，为 1.10 亿美元，占 21.2%；其次是杂项食品 9568 万美元，占 18.5%；糖及糖食 0.68 亿美元，占 13.5%（表 8）。

表 8　2014—2017 年黎巴嫩主要出口加工农产品情况　　　　　　　　　　（单位：万美元，%）

商品类别	2017 年	2016 年	2015 年	2014 年	2017 年占比
蔬菜、水果、坚果或其他植物制品	10863	10863	12658	12773	21.2
杂项食品	9468	8945	7223	8314	18.5
糖及糖食	6896	7222	7793	5067	13.5
饮料、酒及醋	6279	6645	8204	10179	12.3
可可及可可制品	4633	4370	3803	5140	9.0
出口总值	51068	49963	51644	54819	—

数据来源：黎巴嫩海关

2. 主要贸易伙伴

2017 年黎巴嫩主要商品进口总值为 195.82 亿美元[①]，主要进口国家为中国、意大利、美

---

① 数据来源：黎巴嫩海关

国、希腊和德国，分别占进口总额10%、9%、7%、7%和6%。黎巴嫩是长期的贸易逆差国，每年都向国外进口大量的工业品，其中主要进口的商品为矿产资源、铁道及电车道机车、医疗产品和大型机械等。2017年主要商品出口总值为28.44亿美元，其中农产品占24%，工业品占76%。主要出口国家为南非、阿拉伯联合酋长国、叙利亚、沙特阿拉伯和伊拉克，分别占出口总额11%、9%、9%、9%和6%。其中主要出口的商品为珍珠和宝石、电力机械设备、塑料制品、大型机械和化妆品等。

黎巴嫩2017年主要农产品进口总值为34.03亿美元，占进口总值17.1%。黎巴嫩所生产的家禽能够基本自给自足。但是其仍然是食品的净进口国，进口食品净值占83.0%。主要进口国为巴西、俄罗斯联邦、乌克兰、埃及和阿根廷，分别占比11.0%、10.0%、6.8%、4.6%和3.9%。其中，主要进口的农产品为谷物、动物产品、活体动物、动植物油脂和蔬菜水果。

其中谷物进口主要来自俄罗斯联邦、乌克兰和保加利亚，进口的主要种类为小麦和玉米；动物副产品进口主要来自荷兰、摩洛哥和法国，进口的主要种类为乳制品，如芝士和牛奶；蔬果类进口主要来自叙利亚、美国和埃及，进口种类主要为坚果；肉类进口主要来自巴西、巴拉圭和印度，进口的主要种类为牛肉和禽肉。

2017年主要农产品出口总值为6.91亿美元，主要出口中东地区，包括叙利亚、埃及、科威特、阿拉伯联合酋长国和沙特阿拉伯，分别占15.0%、12.0%、8.2%、7.9%和6.7%。主要出口的农产品为水果和蔬菜，这两类占农产品出口总值的62%。其中出口的主要水果为苹果、香蕉、葡萄、梨、柑橘，主要蔬菜为马铃薯、洋葱。

3. 中国与其贸易情况

中国已经持续多年是黎巴嫩商品进口的第一大国，是黎巴嫩重要的贸易伙伴。据中国海关统计，中国与黎巴嫩农产品的贸易规模在波动中有逐渐扩大的趋势，中国与黎巴嫩农产品双边贸易进出口额为从2008年的6677.61万美元增至2017年的8388.51万美元。其中中国向黎巴嫩出口的农产品价值波动较大，在波动中有逐渐上升的趋势，出口总额从2008年的6672.87万美元增至2017年的8339.08万美元。

2017年出口农产品总额较上年同比增加了20%。中国向黎巴嫩进口的农产品，相比以前规模明显增加，进口总额从2008年的2.37万美元增至2017年的49.43万美元。2017年中国向黎巴嫩进口的农产品总额增幅明显，较上年同比增加了130%。

分析2008—2017年黎巴嫩与中国农产品的贸易结构，中国是黎巴嫩农产品的净输入国，黎巴嫩持续处于贸易逆差状况，在2012—2013年贸易逆差稍有改善之后，逆差一直处于缓慢增加的状态。中黎双方的贸易逆差额从2008年的6672.87万美元增至2017年的

8279.60万美元。2017年，贸易逆差随着中国出口量的增加急剧增加，较去年同比增长了10%（表9）。

表9　2008—2017年中国与黎巴嫩农产品贸易情况　　　　　　　　　　（单位：万美元）

年　份	进口额	同比增长率	出口额	同比增长率	进出口差额
2008	2.37	—	6675.24	—	6672.87
2009	0.73	-69.2%	5116.98	-23.3%	5116.25
2010	4.51	517.8%	6712.08	31.2%	6707.57
2011	8.55	89.6%	6982.72	4.0%	6974.17
2012	1.10	-87.1%	6396.11	-8.4%	6395.01
2013	19.71	1691.8%	6491.13	1.5%	6471.42
2014	35.23	78.7%	6877.33	5.9%	6842.10
2015	23.87	-32.2%	7280.16	5.9%	7256.29
2016	21.51	-9.9%	7070.96	-2.9%	7049.45
2017	49.43	130.0%	8339.08	20.0%	8279.60

数据来源：中国海关

中黎之间的贸易经常项目是工业品和生活电器，两国关于农业的贸易额较小，贸易往来的种类也不多。黎巴嫩向中国进口的农产品仅占总进口额的4%，每年进口农产品的数量和种类变化也较大，进口的主要产品为油籽、坚果、蔬菜、水产品、糖料及糖。根据中国海关的数据，2017年油籽和蔬菜是中国向黎巴嫩出口最多的产品，共占比60%。黎巴嫩向中国进口的油籽数量波动较大，呈现出年进口量大幅度交替增减的状况，2016年油籽进口额为1591.45万美元，较2015年的2255.74万美元相比明显减少，而2017年进口数量又急剧增加至2732.58万美元，出现10年以来的进口高峰。蔬菜进口的数量较稳定，2017年为2543.28万美元。

坚果是黎巴嫩向中国进口的第三大农产品，近几年进口的数量相对稳定，2017年的进口额为956.97万美元。黎巴嫩还向中国进口水产品、糖类和畜产品，其中水产品423.06万美元，糖类248.58万美元，畜产品60.57万美元，但是向中国畜产品的进口量逐年下降，究其原因是中国畜产品的竞争力下降，黎巴嫩转向欧洲及其他国家地区进口此类产品（表10）。

表10 2008—2017年中国向黎巴嫩出口农产品情况　　　　　　　　　　（单位：万美元）

年份	油籽	坚果	蔬菜	水产品	糖料及糖	畜产品
2008	1832.89	679.56	1262.86	125.17	372.61	1390.86
2009	1801.89	954.73	968.64	136.48	121.60	370.37
2010	1912.97	833.37	1968.64	289.82	129.78	793.85
2011	1993.50	631.30	2370.84	258.58	160.66	705.12
2012	2556.61	877.43	1670.15	310.47	110.26	122.18
2013	1936.80	694.64	2180.06	383.93	173.69	204.14
2014	1843.12	1110.9	2250.40	327.74	213.56	135.61
2015	2255.74	968.86	2611.00	252.62	202.35	151.04
2016	1591.45	1053.53	2894.03	246.89	326.48	63.41
2017	2732.58	956.97	2543.28	423.06	248.58	60.57

数据来源：中国海关

中国向黎巴嫩进口的农产品种类较少，尽管中国与黎巴嫩农产品贸易额较小，但中黎之间关于农产品的贸易规模相比以前明显扩大。中国向黎巴嫩进口的农产品主要为饮品、坚果、植物油和粮食制品。

每年进口的大多数产品为饮品，饮品的进口量在波动中呈逐年上升的趋势，进口额从2008年的2.07万美元增至2017年的44.19万美元，增幅明显。坚果近年来进口量波动较大，2016年进口额为5.00万美元，而2017年为0.80万美元。近年来相对进口较多的粮食制品为植物油和其他农产品。其中，2017年粮食制品的进口额为2.60万美元，植物油为0.42万美元，其他农产品为0.94万美元（表11）。

表11 2008—2017年中国从黎巴嫩进口农产品情况　　　　　　　　　　（单位：万美元）

年份	饮品类	坚果	粮食制品	植物油	其他农产品
2008	2.07	0.30	0.00	0.00	0.00
2009	0.68	0.00	0.00	0.00	0.00
2010	4.45	0.00	0.01	0.01	0.01
2011	8.55	0.00	0.00	0.00	0.00
2012	0.76	0.00	0.00	0.33	0.01
2013	11.42	4.92	0.00	0.00	0.96
2014	14.29	16.40	0.00	1.51	0.66
2015	19.03	4.34	0.31	0.00	0.00
2016	11.78	5.00	3.54	0.00	0.01
2017	44.19	0.80	2.60	0.42	0.94

数据来源：中国海关

（四）农业科技发展

1. 农业科研机构

目前黎巴嫩最大的两家农业研究机构为黎巴嫩农业研究所和黎巴嫩大学。黎巴嫩农业的研究机构基本分为两大类：高等教育研究机构和公共研究机构。

（1）高等教育研究机构

黎巴嫩在中东地区教育发展较发达、普及率较高。黎巴嫩目前拥有各种高等院校总计41所，其中农业科研能力比较强的有：黎巴嫩大学、贝鲁特美国大学、圣约瑟夫大学、巴拉芒大学、贝鲁特阿拉伯大学、圣母大学、圣埃斯普利特卡斯利克大学、黎巴嫩美国大学。其中，黎巴嫩大学是黎巴嫩唯一的公立综合大学，拥有较多的资源，科研能力相对优秀。

（2）公共研究机构

黎巴嫩农业研究所是隶属于农业部的政府组织。该研究所为黎巴嫩农业部门的发展和进步开展应用和基础科学研究。此外，研究所还与农民保持密切联系，并试图开展旨在解决他们问题的研究活动。目前，研究所拥有8个实验站[①]，这些实验站位于生产亚热带和温带作物的地区，致力于解决当地遇到的农业问题。其研究结果直接转移到以下农业领域：谷类、根茎作物、畜牧、豆类、兽药、植物营养和病虫害管理。杂交种子、组织培养和生物技术产品也通过该国的多渠道系统（公共及私营部门）到达农民手中。

2. 农业科技发展状况

黎巴嫩农业研究所的8个实验站为该国的农业发展做出了很大的贡献。目前实验站主要做以下工作：研究杂交和育种新的改良品种；改善灌溉水管理以促进可持续农业管理；通过体外繁殖来生产不同水果，构建基金库以便确定和维护国家物种多样性；通过引进现代果园管理概念和技术，改进黎巴嫩果树种植部门；通过科学的方法解决家禽和饲料行业面临的问题；提高主要作物的生产力和质量，研究工业化作物等。

在过去10年中，黎巴嫩农业研究所主要有以下成就：推广了6种新的高产小麦、大麦、扁豆和鹰嘴豆给农民；使用分生组织培养不含F1病毒的草莓；对香蕉、猕猴桃和百合等不同水果物种进行微繁殖以调整不同的生长阶段；在马铃薯生产中引入新的施肥技术；通过研究提高了山羊奶、绵羊奶的产量等。

---

① 数据来源：黎巴嫩农业研究所 http://www.lari.gov.lb/

（五）农业管理体系与政策

1. 农业管理体系

黎巴嫩的农业主管部门是农业部，是黎巴嫩重要的公共研究部门，也负责黎巴嫩农业战略计划和农业资源的分配工作。黎巴嫩农业部最高领导是农业部长，农业部设有11个农业局[①]，包括研究和协调局、农业资源局、动物资源局、乡村发展和自然资源局、黎巴嫩山省农业局、北方省农业局、阿卡省农业局、纳巴蒂亚省农业局、南方省农业局、贝卡省农业局以及巴尔贝克—赫尔梅勒省农业局。农业局下面又设有分支机构，在各个农业局的领导下完成各自职能机构任务，从上而下解决农业发展问题，推动黎巴嫩农业现代化建设。

黎巴嫩农业部目前正致力于解决以下问题：加快农业现代化进程，使农产品生产效率化和集约化，保障小农户在农产品价值链中的利益和竞争力，改善农业基础设施；根据国际标准升级卫生和植物检疫标准，使产品更容易进入国际市场；确保提供充足和安全的粮食供应，减少粮食价格的波动；鼓励农产业投资，增加农村就业机会和收入；确保可持续的发展农业，合理利用自然资源。其中，确保黎巴嫩农业资源的可持续发展，改善农村生活条件和农业生产力，是目前黎巴嫩农业部关注的重点问题。

2. 农业支持政策

农业的发展离不开政府的支持和积极的政策，政府在农业发展过程中起着重要的扶持和引导的作用。目前，黎巴嫩对农业的支持政策主要分为以下三方面。

（1）财政激励政策

黎巴嫩中央银行为了支持农业的发展，向相关农业项目提供了补贴贷款，其贷款的规模在7年内累计达到330万美元。

（2）金融支持政策

政府通过黎巴嫩投资发展局向出口商提供财务和非财务支持，旨在扩大出口并增加进入新市场的机会。黎巴嫩投资发展局为农业企业提供长达10年的减税优惠，并对黎巴嫩境内与农业相关的国资与外资企业提供许多相关的激励措施。

黎巴嫩洲际银行还为农业提供卡法拉特计划，给农业领域的相关主体提供商业银行贷款担保。该计划包括："卡法拉特小农计划""卡法拉特绿树计划"和"卡法拉特加计划"。其中，"卡法拉特小农计划"总额最高为45万美元，为各种类型的农户和农业活动提供贷款担

[①] 数据来源：黎巴嫩农业部 http://www.agriculture.gov.lb/SiteCollectionImages/MOA_Structure.jpg

保，涵盖所有类型农业项目和农业活动，包括固定资产和营运资金需求。"卡法拉特绿树计划"总额最高25万美元，给购买树种、灌溉设备和销售、包装、出口提供担保款。"卡法拉特加计划"总额最高40万美元，向中小型农业企业提供贷款担保。以上贷款均由商业银行提供。

（3）进出口促进政策

黎巴嫩投资发展局目前有3个刺激出口的政策，主要是为农产品的出口提供补贴和支持，为出口商提供财政激励。2012年的"农业加计划"，促进产品的出口并鼓励当地企业参加国际贸易展览会；2015年的"海事桥梁计划"，为出口到海湾国家和约旦地区的生产商提供支持；2004年的"农业蓝图"，为参加国外展会农业食品公司提供补贴。

另外黎巴嫩对农业机械进口和农产品加工原料征收关税较少，给予农业从业者许多优惠条件。

3. 农业发展规划

黎巴嫩农业部在2015—2019年战略预算中，打算将400万美元用于法律的制定和监管；800万美元用于宣传和交流；500万美元用于研究；4800万美元用于能力发展；2.65亿美元用于农业项目。2014年，黎巴嫩农业部发表了两大农业战略。其中一个战略是："农业部发展战略2015—2019"，其目的是为了发展机构能力，并增加农业部与其他部门的合作来面对农业中可能出现的挑战。该战略主要包括以下8个行动方针：① 增加当地食品生产和进口食品的安全和质量；② 增加黎巴嫩农业生产力和竞争力；③ 改善农业政策并可持续利用资源；④ 加强农业的推广教育；⑤ 加强农业的研究和实验室科研能力；⑥ 发展合作部门和共同资金；⑦ 发展农业部的职能机构；⑧ 减少气候变化对农业的冲击。这个战略的内容还包括增加农业在GDP中所占的份额，从4%提高到6%；减少农业部门的贸易赤字；增加农业30%的生产值；增加农业部门的支出，为农户创造收入和创造更多的农业就业机会等。

另外一个农业战略是"黎巴嫩国家森林计划2015—2019"。此战略目的是政府致力于干预森林部门以防止土地退化和增加森林覆盖率。该战略主要包括以下6个行动方针：① 更新森林资源评估；② 加强对林地的治理；③ 建立土地退化恢复（再生计划）；④ 加强林地生态系统的恢复能力；⑤ 支持小森林企业发展价值链；⑥ 支持绿色经济和提高与森林有关的服务。这个战略还包括增加森林面积20000公顷；可持续性管理公共和私人森林；防止虫害，减少森林火灾；创建森林种子中心，开发新的森林法规；引入资金支持"4000万森林树计划"，并改善来自森林的收入。

三、农业投资环境

（一）国家商业环境

商业环境是投资者在进行决策的时候需要细心斟酌的因素。根据2018年世界银行发布的《2018全球营商环境报告》①显示，黎巴嫩位列全球经济体排名中第133位，得分为54.67分。相比于2017年，世界排名下降了7位，评分也下降了1.6%，2018年其世界营商环境较其他国家相比并没有明显改善。排名显示，黎巴嫩营商环境评分低于世界平均水平。另外，黎巴嫩营商环境排名在阿拉伯国家中也相对靠后，只高于伊拉克和叙利亚。

1. 基础设施

20世纪的长期内战以及近年爆发的冲突，均对黎巴嫩的基础设施造成严重的破坏。近几年黎巴嫩政局趋于稳定，基础设置也在不断完善之中。下面是中国商务部公布的关于目前黎巴嫩水运、公路、铁路、空运、电力、通信的一些基本概况。

水运。黎巴嫩共有12个港口，其中贝鲁特港是黎巴嫩主要港口，负责进出口及转运，承担了黎巴嫩货物进出口总量的80%，是黎巴嫩海外贸易的重要港口。

陆运。黎巴嫩公路总里程约7300千米，绝大部分公路可通行。黎巴嫩原有的铁路402千米，后因战乱破坏而遗弃至今。而地区形势的紧张，对黎巴嫩陆运运输能力造成一定的影响。

空运。黎巴嫩总计7个机场，其中5个机场拥有跑道，另外2个是直升机机场，其中有货运机场位于贝鲁特、的黎波里，军用机场位于贝谷地北部，和其余4个不同用处的机场。

电力。目前电力由国家电力公司垄断，但用电高峰期缺口超过100万瓦，大部分单位和家庭都自备了小型燃油发电机缓解用电短缺。

通信。目前黎巴嫩正加快通讯行业的普及力度，近年来加大了4G网络建设力度，还规划了2020年以前全国互联网用户能够享受光纤链接。

2. 经济前景

世界银行统计结果显示，黎巴嫩在2007—2010年平均GDP增长率为9.5%。在世界经济危机期间，黎巴嫩经济保持高增长，其经济具有较好的抗衡经济危机的能力。但自从2011年叙利亚危机爆发后，黎巴嫩GDP增长率仅为0.9%。经历过这次危机后，黎巴嫩GDP增长率一直在2%左右浮动，增速缓慢，近5年黎巴嫩平均GDP增长率为2.1%。

---

① 数据来源：世界银行

2016年黎巴嫩的GDP为495.9亿美元，较上年增长2%。黎巴嫩经济以服务业为导向，目前金融业、旅游业和房地产是黎巴嫩的主要经济产业。

3. 劳动力资源

根据世界银行统计结果显示，2016年黎巴嫩人口有600.66万，其中劳动力人口为216.43万[①]，占黎巴嫩总人口的36%。近年来，黎巴嫩的就业人口总量一直呈逐年上升的趋势。黎巴嫩的劳动参与率（即就业者占劳动年龄人口的比率）为51.2%，世界排名相对其他国家较靠后。从人口就业结构来看，黎巴嫩农业劳动就业人口相对较少，农业劳动人数是工业部门的25%。其农业劳动人数不算十分充足，但数量相对稳定。另外，黎巴嫩十分注重教育，国民的受教育程度和语言能力较高。许多商业从业者均会说阿拉伯语、法语和英语三种语言，其国际视野也比较开阔。每年有相当多的大学生和职业技术学校的学生毕业于农业加工和食品质量管理专业，这些均是黎巴嫩农业中十分具有潜力的劳动力。

4. 法律环境

法律环境也是吸引投资者的关键要素，黎巴嫩在商业上主要有投资管制、商业环境管理、劳动力保护、权益保护、公司管理五方面法律制度。① 投资管制法：投资法规定了一个框架规范黎巴嫩的投资活动，有一系列激励投资激励措施，并为当地和外国投资者提供服务。另外还有私有化法，控制黎巴嫩私有化程序；外国物权法，废除了阿拉伯和外国人对财产所有权的歧视等。② 商业环境管理法：保护环境法，保护环境免受各种危害。③ 劳动力保护法：其中有劳动法，法律包括与雇用条件，工作时间，终止雇佣关系以及其他相关规定；社会保障法，法律列举了与疾病覆盖，产科护理，家庭津贴，服务终了养老金和与工作有关的事件。④ 权益保护法：包括专利法，概述了与专利有关的所有规则和条例；消费者保护法，概述了关于保护消费者和消费者的一般规则，规范货物和服务的安全和质量，规定了消费者的权利和为保护消费者免受欺诈提供了法律框架。⑤ 公司管理法：包括黎巴嫩控股和离岸公司法等，这些健全的法律制度能够让投资者更公平的进行投资，并更好的保护其合法权益。

5. 贸易管制

黎巴嫩实行开放、自由的贸易，对贸易的贸易和投资的管制较少。其中进出口商品中，仅有1%的商品受黎巴嫩相关部门的贸易限制。总的来说，一般黎巴嫩对外资进入行业无限制，推崇自由开放的市场经济，外国投资有很大的可行范围在黎巴嫩国内进行商业投资活动。

---

① 数据来源：世界银行

（二）农业优势与潜力

黎巴嫩农业的优势包括：① 适合农业发展的土地资源。在中东地区，黎巴嫩可耕作面积占国土总面积的比例相对较高，其大量的农业灌溉土地在中东地区是难得的，有利于农业的发展。② 适合水果和蔬菜生长的地中海气候。地中海气候温和湿润，适合水果和蔬菜的早期生长，给黎巴嫩大量布局蔬菜水果产业提供了条件。③ 良好的地理位置。黎巴嫩位于在欧洲国家和海湾国家之间的战略位置，有利于产品之间的贸易，更刺激了农业的发展。

黎巴嫩在农业的潜力包括：① 转型生产高端农产品。现在更推崇新鲜的有机水果和蔬菜，有机产品相比而言有更高的溢价。水果与蔬菜是黎巴嫩的主要产业，推行高端的有机产品有利于提升黎巴嫩农产品的竞争力。② 农产品的出口竞争力。中东国家拥有新鲜水果和蔬菜的国家较少，黎巴嫩相对于中东国家拥有较多的蔬菜和水果资源，向欧洲出口，相对于周边国家会有较强的竞争力。

（三）风险分析

1. 政治风险

政治风险是黎巴嫩的第一大风险，影响并阻碍了外国资本的进入。黎巴嫩国内政党众多，政治局势混乱。近年来，多起黎巴嫩高层领导人"闪辞"事件，进一步激化了黎巴嫩的政治局矛盾。

2. 经济风险

黎巴嫩的经济出现了长期的结构性失调，国内经济结构失衡，近年来经济增长缓慢。黎巴嫩经济主要来源为金融业、旅游业、房地产三大产业，均容易受到国际经济形势、汇率等不稳定因素的冲击。另外，黎巴嫩国家信贷风险较高。根据经济学人智库报告，黎巴嫩国家信贷风险指数为：CCC 级，风险指数为最高等级。黎巴嫩外债负担沉重，很大程度上依赖国际援助。黎巴嫩属于进口导向性经济，外贸发展很不均衡，其贸易账户常年存在逆差。且黎巴嫩常年债台高筑，政府有大量财政赤字。但黎巴嫩银行业抗风险能力较强，银行业风险评级为 B 级，风险指数不高。

3. 信息风险

在信息方面，中国与黎巴嫩之间存在着道德风险和不对称风险。中国与黎巴嫩的政治制度和战略发展主导方向不同，国家文化语言和民族宗教方面存在较大差异，很难准确了解黎巴嫩国内的信息。国内目前能够有效获取黎巴嫩农业信息的渠道较少，信息不对称给投资带来了很大的问题。另外，中国企业与黎巴嫩当地国外投资代理商也存在着信息不对称的问题，不能确定当地代理商的商业资质和办事能力。

4. 社会环境风险

黎巴嫩社会安全总体稳定，但目前黎巴嫩仍受各种不稳定因素影响。

5. 自然灾害风险

近几年由于城市人口用水增多、河流源头逐渐枯竭、全球气候变化加剧，干旱问题在中东地区变得更加的普遍和频繁，这也是黎巴嫩目前最容易出现的自然灾害。中东地区在应对干旱等自然灾害方面的技术和管理能力较差，以至于受到自然灾害的冲击更大。而农业又是自然灾害来临时最先冲击且影响最大的部门，在自然灾害来临之时会给农民带来不可估计的影响。近年来许多中东国家饱受干旱问题的困扰，黎巴嫩也不例外。

（四）总体评价

黎巴嫩虽然国土面积不大，资源相对匮乏，但地理位置重要，位于海湾国家和约旦地区，具有良好的战略优势。目前黎巴嫩虽然受到政局动荡、经济增长缓慢、难民聚集等问题困扰，但是目前黎巴嫩正在提倡创新，实行开放自由的经济，努力创造透明自由的投资环境，拉动黎巴嫩的经济发展。

在该国投资最大的不确定性因素是政局问题。政局的不稳定会影响国内正常经营活动的运行，投资者在黎巴嫩进行投资会承担很大的政治风险，承担东道国的政治环境发生改变、政权更替、战争、社会动荡等不稳定因素。这给外国投资企业的经济利益带来的不确定性，阻碍了外国资本的进入，这很大程度会影响当地的经济发展。黎巴嫩由于长时间的战乱，基础设施遭到巨大的破坏，而政府的资金与能力不足以单独修建和完善基础设施。

黎巴嫩宏观经济前景不佳，在2011年叙利亚危机爆发之后，经济一蹶不振，平均GDP增长率在2%左右，经济缺少实业支撑和增长动力，GDP增速缓慢，人均GDP一直在减少。黎巴嫩劳动力数量较少，也影响了黎巴嫩经济。其次，当局政府体制内的腐败和政府官僚机构效率低下，进一步影响了经济发展。

目前黎巴嫩已经接纳了超过120万的难民，难民已经成为黎巴嫩眼下很重要的一个问题。难民的大量涌入，挤占了当地资源，资源紧张的问题更为凸显，给国家带来很大的负担。同时，还影响了社会的安全，给黎巴嫩的发展和投资进一步造成阻碍。

但黎巴嫩实行开放自由的市场经济，官方对私人投资持有不干涉立场，对投资者约束较小，实行对内资和外资一视同仁的待遇，这些也使其成为中东地区最自由的投资环境之一。黎巴嫩金融自由度较高，此外，低公司税率和优惠的税收计划，也是向该国投资的有利因素。

四、中黎农业合作现状与合作重点

（一）合作现状

中黎双边经贸合作关系始于20世纪50年代，中国经贸代表团于1955年11月走访了黎巴嫩，并进行了商业贸易谈判。之后，双边于1995年12月31日签订了两国贸易协议。依据该协议，两国政府确保采用一切必要的激励方式发展两国贸易，并利用一切可用的办法实现两国贸易支付平衡。1972年11月29日，中黎当局政府签署了新的贸易协议，双边约定给予相互之间最惠国的待遇，协议还包括双方在贸易、会展方面提供便利的条款。后来，中黎两国的友好合作关系不断发展。

1. 合作机制

2004年成立"中国—阿拉伯国家合作论坛"，此论坛是目前中国与阿拉伯国家合作交流的主要机制。在此论坛下，中国与阿拉伯国家达成共识，双方致力于发挥各自经济的优势、增加经济的合作机会，实现多边合作共赢。论坛的协作机制有：① 部长级会议，为论坛长期机制，是当前"中阿合作论坛"最高级别的机制，由各国外长和阿盟秘书长组成。每两年在中国或阿拉伯国家联盟总部或任何一个阿拉伯国家轮番举办部长级会议。会议主要讨论加强中国与阿拉伯国家在政治、经济、安全等领域的合作。② 高官委员会会议，每年举行一次，双方利用这一场合举行中阿高官级战略政治磋商。③ 其他机制，"中阿合作论坛"论坛下还成立了中阿企业家大会、中阿经贸研讨会、中阿能源合作大会、中阿关系暨中阿文明对话研讨会、高教与科研合作研讨会等机制。

2. 科技合作

目前，中国与阿拉伯国家已经成立了相关的中阿技术转移中心，创建了中阿科技创新平台，在椰枣、清真食品、农业物联网、绿色智能节水装备、马铃薯食品开发等领域都有了科技合作。截至2018年6月，该中心已经有4423个协作网络成员、553个专家咨询委员、521分科促会成员、702403项技术供应、4145项技术需求[①]。另外，中国与阿拉伯国家还整合国内外相关企业、科研机构、高等学校等资源，组建了中阿技术转移合作机构网络，线上线下相结合开展各类技术转移对接活动，由此进一步推动了中阿的科技合作。

---

① 数据来源：中国—阿拉伯国家技术转移中心 http://www.casttc.org/

3. 贸易合作

中黎经贸关系历史悠久，近年来合作范围越来越广。自 1995 年签订《经济贸易协定》以来，中黎两国已经签署了多项贸易协定，主要包括《中黎两国鼓励和相互投资保护协定》《中黎两国政府经济、贸易和技术合作协定》《中华人民共和国政府和黎巴嫩共和国政府经济技术合作协定》。

2017 年中黎双方签署了《中华人民共和国政府和黎巴嫩共和国政府关于共同推进丝绸之路经济带与 21 世纪海上丝绸之路建设的谅解备忘录》。这条"经济带"联系了中国与黎巴嫩多领域的合作交流，加强了双方之间的经济合作，为中黎双方贸易合作、科技分享、文化交流提供了桥梁。"经济带"促进了不同文化之间的交流，维护了中黎双方的和平与稳定。通过"一带一路"可以给两国带来可持续的贸易互赢，增加黎巴嫩对中国出口的重要作用。

从 2013 年至今，中国已经连续 5 年成为黎巴嫩第一大进口国。中国对黎巴嫩主要出口商品是大型机械、家用电器、家具等产品，中方从黎巴嫩主要进口是铜金属等产品。农产品在中黎贸易中占较小的比重，但农产品的贸易规模一直呈逐渐扩大的趋势。

4. 投资合作

据中国商务部统计，2016 年中国对黎巴嫩投资总额为 301 万美元。据黎方统计，2016 年，黎巴嫩在华实际投资 160 万美元。近几年中国对黎巴嫩投资数据缺失，但自 2013 年开始，中国对黎的投资明显减少。黎对华的投资波动很大，2015 年黎对华投资达峰值，到 2016 年又大量减少，恢复以往的投资水平（表 12）。目前中国在黎巴嫩关于农业的投资较少，黎巴嫩在华投资也主要集中在化工业和服务业。

表 12　2012—2016 年中国同黎巴嫩双边投资情况表　　　　（单位：万美元）

年　份	对黎投资	黎对华投资
2012	313	371
2013	68	199
2014	9	91
2015	—	1114
2016	—	160

数据来源：中国商务部

目前中国与阿拉伯国家依托"中阿博览会"联合举办了"中阿农业展览会"。届时，中国与许多阿拉伯国家签订了农业投资合作项目。通过这个平台，一方面促进了中国与阿拉伯国家的农业投资合作，支持中国农业的"走出去"；另一方面，也促进了中阿多边农业技术交流，实现"引进来"。中国与许多阿拉伯国家已经有了农业投资合作，中黎之间农业投资合作也指日可待。

（二）合作潜力

1. 合作基础

农产品贸易与农业技术交流从古至今是丝绸之路主要的合作内容。借古丝绸之路，中国引进了许多新的作物品种，也把中国农产品传播到海外。如今，农业问题仍然制约着一些"一带一路"国家的发展，这些国家拥有强烈的愿望解决农业发展问题。目前，中国农业与国际农业高度相关，推动"一带一路"农业的合作是诸多国家共同的愿景，"一带一路"既深化了中国对外开放，也有利于促进世界农业的可持续发展，能够使农业资源高效配置，充分发挥各国的比较优势，使各国实现互利共赢的发展。

我国正面临着农业产业结构调整的压力，一方面要求我们"引进来"，统筹利用国内外资源，借鉴国外农业发展的经验和技术，使国内农业产业结构更趋于合理化，进一步推进国际农业产能合作。另一方面，我国农业企业经验积累，农业科技的发展，也使我国具备了"走出去"的条件。

尽管现在经济发展被工业和服务业替代，农业已经不是主要经济的构成，但它在中国和黎巴嫩的经济中仍占有着重要的地位。中黎双方的合作不是中方抛弃落后产能输送国外的模式，而是两国互相借鉴农业发展经验，实现农业互利共赢的模式。

2. 合作前景

黎巴嫩农业欠发达，其农业结构不均衡，国内农产品不能够自给自足，很多产品都来自进口。诸多原因下，黎巴嫩农业发展较缓慢，投资不足，这些都给中国和黎巴嫩的农业合作提供了契机。谷物是黎巴嫩国内第一大供求缺口。我国在谷物改良方面已经取得了不少成果，走在世界前列。黎巴嫩可以从中国引入高产的谷物品种，帮助黎巴嫩提高粮食产量，助以解决粮食短缺的问题。另外，黎巴嫩在农业灌溉技术、施肥技术等方面也有较大需求。中国农业企业在这些方面经过多年不断的创新和研发，也拥有了较先进的水平，科研成果可推广应用于黎巴嫩。同时，黎巴嫩农业也获得了不少作物改良、改善植物生长周期的成果，目前已有许多的科研成果应用于实际种植，中黎双方可以相互交流与借鉴农业科研成果。

黎巴嫩在中东地区是农业耕作条件较好的国家，比如贝卡地区，土壤肥沃，水源丰富，具有进行农业生产的理想资源。另外，黎巴嫩有着丰富的地形和气候资源，其农业发展具有多样性和潜力。中国是农业大国，如果中国能够与黎巴嫩进行农业合作，中黎双方将实现互利共赢。这不仅解决了中国产业结构升级的问题，也解决了黎巴嫩农业所面临的技术问题。

中黎合作一方面能帮助中国农业更好的"走出去",开拓中国技术与设备的海外市场;另一方面中黎合作也能够弥补黎巴嫩农业的短板,提高农业科技水平,改善其农业生产状况。

(三)合作重点

1. 重点领域

(1)食品安全合作

战后黎巴嫩很多水源被污染,不适宜长期饮用,有很多水源也不适合用于农业生产。食品的安全和质量是一个关键问题,目前黎巴嫩国内已经制定了许多生产标准。由黎巴嫩标准机构授予食品相关安全和质量的合格标志。2016年8月11日,黎巴嫩相关部门批准成立黎巴嫩食品安全委员会。目前黎巴嫩国内关于黎巴嫩食品安全所做的还不足,这会使消费者对黎巴嫩食品安全和质量的信心下降,影响产品的销售和出口。在中国出口向黎巴嫩的产品中,也存在因为质量产生的纠纷问题。中黎双方应该就粮食安全与标准进行合作,加强食物供应链的质量控制能力,规范生产食品的标准,确保生产食品的安全。

(2)农业技术合作

中国向阿拉伯国家推广的农业技术主要包括农作物种植技术、农业生产资料、生产技术和食品加工技术。以下是中黎农业技术合作应该重点关注的方面。

建立农业科技合作中心。目前中黎关于农业技术合作的项目特别少,也没有一个能够直接交流农业的机构。虽然黎巴嫩农业并不发达,但中黎双方农业各有各的发展模式,也有双方相互值得借鉴的农业经验与科研成果。另外,如果中黎建成了农业科技合作纽带,会进一步促进中黎农业的合作和交流,中国能更好的帮助黎巴嫩农业提升农业产能,中国也能实现农业技术的"走出去"。故中黎应当相互加强农业技术合作,建设农业科技合作中心或联合实验室,加强科研人员交流,共同开展合作研究,共享研发成果,以科技来保障两国农产品的产量和质量。

物联网技术推广。物联网技术已经在农业领域运用得比较娴熟,在改善生态环境和节约用水方面有突出作用。黎巴嫩夏季降水较少,且黎巴嫩农业储水、灌溉能力有限,夏季用水成为黎巴嫩农业发展的重要问题。黎巴嫩目前已经有农业滴灌技术的研究,中国可以向其推广物联网技术,推广绿色节水设备。

农业机械合作。由于黎巴嫩农业生产技术落后,基础设施较差,农业体系不完整。黎巴嫩在农业方面投资较少,农工业发展也比较缓慢。这些因素都会制约农业集约化的发展,影响农业的发展。中国可以帮助其引进先进农业生产技术和设备,提高黎巴嫩农业的现代化水平,改善农作物耕作技术,提高主要农作物产量。

农产品加工技术。农产品加工在黎巴嫩也占有重要的地位，但是由于黎巴嫩自然资源较少，其农产品加工的发展也较落后。黎巴嫩实行自由开放的经济，对国外资本的限制较少，大多商品只征 5% 的税，仅对 1% 的商品有限制。中国可以通过外资的方式与黎巴嫩进行农产品加工技术推广，也可以进行技术转让，以境外加工等方式实现农产品集约化生产，扩大中国商品在黎的市场份额，刺激并推动黎巴嫩当地的加工业。

（3）农业投资合作

目前中黎双方的投资项目较少，主要合作领域是通信、水电等工业等领域。根据商务部统计，中黎双边的投资存量数额并不大。国内大多数产品都依赖于进口，其物价水平较高。据黎巴嫩国民经济统计数据，黎巴嫩私营部门消费约占 GDP 的 80%，政府消费约占 GDP 的 14%，可见黎巴嫩是一个有消费力的市场。目前黎巴嫩农业领域尚不发达，竞争较小。在黎巴嫩开展农业投资具有一定的潜力。

（4）农业贸易合作

黎巴嫩农业结构上存在缺陷，很多产品不能自给自足，每年都大量进口农产品。特别是谷物和乳制品，黎巴嫩国内每年的供求缺口都特别大。黎巴嫩作物产量低，质量也存在缺陷，不能满足国内消费的需求。中国是农业大国，拥有种植作物的良好条件，每年作物的产量都较高，中国可以和黎巴嫩进行农产品的贸易合作。在具体合作的项目选择方面，可以结合自身的实力和优势，选择具有比较优势，能带来效益的项目。

2. 重点产业

（1）栗子

坚果是黎巴嫩每年进口较多的产品，当地每年要消费大约 6500 吨的栗子，其中大约一半来自土耳其和中国。黎巴嫩国内消费栗子的数量逐年呈上升的趋势，2012—2016 年，消费量以年均 21.8% 速度上涨。虽然黎巴嫩国内也种植栗子，但是产量太低，大部分都集中在巴卜达区，产量不足以满足国内的需求。黎巴嫩北部也适合种植栗子。除了向黎巴嫩出口栗子，还可以通过在黎巴嫩投资种植栗子的方式扩大中国的市场份额。

（2）乳制品

黎巴嫩每年都进口较多的乳制品，乳制品是其每年进口的第二大农产品。其中进口比较多的产品是奶酪、黄油和牛奶等。早在 2007 年，黎巴嫩农业部率代表团来黑龙江省考察乳品企业的生产，详细了解了牧场饲养、用药、出奶率等情况。黎巴嫩养殖比较多的是山羊和绵羊，但是仍然无法满足国内奶制品的需求，可以在黎巴嫩投资或出口畜牧业和乳制品，以迎合黎巴嫩国内乳制品的消费需求。

(3）包装中心和冷藏仓库

黎巴嫩 67% 的包装中心都集中在贝卡和北黎巴嫩，大约有 190 家，但是其中只有 14% 拥有 HACCP 或 ISO 认证，当地的包装缺乏国际化和标准化。另外，冷藏仓库也是农业食品价值链中的特别重要环节，可以减少收获后的损失。目前，为了满足现在人民对新鲜安全产品的需求，黎巴嫩食品加工链条迫切需要建立包装中心和冷藏仓库。但是，由于国内资金和技术有限，黎巴嫩农产品的包装链和储存链不能很好的升级和优化。就目前来说，黎巴嫩的农产品价值链还有很大的提升空间。对中国来说，可以向其出售农业设备、承包加工服务和提供技术指导。

五、中黎农业合作建议

（一）合作领域

1. 加强农业科技合作

中国主要向阿拉伯国家推广农作物种植技术、农业生产资料、生产技术和食品加工等技术。中国与黎巴嫩周边国家，如沙特、阿联酋（迪拜）、阿曼、约旦、阿拉伯等国都已经建成了双边技术转移中心，但与黎巴嫩直接的合作项目仍较少。与黎巴嫩进行农业科技合作，能够推动黎巴嫩农业的发展。黎巴嫩国民素质较高，拥有较高的教育水平，在中东地区，拥有较好的农业科研能力。中国应加快推进与黎巴嫩的农业合作，建立双边良好的技术交流中心，加快推进双边农业科技的发展。

中国可以根据黎巴嫩目前的农业需求为其提供个性化的科技服务。黎巴嫩在一些特色农产品上也具有自己的技术优势，中国也可以借鉴和引进。

2. 加大农业投资力度

据商务部统计，中黎近几年双边投资存量数额较小，每年平均仅有几百万美元。中国对黎投资领域主要是在通信、水电领域，关于农业领域的投资合作较少。黎巴嫩地处海湾和约旦地区，拥有优势的地理位置，拥有自己特色产业。且黎巴嫩在中东地区是自然条件较好的国家，部分地区土地肥沃且水源充足，适合进行农业生产活动。黎巴嫩的农业是具有潜力的，应该加大对黎巴嫩农业的投资力度。黎巴嫩目前尚有大量的土地没有开发利用，可以合理地利用黎巴嫩农业资源，向黎巴嫩输送先进的生产经验和技术，同时优化我国的农业结构，延长农业价值链。

3. 扩大农产品贸易规模

中国以前主要通过"中国—阿拉伯国家合作论坛"与阿拉伯国家进行交流合作，现在中黎双方已经签署了"一带一路"合作文件，中黎双方相比以前可以更直接地进行农业贸易合作。中国是黎巴嫩主要进口来源国之一，其主要向中国进口工业品，而农产品的数量较少。黎巴嫩国内物价较高，消费水平也较高，其农产品消费市场具有很大的潜力。目前，中国与黎巴嫩关于农业的贸易额较小，仍有许多扩大贸易规模的空间。黎方也曾表示想要通过"一带一路"框架与中国进行更多的农业合作，帮助农业经济增长。一方面，中黎之间加强农产品贸易是必要的，能够活跃双方的经济，改善双方产业结构。另一方面，加大农业贸易，能够稳固双方贸易的可持续的发展。

（二）合作方式

1. 以"中阿合作论坛"为平台，建立友好合作关系

中国与阿拉伯国家依托"中阿合作论坛"进行政治、科技、文化等领域的交流。目前中国已经与许多阿拉伯国家建立了良好的农业合作关系。中阿合作论坛除了部长级会议和高官会议外，还有许多可以促进中阿合作交流的机制。中阿合作论坛是中国与阿拉伯国家合作的重要平台，该论坛增进了中国与阿拉伯国家的政治关系，密切了经贸的往来，扩大了文化的交流。应当注重建设中国与阿拉伯国家的合作平台，利用平台推动中国与阿拉伯国家的农业发展，建立友好合作关系。

2. 以"海上丝绸之路"为纽带，长久建立中黎双方农业交流合作机制

"一带一路"是中国与中东欧地区发展的重要纽带，"一带一路"大多数沿线国家都是发展中国家，农业科技发展相对落后，但其农业具有很大的发展潜力。目前中黎两国政府已经签署了关于"一带一路"的合作文件，此倡议推动了中国与黎巴嫩的文化与经济交流。虽说已经开展了许多中阿交流项目，中黎之间关于农业的合作与直接交流仍较少。应当以"海上丝绸之路"为纽带，建立中国与黎巴嫩长久的农业交流合作机制，以便双方能够更好的进行农业贸易、技术交流。更要不断完善中黎农业合作机制，建立农业信息共享平台，不断促进中黎的农业发展。

（三）合作措施及建议

1. 加强政府间交流合作

政府间的合作交流对于推动双边农业的发展必不可少。应当加强中黎两国政府层面的交流，使中国与黎巴嫩农业的合作更加便利。加快建立两国农产品投资和农产品贸易高层对话机制，维护两国农产品市场的稳定，降低农产品跨境交易的成本，提高双方农产品的市场竞争力。同时，两国还应在海关协调、进出口检疫、产品质量认定等方面达成共识，减少双方

企业在贸易时的成本，实现双方利益最大化，提高贸易的效率。

中黎政府应不断完善双方的投资机制和法律建设，为双边的投资贸易提供稳固的保障。政府的友好合作是双方企业相互往来的桥梁，双方政府应当积极合作项目，互相汲取双方成功的经验和珍贵的企业家精神。另外，双边政府农业的合作交流还能更好的推进国际之间的农业学术和科研的发展，政府的交流合作，能使中国的农业产业更好地"走出去"，同时黎巴嫩也能获得双方合作交流带来的好处。目前中国和黎巴嫩政府仍需要加强双方农业的合作，建立多种交流途径，确保双方农业信息互通，在加强合作的同时扩大农业贸易的范围，利用自身的比较优势，实现互利共赢的农业合作。

2. 龙头企业应当起带头作用

龙头企业是在整个农产品价值链中起着枢纽的作用。目前中国企业与黎巴嫩农业市场的交流合作较少，需要有龙头企业起到带头作用，应当充分利用我国龙头企业和大型国有企业人才、资本、技术等生产要素的优势，参与黎巴嫩以及阿拉伯地区农业实现现代化发展。

3. 做好风险管理措施

黎巴嫩国内实行自由开放的市场经济，对一般行业的投资管控较小，低税率和税收优惠吸引了大量外资的进入。但是中国企业在黎巴嫩进行投资的时候应当谨慎，注意防范风险。在投资的时候一定要分析投资的可行性与风险性，农业投资的数额较大，资金回收的期限较长，容易受到极端天气和国际市场的冲击，也容易受到政治局势和地区冲突的影响，要做好防范风险的准备，合理评估投资的风险。

企业应当充分调查客户的信用状况和财务状况，尽量选择风险较小的交易方式，减少交易风险。中国到黎巴嫩的海运距离较长，又无直接到达的航班，应选择信任的承运人，减少货物运输的风险，另外还应当积极考虑投保海外商业保险，合理防范潜在的投资风险。

4. 重视与当地的关系建设

要想在海外市场更好的进行商业活动，必须要同当地政府与企业建立良好的关系。首先，中国要与黎巴嫩政府建立良好的合作关系，才能更好的搭建中黎贸易往来的桥梁。在黎巴嫩投资的企业也应当主动与当地政府建立良好的关系，重视当地的经济事件和社会事件，关注当地政府的最新经济政策与创新政策走向。除此之外，还应当重视并妥善处理企业与工会之间的关系，透彻了解黎巴嫩的劳动法、公司法等相关法律，了解当地工商情况，并严格遵守黎巴嫩工人保护法和社会保障法。黎巴嫩宗教繁多，在进行商业活动的时候要尊重宗教习惯，了解对方的宗教禁忌。企业还应当积极履约企业社会责任，为中国的国际的形象打造一张好的名片。

总体来说，中国和黎巴嫩的经济贸易合作关系自 20 世纪 50 年代以来不断发展，自古以来黎巴嫩就是丝绸之路的重要节点，如今中黎双方一直保持着良好的贸易关系，中国是黎巴嫩重要的贸易伙伴。目前中黎两国关于农业的合作与贸易仍较少，两国仍需进一步推进农业的合作。中国可以给黎巴嫩提供必要的技术支持，帮助其发展农业，帮助其缓解其贸易逆差的紧张局势。目前中黎双方可以依托"中阿合作论坛"为平台，建立长期稳定的合作机制；以"中阿技术转移中心"为媒介，进行农业科技的交流和转移；以"新海上丝绸之路"为纽带，长久的建立中黎双方的友好合作关系。除了要稳固中国与黎巴嫩联系的纽带之外，中黎双方还应重点加强农业科技的合作，建立中黎农业科技的合作中心。黎巴嫩农业科技发展有限，在农业灌溉技术、施肥技术等方面有相应的技术需求，应当进一步推进中黎之间的农业科技合作，更好的推动中国农业企业"走出去"，促进黎巴嫩农业科技的发展。

除此之外，还应当加强中黎之间农业产业的投资力度和农产品的贸易规模。黎巴嫩在中东地区算是农业自然条件较好的国家，黎巴嫩的农业发展是具有潜力的。可以在黎巴嫩布局相关的高端农产品，例如有机水果和蔬菜；布局黎巴嫩国内供求缺口较大的产品，例如栗子、乳制品、谷物等。其中谷物是黎巴嫩农产品第一大供求缺口。中国在谷物作物研究领域已经达到了世界领先水平，可以对黎巴嫩进行技术支持或者开展相关的农业投资合作。除此之外，还可重点投资布局物联网技术、农业大型机械、农产品包装与加工、农产品冷藏链等产业，把握中国与黎巴嫩农业之间合作潜力与商机，在农业龙头企业的带动下带领中国农业更好的"走出去"，完成我国农业供给和改革，实现农业产业结构转型与升级，促进中黎双边的友好合作。在中国企业对外进行农业投资贸易时，还应当注意农业投资的数额较大，回收期限较长，容易受到极端天气和国际市场的冲击等影响，企业自身应当做好风险管理的措施，选择较为稳妥的结算方式和承运方式。同时，还应当重视企业在海外与当地关系的建设，避免搅入对方的政治事件，遵守当地法律法规，了解并尊重当地的宗教禁忌，搭建中黎之间贸易往来的桥梁，共同努力创建中国良好的国际形象。

参考文献

付婧娇.2015."一带一路"背景下中国与黎巴嫩经贸发展探析［J］.阿拉伯研究论丛（2）：73-91.
胡耀辉.2014.论黎巴嫩农业经济发展的现状与前景［J］.科学经济社会（1）：73-77.

阿 曼

阿曼苏丹国，简称阿曼，位于西亚，是阿拉伯半岛东南沿海的一个国家，也是阿拉伯半岛最古老的国家之一。与其他阿拉伯国家不同，阿曼虽身处海湾合作委员会中，但保持中立不结盟的外交文化使其独树一帜。阿曼政治环境稳定，油气资源丰富，区位优势得天独厚，阿曼的传统市场辐射可达西亚和整个非洲，并连接欧美，原材料进口及产品出口优势明显。近年来，阿曼的农业总产值占GDP的比重基本保持在2%～3%，比重虽然不高，但农业部门是阿曼政府政策中的重点之一。近些年阿曼政府不再单一依赖石油出口来增长经济，包括农业在内的非油气产业已经成为阿曼政府战策略部署的重点产业。政府通过增加土地生产率、减少生产成本、改善农产品贸易平衡等措施为阿曼创造国内农业生产自给自足、农业贸易公平的社会环境。中阿于1978年建交，两国高层互访频繁，随着"一带一路"合作的不断深入，双方的农业合作将展开新篇章。

一、阿曼基本概况

（一）自然地理

阿曼地理位置在北纬16°40′～26°20′、东经51°50′～59°40′。巴提奈平原临海俯视阿曼湾，另一片沿海平原环绕阿拉伯海，一直延伸至高原，途中形成许多绿洲，其中最著名要数布莱米。海岸线从北部的霍尔木兹海峡一直延伸到南边与也门共和国的交界处，连跨3个海域：波斯湾、阿曼湾和阿拉伯海。阿曼西面与阿拉伯王国接壤，东北紧邻阿联酋，西南接壤也门共和国，北有霍尔木兹海峡，东临阿拉伯海。阿拉伯海上的岛屿分别为萨拉玛岛、哈兰亚特岛和马斯拉岛。阿曼的国土总面积为30.95万平方千米，是阿拉伯半岛上第三大国家，海岸线长2092千米。

阿曼的复杂地形把全国划分成3个各具特征的地区。北部有陡峭的山区和崎岖的深海峡谷；中部是景色壮观的瓦希伯大沙漠和两片很大的盐泽地；南部则是佐法尔地区，连绵群山覆盖着郁郁葱葱的树林，海岸沿线崎岖不平。北部海岸线呈带状环绕阿曼湾的是著名的巴提奈海岸，面积不大，土地肥沃。最高峰是沙姆山又称太阳山，达3009米。南坡以绿洲小镇出名，在沙漠干燥的空气中，椰枣小树林呈现勃勃生机。南部则是阿曼另一个山脉，盖拉山脉，在仲夏的几个月里季风雨使山上的植物得到很好的滋养。在北部，一条狭长肥沃的沿海平原带在群山与萨拉拉港口所在海域间展开，四周环绕种植蔬菜、农田和可可树，形成一片欣欣向荣的景象。

（二）人口状况

据中国外交部数据统计，截至 2018 年 3 月，阿曼人口为 455.9 万人，绝大多数是阿拉伯人，人口年增长率在 3% 左右。马斯喀特省和巴提奈区人口密集，占全国人口的 55%。有些地区地广人稀，人口最少的穆桑达姆省人口只占全国人口的不到 1%。阿曼城镇人口占总人口的 78.5%，农村人口数量较少。阿曼国内女性数量逐年减少，数据显示，截至 2017 年，女性占人口总人数 34.2%，男性占总人口的 65.8%。60 岁及以上的人口占总人口的 2.4%，就业人口比例为 59.0%。

阿曼全国失业人口占总人口的 13%，而农业就业人口仅占就业总人口的 7% 左右。此外，伊斯兰教为国教，85.9% 人口为穆斯林，大多为伊巴德教派。2008 年，成立阿曼华人华侨协会，现有在册会员 15 万人。华人以东北人居多，主要聚居在首都马斯喀特、苏尔、苏哈尔、布莱米和萨拉拉等地，以经商、开设餐馆、商店、中医诊所、美容院等为业。

（三）区域划分

目前，阿曼按行政区域划分为 11 个省，包括马斯喀特省、佐法尔省、穆桑达姆省、布莱米省、中北省、中南省、达希莱省、内地省、东南省、东北省、中部省，省之下共设有 61 个州。

马斯喀特是阿曼的首都，位于巴提奈地区东南的阿曼湾平原，人口 119.1 万人，其中本国人口 46 万人，外籍常驻人口 73.1 万人。自 1970 年卡布斯苏丹登基以来，经过 40 多年的发展建设，马斯喀特市发生了翻天覆地的变化，城市区域从马斯喀特老城扩展到西卜，长达 48 千米，市政规划有序，绿化美观，建筑富有民族特色。马斯喀特已成为阿曼的政治、经济、文化和商业中心。

萨拉拉是位于阿曼的南部城市，早在 13 世纪就被马可波罗称之为繁荣的城市，濒临阿拉伯海，古代以盛产乳香闻名。萨拉拉的植被品种丰富，内陆拥有茂密的椰林和香蕉园。受季风影响，该地绿意盎然，生产椰子、木瓜、芭蕉等作物，并且到处可以见到棕榈树和肥沃的农田。此外，萨拉拉也是一座历史古城，但古代乳香之路的一些城市已经被岁月所埋没，这里现在已经成为主要的游览胜地。

（四）政治制度

阿曼是君主独裁制国家，无宪法和议会，且禁止一切政党活动。阿曼国家管理机构以国家元首卡布斯为首，由内阁秘书处、各专门委员会、首都省政府和国家协商委员会构成。

1996年11月6日，卡布斯苏丹颁布诏书，公布了《国家基本法》（相当于宪法）。该法对国家体制、政治指导原则、国家元首、政府首脑、内阁及其成员的职责、公民权利与义务等方面做出了规定。内阁是苏丹授权的国家最高执行机构，成员由苏丹任命。内阁成员共30名，其中，首相兼国防、外交、财政大臣由卡布斯苏丹本人担任。

阿曼委员会（相当于议会），由国家委员会和协商会议组成，主要任务是召集两会联席会议，讨论苏丹人民提出的问题。国家委员会成立于1997年12月，主要负责审查有关法律、社会、经济等问题，下设法律、社会、经济工作委员会。协商会议成立于1991年11月，下设法律、经济、卫生和社会事务、文化和教育、地方社会发展和服务5个常务委员会。83名委员由各州选举产生，任期为3年，可连任。国家委员会和协商会议成员不得相互兼任。政府设司法、宗教基金和伊斯兰事务部，主管司法及宗教事务。全国设有47所法庭，在首都和某些州内设立上诉法院。1999年11月阿曼颁布司法，成立独立的司法机构和司法最高委员会。2003年2月，阿曼设立国家安全法院。

近年来，阿曼政府大力推行经济多元化战略，加强杜库姆经济特区、铁路等重大项目建设，不断扩大社保覆盖范围，进一步缓解社会矛盾，政局总体稳定。

（五）经济发展状况

阿曼是典型的资源输出型国家，油气行业是国民经济的支柱产业。2000年以后，通过石油开发使得经济逐渐发展。根据世界银行的数据，2013—2017年阿曼GDP有小幅波动，2014年6月以来，受国际油价大幅下跌影响，阿曼财政由盈转亏。特别是2015年，阿曼国内生产总值下降14.1%，阿曼政府通过运用财政、金融等手段加以应对，并坚持推进杜库姆经济特区、铁路等重大项目建设，不断开放贸易、投资自由度，稳定境内外投资者对其经济的信心，从而使得阿曼的经济在2016—2017年得到明显的发展，GDP增长率显著提高。2017年阿曼的国内生产总值达719.31亿美元（图1），石油业产值增长20.8%，非石油业产值增长3%。阿曼的人均GDP为1.5万美元，油气业产值占国内生产总值（GDP）的41%，其收入占政府财政收入的75%。阿曼政府意识到单一依赖出口石油的经济模式使国家的经济十分脆弱，极易受到来自外部的冲击。近年来，阿曼为改变过度依赖油气产业的单一经济结构，全面推进经济多元化战略，大力招商引资，努力发展基建、制造、物流、旅游、渔业等非油气产业，鼓励和支持私营企业特别是中小企业在经济建设中发挥更大作用。

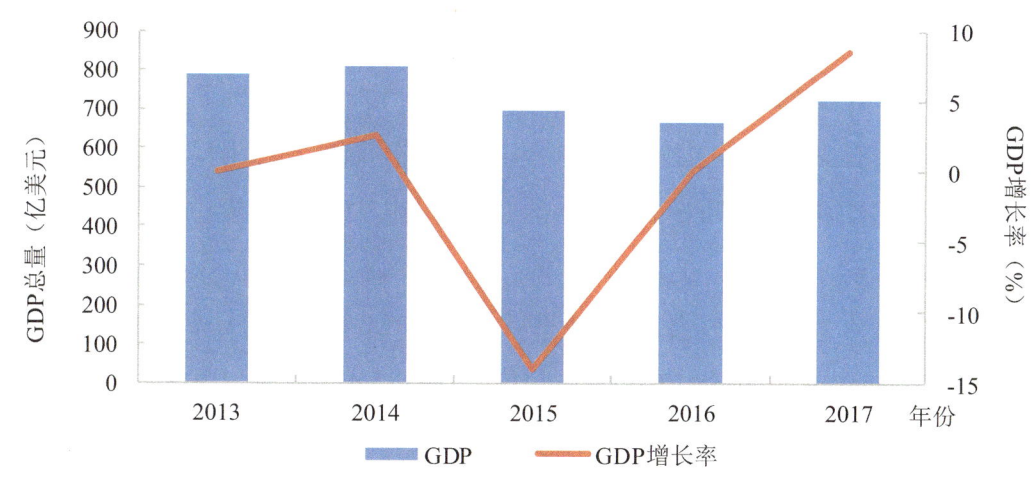

图 1　2013—2017 年阿曼 GDP 及增长率变化

数据来源：世界银行数据库

2016 年 1 月，阿曼政府颁布第 9 个五年发展规划（2016—2020 年，简称阿曼政府"九五规划"），明确提出要实现国民经济"真正的增长"和"真正的经济多元化"。阿曼政府"九五规划"提出将重点发展制造、交通物流、旅游、渔业、矿业五大潜力产业，推动经济多元化朝纵深发展，以尽快实现经济结构调整和产业转型升级。阿曼政府"九五规划"预计 2016—2020 年经济年均增长率为 2.8%，油气产业和非油气产业年均增长率分别为 0.2% 和 4.3%。阿曼政府希望到"九五规划"末期将石油和天然气产业在国内生产总值中的比重由"八五规划"（2011—2015 年）期间的 44.0% 和 3.6% 分别下降到 26.0% 和 2.4%。截至 2017 年，阿曼的国内生产总值已同比增长 8%。其中，石油业产值增长 20.8%，非石油业产值增长 3.0%。根据美国传统基金会和《华尔街日报》发布的 2016 经济自由度指数，在全球 180 个经济体中，阿曼的经济自由度排名第 82 位，属于中度自由的经济体。

（六）与中国的关系

中国与阿曼于 1978 年 5 月 25 日正式建交。建交后，两国关系发展顺利，各领域合作不断拓宽，阿曼始终在涉及我国核心利益和重大关切问题上给予坚定支持。两国经贸合作发展顺利，中阿在资源发展、通信业、交通业、工业、城市建设等领域有良好的进展。中石油、中石化、中国通信业巨头华为公司、水利水电建设集团公司成功地承包了一批基础设施工程项目。2017 年，中阿两国双边贸易额达 155.34 亿美元，其中中方出口 23.17 亿美元，进口 132.17 亿美元，分别同比增长 9.6%、7.9%、9.8%。其中，中方出口主要为机电产品、钢铁及其制品、高新技术产品、纺织品等；进口主要为原油，仅 2017 年，中国进口阿曼原油高达 3100 万吨。

在经济全球化的时代，中国与阿曼已经形成了牢固、双赢的合作竞争关系。目前中阿关系进展十分显著并步入了发展的黄金期。几个世纪之前，通过丝绸之路和香料之路，中国与阿曼建立友好往来关系。如今，在"一带一路"合作的驱动下，中国与阿曼不断进行交流合作，并创建中国—阿曼（杜古姆）产业园，该产业园位于阿曼杜古姆经济特区，占地 11.72 平方千米，这对于增进理解、加强友好关系、扩大共识、深化合作、进一步促进中阿全方位、宽领域、多层次的合作有着重要意义。这为中阿两国人民重新回首古"丝绸之路"、重温两国的深厚感情提供了一次机会，并为"现代丝绸之路"翻开了新的一页。

二、农业发展现状

（一）农业资源条件

1. 气候条件

阿曼多样化的地势决定了多样的气候。除东北部山地外，阿曼均属热带沙漠气候。全年分两季，5 月至 10 月为热季，气温高达 40℃以上；11 月至翌年 4 月为凉季，气温约为 24℃。年平均降水量 130 毫米，沿海地区湿度常年保持在 50% 以上，但总体来说降水量偏少且不稳定。

2. 土地资源

因自然条件所限，阿曼的农业相对薄弱，全国农业用地面积较小，仅 13.60 万公顷，占全国土地面积的 4.8%，其中耕地面积 6.01 万公顷，占全国农业用地面积的 44.2%。因受到干旱缺水的影响，加之盐碱土地比例较高，阿曼的土地资源较为匮乏，成为制约阿曼农业发展的主要因素之一。

3. 水资源

阿曼临海，但淡水资源匮乏。根据 FAO 的统计数据，阿曼每年的平均降水深度仅为 125 毫米。自 2005 年以来，阿曼全国使用改善水资源的人数逐渐升高，2015 年已占总人口的 90.9%。世界资源研究所曾发布 2040 年国家水资源压力排名，阿曼位于榜单第 10 名，充分说明阿曼是一个正在处于并将长期处于水资源短缺的国家之一。现阶段，通过利用高科技手段进行海水淡化，是包括阿曼在内的中东国家普遍会采用的措施，并取得了一定收益，但总体来说，水资源的匮乏是制约阿曼农业经济发展的主要原因。

（二）农业生产情况

1. 农业产值规模及构成

阿曼的农业总产值占 GDP 的比重基本保持在 1%～3%，比重虽然不高，但以粮食为主的农业是阿曼国民经济的重要组成部分，这使得阿曼政府的总体战略部署中不再依赖单一石油出口的经济增长。据 FAO 统计，2011—2016 年阿曼农业年增长率总体处于上升趋势，2011 年，阿曼的农业增长率为 -0.5%，而在 2014 年其农业增长率涨至 14.6%，2016 年增长率回落至 4.3%（图 2）。由于干旱少雨等客观原因，农业增长不稳定性很大。阿曼农业主要以渔业为主，占农业总产值的 40%～50%，以种植业为辅，主要种植椰枣、香蕉等植物。

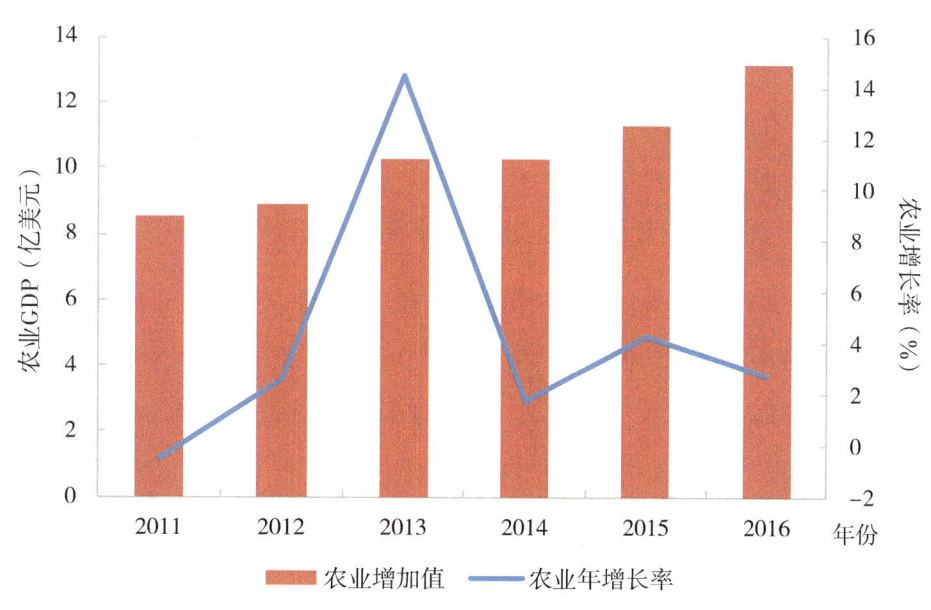

图 2　2011—2016 年阿曼农业增长情况

数据来源：世界银行数据库

2. 主要农产品产量

（1）渔业

渔业是阿曼重要的非石油经济部门，其海岸线长达 2092 千米。2000 年阿曼的商业和非商业捕鱼量已达 12 万吨，渔民 2.86 万人。鱼业国民收入为 1.4 亿～1.56 亿美元。2015 年，阿曼的 3 个投资执行项目向渔业投入高达 1.71 亿美元，增加了 7700 吨的产量。2016 年，阿曼鱼类捕捞量已达 22 万吨，阿曼向 40 多个国家出口海产品，出口量 15.7 万吨。因关乎渔民生计，阿曼对开放拖网等工业捕捞持谨慎态度，且严格执行禁渔制度，仅允许外国渔船采用流刺网等生态型捕捞方式。

振兴渔业是阿曼国民经济重要战略目标之一，利用政策实施渔业资源优化，通过维护和发展渔业捕捞部门、按产量限定捕捞、发展和开发海洋生物和养殖实现渔业可持续发展以满足食品需求、创造就业机会、改善渔民家庭生活、增加国民收入。此外，可带动水产品加工、营销、出口以及捕捞工具制造、仓储、包装等相关产业的发展，提高渔业部门在国民经济中的比重。

为落实上述政策，阿曼政府致力于资源开发、基础设施建设、渔业研究、指导私营部门投资。捕捞方面的立法工作是维护、规范和保障渔业资源合理利用的重要机制之一。早在1981年，阿曼就颁布了第一部《海洋捕捞和生物资源保护法》，1982年颁布了实施条例。1993年对该法进行了修改，1994年颁布了新的实施条例。同时，阿曼颁布了《渔业质量控制条例》《商业渔船规范条例》等法律法规以规范阿曼国内的渔业市场。阿曼政府还组织渔民成立了多个休渔委员会，执行政府的休渔政策、解决渔民面临的问题、为渔业立法提供咨询等。在保护海洋渔场方面，阿曼政府不仅采取了严格的渔场监控措施，同时培训了专门的渔场监控人员，成立了四个专门小组对商业渔船、传统捕捞、水产品工厂和公司、进出口产品等进行监控，并引进了卫星遥感等先进的商业渔船监控技术和设备。此外，阿曼政府出台了专门的渔船生产管理条例，主要是控制商业渔船的活动，比如限定捕捞和上岸的鱼的种类和数量等。阿曼农渔部正努力宣传推广"理智捕鱼"的概念，保障捕鱼区内资源长期的、非过度的合理利用，同时加大渔业养殖力度。农渔部负责人表示，对于刚刚起步的阿曼鱼类养殖业而言，缺乏育苗和孵化场、鱼苗饲料依靠进口等问题是产业发展的最主要挑战。阿曼政府已经批准了部分项目建设自有育苗孵化场，预计类似设施将随着养殖项目的发展而逐步增加，得到政府扶持的渔业已成为阿曼农业部门的支柱产业。

（2）种植业

由于干旱缺水等因素影响，阿曼的种植业并不十分发达，主要作物包括椰枣、番茄等，大部分粮食、蔬菜等农产品仍需进口。目前，阿曼是农产品的净进口国，其自治率家禽约占36%，牛奶占31%，肉类占21%，蔬菜占57%，水果占68%。截至2016年，阿曼全国谷物产量1.78万吨，2016年谷物增长率为-19.1%，其中小麦2777吨，增长率高达9.9%，玉米1.2万吨，常见蔬菜35.53万吨，根茎类1.32万吨，甘蔗1186吨，柑橘类水果6199吨，香蕉类产物1.66万吨，大麦产量1591吨，增长率为-31.2%。可见，2016年阿曼的农作物产量下降明显（表1）。

表 1　2016 年阿曼主要农作物产量

作物品种	谷 物	蔬 菜	香蕉类产物	根茎类	玉 米	小 麦	大 麦
产量（吨）	17782	355332	16578	13233	12038	2777	1591
增长率（%）	-19.1	-0.8	-2.6	1.0	-23.6	9.9	-31.2

数据来源：阿曼国家统计局

阿曼的农作物产量与气候、降水、经济发展等因素有较大相关性，因此其农作物年产量及年增长率并不稳定，特别是小麦、香蕉等作物，其他类农作物的年增长率也略有波动（图3），2015年由于降水丰富，农作物的增长量普遍上升。此外，2014年，小麦的年增长率高达210%，而在2013年，香蕉类作物的年增长率为-64.8%。此两种作物的年增长率极为不稳，这与当地环境、降水的不稳定性有很大关系，这也是制约阿曼农作物产业发展的主要客观原因。

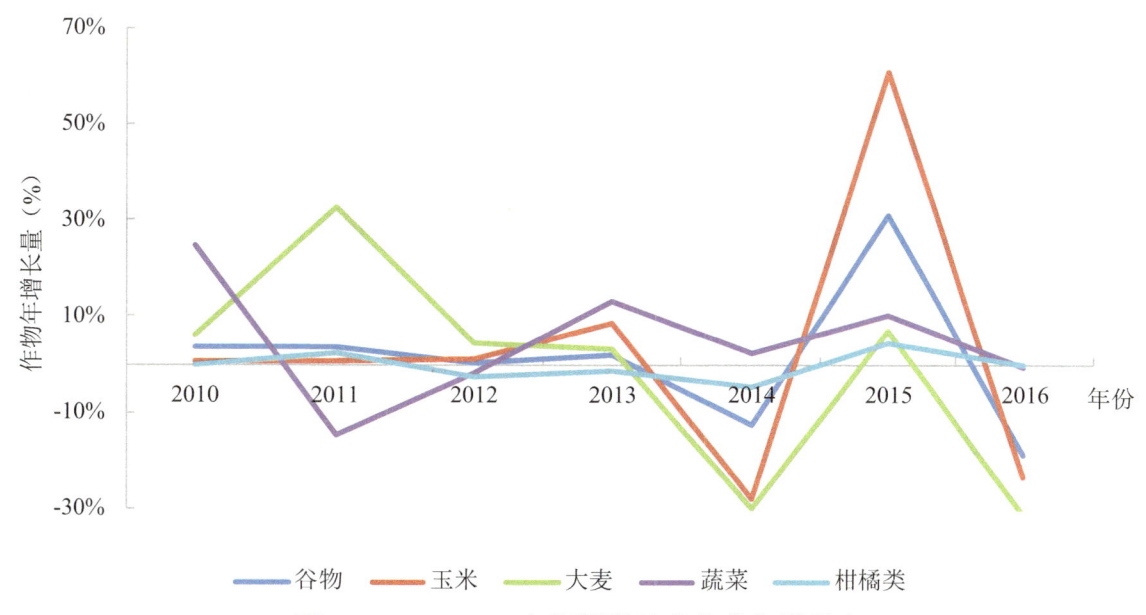

图3　2010—2016年阿曼种植业作物年增长率

数据来源：阿曼国家统计局

3. 主要农业产业布局

阿曼不属于农业大国，其农业GDP占比仅2%。在阿曼北部的巴蒂纳沿海平原是阿曼最重要的农业地区，它是低洼的冲积平原，位于哈贾尔山脉和阿曼湾之间。巴蒂纳地区的气候特征通常是夏季高温达到48℃，冬季温度在15～24℃。相对湿度可能会达到90%以上。每日风速相对较短，平均年降雨量从76毫米到100毫米不等。在过去几十年中由于过度抽水，导致海水逐渐侵入，灌溉用水更加盐化，沿海地区的几个农田已经不适合种植，近年来通过积极发展现代灌溉系统解决农业灌溉问题。这一地区的农业产量占阿曼全国农业约60%，近年来见证了阿曼农业的蓬勃发展，主要生产的作物是枣、水果作物、蔬菜及其他饲料作物。其余的萨拉拉平原、沙奇亚平原等地区，也是阿曼国家农业相对主要的产区。

（三）农产品贸易情况

1. 主要农产品贸易规模及贸易伙伴

2012—2014年阿曼的贸易额占其GDP的60.3%，2015年阿曼农产品出口额为13.86亿美元，同比上涨30%，主要出口农产品依次是奶制品（2.72亿美元）、烟草（1.62亿美元）、面点（1.07亿美元）、棕榈油及其副产品（0.84亿美元）、活畜（0.81亿美元）。农产品进口额为35.29亿美元，同比下降2%，主要进口农产品依次是奶制品（3.25亿美元）、大米（2.55亿美元）、烟草（2.5亿美元）、肉制品（2.11亿美元）、小麦（1.42亿美元）（表2）。

表2 2015年阿曼主要进出口农作物金额　（单位：亿美元）

出口农产品	奶制品	烟草	面点	棕榈油及其副产品	活畜
出口额	2.72	1.62	1.07	0.84	0.81
进口农产品	奶制品	大米	烟草	肉制品	小麦
进口额	3.25	2.55	2.5	2.11	1.42

数据来源：阿曼统计局

2. 中国与其贸易情况

在经济全球化的时代，中国与阿曼已经形成了牢固、双赢的合作竞争关系。目前中阿关系进展十分显著，已步入了发展的黄金期。近年来，中阿两国经贸合作发展顺利，中国一直是阿曼原油最大的出口国之一，在资源能源业、工业、通信业、交通业等领域有良好的进展，但在农业贸易领域仍有更多进步的空间。

截至2017年，阿曼从中国进口的农产品贸易额达156.68万美元，阿曼出口至中国的农产品贸易额达3824.07万美元，中阿的农产品贸易量较为有限，在未来应加强双方的农业贸易合作，利用双方的农业资源、技术互补的先天优势，为中阿合作创造双赢的局面。在"一带一路"倡议的带领下，进一步构建并强化双方农业贸易合作伙伴关系。

（四）农业科技发展

1. 农业科研机构

2006年，阿曼农渔部将农渔业研究部门正式成立，并纳入阿曼农业与畜牧业研究总局，该部门开展六大类研究中心，拥有近200名研究人员，研究范围覆盖了阿曼所有的农业生态区域。其目的在于开展国家农业的基础及应用研究，解决农业产业内部面临的所有问题，通过改善作物、畜牧业的生产，保护农业生产资源及环境资源，通过研究部门的对外交流活动，使阿曼的农业得到可持续发展。

阿曼高等教育部是一个负责阿曼高等教育机构和发展高等教育政策的政府部门。阿曼的大学及科研机构较为丰富，其中包括卡布斯苏丹大学、苏尔大学、玛斯科特大学、德国科技大学阿曼分校、中东学院等。但专门针对农业的大学较少，多数以农学院形式分布在各个学校之中，其中以卡布斯苏丹大学最为著名，该所大学于1986年9月建成开学，是阿曼的最高学府，其下设医学院、工学院、理学院、农业与海洋学院、伊斯兰教育学院5个学院，这是阿曼唯一设立农业类学院的公立大学，农学院重点研究阿曼农业与海洋资源，并用于粮食生产、食品加工的可持续保护，为阿曼的粮食产业、生物及自然科学方面提供优秀科技人才。通过基础研究与应用研究寻找具有战略意义的解决方案，并将知识传播给阿曼和国际社会。这所大学的农学院也是中东地区顶尖的生物科学学院，并在国际上享有声誉，为国家和地区发展做出重大贡献。

此外，阿曼专门设置了水资源管理机构，这个水利部门也将就水资源问题进行研究与管理，这也将有效提高农业用水效率。

2. 农业科研发展

由于阿曼政府的财政支持，FAO统计数据显示，2007—2012年的农业研发支出增长约30%，阿曼的农业研究强度比率（农业研究占农业GDP的比例）为6.5%，相比同地区的也门、约旦等国，阿曼的农业研发支出相对较高。此外，2009—2012年，阿曼的农渔业研究机构雇佣的研究人员数量大幅增加。除了在农业研究基础设施方面进行大量资本投资之外，政府还通过了一系列重要的农业政策和体制变革，以推动国内农业的发展。

阿曼的油气产业发达，但土地、水资源匮乏，在一定程度上制约了阿曼的农业科研发展。应在国家层面上提升农业科学的重视及发展，给予农业科研人员信心和支持。通过完善国家农业发展体系，加大农业科技投入水平，推广农业科技普及工作，增强与国外科技交流，促进阿曼农业科技的发展。

（五）农业管理体系和政策

1. 农业管理体系

阿曼农业和渔业部主要管理国家的农业、渔业及食品工业，主要职责是统筹协调国家机构和粮食、农业科技、加工、食品、农资、信贷等部门涉及农业发展的所有工作。此外，还有许多部委和公共机构也为农业的发展发挥了关键作用。这些机构包括水资源管理局、环境质量管理局等。

2. 农业支持政策

1978年阿曼海关制定了进口关税表，此后进口关税进行了多次调整。根据《海合会成员国统一海关法》，目前阿曼所有进口商品均按货值的5%征收关税，但部分商品免税，其中包括农产品（大米、小麦、面粉、大麦、玉米）、农业专用杀虫剂、农业用机械和工具、除香蕉、椰枣之外的新鲜水果等，这很大程度的支持了阿曼的农业生产及农业加工工业的发展。阿曼政府对农渔业十分重视，先后设立了农业渔业银行、渔民基金会等。广大农渔业从业者可通过银行得到低息、无息贷款，通过基金会购置价格相对便宜的农业机械及农渔业用具，并获得赠款。政府甚至在各大港口如萨拉拉等地修建渔业中心，为渔民提供制冰、冷藏等服务，并建立海上渔船修理厂，为渔民及时修理渔船、捕鱼设备及配件，提供免费修理服务。正因如此，阿曼的渔业在过去取得了可喜的成绩。

3. 农业发展规划

自2011年以来，阿曼政府就发布了《阿曼2011—2015农业发展计划》，规划显示应主要发展四项农业支持计划，一是政府全面支持并扶持相关农业政策及农业规划，全面发展并改善农业生产、农产品加工及农业相关食品安全，提升国家的农业科技能力。二是全面提升农渔业的产值规模及产业容量，加强农业科技研究，大力推广新兴农业科学技术，利用农业内部的新技术提高生产效率。三是保障农渔业的可持续发展，在发展的同时尽量节省农业资源，发展良性的农业产业循环，例如，极大保障捕鱼区内长期的资源、合理利用，同时加大渔业养殖力度，保障阿曼的渔业可以长期、可持续的发展繁荣等。四是政府对于农业上下游产业链的管理需要加强。农产品加工、农业市场、农业食品安全及消费者的反馈都是农业相关的上下游产业链，农业发展不应只局限于一点，需要有大局意识，通过对整体产业链的分析，调整农业发展的方向。通过对消费者及市场的分析，严格把控农产品品质，加强农产品体系建设及标准制定，增强与国外农业科技交流。

三、农业投资环境

（一）国家商业环境

1. 经济环境

据阿曼统计局统计资料，2017年阿曼的国内生产总值达719.31亿美元，其中油气业产值占国内生产总值（GDP）的41%，其收入占政府财政收入的75%，农业占比2.4%，服务业占比50.5%。《2014—2015年全球竞争力报告》指出，在全球148个国家和地区中，阿曼综合竞争力排名第46位。根据《世界银行营商环境报告（2018）》显示，阿曼的营商环境属于较好级，在186个国家中排名第71位。2016年，阿曼的人均GDP近1.5万美元，人均消费支出增长率保持在3%左右。此外，根据世界银行数据，按照GDP平减指数计算，2016年阿曼的通货膨胀率为1.0%。

阿曼的官方货币为阿曼里亚尔（货币编号OMR），最小单位为比塞，1个里亚尔等于1000比塞。根据2017年12月的国际汇率兑换显示，1阿曼里亚尔兑换17.19人民币元，兑换2.60美元，属于面额较大的货币之一。阿曼里亚尔可完全自由兑换，不受任何限制，各商业银行及汇兑钱庄均可换汇，中央银行每天公布阿曼里亚尔与其他44种外国货币的汇率。自1983年起，阿曼实行阿曼里亚尔钉住美元汇率政策，阿曼里亚尔多年来一直保持1里亚尔兑换2.60美元，没有变化，且兑换欧元或其他货币的汇率变化随美元变化而变化。但阿曼的货币不是世界的流通货币，仅在海湾地区使用。人民币与阿曼里亚尔目前还不能直接结算。截至2015年10月底，根据阿曼国家统计和信息中心的数据，阿曼的外汇储备为186.47亿美元。

近些年，阿曼政府加强国内的基础设施建设，其中公路运输是阿曼境内最主要和最便利的运输方式。截至2016年年底，阿曼柏油公路总长度为3.36万千米。首都马斯喀特至南部萨拉拉的公路长1000多千米，是阿曼境内最长的公路。阿曼境内第一条高速公路（苏尔至古里亚特）于2009年建成。阿曼目前没有铁路，但连通科威特、巴林、沙特、卡塔尔、阿联酋、阿曼的海湾国家铁路网筹划已久。阿曼境内现有两个国际机场。马斯喀特机场是阿曼航空运输枢纽，另一个是萨拉拉机场。其他机场有苏哈尔机场、苏尔机场、杜库姆机场、拉斯哈德机场等。阿曼国家统计和信息中心数据显示，2015年马斯喀特国际机场起降航班10.33万架次，进出旅客人数达1203.1万人次；萨拉拉机场起降航班1.01万架次，进出旅客人数为119.8万人次。阿曼主要的港口有苏丹卡布斯港、萨拉拉港、苏哈尔港和杜库姆港。阿曼国家统计和信息中心数据显示，截至2017年3月底，阿曼互联网用户数量已达30.2万户，较去年同期增长12%。

2. 投资吸引力

2000年11月，阿曼正式加入世界贸易组织。在联合国开发计划署公布的《2015年人类发展报告》中，阿曼排名第52位，属"高人类发展指数国家"。阿曼的经济自由度较高，市场准入较宽松，金融开放度高。阿曼的经济发展主要以油气业为主，农业发展相对薄弱，但经济稳定性较高。政府对于外来投资给予简化流程的优惠政策，如平均创办企业时间由2010年的12.4天降低至2016年的6.3天，大大缩短了企业成立时间，为本土企业及外来投资提供方便。阿曼在农业方面的投资较少，但农业投资前景巨大。

一是阿曼的金融体系稳健。阿曼金融体系是由中央银行、商业银行、非银行金融机构、汇兑机构、租赁公司、保险公司、养老基金和资本市场组成。银行业在阿曼金融体系中占据重要位置，银行资产负债占金融总资产和负债的比例超过90%。截至2016年年底，阿境内共有16家商业银行，其中7家本地银行、9家外国银行分行；两家专业银行（阿曼住房银行和阿曼发展银行）；两家伊斯兰银行。阿曼的银行业主要分为阿曼中央银行及7家阿曼本地银行。其中阿曼中央银行的职能是制定金融货币政策，对金融机构进行监管，在稳定金融市场，创造良好的投资环境等方面发挥重要作用。在2009年金融风暴来袭之时，阿曼中央银行通过宽松的货币政策确保充足的流动性，并以实现充分的流动性来满足真实的信贷需求。此外，阿曼银行业专注于核心业务，在投行和金融衍生品方面的资产有限，也有助于银行业在金融危机中保持稳定。因此，总体而言，阿曼银行系统现阶段可有力抗击部分外部冲击。

二是在外汇管理方面。阿曼实行外汇自由汇入汇出政策，外资企业经批准设立后即可在当地开立外汇账户，外资企业利润所得在交纳企业所得税后可自由汇出。美元是阿曼外汇市场的主要外币，商业银行的美元存款占外币总存款的90%，而美元信贷占商业银行外汇信贷的97%。

三是阿曼十分欢迎外界的融资。自2000年加入WTO后，对外开放了项目融资业务。面对外国金融机构的竞争，阿曼银行和金融机构联合组成项目融资集团，在信贷安排中起主导作用；并与地区和国际金融机构合作，共同为项目提供融资。目前中资银行还不能使用人民币在当地开展跨境贸易和投资。根据阿曼国家统计和信息中心发布的数据，2016年阿曼商业银行贷款总额575.4亿美元，平均贷款利率4.8%。

四是阿曼具有利于贸易发展的完善法律法规，主要包括《商业法》《代理法》《商标法》《专利法》等。阿曼商工部也是外国投资的主管部门，其职能是包括向投资者提供相关服务，审批投资申请，发放许可和商业注册。其所属"外国投资委员会"负责审核外国投资申请，并就以下方面向大臣提出意见和建议：投资领域是否属于经济发展项目；是否存在与《外国投资法》相冲突之处。此外，其他部门可在外国投资项目的建设和经营期间就环境、卫生、安全等方面标准进行检查。阿曼税收体系较简单，财政部是唯一的税收管理部门。总体而言，阿曼征税税种少而简单，企业赋税水平低，个人不用纳税。2009年6月，阿曼政府颁布新的《所得税法》并同时宣布以前的相关法律废止，新税法于2010年1月1日起正式实施。2017年2月19日，卡布斯苏丹签发2017年第9号苏丹令，调整2009年第28号苏丹令颁布的所得税法中部分条款。阿曼政府出台了一系列政策支持农业投资。根据2016年阿曼政府颁布第9个五年发展规划提出，预计2016—2020年经济年均增长率为2.8%，油气产业和非油气产业年均增长率分别为0.2%和4.3%。这充分说明阿曼政府对非油气产业的重视。而《阿曼2011—2015年农业发展计划》中表示，政府会扶持发展四项农业支持计划，保障阿曼农业的长期、高效、可持续发展。

（二）农业优势与潜力

1. 农业发展优势

阿曼的油气产业繁荣，而农业发展相对滞后，这主要受制于阿曼恶劣的农业生产环境。但渔业作为阿曼农业的支柱产业，近年来已成为被政府加大扶持、重点发展的产业之一。而其他种植业的发展也需因地制宜的提高生产效率，增强农业基础设施建设，增加农产品的加工能力。"一带一路"倡议的提出正是阿曼发掘自身农业潜力、提升农业发展水平的最佳时机，阿曼也积极的参与两国多方面的合作，特别是农业方面。

2. 投资合作方向

阿曼与中国长期保持着友好合作关系，并希望同中国继续在能源、金融、农业等方面保持密切合作。

农业机械设备的合作。要注重对农业机械设备的投资合作，农产品原材料的进口占阿曼国家进口总量的44.4%，农产品原材料出口占国家出口总量的3.9%，这说明阿曼的农产品原材料匮乏，通过对农业机械设备的改进与研发，可改善农产品原材料的生产成本，为阿曼的农业生产注入新的活力。

农业生产资料的合作。阿曼的油气产业繁荣，农业相对薄弱，加之阿曼的农业生产环境相对恶劣，这为其他国家的投资提供了契机。通过对农业的生产资料入手，加强对种子、化肥等基础物资进行投资，可以提高其农业生产质量，为双方的农业合作交流奠定基础。

农产品加工业的投资合作。阿曼的农产品加工能力不足，主要受制于落后的生产技术水平，农产品加工能力不足，无法提高农产品的附加值，转化为经济优势。可通过加强与当地丰富的渔业、种植业等资源进行合作，对水产品、有机食品等农产品的生产加工方面进行投资。

（三）风险分析

农业是一个收益周期较长、回报相对慢、前期投资较大的产业，海外农业投资往往还因涉及土地、税收等问题而变得更为敏感，这些不确定性形成投资中的各类风险大致可以概括为以下几点：政治风险、法律风险、经济风险。

1. 政治风险

政治风险可按照其产生的原因归结为投资国家的政局动荡、政府违约、战争和内乱等方面。阿曼是世袭君主制国家，阿曼苏丹享有绝对权威，颁布法律、任命内阁、领导军队、批准和缔结国际条约等权力。苏丹卡布斯在该国威望甚高，国内少有反对者且深受民众欢迎。阿曼民族结构单一，宗教温和，所以国内政局的稳定很高，即使是在2014年由国际原油价格下跌引发的国内金融动荡中，阿曼政府也处理得当，尽可能地发挥政府职能，稳定国内金融形势。而在国际外交中，阿曼的外交处理方灵活，尽可能地减少外交纠纷，作为海合会成员，阿曼与沙特、伊朗等国关系良好。与中东绝大多数国家和世界大部分国家关系也都比较好。但现任阿曼苏丹卡布斯无子嗣，王位继承人的问题或许是阿曼存在的潜在不确定因素。

2. 法律风险

法律风险主要表现在税收优惠政策、土地政策、劳动法规、环境保护法规等方面。"一带一路"框架下的沿途国家和地区，法律体系和社会状况具有较多差异，这给外国投资者业务发展带来较大的不确定性。

3. 经济风险

近年来，阿曼扩大进出口贸易，保持贸易顺差。受到金融危机的影响，2009年阿曼进出口总额降为455.7亿美元，同比减少了25%。2010年以来，阿曼进出口贸易额迅速回升。中国与阿曼进行农业投资及合作，也面临着一定的经济风险。阿曼的人均GDP约1.5万美元，居民的收入水平已基本步入发达国家水平，这主要是由于阿曼的油气产业繁荣所致。虽然阿曼正在尽可能的改变由油气产业为主导产业的经济格局，但国际原油价格的仍然在很大程度上影响着阿曼的经济水平。所以投资的不稳定性很可能在未来成为中阿农业合作的阻碍。

（四）总体评价

阿曼灵活务实的外交政策为其发展营造了和平的周边环境，国内政局稳定，国人安居乐业。除石油等出口由国家垄断外，其余产品均放开经营，同时对外贸易基本由私营企业操作。阿曼长期实行低关税、进口无定向、外汇基本不管制的自由贸易政策，较为宽松的自由贸易环境为其他国家与阿曼的经贸合作提供了广阔前景。经过多年发展，阿曼各工业园区、经济特区的建设日臻完善、制度逐步健全、专业性更加突出。中国中水、华为等企业在工业区、高科技园区投资设点，有效地利用了当地赋予的优惠政策，并规避了一些投资不利因素。总的来看，阿曼在海湾地区是比较稳定的国家，经济透明度高，与我国经济互补性强，国内的政治、经济和金融风险较小，随着阿曼经济多元化进程迫切程度不断加深，适合进行农业相关投资。但也存在法律不完善、办事效率不高、市场容量小、配套能力差、专业管理人员和熟练工人不足、雇员阿曼化比例要求、地区政治及安全风险较大等不利因素。若选择在阿曼投资，应充分做好投资项目可行性研究，应派出专门团队到阿曼实地考察，深入了解投资环境，拜访相关政府部门和企业，聘请当地的咨询机构作为顾问，提出专业性意见，规避可能的投资风险。

1. 投资合作模式

中国在阿曼的投资应采取与当地企业以合资形式设立投资项目的模式，有的企业为规避这一限制，采取与当地企业签订合资协议，外方占一定比例的股权，并以此进行法律注册，但当地企业实际上并不出资，只获取一定比例的分红或费用，也不直接参与企业经营管理。而后双方再签订一份私下协议，规定外方不占有合资企业股份，不参与管理和分红。这种做法不符合阿曼有关投资法规，容易给企业日后经营管理带来重大隐患。

2. 投资合作的相关法律要求

作为海湾国家，阿曼非常注意保护本国劳工权益，阿曼人一般不从事重体力劳动。但由于技术限制，也难以胜任管理职务。因此，外国投资者往往需要从本国或者其他国家招募相关工作人员。在进入阿曼前，阿曼劳工部一般会要求阿曼员工必须达到一定的比例，保护阿曼就业市场，若中国企业投资阿曼，对其劳工相关法律必须要熟识。另外，阿曼政府非常重视安全和环保，阿曼环保法要求很高。无论是在阿曼开展工程承包，还是投资办厂，都以高标准要求，特别是在石油工程服务领域，严格实施健康、安全、环境标准。这对于一些中国企业和投资人来说需要十分注意。

四、中阿两国农业合作现状与合作重点

（一）合作现状

1. 科技合作

目前，与建筑、电力、食品等行业相比，中国对阿曼农业合作尚未真正展开，只有少数企业进入到该领域，并且正处于探索之中。然而，就目前已在阿曼开展的中国—阿曼产业园来看，项目正在如期顺利进展。未来，中阿两国在节水灌溉、优良品种繁育、农产品深加工及土壤改良等科技领域具有较大的合作空间，通过两国的大学与科研机构的人员培训交流、共建联合研究中心等方式，为阿曼提供满足其实际需求的农业科技。

2. 贸易合作

阿曼与中国农产品贸易受开放度、经济发展水平等因素影响。开放程度对两国农产品贸易推动作用明显，与贸易量成正比。阿曼农业发展整体水平同中国相比还有很大的差距。两国资源禀赋的差异对农产品贸易产生正向影响，如资本、劳动力、技术等。

1989年，中阿两国成立经贸委员会，随着两国贸易发展，阿曼已成为中国在西亚北非地区的重要贸易伙伴，经济技术合作有所深入，规模也不断扩大。中阿货物贸易与服务贸易逐年增加。根据阿曼官方的数据，中国自2003年起已连续多年保持阿曼石油第一大买主的地位，同时也是阿曼主要的进口来源国之一。2008年以来，中国与阿曼之间的货物贸易额逐年增加，贸易量翻番。阿曼与中国的贸易往来频繁，中国是阿曼的主要进出口贸易合作伙伴之一，但油气产业排在两国贸易额前列。2018年5月15日，中国与阿曼共同签署了《中华人民共和国政府与阿曼苏丹国政府关于共同推进丝绸之路经济带与21世纪海上丝绸之路建设的谅解备忘录》。中阿通过共建"一带一路"，重点推进两国互联互通、产业园、能源、产能、科技、金融、农业等领域务实合作。特殊的地理位置成为阿曼独特的商贸优势。阿曼海岸线长达2042千米，向北可达伊朗，往西可以深入海湾各国以及其他中东国家。另外，阿曼南部萨拉拉港是海湾地区最重要的集装箱港口之一，其地理位置与也门接近，隔海与非洲大陆相望，经红海可以通向欧洲。

2013年阿曼主要进口农产品包括小麦、大米、玉米等农作物，以及其他肉制品等。农产品进口额增加显著，特别是大麦、小麦等农作物，这说明阿曼对农产品需求量很大，且需求量的增长率较高，如家禽肉、大麦等，对外贸易量巨大（表3）。而中国作为农业生产大国，可与阿曼形成贸易互补，向阿曼出口谷物、肉蛋类农产品。2015年，阿曼与中国的农产品双边贸易额超过3000万美元。总体来看，阿曼与中国农产品贸易水平不高，农产品进

出口结构比较单一，产品集中度高，主要集中在谷物、肉蛋、鱼类等，以初级产品为主，深加工产品所占比重较低。

表3 2013年阿曼主要农产品进口额

作物品种	谷物	小麦	玉米	大麦	牛肉	家禽肉	大米
进口额（万美元）	46374.61	14850.49	4280.44	3969.63	7.61	24090.22	22729.39
增长率（%）	10.1	57.7	7.2	86.2	4.3	28.9	25.2

数据来源：世界银行数据库

3. 投资合作

目前中阿两国农业投资合作总体规模较小，仍处于起步阶段。2015年1—9月，中方对阿曼新增直接投资280万美元，中资企业在阿曼新签承包工程合同额4.16亿美元，完成营业额2.74亿美元。

随着"一带一路"倡议的提出和推进，中国对沿线国家的投资开始提高。此外，阿曼政府出台了简化外国企业注册和投资的特殊规定，以吸引国外投资者前来投资和创办企业。根据阿曼农业自然禀赋和市场需求，中国企业投资当地种植业、食品加工业等具有十分广阔的前景，双方在农业投资合作上存在着巨大的互利共赢空间。

此外，中国—海合会自贸区是中国目前在谈的最重要的自贸区协议之一，而阿曼位于"一带一路"的西端交汇地带，是推进"一带一路"建设的重要伙伴之一。中阿两国在各自发展过程中互补性强，仍然存在更多合作交流的空间。21世纪以来，中阿双方投资合作领域进一步拓宽，除了传统的油气、电信等行业，中方也积极参与了阿曼的港口、商贸、物流等行业的建设，这更加印证了"一带一路"给中阿双方带来的新的合作机遇。今后，中阿两国政府及企业都应抓住这一难得机遇，积极参与"一带一路"建设，推动两国关系发展，构建互助共赢的国际关系。

（二）合作潜力

1. 合作基础

中阿双边经济合作日益密切。联合国贸易与发展会议统计结果显示，2016年阿曼累计吸收外商直接投资达185亿美元。其中，中国在阿曼的总投资额为8663万美元。截至2016年年末，中国对阿曼直接投资存量已超过2亿美元。

目前，中阿两国的农业合作尚未正式展开，中阿双边经济合作的主要形式之一是工程承包。《2014年中国统计年鉴》资料显示，2013年中国在阿曼工程承包完成营业额2.42亿美元。2009年，山东电力建设第三工程公司承建萨拉拉独立电厂项目，合同总额达到了1.7亿美元，成为了中国在阿曼承建的最大工程项目。除此之外，中国水利水电集团公司、中铁18局、华为等企业也均在阿曼取得了良好的业绩。以上这些项目的顺利展开，都为中阿两国的农业合作打下良好的基础。

近年来，阿曼与中国政治关系密切，有利推动了两国贸易和投资的发展。阿曼的贸易、投资条件较为便利，可作为农业生产、加工和农产品分拨转运基地，产品可以辐射中亚、非洲及欧盟等地区。中国和阿曼两国的农业合作应在"一带一路"的机遇下进一步加强交流，不断调整和优化参与双边贸易的农业商品结构与农产品生产结构。与此同时，进一步深入开展农业生产、农产品加工、农机制造、农业科技等领域的合作，支持企业向农业深加工方向转变，推进资源密集型和劳动密集型企业向资本技术密集型行业发展。

2. 合作前景

首先，从资源禀赋来看，中国与阿曼经济的互补性较强，这是自由贸易的良好基础和客观条件。虽然双方的农业合作还未展开，但两国已有很好地贸易合作基础，而且两国产业结构互补性非常高，这也为华资企业在阿的投资提供了发展契机。其次，阿曼通过各种外资优惠政策为在阿的企业投资带来制度保证。阿曼优惠政策主要由地域和行业两个层面构成。中国企业在阿投资的领域可紧随其政策引导而取得较佳发展，如阿曼鼓励信息技术、旅游、加工制造、农牧渔业、采矿、医疗，以及在自由区和工业区的投资。再者，阿曼相对稳定的金融市场为中阿经贸往来提供良好的保障。阿曼政府通过实施稳健的货币政策，不断促进经济社会发展、抑制通货膨胀。这不仅增强了投资者的信心，也使得阿曼的银行金融业获得长足的发展。最后，阿曼长达2000多千米的海岸线及其特殊的地理位置成为阿曼独特的对外贸易优势，其进出口贸易向北可达伊朗，向西可以深入海湾各国以及其他中东国家，对外贸易可辐射到周边高达16亿人口的消费市场。

中国与阿曼应借助"一带一路"的良好契机，深化农业科技合作，带动农业投资合作。通过科技示范农场建设、农业基础设施建设、农产品加工体系建设与农业科教培训项目等方式，推动中国农业企业"走出去"。中阿两国彼此共同努力，提高贸易水平，减少贸易壁垒。此外，立足于中国农业资源优势的基础上，与阿曼在农业领域开展深度合作，双方充分利用彼此资源，从而实现双方共同发展。

（三）合作重点

1. 重点领域

贸易合作方面。中国与阿曼的农产品贸易规模较小，按照种类分，中国出口的农产品主要以粮食、畜产品等为主，阿曼方主要出口水产品，在农产品进出口方面可以进行很好的互补来满足两国的需求和发展。中国的庞大消费市场也是阿曼产品出口的强大动力。在"一带一路"的背景下，中国可通过建设农产品快速通关口岸、降低关税等方式优化中阿两国农产品贸易的环境，扩大两国农产品贸易的规模，充分挖掘两国农产品贸易潜力，促进两国农产品贸易长足发展。

投资合作方面。由于阿曼的国家经济主要依赖于油气产业，所以中国对阿曼的投资重点可放在油气产业等项目的开发。目前，中国在阿曼的农业投资仍处于起步阶段，总体规模较小，但阿曼政府希望扩大中国的农业投资规模。随着"一带一路"的倡议，中国在阿曼的农业投资翻开了新的篇章。在现有投资的基础上，鼓励国内企业对阿曼进行投资，拓展农业投资领域，在农业设备、基础设施、生产资料等方面充分发挥中国农业的技术、资源及资本优势，利用双方的市场及资源开发投资机会，全面提升两国农业投资合作的水平。

技术合作方面。中国在农产品加工、资源利用等方面进行了很多研究，而阿曼也就土壤改良、节水灌溉等方面已经不断开拓探索。因此，未来双方可将长期以来在农业领域较为成熟的实用技术展开技术合作，提高农业生产技术水平。在"一带一路"倡议的引领下，中国与阿曼的大学及科研机构可共建联合实验室，并通过对农民与相关人员进行培训等具体形式推进农业技术合作，提升阿曼的农业科技与装备水平，加强中国在资源利用方面的科研能力，为中国与阿曼的深入合作奠定基础。

2. 重点项目

当前，中国与阿曼的重点合作项目，即为中国—阿曼产业园，它位于阿曼杜古姆经济特区内，占地 11.72 平方千米，成立于 2016 年 5 月。中国—阿曼（杜古姆）产业园的产业规划由中国国际工程咨询公司制作，已全部完成。规划有 9 个方面：石油化工产业、天然气化工产业、建筑材料产业、海洋产业、清真产业、电子商务产业、现代农业产业等。

为了顺利展开项目的进行和两国进一步加强合作，许多优惠政策在这个产业园内施行，如免征税收、免除 3 年土地租金价格、工业水电价格的降低等。这将大大的促进中国与阿曼展开多方面、全方位的合作，在现代农业产业合作中，将在农业基础设施、农产品加工、农业投资及农业科学创新上展开更多具有开拓性创新性的建设，为未来更多的重点项目积累经验，寻求合作的更多可能性。

(四)合作思路

当前,阿曼经济呈现着重发展非油气业的状态,并大力发展农渔业阶段。但对于农业资源并不丰富的客观条件,单纯的依靠引进别国的农业科学技术、资本和培育自身农产品生产加工体系是不能解决根本问题的,因此中国可利用自身的农业技术,因地制宜的为阿曼的农业投资和技术发展提供支持,并借助于两国资源技术互补的优势,大力发展中阿两国的深度合作,在合作中达到双赢的国际局面。

五、中阿农业合作建议

通过对阿曼的农业发展现状和农业投资环境及其与中国农业发展的合作前景进行分析,可以看出中阿两国在农业领域有很大合作潜力。阿曼与中国在农业领域合作的意愿较为强烈。在已有合作的基础上,两国应强化在农产品贸易、农业科技等领域的合作,提高两国进出口多元化的能力。结合阿曼和中国农产品贸易现状,通过调整双边贸易的商品结构,确保双方的互补性和比较优势发挥到最高水平,实现互利共赢,不断升级两国贸易合作、投资合作。

(一)加强中阿相关部门间的合作

一是通过双方政府建立和完善合作机制,签订中阿两国的农业合作协定,建立高层关于农产品贸易的良好合作机制,从而促进中国对阿曼农业的投资,降低交易成本,使双方的农业合作在一个公平公正公开的贸易环境中,以达成长期的良好的合作关系。二是简化中阿两国在农产品贸易合作中的手续,通过给予对方在海关事务和劳务许可等方面的政策支持从而提高合作效率。三是应拓宽农产品合作领域,尤其是农业机械化、农产品加工困难等问题亟待解决,中国可以考虑对方农业生产和加工方面的问题和市场需求,通过有效的合作方式与阿曼展开合作,加强两国之间农业合作关系。

(二)深化中阿农业领域合作

农业领域范围不仅包括农业技术、农产品加工、农业机械等传统领域,更是农业物联网、农产品贸易、农业投资等相关新兴领域的载体。这要求中阿两国,必须不断认识到农业领域合作范围的拓展,重新对合作产业进行布局,重点发展两国互补的相关领域,适当调整投资策略及贸易规模,保持对相关合作领域的敏感度,以"一带一路"的发展为契机,努力创造条件，促进中阿两国的农业健康、稳定的发展。

（三）突出重点产业合作

重点产业指的是在全国农业经济收入中占有重要的战略地位，其产业规模在农业经济中占有较大份额，并起到支撑作用的农业产业或产业群。这类产业往往在全国农业经济中起支撑作用，但不定起到引导作用。同时，这类产业常常由部分先行产业发展壮大，达到较大产业规模以后成为支柱产业，或先成为对其他产业的发展既起到引导作用又对全国农业经济起支撑作用。农业的发展离不开重点产业的支撑。然而，每个国家地理状况不同，农业发展状况不同，不同领域优势不同，重点产业也不相同。

阿曼地形复杂，地貌主要由河谷、山区、沙漠和海岸组成。82%的领土是被沙砾覆盖的广袤沙漠，其中沿海平原地区约占全国陆地面积的3%，山地约占15%。境内大部分地区均属热带沙漠气候。全年分为两季：5月至10月为热季，气温高达40℃以上；11月至次年4月为凉季，气温约为24℃。同时，阿曼靠海，渔业资源较丰富。阿曼可以将这些天然环境转化成其发展农业的优势。建立渔场，培养优质育苗，将渔业发展成为地区乃至全球的领先产业。种植业与渔业相结合，利用渔场资源，将淡水资源和鱼类的排泄物重新利用，采用先进的灌溉技术，收集排泄物等天然肥料，用于肥沃土壤、改良土质。同时引入大棚技术，弥补一年中几个月因气候不佳所带来的影响，将现有的土地、水资源和高科技一起高效地利用到阿曼的农业发展之中。

阿曼当地人在饮食上喜食牛、羊、鱼、虾、及各类蔬菜，因此大力发展畜牧业，牛羊等畜牧业的养殖也可以成为阿曼农业发展的另一个重要方向。结合阿曼当地人口的饮食习惯，研发优质的牛羊品种，在畜牧业领域深耕，也是颇有前景的。

阿曼漫长的海岸线是其天然的优势，自北向南濒临阿曼湾、海湾和阿拉伯海，海岸线北起霍尔木兹海峡、南到也门。其中阿曼湾西北以霍尔木兹海峡与波斯湾相通，东南直通阿拉伯海和印度洋，是重要的海运通道和印度洋通往海湾的门户。应充分利用阿曼的海运优势及积累的商贸资源，在农产品和海运出口上投入更多的精力，加强与沿海各国家的农产品贸易合作，不断深入打通产业链上各个环节，从而取得农业的发展。

参考文献

阿卜杜拉·萨利赫·萨阿迪.2012.新中国与阿曼关系的历史与现状［J］.阿拉伯世界研究（04）：56-72.
陈小迁，韩志斌.2017.中东变局以来阿曼国家治理转型述评［J］.西亚非洲（04）：106-126.

黄嘉瑜.2015."一带一路"与中国—阿曼经济合作前景[N]/[EB/OL]electronic.电子文献.国别研究.
刘凌林.2015.经济互补：中阿"一带一路"合作优势独具[N]/[EB/OL].电子文献.中国企业报.
李 屏.2017.知悉政策法规企业投资阿曼需做足功课[N]/[EB/OL].电子文献.中国工业报.
薛庆国.2015.中国与阿曼：丝绸般柔软的未来[N].中国文化报.

巴勒斯坦

巴勒斯坦国，简称巴勒斯坦，位于地中海东海岸，面积约为 6020 平方千米，国土分为加沙和约旦河西岸两部分。其中，加沙地区面积较小，面积 365 平方千米，位于以色列的西南部，埃及的东北部；约旦河西岸地区面积 5655 平方千米，位于以色列的中东部，约旦国的西部。官方语言为阿拉伯语，主要信仰伊斯兰教，人口约 481 万人，加沙地区有 188 万人，约旦河西岸有 293 万人。2016 年，巴勒斯坦国内生产总值为 134 亿美元，农业占 GDP 总产值的 4%，工业水平较为低下，规模较小，很少有外商投资。巴勒斯坦的主要贸易伙伴有以色列、法国、德国、中国、意大利和土耳其，主要出口产品有水果、蔬菜和石灰石，主要进口产品有食品、石油、机器及金属。中国与巴勒斯坦于 1988 年 11 月 20 日建交，1995 年中国在巴勒斯坦设立办事处，两国于 2005 年 5 月签署《中国政府和巴勒斯坦政府经济、贸易和技术合作协定》并成立经贸联委会。自中国在中东推进"一带一路"战略倡议进展以来，两国经贸交往不断加强。

一、巴勒斯坦基本概况

（一）地理位置

巴勒斯坦位于亚洲西北部，是欧洲、非洲、亚洲的交通要道，具有非常重要的战略地位。巴勒斯坦国土面积约为 6020 平方千米，国土分为加沙和约旦河西岸两部分，其中加沙地区面积较小，面积 365 平方千米，约旦河西岸地区面积 5655 平方千米。巴勒斯坦北部与黎巴嫩接壤，东部与叙利亚和约旦相邻，西南与埃及的西奈半岛交界，南端的一角临亚喀巴湾，西濒地中海，海岸线全长 198 千米。西部地区为地中海沿岸平原，南部的高原较为平坦，东部为约旦河谷地、死海洼地和阿拉伯谷地，加利利山、萨马里山和朱迪山贯穿中部。巴勒斯坦的全国最高峰为梅隆山，海拔 1208 米。巴勒斯坦属于亚热带地中海式气候，夏季炎热干燥，冬季温暖湿润，南北地区雨量悬殊，最南部仅 5 毫米左右，最北部平均降水量可达 900 毫米。

（二）人口概况

巴勒斯坦的人口总数自 2000 年以来，每年人口增长率稳定在 3% 左右，根据巴勒斯坦统计局最新的人口普查数据，截至 2017 年 1 月 1 日，全国人口 481 万，其中加沙地区有 188 万，约旦河西岸有 293 万，全国人口同比增长 2.86%，城镇人口 343.56 万，占总人口的 75.5%，其中女性占 49.3%，男性占 50.7%，人口就业率为 33.1%，14 岁以下人口占总人口的比例为 39.4%，60 岁以上人口比例占总人口的 4.5%。尽管 2014 年总生育率下降至 4.06，但与阿拉伯国家 2.8 的平均生育率相比，巴勒斯坦的人口仍然呈高速增长状态。巴勒斯坦主要民族为犹太人和阿拉伯人，通用阿拉伯语，主要信仰伊斯兰教。

（三）区域划分

巴勒斯坦分为约旦河西岸和加沙地带两部分。全国划分为 16 个省。其中，约旦河西岸有 11 个省，分别为杰宁、图巴斯、图勒凯尔姆、纳布卢斯、卡尔齐亚、萨尔费特、拉马拉 - 埃尔巴尔省、杰里科、耶路撒冷、伯利恒、希伯伦；加沙地带分为 5 个省，分别为北方省、加沙、代尔拜莱赫、汉尤尼斯、拉法。

1988 年 11 月，巴勒斯坦全国委员会第 19 次特别会议通过《独立宣言》，宣告成立巴勒斯坦国，耶路撒冷为巴勒斯坦首都。目前巴勒斯坦总统府等政府主要部门均设在拉姆安拉。拉姆安拉为巴勒斯坦中部城镇，现为巴勒斯坦临时首都，阿拉伯语意为"真主安拉之山"，是巴勒斯坦经济、文化和商业中心，也是其民族权力机构所在地。市内设有阿拉法特官邸、自治政府分支机构、巴委员会（立法机构）总部、官方电视台和电台等重要部门，一些国家派驻巴民族权力机构的办事处也设在这里。

（四）政治制度

巴勒斯坦政治体制为半总统共和制，总统是国家元首由全民普选产生，拥有一定的行政权，在内政外交中起着较大的作用，总统不对议会负责，内阁设总理，具体负责行政工作，领导政府活动，重点负责内政经济。巴勒斯坦立法委员会行使议会职能，下设法律、耶路撒冷、预算与财政事务、经济、自然资源、领土与定居、难民、内政与安全、教育、政治、监督等 11 个委员会。

巴勒斯坦司法机构主体为法院系统，现设有最高法院 1 个，上诉法院 1 个，刑事法院 1 个，中央法院 2 个，此外还设有多个调解法院和初级法院。检察机构主体为检察院系统，现设有最高检察院 1 个，下设 5 个分院和若干总起诉厅。

巴勒斯坦政权机关分别为：巴勒斯坦全国委员会（简称"巴全委会"）是巴勒斯坦解放组织的最高权力机构，代表巴勒斯坦境内外的全体巴勒斯坦人，代表分别为巴勒斯坦各抵抗组织及其他群众组织代表；巴勒斯坦解放组织执行委员会（简称"巴解执委会"）是巴解组织的常设领导机构；巴勒斯坦解放组织中央委员会是巴全委会与巴解执委会之间的监督机构，负责监督巴解执委会执行巴全委会的决议和巴解的方针政策，由巴全委会选举产生。

（五）社会和经济发展状况

根据世界银行的统计数据，1994—2000 年，巴勒斯坦 GDP 一直呈增长趋势，在 1997

和1998两年增长率高达14%，2000年达到最高点，随后短暂下降，2003年之后逐渐平稳，一直呈现上升趋势。近几年的GDP增长速度相对较慢，但仍保持了一定的增长。2015年，巴勒斯坦GDP总额达126.73亿美元，同比增长3.4%，农业GDP占比4.5%。2016年GDP达133.97亿美元，较2015年增长5.7%，同比增长4.1%。对于农业而言，巴勒斯坦农业增加值在2010—2016年一直处于波动状态，2011年达到最高点，农业GDP占比6.3%，2011—2016年所占GDP比例逐年下降（表1）。

表1 2010—2016年巴勒斯坦GDP增长率趋势

年 份	GDP（亿美元）	同比增长率（%）	农业GDP（亿美元）
2010	89.13	8.1	4.98
2011	104.65	12.4	6.25
2012	112.79	6.3	5.25
2013	124.76	2.2	5.17
2014	127.16	-0.2	4.94
2015	126.73	3.4	4.50
2016	133.97	4.1	—

数据来源：世界银行数据库

世界银行统计资料显示，2015年巴勒斯坦国内生产总值中，工业占22.5%，农业占4.2%，服务业占73.3%，其中服务业占GDP的比例逐年上升，从2010年的69.3%上升至73.3%，农业和工业所占GDP比例则逐年下降（表2）。2010年以前，巴勒斯坦依靠进口为主，占GDP的比重接近70%，2010年之后逐年下降，至2016年进口占GDP的比重为56.8%；出口所占GDP比较平稳，常年维持在17%左右。

表2 2010—2016年巴勒斯坦GDP构成趋势 （单位：%）

年 份	工 业	农 业	服务业
2010	24.1	6.6	69.3
2011	23.4	6.9	69.8
2012	25.1	5.3	69.6
2014	23.2	4.5	72.2
2015	22.5	4.2	73.3

数据来源：世界银行数据库

二、农业发展现状

（一）农业资源条件

1. 气候条件

巴勒斯坦大部分地区处于亚热带，南部属热带气候，北部部分高海拔地区终年积雪，约旦河西岸地区由西部的丘陵和东部的约旦河谷组成，气候特征主要为：夏季干燥炎热，冬季凉爽潮湿，高原中心地带偶有霜、雪和冰雹，约旦峡谷温暖且干燥。全年平均气温27℃，最炎热季节为6—7月，大部分地区中午的气温超过40℃，北部山区比较凉爽，昼夜温差较大，平均相差14℃，最寒冷的季节为每年12月至次年2月。

巴勒斯坦在较高的区域和约旦峡谷、东部斜坡、中央高原、西部斜坡四个区域的平均温度和降雨变化较大，年均降水量270毫米，但降水在时间和空间上非常集中，冬季大部分降水集中于地中海沿岸，其余的时间则处于干旱状态，从而导致河流系统和水量不规则，引起巴勒斯坦巨大的用水压力。

2. 土地资源

巴勒斯坦位于亚洲西部，地处亚、非、欧三洲交通要冲，领土包括两个地理实体，约旦河西岸和加沙地带。约旦河西岸东临约旦，面积约5655平方千米，约旦河西岸地区由西部的丘陵和东部的约旦河谷组成；加沙地带西濒地中海，面积约365平方千米。

巴勒斯坦种植永久作物和永久牧场的农业面积为29.8万公顷，占总土地面积的49.5%，其中可耕地面积6.4万公顷，灌溉区面积2.4万公顷，农业灌溉区面积1.51万公顷。

巴勒斯坦西岸最小的省份是卡尔齐亚，地势低，水资源丰富，拥有西岸52%的水源，非常适合种植农作物和各类果树。

3. 水资源

巴勒斯坦是中东地区水资源最匮乏的地区之一，水资源短缺问题影响着巴勒斯坦的人民生活。随着人口增加，居民用水情况日趋严峻。巴勒斯坦的居民、城市和工业平均耗水量大约为每人每天73升，远低于世界卫生组织推荐的每人每天100升的最低标准。

巴勒斯坦水源主要由地表水资源、河流水资源和地下水资源三部分组成。地表水是永久性河流、河谷或季节性储备，地下水则来自降雨，地下水也是巴勒斯坦的主要饮水资源。据估算，再生水资源的储量可达20亿立方米，但目前巴勒斯坦缺水程度却达80%，造成目前用水短缺的原因为巴勒斯坦年降水量少，供水基础设施不足，同时水的消费量和需求逐渐增加，大部分地区特别是农村地区的饮用水受到污染，增加了这些区域浅含水层的脆弱性。此外，因被以色列限制挖掘水井，加剧了巴勒斯坦水源短缺的局面。

（二）农业生产情况

1. 农业产值规模及构成

自1967年以来，农业及其相关产业，一直是巴勒斯坦面对包括东耶路撒冷和加沙地带在内的西岸以色列占领政策时的最重要支柱产业之一，为大部分巴勒斯坦人创造了就业机会，是巴勒斯坦的生计和粮食安全资源。农业部门被视为巴勒斯坦国民经济最重要的支柱部门之一，它有助于通过出口确保外汇，此外，农业部门在工业、贸易、运输、通信和服务部门中同样发挥着关键作用。受益于巴勒斯坦的气候环境，以及有利的农业模式而保持农业技术发展的能力，巴勒斯坦农业部门在农业生产方面具有多元化，这些特征反映了农业迅速发展、有效促进就业以及促进经济增长和发展的能力。在各种阻碍农业可持续发展的政策，例如没收土地、限制水资源和灌溉开发、阻碍农产品进出口的情况下，农业为巴勒斯坦人民的生活带来了生机。

2000年，农业对巴勒斯坦国内生产总值的贡献率为8.2%，农业部门的增加值达到2.644亿美元。20世纪70年代初农业进出口的价值相等，约为2000万～3000万美元，随着时间的推移，农产品年进口额增长显著高于出口，2014年农业进口总额约为2.12亿美元，而农业出口额达6700万美元，占总数的近7%。从历史上看，农业部门在提供就业机会方面发挥了重要作用，特别是在危机时期。

巴勒斯坦农业产值于2011年创下农业生产的最高价值，达6.25亿美元，较2010年增长25.5%，占当年GDP总额的6.9%。自2011年以来持续下降，且2011—2012年骤降，降幅高达16%，随后几年，巴勒斯坦的农业产值持续下降，至2015年下降为4.50亿美元，仅占国内生产总值的4.2%。2016年农业生产总值有所上升，与2013年水平相当。（图1）

巴勒斯坦农业以种植业和畜牧业为主，畜牧业约占农业总产值的40%，畜牧业可直接以肉类、牛奶和鸡蛋等形式为巴勒斯坦居民供应食物，并间接为小农户带来收入、储蓄和就业机会。种植业主要有谷类、小麦、大麦、水稻、油料作物、蔬菜、根茎类蔬菜等，其中农作物生产对农业总产值贡献最大。

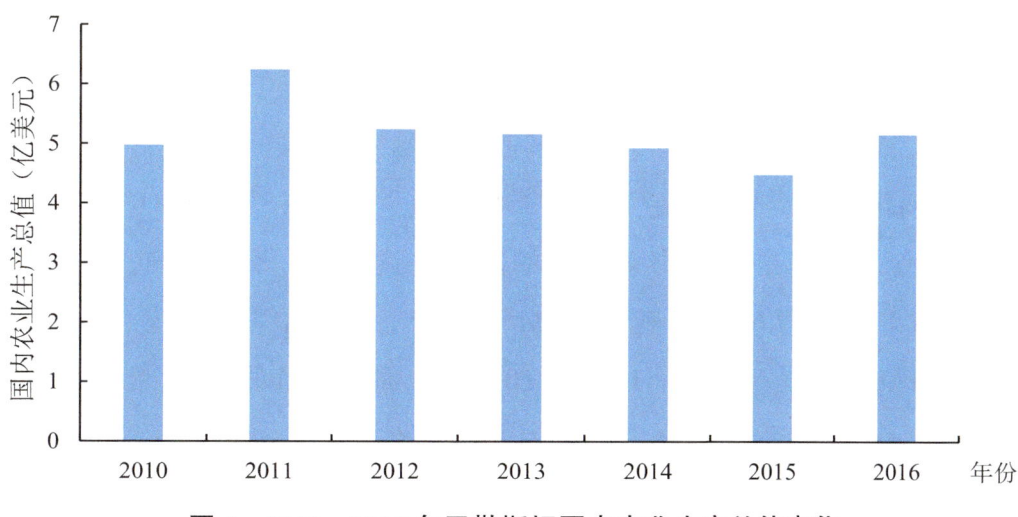

图1 2010—2015年巴勒斯坦国内农业生产总值变化

数据来源：FAOSTAT

2. 主要农产品产量

（1）种植业

在巴勒斯坦农业中，种植业占有重要地位，粮食作物主要有谷类、小麦、大麦、水稻、油料作物。巴勒斯坦的种植业生产的特点为低价值作物生产集中，土地单产能力低、每年产量波动较大。巴勒斯坦西岸主要种植橄榄，其余为大田作物、蔬菜和果树。在加沙地带，蔬菜种植最为广泛，其次是橄榄树、其他大田作物和果树。

根据联合国粮食及农业组织数据，2016年巴勒斯坦粮食作物总产量达10.9万吨，较2015年上涨1.3%。其中2005—2016年，谷类产品的产量为所有主要作物里最高的品种，达4.4万吨，约占主要作物产量的40.5%。其他包括大麦、小麦和油料作物，产量分别为

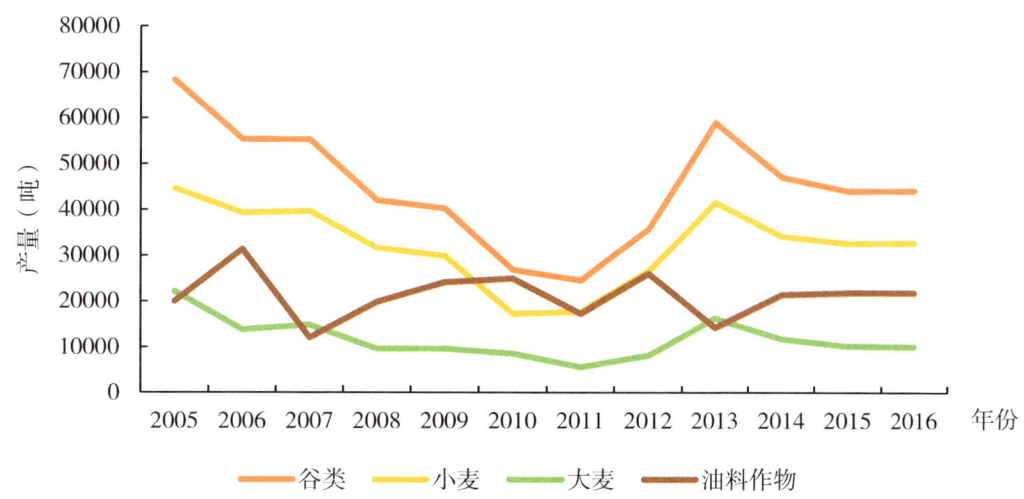

图2 2005—2016年巴勒斯坦主要农作物产量及变化情况

数据来源：FAOSTAT

3.3万吨、103万吨和2.2万吨,分别占全部粮食作物产量的30.1%、9.3%和20.2%。其中大麦产量较2015年有所下降,下降了1.2%。谷类作物、小麦产量较2015年均有所上升,分别上升了1.8%、5.5%,油料作物产量基本持平(图2)。

2016年巴勒斯坦蔬菜类作物总产量达72.40万吨,较2015年上涨0.5%。其中2005—2016年,蔬菜产量为所有主要作物里最高的品种,达66.25万吨,约占主要作物产量的91.5%。根茎类蔬菜产量为6.15万吨,占总产量的8.5%。蔬菜及根茎类蔬菜产量较2015年均有所上升,分别上升了5.3%和1.8%。10年间,蔬菜类作物产量变化较平稳,2013年产量达到最高值,而根茎类蔬菜产量变化较为波动(图3)。

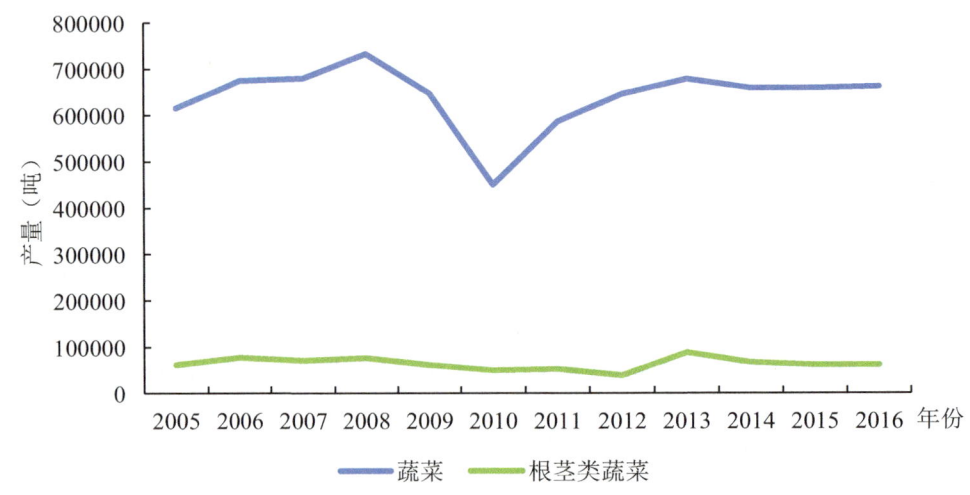

图3　2005—2016年巴勒斯坦蔬菜及根茎类蔬菜产量及变化情况

数据来源:FAOSTAT

(2)畜牧业

畜牧生产在改善家庭生活方面起着重要作用,为巴勒斯坦许多家庭提供收入来源和食物。约旦河西岸的1/3和加沙地带的12%被视为适合放牧地区,特别适合养殖牲畜,如绵羊和山羊等小型动物。然而,在西岸,巴勒斯坦人只能进入东部斜坡处大约15%~20%的牧场进行放牧,其他地区仍然处于以色列控制区。根据2013年进行的牲畜调查结果统计,巴勒斯坦拥有3.44万头牛、73.09万头绵羊、21.53万头山羊、2058万头骆驼、3250万只肉鸡。整个巴勒斯坦地区拥有10个家禽屠宰场、13个反刍动物屠宰场、23个孵化场。在绵羊和山羊的饲料中,95%以上的小麦饲料和85%的蛋白饲料是从以色列进口,饲喂奶牛的饲料和粗饲料(高纤维素饲料,如干草、稻草)大部分也都是从以色列进口的,无论从质量还是数量上,目前的饲料供应量都无法满足现有需求。近年来饲料价格不断上涨也导致生产成本上升，迫使许多农民出售牲畜或使用低质量饲料喂养牲畜。另外，巴勒斯坦的动物饲料严重依赖进口，导致国内牲畜生产力下降。

2014年，巴勒斯坦畜牧业产品创下最高产量，达26.2万吨，较上一年增长28.8%。2016年，畜牧产品总产量21.9万吨，较2015年有小幅增长，约增加0.9%。对于具体产品而言，其中牛肉类和牛奶产品产量较2015年均有上升，分别上涨了2.4%、7.0%，2013—2014年牛奶产量有大幅增加，约25.8%，而家禽肉类产量较2015年下降了2.6%。（图4）

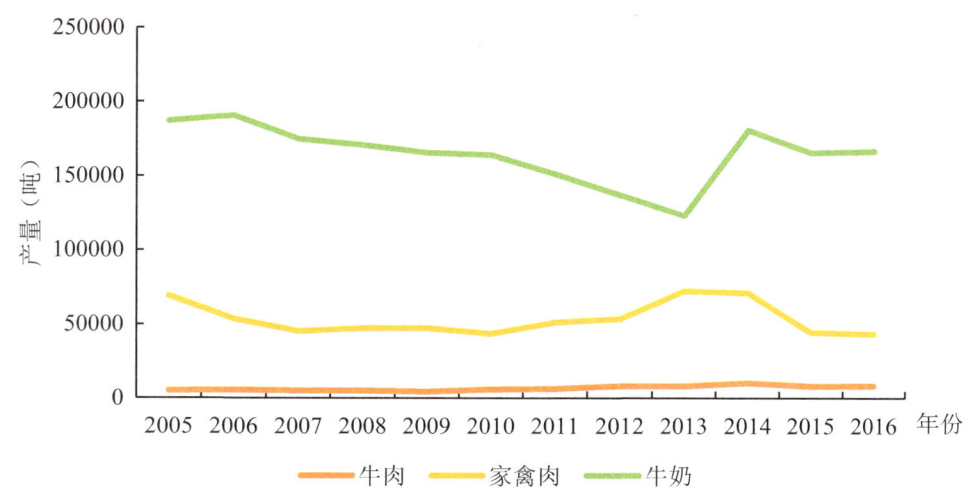

图4 2005—2016年巴勒斯坦主要畜牧产品产量及变化情况

数据来源：FAOSTAT

（3）林业

根据世界银行最新统计数据，巴勒斯坦森林面积为91.7平方千米，占全部国土面积的1.5%。约旦河西岸的森林面积众多，主要集中在大多数南部地区（希伯伦、伯利恒、耶路撒冷、拉马拉），以松树等针叶树种为主。这些地区还可天然种植杜松树、卡罗布和橡树等树种，以及橄榄和果树等栽培种。在许多情况下，这些地区现在已经混合了各种物种，因此森林地区通常由引进的针叶树种和其他物种组成。大部分森林地区位于希布伦地区，但拉马拉也包含了几个重要的森林地区，包括西岸最古老的人工林Im Safa。纳布卢斯的森林面积非常小，大部分集中在纳布卢斯市郊区。这一领域的数目大部分都为引进物种，该地区的林业发展也存在一定潜力。图勒凯尔姆地区构成了西岸最大的森林地区，由于这个地区的人口相对少于西岸其他地区，并且降雨量相对较多，所以它们往往更适合自然林的栽种，森林物种多种多样。加沙地区以人口危机的严重程度而闻名。出于安全原因，这个区域的大部分地区为受限制区域，并且因为气候和土壤，加沙地区实际上没有可以被视为森林的土地。

3. 主要农业产业布局

1967年以前巴勒斯坦基本可算为农业国家。在奥斯曼时期和英国时期，农业生产是巴勒斯坦国内生产总值的主要贡献者。1948—1967年，巴勒斯坦在工业技术方面取得了进步，约旦河西岸被视为农业和食品生产的主要区域，农业继续占巴勒斯坦经济和土地利用的很大一部分，占巴勒斯坦国内生产总值（GDP）的40%，超过50%的人口直接受益于农业生产。在土地利用方面，巴勒斯坦土地上只有32%的土地被种植，另外25%～30%被划分为放牧地。1968—1990年，约旦河西岸的大田作物面积从9.55万公顷减少到5.88万公顷，蔬菜种植面积从1.07万公顷上升至1.50万公顷，果树面积则从6.70万公顷上升至10.55万公顷。这段期间果树面积持续增长的主要原因是以色列会没收没有种植的土地，种植大田作物需要定期休耕，而种植树木作物更加安全稳妥。然后1990—1995年，巴勒斯坦的总耕地面积下降了约6%，至2014年，巴勒斯坦全国可耕地面积已下降至6.4万公顷。

巴勒斯坦长期受战乱影响，西岸地区的生产力很低，高度分散的农场经营模式导致农业生产率较低，同时由于获得土地和水的限制以及与加工和市场的联系疏远，西岸地区农业生产水平低下。加沙地区农业更加密集，但是加沙地区在向西岸和以色列选择市场销售产品时同样面临严重问题。

巴勒斯坦的农业生态主要有五大功能区域。

（1）半海岸地区

该地区面积为470.5平方千米，是西岸最小的农业生态区，位于西岸的西北角，每年降雨量达到600毫米，主要的农业活动是大田作物生产和柑橘树种植。

（2）中部高地地区

该地区面积3144.5平方千米，这片区域为高地地区，地处北部的杰宁与南部的希伯伦之间，是西岸的主要集水区，年降水量500～800毫米，主要的农业活动是橄榄树等果树种植。

（3）沿海地区（加沙地带）

该地区面积365平方千米，这条地带位于地中海沿岸，年降水量200～400毫米，主要的农业活动是灌溉蔬菜和柑橘生产，园艺生产也很普遍。

（4）约旦河谷地区

该地区面积413平方千米，沿约旦河西岸的低洼地区，该地区处于亚热带地区，夏季炎热，冬季温暖，属干旱地区，年平均降水量约160毫米。该地区的主要农业活动是蔬菜灌溉生产。

（5）东部斜坡地区

该地区面积1594平方千米，该农业地带处于西岸东部边缘的延长地带，属于半干旱地区，位于中部高原的雨影中，降水量200~400毫米，该地区主要的农业活动是放牧。

（三）农产品贸易情况

1. 主要农产品贸易规模

根据巴勒斯坦中央统计局数据，截至2018年3月，巴勒斯坦出口总额达到0.95亿美元，较2017年3月同比增长9.1%。进口总额达到4.65亿美元，同比下降0.3%。进出口贸易差额达3.7亿美元，同比下降2.4%。

2013年，巴勒斯坦主要农产品进口量达58.65万吨，较2012年下降6.1%。排名前三位依次为谷类作物、大麦和小麦，分别占总进口量的58.8%、17.7%和8.4%。其中谷类、小麦进口量较2012年均有所下降，分别下降了1.9%和37.7%，小麦进口量下降幅度较大。大麦进口量较2012年均有所上升，上升了12.6%（图5）。

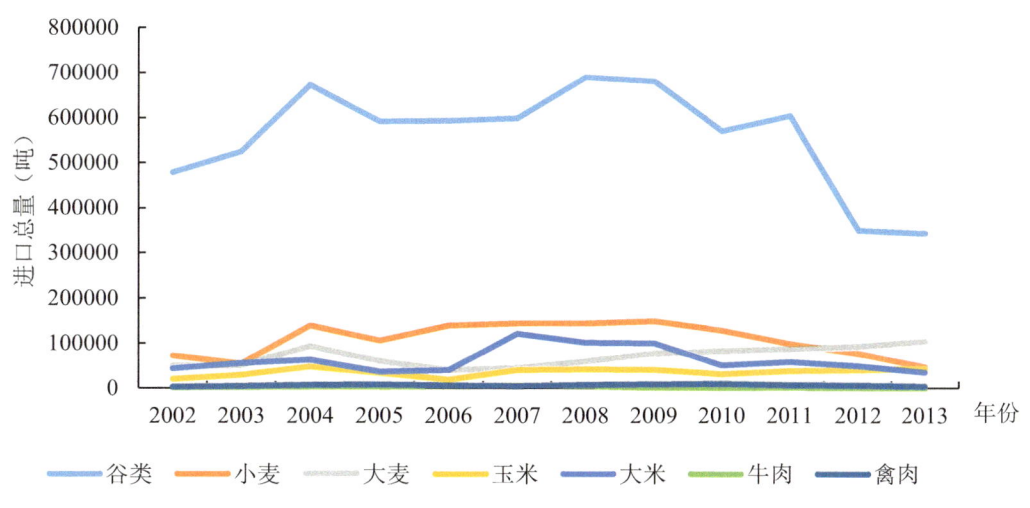

图5　2002—2013年巴勒斯坦农产品进口总量及变化情况

数据来源：FAO数据库

2013年，巴勒斯坦主要农产品出口量约为4.39万吨，较2012年下降6.6%。具体农产品方面，谷类农产品出口量最高，达1.98万吨，占总出口量的45.1%，较2012年占比上涨2.4%。而牛肉及肉总量的出口量较2012年相比均有所下降，分别下降了26.2%和8.2%。据2017年中国海关贸易数据显示，2017年巴勒斯坦总出口金额达351.64万美元。

2. 主要贸易伙伴

巴勒斯坦经济依赖以色列，劳动力和货物的进出口均受以色列管制，资源匮乏的巴勒斯坦很少有外商投资，政府预算及发展项目必须依赖国际援助。国际援助是巴民族权力机构的主要收入来源之一，2016年国际援助为24.02亿美元。中国、德国、以色列、土耳其、意大利以及法国是其主要贸易伙伴。

2013年，巴勒斯坦制定《出口战略—新鲜水果、蔬菜和草药行业出口策略（2014—2018）》，以鼓励采用良好的生产实践，以为部门提供有效的研发和最佳实践支持为目标，利用巴勒斯坦出口企业的短期和中期发展关键市场，促进价值链的结构变化，提高巴勒斯坦的效率和价值。

2005年中巴两国签署《中国政府和巴勒斯坦政府经济、贸易和技术合作协定》，并成立经贸联委会。2017年中巴双方合作主要为中国对巴勒斯坦出口，商品包括机电产品、农产品和高新技术产品，中国从巴勒斯坦进口皮革和石材等。

3. 中国与其贸易情况

巴勒斯坦境内的国外直接投资金额并不多，中国过去在巴勒斯坦的直接投资甚少，1995年在巴勒斯坦设立办事处后，贸易情况有所好转。2005年5月，中巴两国签署《中国政府和巴勒斯坦政府经济、贸易和技术合作协定》，并成立经贸联委会。据中国海关总署统计，2017年双边贸易额为7021万美元，主要为中国对巴勒斯坦出口，出口商品为机电产品、农产品和高新技术产品，中国从巴勒斯坦主要进口皮革和石材等。2017年11月，中国与巴勒斯坦签署《中巴自由贸易协定联合可研性研究的谅解备忘录》。

根据商务部中国对巴投资、劳务承包统计数据，2015年中国对巴劳务承包新签合同额仅为191万美元，位居中国对西亚国家承包工程数额的第12位（倒数第二），没有涉及农产品出口贸易。根据外交部官方网站刊登的统计数据，2016年，中国和巴勒斯坦双边贸易额为0.6亿美元，同比下降14.4%，主要为中国对巴勒斯坦出口减少。

从经贸合作的规模看，与中国的其他经贸伙伴相比，中巴经贸合作一方面体量较小，而且在短期内也不太可能产生很大程度的跃升。尽管如此，由于巴勒斯坦仍然受到阿拉伯世界和国际社会的高度关注，中方企业一旦通过经贸合作树立品牌形态，对于提升我国企业的国际知名度与品牌竞争力大有裨益。

（四）农业科技发展

1. 农业科研机构

巴勒斯坦国家农业研究中心拥有5个研究单位和7个试验站，其中5个位于西岸，两个位于加沙地带。此外，安纳贾大学，希伯伦大学，爱资哈尔大学，巴勒斯坦技术学院和圣城开放大学 5 个农业学院提供农业学士和硕士学位。巴勒斯坦有两所农业中学，一个是加沙的 Beit Hanoun 农业学校，另一个是西岸的 Al-Aroub 农业学校。除这些教育机构外，还有一些开展农业研究的非政府组织，如耶路撒冷应用研究所（ARIJ）和土地研究中心等。

巴勒斯坦耶路撒冷应用研究所成立于 1990 年，主要办事处位于西岸的伯利恒，是一个非营利组织，是巴勒斯坦国内参与农业领域推广最多的单位之一。ARIJ 致力于通过利用自然资源，促进巴勒斯坦被占领土的可持续发展和巴勒斯坦人民的自力更生能力，帮助巴勒斯坦当地居民提高技能，推广资源利用和保护方法。ARIJ 在经济、社会、自然资源管理、水资源管理、可持续农业发展等领域积累了一定经验，在巴勒斯坦当地发挥积极作用，倡导地方机构与国际组织和非政府组织间的合作。经常提供当前的数据和研究，以制定关于土地和水资源等问题的立场文件和政策战略。

ARIJ 可持续农业项目由农业发展部、生物多样性与粮食安全部、社会经济部三个部组成。ARIJ 一方面将重点放在有助于可持续发展的项目和应用方法上，另一方面通过提供更好的食物获取渠道、管理和利用土地、水和其他自然资源，为当地社区提供帮助。可持续农业项目的目标非常全面，包括在 OPT 中更好地保护、管理和利用土地、水、食物和生物多样性资源；制定农业计划和战略；评估自然资源利用的备选方案、政策和技术；协助决策者和利益相关者制定农业计划和战略。

2. 农业科技发展状况

巴勒斯坦农业类科研机构和学校分布广泛，占地广阔，拥有实验站和大量设备。但是，农业类大学主要进行探索性理论研究，无法对巴勒斯坦的推广服务体系开展实质帮助。此外，巴勒斯坦学校的学术研究影响力较小，缺乏国家农业图书馆，农业政策咨询能力、农业咨询服务薄弱。巴勒斯坦科研经费短缺，农业科技发展受到限制。一方面，研究人员数量不足，科技潜力低下；另一方面，科研资金主要依靠政府拨款，巴勒斯坦国家财力有限，无力为科研部门提供充足的资金，科研工作受到阻碍，严重影响农业科技的发展。

通过加大农业科技投入水平，提高农业科研水平，培养科技人才，推广农业科技普及工作，增强与国外科技交流，可以促进巴勒斯坦农业科技的发展。2014 年，巴勒斯坦推广无土栽培农业，加大培养农业人才的力度。当年，面临约旦河西岸季度缺水并且境内大部分耕地被以色列控制、生产成本不断提高的困境，当地的农业专家积极推广可替代的农户生产方式，即利用稀少耕地和水资源，产出足量蔬菜。在应用研究所（ARIJ）的帮助下，在哈利勒区北部的阿拉伯农业学校推广此种教育模式，培养年轻一代学生生产无土栽培蔬菜的意识。据研究人员表示，一方面两种模式具有经济效益高的优点，另一方面具有生产足量健康无公害蔬菜的优点。而且，这两种模式都可以在狭小的空间内或各家房顶上进行生产。

2015年，在《巴勒斯坦国家农业推广战略（2016—2019）》中提及，巴勒斯坦农业部在草药生产技术、高价值作物、枣子、水果蔬菜品种、嫁接西瓜、全球GAP认证、堆肥生产和动物品种改良等技术方面进行了大力的推广，并取得了一些成绩。

（五）农业管理体系与政策

1. 农业管理体系

巴勒斯坦主要的农业管理部门为农业部。农业部是引导巴勒斯坦农业发展的主要政府机构，以促进国家发展为主旨，内部分为技术部门和管理部门。农业部共有1710名员工，其中南部472名员工，北部1238名员工。

此外，还有许多部委和公共机构也为农业的发展发挥关键作用。这些机构包括水务局、环境质量管理局、巴勒斯坦投资基金及下属专门从事农业投资的公司、国民经济部、地方政府和单位、财政和规划部、卫生部、劳动部、妇女事务部、内政部、巴勒斯坦中央统计局、土地管理局。这些组织通过其在拉马拉市的主要总部以及部署在所有巴勒斯坦领土上的分支机构和总部实施干预行动。

农业生产存在高风险和不确定性因素，农业保险面临最主要的问题即成本高，农民难以负担。巴勒斯坦政府根据2013年第12号法令规定，成立了风险预防和保险基金部门，负责管理农业发展风险。该部门旨在通过实施各种干预措施、工具和方法来减轻灾害对农业部门的损害，并使巴勒斯坦农民可以应对气候和政治变化的负面影响。2015年，巴勒斯坦政府根据2015年第8号法令成立了巴勒斯坦农业信贷机构，使得农业借贷成为政府工作机制，帮助巴勒斯坦农民和农业公司获得贷款。

2. 农业支持政策

巴勒斯坦历来重视农业的发展，积极采取措施以提高农业发展水平。过去10年间，农业相关部门的非政府组织实施了各类农业发展项目，巴勒斯坦种植业生产能力持续扩大，措施主要集中在帮助巴勒斯坦农业生产横向扩张和农业耕地面积的增加。

2011年，巴勒斯坦农业部制定了可持续管理农业水资源的政策，包含三大部分，第一部分为提高用水量并改善供应管理，主要依靠恢复水利基础设施、增加农业用水的方法；第二部分为改善农业用水需求管理，包括提高水运输配送系统的效率、升级灌溉系统并使用补充灌溉的方法；第三部分为农业可持续发展，主要方法为分类和回收土地，提高农业生产能力、绿化公有和私有土地、开发和修复牧场、保护农业生物多样性几种手段。

2013年，巴勒斯坦制定《出口战略—新鲜水果、蔬菜和草药行业出口策略（2014—2018）》，以鼓励采用良好的农业、实践（差距）和良好的生产实践、为部门提供有效的研发和最佳实践支持为目标，利用巴勒斯坦出口企业的短期和中期发展关键市场，促进价值链的结构变化，以提高巴勒斯坦的效率和价值。

2014年，巴勒斯坦农业部畜牧部门制定策略，将提高畜牧饲养者的抗压能力、提高畜牧产品的生产能力和盈利能力、加强禽畜业的管制、法律架构和制度能力做为策略目标。执行战略的主要角色包括内部的家畜链角色，例如，生产者、加工者、贸易商和提供服务的外部行动者、专家，以及对家畜价值链可以产生影响者，例如当地政府。

2015年，制定《约旦河西岸—巴勒斯坦可持续农业和粮食安全的粮食生产消费评估》，评估和分析了农产品价值链的管理和主要参与角色，着重分析农业生产的价值链和营销渠道，以及它们对巴勒斯坦经济的影响，提高了利益相关者对支持可持续农业重要性的认识，同时在利益相关者和决策者之间建立伙伴关系，以便在自给自足和可持续性等基本问题上共同努力。

3. 农业发展规划

尽管中东地区极为缺水，巴勒斯坦户均生活自来水用量仍超过中国的北京、天津等城市的水平。由此可见，落后的农业并不会对巴勒斯坦人民的生活水平造成致命的影响。国家有关部门制定了相应制度来推动国内农业的发展。

2016年，巴勒斯坦农业部发布了农业五年计划《国家农业战略（2017—2022）》，关注农业可持续性发展。战略由两个关键组成部分组成：第一个组成部分是国家政策议程，它是一份高级别政策文件，阐述了国家的愿景、优先事项和政策；第二个组成部分是18个国家部门战略，以及3个跨部门战略。每一项战略都取决于该行业的战略主体、成果和政策，所有利益相关者将在2022年前寻求实现这些目标。国家战略还包括所有政府项目，明确它们的目标、标准、产出和职能。20位政府机构的部长和主任，除了农业部长，还有领导各部或各机构的团队。除了由有关的国家和民间社会组织、大学和专家组成的国家工作队，所有的专家都在合作编写18个部门战略和三个跨部门战略。部门战略包括农业、文化、遗产、教育、就业、能源、卫生、住房、通讯和信息技术、国际关系、司法、地方政府、国民经济、公共财政管理、安全、社会保护、旅游和古物、交通和通讯、水和废水。跨部门战略包括性别平等、环境和青年等内容。

粮农组织自2002年以来一直与巴勒斯坦农业部密切合作。从2014—2017年规划框架开始到2018—2022年的巴勒斯坦国家规划框架（CPF），由社会公民、私营部门、非政府组织和捐助者和其他部门等参与者协商，共同拟定国别方案，以促进巴勒斯坦农业的可持续发展、巴勒斯坦社区的恢复能力和巴勒斯坦农民、牧民和渔民的粮食安全。

从对国内生产总值（GDP）、就业、贸易和粮食安全的贡献来看，农业在巴勒斯坦经济中发挥着重要作用。巴勒斯坦总理府曾指示粮食安全和研究部在2016年5月前拟定农业发展长期战略，并在2016/2017财年中安排专项资金。新的发展战略将主要致力于引进农业生产要素的全产业链，降低农业税费水平，提高农业生产机械化水平等手段降低农业生产成本，提高农业生产效率。

三、农业投资环境

（一）国家商业环境

1. 经济环境

良好的营商环境是一个国家经济软实力的重要体现，其优劣直接关系着招商引资的多寡。外国投资者对外投资中最先考虑的因素是一国经济环境的好坏程度，同时它也是影响投资决策的最直接和最基本的因素。但是巴勒斯坦的经济受到周边国家封锁，进展缓慢，很大程度上还需依赖国际援助开展国家建设。截至2017年年底，巴勒斯坦外债总额增长6.5%，达到17.2亿美元，一般政府外债总额为1042万美元，占外债总额的60.6%，在巴勒斯坦工作的银行外债价值为6.03亿美元，占比为35.1%。

2017年，巴勒斯坦国内生产总值（GDP）达到136.86亿美元，与2016年相比，人均国内生产总值增长，达到3072.4美元。西岸的人均GDP增长了2.4%，而加沙地带的人均GDP下降了2.9%。除农业、信息和通信外，所有经济活动的增加值均为上升趋势，批发和零售贸易活动增幅最大，而服务和其他分支活动对加沙地带以及西岸的国内生产总值贡献较大份额。

2. 投资吸引力

巴勒斯坦主币为巴勒斯坦镑，但现阶段巴勒斯坦并没有自己的央行和货币，目前流通以色列货币新谢克尔和约旦第纳尔（货币编号JOD；另有非正式名称JD）。辅币单位有迪拉姆、皮阿斯特及菲尔。消费方面，根据巴勒斯坦2017年中央统计局数据，巴勒斯坦人均月平均消费171.7第纳尔（约合242.34美元），约旦西岸人民月平均支出220.1第纳尔（约合310.65美元），加沙地带月平均支出91.2第纳尔（约合128.72美元）。其中食品占总消费量的比重较高，人均食物消费量52.7第纳尔（约合74.38美元），约占30.7%，人均月食用消费谷类食品及面包约9.2千克，鲜果、干果及水果罐头、蔬菜和豆类约8.4千克，肉类约

3.7千克。食品消费量比重较大，说明巴勒斯坦地区对农产品需求较大，在农产品贸易方面有发展前景。

此外，巴勒斯坦权力机构目前采取了具体措施改善商业环境经济，同时还颁布了投资法，对外国的投资公司在关税上给予优惠，并提供有竞争力的投资机会。增加投资可以提高经济能力，激发创业精神，创造就业机会，解决大量青年失业问题。

（二）农业优势与潜力

1. 农业发展优势

（1）劳动力资源丰富

劳动力方面，截至2017年年底，根据人口普查数据，巴勒斯坦总人口数量达到478.1万，其中约40%人口来自加沙地带。世界银行数据显示，2017年巴勒斯坦劳动力人数达到124.8万人，较2016年增长3.6%。2018年第一季度人口调查数据显示，劳动力参与率约为46.9%，男性参与率为70.9%，远高于女性的19.0%。调查结果表明，一家位于约旦西岸的工厂平均拥有工人11.3人，其中69%是男性，31%是女性，此外，75%的员工是带薪员工。

（2）教育程度高

巴勒斯坦当地教育比较普及，程度较高。在国际社会援助下，巴勒斯坦拥有多所大学，具有一定规模的城镇几乎都有一所甚至多所大学，每1000人中就有25名大学毕业生。大量的人才储备和较低廉的劳动力价格，能够为外来投资提供人才保障。

2. 投资合作方向

巴勒斯坦与中国长期保持着友好合作关系，希望同中国在能源、教育、金融、贸易、基础设施建设等方面保持密切合作。同时，巴勒斯坦也将凭借自身天然优势，通过"一带一路"实现更进一步的发展。

（1）加大私人投资

世界银行发布的一份报告显示，巴勒斯坦经济很大程度依靠外国捐助，为保证经济增长的可持续性，必须加大吸收私人资本投入。报告指出，巴勒斯坦权力机构（PA）在西岸地区努力改善安全条件、提高服务效率等一系列举措和以色列放松相关安全限制，显著提高了投资者的信心，但目前仍缺乏大规模私人投资复苏的迹象。

（2）农业机械设备的投资

注重对农业机械设备的投资，通过对机械设备的改进与研发，提升农业现代化程度，改善巴勒斯坦农业生产环境。

（3）基础设施的投资

由于以色列的长期占领、控制和封锁，目前巴勒斯坦整个农业部门正在遭受基础设施建设薄弱带来的困扰，如灌溉、冷藏、产品装卸等。巴勒斯坦是阿拉伯世界主要国家之一，是古代丝绸之路重要的贸易中转站。中国的丝绸、瓷器经过这里源源不断地运往欧洲和非洲，阿拉伯世界的香料等商品也从这里运往中国。无论是在基础设施建设，还是在城市建设方面，中方企业的能力和优势都是举世公认的，可通过中巴经贸合作的途径，加强对巴勒斯坦公路、铁路和机场等众多项目的建设，并在争议地区东耶路撒冷新建国际机场，为将来进行快捷便利的农业设备和农产品运输打下良好基础。

（三）农业风险分析

农业是一个收益周期较长、回报相对慢、前期投资较大的产业，海外农业投资往往还因涉及土地、税收等问题而变得更为敏感，这些不确定性形成的投资中的各类风险大致可以概括为以下几点：政治风险、法律风险和经济风险。

1. 政治风险

政治风险可按照其产生的原因归结为投资国家的政局动荡、政府违约、战争和内乱等方面。巴勒斯坦是一个由民选政府组成的阿拉伯国家，地缘政治环境恶化，是中东和平的根源性问题。

巴勒斯坦的政治风险及政治动荡是多种因素综合的产物，也是历史上各方利益冲突频发危害地区和平的典型。自古以来且直到现在，巴勒斯坦地区都是各国为争夺自身权利及政治利益的角斗场。除此之外，巴勒斯坦内部也有100多个组织，极易产生冲突，甚至爆发内乱。巴勒斯坦的政治风险极大，投资者需理清各方势力的关系，投资需谨慎。

2. 法律与制度风险

西岸和加沙地带的法律环境代表了历史上政府对各地区施加的法律集合。目前正在制定的一系列法律将增加新层次，并统一现有法律，在必要时还将制定新的法律。巴勒斯坦法律体系正处于实现现代化的进程中，未来的法律草案都将要求通过巴勒斯坦立法委员会（PLC）批准并颁布。国际社会当下正以技术专长和财政援助的形式提供巴勒斯坦大量援助，以加速完善法律并确保新法长期公正和有效。

但是，由于法律制度的不健全，还无法有效预估其影响及后果。巴勒斯坦地区地缘政治环境恶化，周边国家矛盾、冲突不断，造成社会背景和法律体系的不稳定，给外来投资者的业务发展带来较大的未知性和不确定性。巴勒斯坦关于引进外资的法律体系仍不健全且缺乏经验，同时该国法律可能受政治经济环境的影响而发生变化，具有一定法律、制度风险。当出现纠纷时，缺少有力的法律依据保障投资者合法权益。

3. 经济风险

从经济与财政状况看，巴勒斯坦国内生产总值中服务业占比最大，经济严重依赖以色列。巴以对峙对巴勒斯坦经济发展形成严重制约。世界银行估计，在目前与以色列政府达成的安排下，巴勒斯坦政权每年将损失 2.85 亿美元的收入。

财政状况仍然是经济风险的来源，巴勒斯坦多年财政收支持续出现贸易赤字状态，拖累经济。主要原因是缺乏获取重要资源的途径，贸易活动亦遭以色列限制。2015 年，政府经常账户赤字占 GDP 的 13.5%。来自欧盟和美国的国际援助，以及巴税款常因巴以关系的动态变化而受到影响，巴勒斯坦财政状况入不敷出，这使双方合作项目面临巨大的资金风险。

自 2000 年以来，巴勒斯坦外国直接投资对经济增长贡献率几乎为零。2016 年一系列的一次性收入减少了财政赤字的规模。然而，随着捐助预算支持力度持续下降，2017 年及未来的前景将十分严峻，世行将出现近 8 亿美元的历史高位融资缺口。过去的融资缺口导致私营部门欠款增加，对经济构成重大风险，而今年差距的规模增加了延迟工资或社会援助支付的可能性。

（四）总体评价

巴勒斯坦较其他中亚国家相比，四季分明，气候多变，地理位置优越，农产品丰富，且农业是巴勒斯坦的经济支柱，特点是农业生产方面的多样性。13.4% 的人口从事农业生产。水果、蔬菜和橄榄（油）是外贸出口的重要部分，占出口产品的 25%。但总体法治水平不高，社会管理体系松散，法律稳定性较差。

中巴的农业合作尚未充分开展，农产品贸易规模较小，农业技术之间的交流次数有限，两国之间的农业合作潜力巨大。总体来说，中巴经贸关系互补性强、发展潜力巨大，特别是在基础设施建设、农产品加工方面的合作大有可为。

1. 投资模式

巴勒斯坦政府对约旦河西岸油田勘探开发进行了国际招标，这是巴勒斯坦首次大规模对油田进行国际招标，中标企业将同巴勒斯坦投资基金合作，进行油田开发。此外，巴勒斯坦政府还有其他项目计划进行国家招标，中国可以参考中方企业在安哥拉的投资模式，采用以资源开发换取基础设施的模式，以期未来逐渐获得投资回报。

2. 双边自贸区建设

2017 年 11 月，中巴共同签署启动中国—巴勒斯坦自由贸易协定联合可行性研究的谅解备忘录，正式开启双边自贸区建设进程，双方同意尽快就共同关注的领域开展研究。据官方数据，2017年1—9月中巴双边贸易额达5211万美元，同比增长11.5%，主要为中国对巴勒斯坦出口。商务部称，推动中巴自贸区建设将有利于进一步扩大双方贸易和投资往来，为两国经贸关系注入新活力。中国正在加速打造立足周边、覆盖"一带一路"沿线国家和地区、面向全球的高标准自由贸易区网络。

四、中巴农业合作现状与合作重点

巴勒斯坦国内生产总值中服务业占比最大，其经济十分依赖以色列，货物和劳动力进出均受以色列管制。资源匮乏的巴勒斯坦，很少有外商投资，因此政府预算及发展项目必须依赖国际援助。国际援助是巴民族权力机构的主要收入来源之一。

据资料，从2008年到目前为止，巴勒斯坦接受中国、美国、欧盟等国家、国际社会官方在册的财政援助超过150亿美元。国家失业率攀升，私营领域大幅萎缩，当地工业遭到极大破坏。因此除外国援助之外，巴勒斯坦吸纳的外国直接投资金额不多。中国过去在巴勒斯坦的直接投资甚少。

（一）合作现状

经过双方的共同努力，两国经贸合作取得长足进展，具有以下特点：一是双边贸易规模扩大明显，2010年达到77亿美元。二是合作方式从贸易向高科技合作和风险投资转变。三是经贸合作领域正不断从农业向海水淡化、生物医药、可再生能源等方面发展。四是经贸合作多元化，两国政府合作稳步推进，区域合作快速发展。

1. 科技合作

"科技是第一生产力"，农业技术的研究和农业人才的培养也是中国与巴勒斯坦合作的重要内容。中国将先进农业技术引入巴勒斯坦，同时将成果和经验应用在中国的农业发展中。由于巴勒斯坦水资源匮乏，对于水资源的科学、高效运用变得尤为重要，也是发展农业的关键因素。主要可发展技术包括污水再利用技术、滴灌技术以及无土栽培技术，利用有限的、稀少的水资源，发挥最大限度的功用。

先进技术的引进同样伴随着高水平农业科研人才的培养。中国与巴勒斯坦共同制定了人才培养合作计划，加强两国科研人员交流及共同培养。中方通过捐赠办公教学用具、引进留学生等实际行动加强合作，并承诺中方将向巴方提供更多政府奖学金，让更多巴勒斯坦学生到中国学习，中国邀请巴勒斯坦青年科研人员到中国就巴勒斯坦当下急需的项目或领域进行联合科研，中方还将向巴方提供小额援助。

2. 贸易合作

由于巴勒斯坦对外贸易长期受控于以色列，中巴双边直接贸易起步较晚。1995年以来通过贸易团组互访和广交会，双边贸易交往逐渐增多。目前巴勒斯坦商人主要通过以色列代理商和在广交会直接订货进口中国商品。2000年4月，巴方共有110家公司188人参加了第87届广交会。在当前共建"一带一路"这样重大的历史机遇和崭新的平台面前，推动农业"走出去"，对加快发展现代农业、提高农业质量效益和国际竞争力，促进中外交流与合作，增进中国与各国人民的友谊具有重要的战略意义和促进作用。

2017年11月30日，中国与巴勒斯坦共同签署启动中国—巴勒斯坦自由贸易协定联合可行性研究的谅解备忘录，正式开启双边自贸区建设进程。近年来中巴两国经贸合作成果显著，双边贸易增势明显，推动中巴自贸区的建设将有利于进一步扩大双方贸易和投资往来，为两国经贸关系注入新活力。

根据外交部官方网站刊登的统计数字，2017年1—9月，中巴双边贸易额达到5211万美元，同比增长11.5%，主要为中国对巴勒斯坦出口。巴勒斯坦主要出口产品有石灰石、水果及蔬菜。主要进口产品有石油、食品、消费品、机器及金属。以色列、中国、土耳其、德国、意大利以及法国是其主要贸易伙伴。来自中国的进口产品主要集中在家具，机器，服装，鞋子，古董；其对中国市场的出口也非常有限，每年仅10万美元，出口产品包括石头和大理石。而中国对巴勒斯坦农产品出口额合计200.3万美元，进口额为0。中国对巴勒斯坦粮食制品出口额17.9万美元，进口额为0。可见中巴双方对于农产品的贸易往来仍处于起步阶段，多为中国出口至巴勒斯坦。

3. 投资合作

依据商务部发布的《中国对外直接投资统计公报》，近年中国对"一带一路"沿线国度的直接投资范围大幅增长，中国对"一带一路"沿线国度的农业投资将迎来重要机遇。目前，巴勒斯坦已经颁布了投资法，对外国的投资公司在关税上给予优惠，并提供有竞争力的投资机会。同时中国领导人宣布了支持中东发展的贷款计划，其中包括150亿美元的独家贷款、100亿美元的商业贷款和100亿美元的软贷款，以及价值200亿美元的联合投资基金，未来可对农业领域的项目进行对接。

（二）合作潜力

1. 合作基础

中国和巴勒斯坦长期友好，中国是最早承认巴解组织和巴勒斯坦国的国家之一。1995

年中国在巴勒斯坦设立办事处，2005年中巴两国签署《中国政府和巴勒斯坦政府经济、贸易和技术合作协定》，并成立经贸联委会。2017年中巴双方合作主要为中国对巴勒斯坦出口，商品包括机电产品、农产品和高新技术产品，中国从巴勒斯坦进口皮革和石材等。

虽然在农业领域合作较少，但随着"一带一路"的推出，给中巴经贸合作带来了更多可能性，巴勒斯坦积极参与各项合作。因此，要尽可能将"一带一路"与巴勒斯坦农业领域的各项发展规划进行匹配，发现更多交流与合作的机会，帮助巴勒斯坦农业发展。中国除与巴勒斯坦开展双边经贸合作，还可通过多边场合开展经贸合作，中国与以色列、约旦、埃及等国保持良好的外交关系和密切的经贸合作往来，恰好巴勒斯坦与这些国家接壤，具备地形有利条件，可通过外围合作逐渐深入至巴勒斯坦核心地位。

2. 合作前景

相对而言，巴勒斯坦目前的经济体量和水平还较为弱小和低下，外加受到以色列封锁带来的消极影响，这就决定了中巴经贸合作的规模总量上较小，在短期得到提升还具有一定难度。如果中方企业能抓住机会，通过合作，将工作重心放在为巴方持续提供农作物高产、抗旱、节水等既务实又有效的现实方案上，将很大程度缓解甚至解决巴勒斯坦目前农业领域所遇到的各方面实际问题，同时也为巴勒斯坦未来的经济发展和社会进步打下基石。

（三）合作重点

1. 重点领域

（1）贸易合作

中国与巴勒斯坦的农产品贸易规模较小，且巴勒斯坦在农产品方面存在贸易逆差，农产品的进口价值远高于出口。中国出口的农产品主要是粮食、畜产品等，巴勒斯坦主要出口石材和皮革等。中国的庞大消费市场也是巴勒斯坦产品出口的强大动力。在"一带一路"的背景下，中巴两国可以很好的通过互补来满足两国的需求，中国可通过建设农产品快速通关口岸、降低关税等方式优化中巴两国农产品贸易的环境，扩大农产品贸易规模，充分挖掘两国农产品贸易潜力，促进两国农产品贸易长足发展。

（2）投资合作

农业部门被视为巴勒斯坦国民经济最重要的支柱之一，中国对巴勒斯坦的投资重点关注在农业、农产品开发等项目。目前，中国对巴勒斯坦农业投资仍处于起步阶段，总体规模较小。随着"一带一路"倡议的展开，中国开始鼓励国内企业对巴勒斯坦进行投资。完善巴勒斯坦农业基础设置，配备先进农业设备、生产资料，培养巴勒斯坦农业科研人员，全面拓展农业投资领域。利用自身优势及经验，抓住投资机会，提升中巴两国农业投资合作水平。巴勒斯坦已与欧盟签署协议，巴国产品可以免税进入欧盟市场，这或许对中国投资者具有较大的吸引力。

（3）技术合作

巴勒斯坦水资源严重匮乏，巴方对节水灌溉等方面农业技术不断探索，中国可凭借已有技术及经验，向巴方输送该领域较为成熟的实用技术，开展双方技术合作。此外，随着中国在世界舞台上的地位不断提升，愿意了解中国、掌握中文的巴勒斯坦人也越来越多。中国可以考虑在巴勒斯坦开办大学，在教授中文的同时推广中国文化、推广中国农业技术。应重点关注以下两个方面：

农业机械。由于巴勒斯坦农业生产技术较落后，农业设备、基础设施建设薄弱，因此引进先进、适用的农业生产设备是十分必要的。

农产品加工技术。相比农业，巴勒斯坦城市化水平和工业化程度相对较高，教育、文化和医疗卫生事业比较发达。塑料、橡胶、化工、食品、石材、制药、造纸、印刷、建筑、纺织、制衣、家具加工也是巴勒斯坦经济的重要基础产业。巴勒斯坦可将工业优势与农业相结合，将农产品加工作为合作的突破口，带动国内农业经济发展。中国可结合自身实际情况，利用其优势，以合资合作、境外加工等形式，建立高效的交流机制与合作通道，利用现有资源，推动巴勒斯坦加工业发展。在现有条件和资源的合作之上，随时拓展和捕捉可能的合作机会。

2. 重点项目

（1）分区域建立农业生产社区，鼓励开展农业合作社

以响应农民需求，并结合中国发展经验，在巴勒斯坦鼓励开展、成立农业合作社生产社区等形式的团体，支持不同类型农业的发展，并为其提供技术咨询及支持。分区域制定规章制度，独立运营和管理。社区农场的利润越高，该地区生活条件也随之更好。随着劳动力向服务业等其他行业转移的情况下，以此鼓励农民自觉开展农业活动。

（2）发展蔬菜、瓜果农业项目

巴勒斯坦约旦河西岸地区适宜发展蔬菜和瓜果种植等农业项目，还可考虑开发用于制作香水、香精的鲜花培育。且巴勒斯坦地理上位于亚欧之间，农产品可直接销往临近的阿拉伯国家和欧洲市场，运输成本较低，适合发展蔬菜、瓜果农业项目。

（3）尝试建立经济特区

在巴勒斯坦当地创建适合中方企业发展的投资小环境，通过产业集群式发展，再产生辐射效应，还可解决失业率高的问题。可参考中国在中东的投资项目，在总体投资环境不成熟的巴勒斯坦，还可参考经济特区投资的经验，因地制宜地在巴勒斯坦建立经济特区，结合当

地实际状况综合发展。

五、中巴农业合作建议

"一带一路"倡议构想的提出，顺应了我国对外开放区域结构转型的需要，顺应了中国要素流动转型和国际产业转移、中国与其他经济合作国家结构转变、国际经贸合作与经贸机制转型的需要。同时也为包括中国和巴勒斯坦在内的60多个国家创造了合作与发展的契机，为建立一个政治互信、经济融合、文化包容的利益共同体、命运共同体和责任共同体打下坚实的基础。

中国与巴勒斯坦农业的合作要同时考虑其地理特点和国情，充分发挥优势才能实现合作的互惠互利。综合研究，可以从几个方面着手促成双方的合作。

（一）创新发展模式和建立基础设施环境

中国与巴勒斯坦可以将合作上升至战略层面，以巴方发展和管理模式作为合作内容，利用双方资源优势，借鉴和学习其他国家的成功经验，深入探讨，确定发展方向，拟定投资项目，形成可续持发展的合作方案。把战略合作贯穿在农业技术的研究、农业发展规划和农业项目实施等所有环节当中，合作形式可以灵活多样，合作内容依商讨而定。

巴勒斯坦农业发展相对落后，农业发展模式与基础设施环境都不够完善。因此需要先从发展模式和基础设施环境入手，促进巴勒斯坦农业的发展。借鉴其他国家成功经验，可以采取的做法主要有：① 全国分区域建立农业生产社区。每个社区实行群众自治制度，独立运营和管理。社区农场的利润越高，该地区生活条件也随之更好。② "北水南调"。为满足全国各地用水需求，开凿运河、管道与隧道，修建泵站与水库，形成覆盖了大部分全国人口密集区的巨大输水系统，将水资源引向水资源缺乏的区域、人口聚居的区域，甚至更远的沙漠当中。

（二）引进先进技术和培养农业人才

农业技术的研究和农业人才的培养也是中国与巴勒斯坦合作的重要内容。中国帮助巴勒斯坦引进先进的农业技术，同时将合作的成果和经验应用在中国的农业发展当中。

水资源的高效利用是制约很多国家农业发展的关键因素。目前被广泛采用的技术主要包括：① 污水再生回用技术，可以提高水资源的利用率，使得每一滴水物尽其用。② 滴灌技术，使农作物生长所需要的水量大大减少，避免了漫灌和喷灌造成的大量水资源浪费。

③ 无土栽培技术，是利用仅有的稀少的耕地和水资源，产出足量的蔬菜。通过渔业农业混合和使用有机溶剂养料给植物供给营养的模式来实现。先进的技术需要培养和储备相应的农业人才来适应。中巴双方可以商讨制定合作人才的培养计划，加强双方高端人才的交流、中端人才的共同培养，达成共同进步和发展的目标。

（三）大力发展农产品加工业

相比农业的发展程度，巴勒斯坦城市化水平和工业化程度相对较高，教育、文化和医疗卫生事业比较发达。2012年，巴工业产值约为14亿美元，约占国内生产总值的19%。截至2013年年底，巴共有各种工业企业5400余家，外资企业仅25家。塑料、橡胶、化工、食品、石材、制药、造纸、印刷、建筑、纺织、制衣、家具加工也是巴勒斯坦经济的重要基础产业。

巴勒斯坦可以将工业优势与农业相结合，把农产品加工作为合作的突破口，建立商业品牌，从而带动国内农业经济发展。中国结合自身实际情况，利用其优势，在国家、机构等层面上深入沟通，建立高效的交流机制与合作通道，充分利用资源，推动加工业发展，在现有条件和资源的基础之上，随时拓展和捕捉可能的合作机会。

参考文献

商　灏.2017.一带一路穿越"奶和蜜之地"．巴勒斯坦期待中国经贸"大礼包"[N].华夏时报.
谢东方.2014.巴勒斯坦推广无土栽培农业旨在培养农业人才[N].粮油市场报.
杨伟国，王雁芬.2014.见证巴勒斯坦[M].世界知识出版社.
赵　迎.2014.中亚五国农业投资环境评估研究[D].新疆农业大学.

卡塔尔

卡塔尔是位于亚洲西南部的阿拉伯国家，拥有相当丰富的石油和天然气资源，是全世界最富有的国家之一。2017年卡塔尔GDP达1646.41亿美元，人均国内生产总值排名世界第一。卡塔尔属热带沙漠气候，炎热干燥，农业基础薄弱，发展较慢。谷物自给率不高（6.7%），其中食用谷物自给率只有0.3%，大部分依靠进口。水果和蔬菜的自给率分别为11.2%和12.3%，椰枣为主要水果作物。肉类自给率较高（48.8%），鱼类为28.1%，奶类为26.8%，蛋类为13.0%。卡塔尔由于农业基础薄弱，是个农产品净进口国家，2012—2016年卡塔尔农产品进口额逐年增加，出口额徘徊下降。2016年进口农产品总额22.42亿美元。主要进口种类为水果蔬菜、肉类、蛋、奶、谷物、活动物等。与中国的双边贸易呈现逆差。由于自然禀赋、发展方式、经济结构等原因，卡塔尔农产品需要大量进口。中国政府和各产业部门应拓展农业发展空间，促进国内过剩产能转移，把握好中卡农业发展机遇，全面深化与卡方农业合作。

一、国家基本概况

（一）地理区划

卡塔尔国，简称"卡塔尔"，坐落在阿拉伯半岛东部，是一个位于亚洲西南部的阿拉伯国家，地理位置为北纬24°27′～26°10′和东经50°45′～51°40′。卡塔尔从南到北全长160千米，自东向西宽80千米，包括诸岛在内，总面积共11607平方千米，东北西三面环海，海岸线全长563千米。在西南方向与沙特阿拉伯和阿拉伯联合酋长国接壤，在西北部与巴林隔海相望，相距仅不到30千米。卡塔尔地势低平，最高海拔仅103米，大部分地区为荒漠，西海岸地势略高。卡塔尔属于东3时区，比格林威治时间早3小时，比北京晚5小时，不实行夏时制。

（二）人口构成

2016年卡塔尔人口总数230万人，2017年达到267万人，农业人口仅占总人口数的0.6%。人口密度221.3人/平方千米。卡塔尔人口中，其中卡塔尔公民约占15%，公民中又有85%在政府部门工作，因此卡塔尔的失业率很低，只有0.2%。外籍人员占比高达85%以上，为全球最高。外籍人主要来自印度、孟加拉、尼泊尔和菲律宾等东南亚国家以及埃及、约旦、黎巴嫩和叙利亚等阿拉伯国家。印度人为最大社群，约65万人，其次为尼泊尔人35万人、孟加拉人28万人、菲律宾人26万人、埃及人20万人、斯里兰卡人14.5万人、巴基斯坦人12.5万人。城市人口占总人口比重99.2%，农村人口占比为0.8%。83%

的卡塔尔人集中在首都多哈。卡塔尔华人约 5000 人，其中绝大部分从事建筑、商贸等工作。

伊斯兰教为卡塔尔的主要宗教及国教，全国穆斯林教徒占 67.7%，基督徒占 13.8%，印度徒占 13.8%，佛教徒占 3.1%，其他宗教或无信仰者占 1.6%。阿拉伯语为卡塔尔官方语言，卡塔尔阿拉伯语为当地方言，英语则常被作为第二语言以及通用语，尤其在商业领域应用较为广泛。

（三）政治制度

卡塔尔是君主制酋长国，埃米尔为国家元首兼武装部队最高统帅，由阿勒萨尼家族世袭。1970 年颁布第一部宪法并规定，卡塔尔是独立的主权国家，伊斯兰教为国教，埃米尔在内阁和协商会议的协助下行使权力。2004 年 6 月 8 日，《卡塔尔国宪法》正式生效。卡塔尔不允许任何政党存在。卡塔尔全国共设 7 个市政区，首都多哈是全国政治与经济和文化中心。北部的拉斯拉反市和南部的梅赛义德市是卡塔尔以石油化工和天然气液化为主的工业城市，其他区包括赖阳、豪尔、杜汉、沃克拉和北方区。

（四）经济和社会发展

卡塔尔拥有相当丰富的石油和天然气资源，天然气总储量为全世界第三，丰富的石油资源使其成为全世界最富有的国家之一。据联合国统计，卡塔尔 GDP 达 1646.41 亿美元，增长率为 3.6%；人均 GDP 7.37 万美元，人均国内生产总值排名世界第一。石油、天然气是主要经济支柱。政府大力投资开发天然气，将其作为经济发展的重中之重，卡是世界第一大液化天然气生产和出口国。此外，卡还将发展非石油、天然气工业作为实现国民收入多元化和摆脱对石油依赖的主要途径，注重吸引外资和技术，鼓励发展农业，免费提供种子、化肥和农业机械，号召植树造林，扩大耕地面积。

二、农业发展现状

（一）农业资源条件

1. 自然资源

（1）气候资源

卡塔尔属热带沙漠气候，炎热干燥，沿岸潮湿，四季不明显，4—10 月为夏季，是一年中最长的季节。7—9 月气温最高，可达 45℃，冬季凉爽干燥，最低气温 7℃。全年干旱少雨，年降水量仅为 125 毫米。主要自然灾害是大雾（主要是对海上运输和海上作业有一定影响)、沙尘暴等。

(2) 土地资源

卡塔尔全境多平原与沙漠,西海岸地势略高,由兹克瑞特向南存在大范围裸露石灰岩,卡塔尔陆上石油也主要储藏在这个区域。FAO统计数据显示,卡塔尔国土面积11607平方千米。全国农业用地6.56万公顷(2015),耕地面积1.31万公顷,永久性草地和牧场5万公顷,其他用地109.54万公顷。

(3) 水资源

卡塔尔炎热干燥,地下水源匮乏,卡塔尔的主要地下水盆地包括北部盆地、南部盆地和多哈盆地等。据联合国统计,世界上最缺水国家有20个,卡塔尔是仅此于马耳他的第二大缺水国家。由于水源缺乏,海水淡化(59%)和地下水提取(30%)是卡塔尔主要的饮用水源,重复利用处理后的废水(11%)已成为一种重要的替代来源,用于农业和绿地灌溉和区域降温。卡塔尔全年生产和再利用的总水量从1990年的2.20亿立方米增加至2015年的8.41亿立方米,人均水资源376.9立方米/年。保护国家的自然淡水资源是卡塔尔国家发展战略重要部分。

(4) 生物资源

卡塔尔于1992年6月11日签署了生物多样性里约热内卢公约,并于1996年8月21日成为公约缔约国。随后制定了一项国家生物多样性战略和行动计划,2005年5月18日公约接受了该计划。据记载,卡塔尔共有142种真菌。枣椰树是卡塔尔最早种植的作物之一。椰枣对卡塔尔经济具有重大影响,椰枣叶也常被用作建筑材料。卡塔尔海洋资源有鱼类、贝类、螃蟹和虾等。在1939年发现石油之前,珍珠一直是卡塔尔的主要收入来源。在卡塔尔的领海内,大约有85个珍珠床。卡塔尔所处的波斯湾盛产被誉为"白金"的珍珠。除此以外,虽然气候炎热干旱,但由于拥有良好的牧场,卡塔尔在阿拉伯帝国时期为重要的马匹和骆驼养殖中心。

(二) 农业生产情况

1. 农业产值规模及构成

根据联合国统计数据,2017年,卡塔尔GDP达1646.41亿美元,增长率为3.6%,人均GDP 7.37万美元。2014年总产值曾经达到过2062.25亿美元,随着2014年下半年开始,油价高位跳水后,卡塔尔经济随之有所下滑。石油和天然气产业是卡塔尔经济的主要支柱,从比例上看,工业产值占56.4%,服务业和其他产业占43.5%。农业产值仅占总产值的0.2%。卡塔尔发展农业的自然条件不理想,土地贫瘠,降水量少,可耕地少。卡塔尔从事农业的人不多，卡本国人很少直接从事农业生产，基本是雇佣外来移民或劳工。卡本国农产品产量少，不能满足国内需求，大部分依赖进口。但卡塔尔政府重视农业生产，鼓励提高农产品产量，但由于卡本国农业条件不好，农业生产成本高，在大批廉价的外国农产品的冲击下，投资农业的前景并不被看好，卡本国人投资的热情不高。

2. 主要农产品产量

（1）种植业

在卡塔尔农业中，种植业占有重要地位，粮食作物主要有玉米、大麦和小麦。2014年谷物产量达到近年来高点2455吨，近两年产量有所下降，2016年谷物产量1377吨，同比下降了23.5%，主要是大麦产量下滑，其他品种保持稳定。谷物中，玉米（青）产量为1020吨，其次为大麦672吨和小麦6吨（图1）。卡塔尔谷物自给率不高，只有6.7%，其中食用谷物自给率只有0.3%，饲用谷物自给率能达到28.4%，大部分依靠进口。

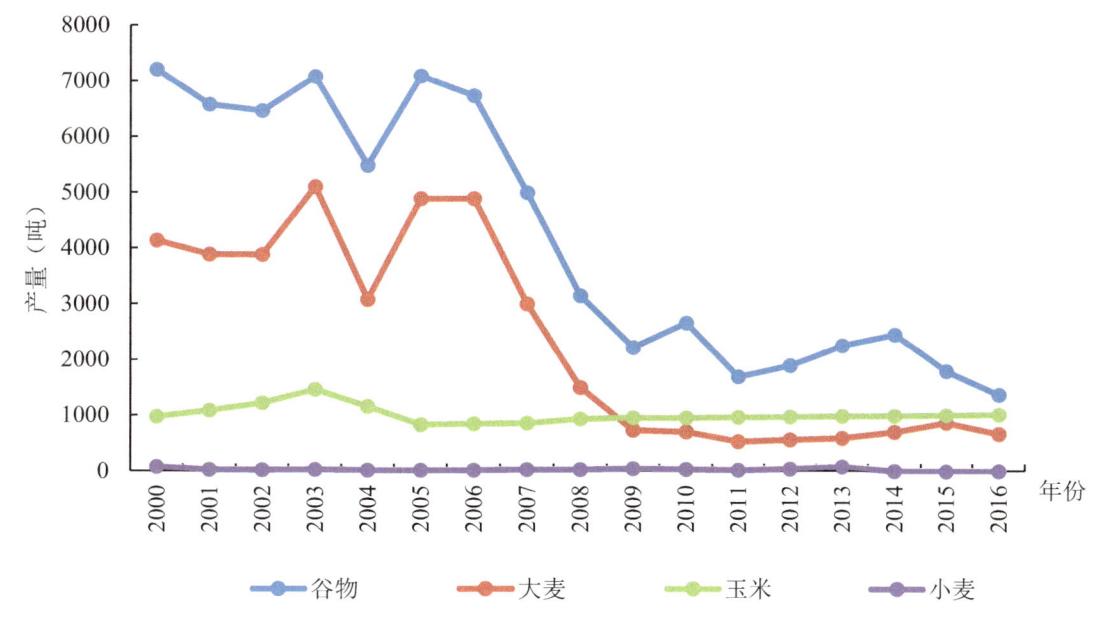

图1　2000—2016年卡塔尔谷物产量

数据来源：联合国粮农组织

此外，卡塔尔种植业还有水果和蔬菜，椰枣为主要水果作物，2016年卡塔尔椰枣产量2.89万吨。椰枣是中东地区重要的农副特产，既可作粮食与果品，又是制糖和酿酒的重要原料。水果除了椰枣，还有桑葚、石榴等，但产量很少。蔬菜主要有番茄、茄子、南瓜、花椰菜、洋葱和黄瓜等。2016年卡塔尔蔬菜产量总计3.07万吨。其中，番茄1.27万吨，茄子3346吨，南瓜2774吨，洋葱2467吨，花椰菜2496吨，卷心菜1744吨。卡塔尔水果和蔬菜的自给率分别为11.2%和12.3%（图2）。

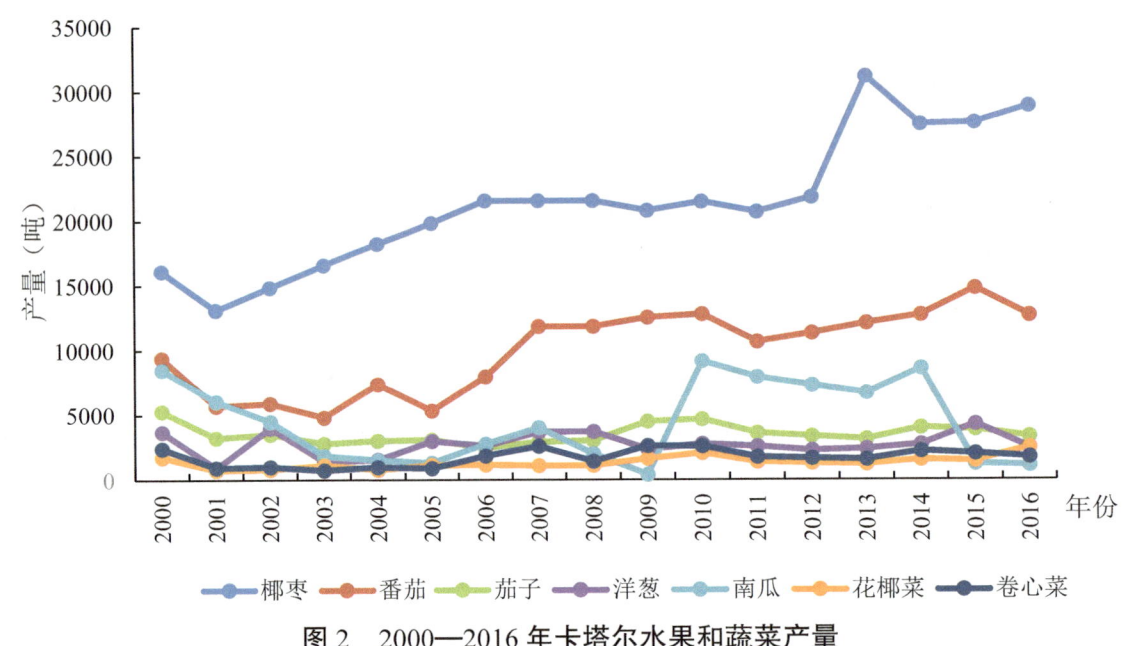

图2 2000—2016年卡塔尔水果和蔬菜产量

数据来源：联合国粮农组织

关于卡塔尔种植业结构，卡塔尔全国农业用地有限，仅卡塔尔半岛中部有些季节性牧场，北部有些宜农洼地，因此卡塔尔在20世纪50年代以前，几乎无种植业可言。1963年，卡塔尔政府兴建第一个实验农场后，农业开始起步。独立后，政府更为注重农业的开发与发展。卡塔尔政府鼓励发展农业，就在这样的沙漠上，卡塔尔积极发展设施农业。根据卡塔尔农业统计数据显示（图3），当前农业用地1.10万公顷土地中，5935公顷（53.9%）用于种

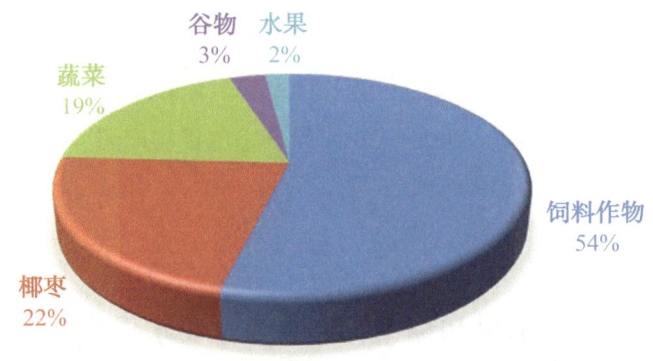

图3 2016年卡塔尔土地种植作物比例

数据来源：卡塔尔农业统计公报

植绿色饲料作物，2407公顷（21.8%）用于种植椰枣，2140公顷（19.4%）种植蔬菜，294公顷（2.7%）种植谷物，245公顷（2.2%）种植水果。

（2）畜牧业

卡塔尔畜牧业以鸡蛋、家禽、羊肉和奶制品为主。近年来，肉、奶、蛋产量有所增加。奶类产量从2000年的3.59万吨增长到2016年的3.73万吨。由于卡塔尔是穆斯林国家，因此羊肉产量较其他肉类较多。羊肉产量从2000年的6494吨增长到2016年的1.58万吨，增长幅度较大。禽肉产量从2000年的4209吨增长到2016年的1.04万吨。牛肉产量维持稳定（523吨）。蛋类产量从2000年的2700吨增长到2016年的4500吨。卡塔尔还盛产水产品，2016年鱼肉产量达到1.45万吨，主要品种是皇帝鱼（鲷鱼）、鲭鱼、石斑鱼、白肚鱼等。卡塔尔肉类自给率较高，能达到48.8%，其中红肉自给率为11.9%，禽肉为57.3%，鱼类为28.1%，奶类为26.8%，蛋类为13.0%（表1）。

表1 2000—2016年卡塔尔畜产品产量　　　　　　　　　　　　（单位：吨）

年　份	奶　类	羊　肉	禽　肉	蛋　类	牛　肉
2000	35914	6494	4209	2700	540
2001	25658	8550	3963	3249	312
2002	29185	8988	5534	5115	312
2003	24301	7802	4817	3339	324
2004	24681	6255	4900	3882	480
2005	17739	8856	5308	4142	300
2006	18076	9360	5740	3100	324
2007	23634	9111	6580	2890	324
2008	21675	10680	7000	2890	324
2009	27774	11550	7280	4270	516
2010	28200	10720	8120	4532	576
2011	23788	10940	9240	4969	468
2012	25485	11160	9800	4309	480
2013	27459	11352	10000	4500	495
2014	28588	15506	9375	4338	240
2015	37422	16888	8902	4522	701
2016	37264	15771	10403	4500	523

数据来源：联合国粮农组织

3. 主要农业产业布局

卡塔尔首都多哈是全国政治、经济及文化中心，位于卡塔尔半岛东海岸的中部，卡塔尔人83%集中在首都多哈。卡塔尔的土地资源匮乏，农业正依靠设施农业的处于发展阶段，农场和温室大多集中在多哈郊区。多哈又是卡塔尔重要海港、渔港与采集珍珠的集中港。大部分私营养殖场都位于西南沿海，采用尼罗罗非鱼的半精养方式，规模较小，年生产能力约为20吨。该国几乎没有商业化养殖活动。

（三）农产品贸易情况

卡塔尔是1998年生效的大阿拉伯自由贸易区协定（GAFTA）成员国，与区内国家进行自由贸易，包括阿尔及利亚、巴林、埃及、伊拉克、科威特、黎巴嫩、利比亚、摩洛哥、阿曼、巴勒斯坦、沙特阿拉伯、苏丹、叙利亚、突尼斯、阿联酋和也门。而且作为海合会成员国，卡塔尔与新加坡、新西兰和欧洲自由贸易联盟（包括瑞士、挪威、冰岛和列支敦士登）签订了自由贸易协定；与欧盟、日本、中国、印度、巴基斯坦、土耳其、澳洲、韩国和南方共同市场（巴西、阿根廷、乌拉圭、巴拉圭和委内瑞拉）的自贸协定则在磋商中。卡塔尔已与包括中国在内的40多个国家签署避免双重征税协定（DTA），并于2013年与中国香港签订全面性避免双重课税协定（CDTA）。

1. 主要农产品贸易规模

卡塔尔农业基础薄弱，是农产品净进口国家，贸易数据显示（图4），2012—2016年卡塔尔农产品进口额逐年增加，出口额徘徊下降。2016年进口农产品总额22.42亿美元。主要进口农产品为水果蔬菜、肉类（禽肉、羊肉、牛肉）、蛋、奶、谷物（大米、小麦、玉

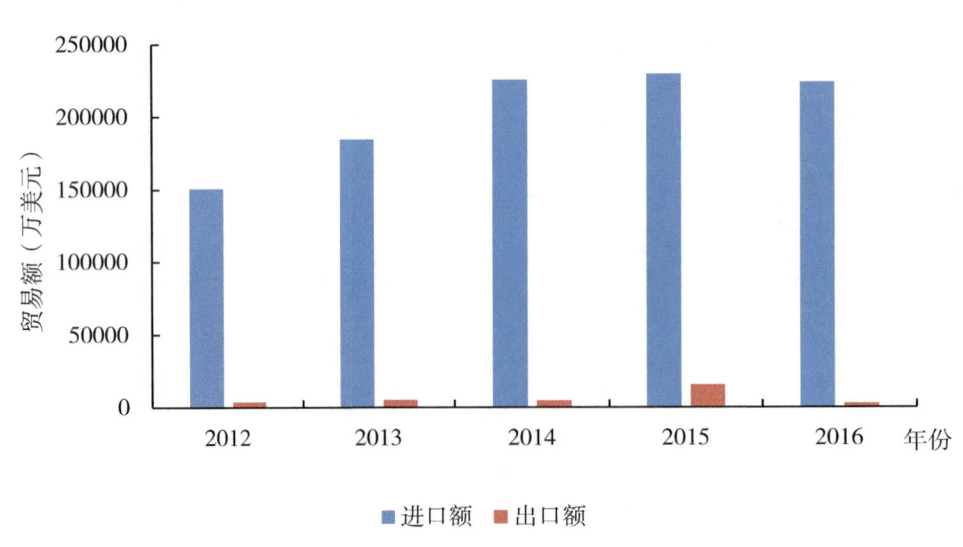

图4　2012—2016年卡塔尔农产品进出口额

米)、活动物(活羊、活牛)等。2016年出口农产品3018.80万美元,主要出口谷物(小麦、玉米)、活动物(活羊、活牛),其他农产品(皮毛、饲料作物、纤维、棉线)、橡胶和树脂、油籽等。卡塔尔农产品贸易逆差达到22.12亿美元,同比增加3.3%。

2. 主要贸易伙伴

卡塔尔贸易伙伴基本上都是周边国家和地区。按出口金额排名前几位的国家和地区依次为沙特阿拉伯、阿拉伯联合酋长国(阿联酋)、土耳其、印度、科威特和中国的香港地区,分别占卡出口总额的32%、29%、17%、5%、5%和3%(图5)。卡塔尔主要出口少量的谷物、橡胶和树脂等,谷物主要出口沙特、阿联酋;活动物出口阿联酋、科威特;橡胶和树脂出口日本、阿联酋、巴基斯坦、印度;其他农产品(皮毛等)出口中国的香港地区、印度、巴林,油籽出口沙特。

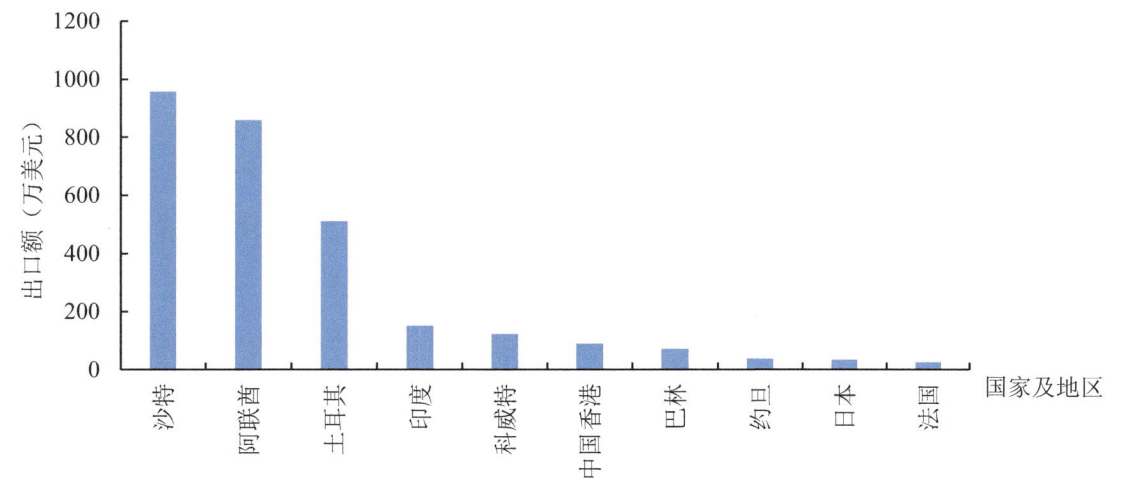

图5　卡塔尔农产品主要出口国家及地区

卡塔尔主要的进口伙伴国有沙特阿拉伯、印度、澳大利亚、阿联酋、巴西、约旦、美国,分别占卡进口总额的15%、12%、10%、9%、6%、4%和3%。卡塔尔主要进口水果蔬菜、肉蛋奶和谷物等。水果蔬菜主要由印度、沙特、约旦、埃及、美国、菲律宾、荷兰和中国进口;肉类和活动物主要从巴西、澳大利亚、比利时、沙特、印度进口,谷物主要从印度、俄罗斯、澳大利亚、巴基斯坦进口,进口沙特、阿联酋的奶类和蛋类(图6)。

由于外交危机,卡塔尔目前的贸易伙伴国并不稳定。2017年,沙特、阿联酋、巴林和埃及与卡塔尔断交,并对卡塔尔实施禁运封锁。卡塔尔经济和贸易部于2018年5月27日下令,禁止进口和销售来自沙特、阿联酋、巴林和埃及的产品。卡塔尔的农产品贸易可能会受到外交危机相应的影响。

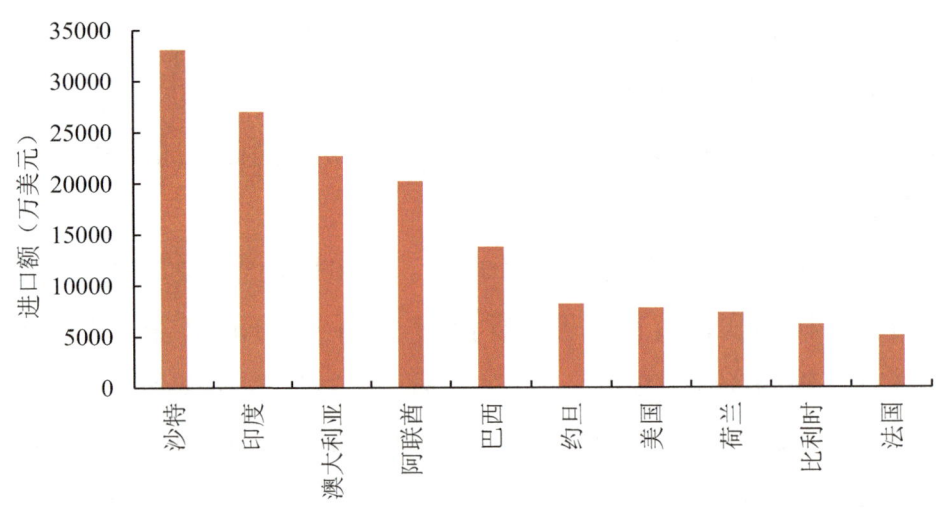

图6 卡塔尔农产品主要进口国

3. 中国与其贸易情况

卡塔尔是与中国农产品双边贸易关系比较密切的国家，特别是中国香港地区。近几年来两者之间的农产品贸易规模不断扩大，中国对卡塔尔农产品贸易出口额由2008年的1488.67万美元增长到2017年的2569.56万美元，出口量从2008年的1.68万吨增长到2017年的2.55万吨（中国海关）；卡塔尔对中国出口很少，近年出现下降，2015年只有少许橡胶产品出口，2016年零出口，2017年出口额0.05万美元。

从贸易结构来看，中国出口卡塔尔农产品主要是卡塔尔本国缺乏的园艺类产品，有水果、蔬菜、烟草和香料等。2016年，中国出口卡塔尔1367.37万美元的水果和蔬菜，出口烟草和香料322.44万美元，出口鱼和水产品128.73万美元，出口根茎类农产品93.73万美元。卡塔尔曾经出口中国橡胶和树脂类，还有皮毛等其他农产品，但从海关数据来看，近年来出口较少甚至为零（图7）。

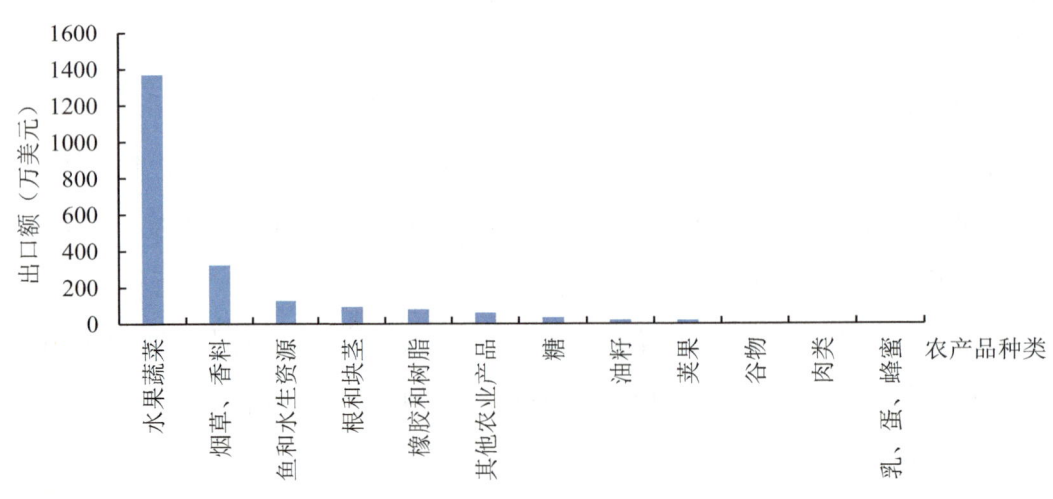

图7 中国向卡塔尔出口主要农产品种类

（四）农业科技发展

1. 农业科研机构

卡塔尔副埃米尔兼王储塔米姆签署一系列埃米尔令，2009年对部分政府机构设置和功能进行大规模的调整。卡此次机构调整突出"大部制"特点，将以前和过去几年间建立的直属于内阁或独立于各部间的一些政府机构或拆分，或直接划归有关部委或由内阁大臣直接管辖，以使政府管理更为集中，更有成效。其中，渔业、畜牧业和农业部门划归环境部管辖。卡塔尔统计局、卡塔尔通讯社直接由内阁统抓，以加强对国家统计、规划和对外宣传的领导。

卡塔尔环保部下设的农业研究局是卡塔尔农业科学研究的主要机构与部门，该部门共有9项职责。

第一，与有关当局协调，对动植物、渔业和海洋环境中的环境现象进行专门的应用研究和提供专门的技术诊断。

第二，利用生物技术应用来解决环境、动植物和渔业以及海洋环境的完整性所面临的问题和障碍，并开展研究。

第三，利用生物技术研究与开发各种经济作物的繁殖方法。

第四，各种植物按照各种项目的要求进行组织繁殖。

第五，在种植物、动物、渔业和海洋地区的描述、分类和改进中使用DNA技术。

第六，为保护国家的种植园、动物、渔业和海洋资源和遗传品系作出贡献。

第七，基因库中植物、动物和鱼类遗传资源和海洋微生物的遗传变异的登记、保存和维护。

第八，对生物技术风险产生的食品进行评估和分析。

第九，开展防风、防尘、防沙、防沙、防治荒漠化的牧草植物研究，开展优良牧草的繁殖研究。

2. 农业科技发展状况

受限于现有的农业科技和环境的恶化，卡塔尔很难实现食物的自给自足，必须要依赖外国进口，或者投资外国农业。但是卡塔尔政府支持农业发展，认为解决卡塔尔粮食问题的根本办法，还是需要在国内大力发展农业，尽量提高农产品自产量。

（1）海水种植

卡塔尔环境部生物技术中心在卡塔尔中部做实验，将培育的噬盐微生物混入比海水盐度还高一倍的沙漠盐沼土中，同时在上面种植柠檬、西瓜和番茄，就连灌溉用水都是直接用海水，根本不用淡水。卡塔尔现在的海水农业种植研究其实也是为其他国家，特别是干旱缺水国家的农业发展积累经验教训。

（2）无土栽培

无土栽培技术"干燥空气冷却体系"的智能温室是一个不需要水的系统，这可以说是广泛应用的世界先进的水培系统。试点项目使用番茄非常成功，而辣椒，草莓、香草和花朵都有望成功。这种水离子技术是由卡塔尔—西班牙开发合作的，也可以在户外实现。仅限于卡塔尔凉爽的月份，蔬菜包括花椰菜、玉米和胡瓜都可试用。

（3）海水淡化

卡塔尔正在建设一个靠太阳能运行的海水淡化工厂。卡塔尔的首座大规模海水淡化工厂Ras Abu Fontas A3位于首都多哈南部的瓦卡拉，容量为36MIGD，将通过卡塔尔水电总公司向100万人口供水。该项目于2017年3月底竣工。除了Ras Abu Fontas A3项目，目前在建的卡塔尔Ummal Houl大型火电和海水淡化综合项目也已经完成了75%的工作量，这个发电功率超2.52GW、淡水产能达136.5MIGD的综合项目预计将于2017年建设完成，并将于2018年7月正式投运。届时其也将成为卡塔尔最大的海水淡化项目，可满足该国30%的用水需求。

（4）作物基因组研究

卡塔尔威尔·康乃尔医学院（WCMC）的研究人员成功绘制出椰枣的基因组图谱草图。研究结果表明，椰枣基因组约有5亿碱基对。枣椰树品种Khalas的基因组图谱通过鸟枪测序方法绘制。椰枣是中东和北非地区重要的农作物，该研究成果有望促进椰枣品种改良，提高其抗病性。

（五）农业管理体系与政策

1. 农业管理体系

卡塔尔农业部划归市政环保部管辖，管辖卡塔尔渔业、畜牧业和农业，由该部副大臣直接领导。环保部中关于农业领域下设5个机构，分别为助理副部长办公室、农业事务局、畜牧业局、渔业局与农业研究局。

助理副部长办公室相当于部委办公厅，主要负责农业部部门内文件、邮件、函件事务。

农业事务局主要负责管理和监督农业、畜牧业和渔业活动。主要职责有依法监督管理农业采石场；监督政府租赁农场的实施情况；协调、起草登记和使用农药、肥料和农业土壤改良的技术条件和规范；保护农业财富不受害虫和疾病的侵害，同时实施计划并采取措施限制害虫和疾病的传播和控制；与有关行政单位协调，制定和实施以技术转让为目的的指导和培训计划，指导农民掌握现代生产和销售方法；根据最新发展，向农民提供和评估农业服务；监察和管理农业部的农业服务中心和苗圃；准备、实施计划和项目设计管理，通过专注于当地植物的培养以及项目培养海洋和海岸环境的植物，发展自然恢复草地和牧场，这将确保适当的开发和可持续性；起草计划所有植物类型的种植园发展资源，协调划定农场界线，并签发增加面积的许可证、取得农地许可证；对农业控股事务的监管，以及对相关法律和执行决定情况的控制；签发农业许可证，并监测农场可能发生的违规行为，并对其进行报告；进行技术和经济研究，包括市场研究，这些研究与发展与改善农业部门的业绩和提高其产品的竞争力有关；与有关部门合作实施统计调查，并发布管理有关农业、畜牧业和渔业活动的统计数据和信息。

畜牧业局的职责为起草建立和执行牲畜发展和保护计划相关的建议；为加强畜牧业的发展和预测，实施研究、生产力计划和兽医准则；处理家畜饲养人和牧民登记处的要求、拟定规章说明；拟订和执行与动物疾病有关的年度应用研究计划，包括营养不良、血液和毒素疾病；监督政府兽医诊所的管理和运作，以及对私营兽医诊所的技术监督和控制；监测传染病国家免疫接种工作的实施情况和治疗方案；监测兽医检疫和开发情况；会同有关行政部门签发动物及其产品的进口、出口、转移、越境许可证，以及合成、合成动物饲料许可证；与有关当局协调为动物提供保健和兽医服务；为研究项目编写年度报告，并发布定期技术文献，农业支持政策。

渔业局提出保护渔业资源的总体规划，包括开发、制造和适当利用渔业资源，并监测其实施情况；协调，拟订和执行有关渔业和恢复渔业的计划、研究方案及研究报告；协调、拟订和实施渔业资源可持续发展计划和规划，合理管理渔业保护；协调、建立和监测实验鱼场，并为其研究发展进行项目制定和实施，以及对国家渔业活动项目提供技术支持；为渔船、渔民和渔业运输工具以及养鱼场项目签发许可证；监督管理渔业开发、保护和循环的法律执行情况；为提高人们对渔业和鱼类交易领域的认识为渔民提供服务并制定指导方案；监测渔港、工厂及其有关设备；拟订维护和扩大渔港的计划和项目，提供必要的设备并监测其执行情况。

2. 农业支持政策

（1）政府重视农业

为鼓励农民耕种，卡塔尔政府采取了一系列措施。如免费或低价向农民提供种子，特别是抗干旱和病毒、耐高温的杂交良种，提供肥料、农药和农业机械等。政府还发放长短期无息贷款，推广先进耕种技术，举办农业技术培训班，鼓励投资者发展农业项目。为了保持和扩大绿地面积，卡塔尔一方面参加防治沙漠化国际组织，并与各国交流防治沙漠化的经验，另一方面填海造地。被称为"卡塔尔明珠"的人工岛就达 400 公顷。卡塔尔政府十分重视畜牧业，卡塔尔财政部长表示，卡塔尔有望在 2019 年 6 月之前实现乳品行业的自给自足。

（2）农业海外投资

在卡塔尔国内种植农作物不仅条件有限，而且费用高昂，于是政府把目光转向国外。2017 年年底，卡塔尔和柬埔寨签订了 30 亿美元的合同。柬埔寨将向卡塔尔出租土地，提供水、劳力和其他各种资源。卡塔尔负责土地开发，引进优质高产良种和先进农业技术，进口新型农用机械等。卡塔尔方面还聘请农业专家对当地农民进行培训，指导耕作，合理施肥。卡塔尔已成功在非洲与南亚多国投资农业，并曾先后与塞内加尔、阿根廷、乌克兰等国探讨过租购农田种植水稻、大米、水果、蔬菜的问题。

（3）投资优惠政策

卡塔尔鼓励外国投资者在农业、工业、卫生、教育、旅游、自然资源、能源及采矿业的开发和利用等领域投资，允许外国投资者的股份超过项目资本的 49%，直至 100%，但要符合本国发展规划。重点扶持那些可实现最有效利用本国现有原材料的项目和出口工业，可提供新产品、使用新技术的项目，致力于发展具有国际声誉的产业国产化的项目，以及重视人才本土化并使用本国人才的项目。《卡塔尔投资法》中关于农业领域的优惠措施有：向外国投资者划拨必要用地，以建立投资项目，可通过长期租赁的方式，租赁期不超过 50 年，可以续租。在《投资法》规定的范围内，免除外国投资资本的所得税，自投资项目投产之日起，免税期不超过 10 年；对外国投资项目所需进口的仪器和设备免除关税；工业领域的外国投资项目，其为生产所需进口的、本国市场没有的原材料和半成品，可予免除关税。外国投资者可将其投资随时汇入和汇出。无论直接或间接的外国投资，不得征收其所有权，或对其采取具有同等影响力的措施。如根据公共利益采取上述行动，应依法给予适当、快速的补偿。

3. 农业发展规划

（1）国家粮食安全计划

2008 年，卡塔尔为鼓励国内生产，建立了一个由国家主导的国家粮食安全计划（QNFSP），该计划将会促进包括农业改良和食品加工两个特定领域的科学和技术发展。卡塔尔国家粮食安全计划（QNFSP）旨在通过自给自足减少卡塔尔对粮食进口的依赖。该项目不仅将为粮食安全政策制定建议，而且打算与国际组织和其他非政府组织合作，制定有效利用农业部门资源的实践。增加国内生产的第二种方法是对食品加工业的规范和实施。食品加工延长了食品的保质期，减少了食物的损失，并使产品的可用性得以延续。通过提高食物的保质期和减少食物被浪费的数量来提高国家的食品安全。QNFSP 的目标是利用卡塔尔正在建立的新产业发展该国的食品加工产业，使该国能够在全球市场上销售自己的加工产品。为了实现这一目标，国家需要实施国际质量保证机制，以便能够生产高质量的产品，并扩大其粮食储备和储存设施。

（2）国家2030愿景

卡塔尔制定了2030年国家发展规划，主要内容为加快改善国民生活水平和质量，保持经济稳步增长，重视环境保护，加强对教育、卫生领域的投入，最终将卡塔尔建设成为可持续发展的发达国家。其中关于农业部分，卡塔尔将走向农业自给，通过创新正在帮助卡塔尔生产拥有安全、丰富、可持续的食品供应。

（3）2020农业发展计划

根据卡塔尔2020农业议程，到2020年，卡塔尔将满足国内粮食需求的60%。根据卡塔尔《2017—2022年作物、奶类渔业和肉类生产、消费、贸易趋势》报告，卡塔尔希望在未来5年内建立1400个农场，覆盖45000亩的土地，以此来提高作物产量。大多数农场将利用水培技术生产蔬菜和水果。政府正优先考虑蔬菜生产，与其他海湾合作委员会国家一样，卡塔尔也面临缺水问题。除了玉米以外，粮食作物的产量在过去10年中严重下降。卡塔尔一直在努力增加玉米的产量。2012—2015年，卡塔尔谷物消费量增长了10.7%。巴西、美国、印度和澳大利亚的小麦等谷物进口增加，满足了这一增长。消费增长预期在未来将会增加。2008—2015年，小米、高粱和玉米的消费量也迅速增长。到2022年，卡塔尔的谷物消费量将以更高的速度增长。

三、农业投资环境

（一）国家商业环境

卡塔尔投资合作环境较好。未来10年卡塔尔政府规划重点开发与2022年世界杯足球赛相关的基础设施项目、石化工业、水电及除能源外的其他产业，以实现卡塔尔经济兼具竞争性和多样化的目标。卡塔尔拥有丰富的原油及天然气资源，能源出口收入很高，对外资有需求但并不过分依赖。卡塔尔国土小、人口少，市场容量有限，因此在卡塔尔的投资机会与其他国家比较而言相对较少。卡塔尔投资环境吸引力主要体现在政治稳定、支付能力较高、社会治安状况良好、市场化程度较高等方面。

世界经济论坛《2017—2018年全球竞争力报告》显示，2016—2017年卡塔尔在全球最具竞争力的148个国家和地区中，得分5.23，排名第18位。2017—2018年得分5.11，排名第25位，落后7个名次。其中，基础设施第13位，宏观经济环境第20位，劳动力市场效率第 19 位，金融市场发展第 28 位，创新第 21 位。

根据世界银行《营商环境报告 2018》数据，卡塔尔前沿距离分数（DTF）64.86，分数增长 0.61，排名第 83 位，而沙特阿拉伯排名第 92 位。《2018 年经济自由度指数报告》显示，2018 年，卡塔尔的经济自由得分为 72.6，世界排名第 29 位，总分下降了 0.5 个点，在 14 个中东和北非地区国家中排名第二，整体得分高于地区水平（得分 61.5）和世界平均水平（得分 61.1）。

卡塔尔仍然是阿拉伯国家中竞争力第二强的经济体世界。近几年在全球排名中名次下降主要是由于石油和天然气价格的下跌，对国家财政状况造成了重大影响。卡塔尔从 2015 年财政盈余 10.3% 到目前赤字 4.1%，公共债务占 GDP 的比重从 35.8% 上升到 47.6%，但良好的基础设施和有效的商品市场仍是其自身优势。

（二）农业优势与潜力

1. 资金优势

与其他中东国家相比，卡塔尔政局稳定，社会治安良好，国民素质较高。卡塔尔国内经济虽然因金融危机而增长放缓，但其丰富的自然资源是最大的优势，基础设施建设领域需求比较大。由于大量石油美元导致了资金流动性较好，当地资金雄厚，投资欲望强烈。卡塔尔的国家资金储备高达 3400 亿美元，其中 400 亿美元是现金和黄金，3000 亿美元是各类资产。卡塔尔有雄厚的资金用于农业投资和农业科技发展。

2. 能源优势

农业种植所需要的能源是卡塔尔农业的优势。例如，在一些国家冷却成本是个障碍，但在海湾国家他们有自己的优势，能源相对便宜。在有机蔬菜大棚里，有机蘑菇的种植用土是由干草、农业石膏、鸟粪等混合发酵，再经巴氏消毒后在大棚中使用，土壤的准备需要耗费 4 周时间，这些蘑菇生长在恒温 18℃ 的温室里，同样需要生长 4 周，这些能源在卡塔尔是唾手可得的。

3. 基础设施

卡塔尔基础设施比较完备。卡塔尔拥有现代化的道路、机场、港口、通讯等基础设施，哈马德国际机场、多哈新港等设施已经或即将投入使用，使卡塔尔的航空、海运能力进一步得到提升。卡塔尔政府控股的卡塔尔航空公司已开通 138 条国际航线，与中国直飞航线达 7 条。此外，为筹备 2022 年世界杯足球赛，卡塔尔正大力开展基础设施建设，地铁、高铁等项目的实施将为投资者提供更加完善的基础设施条件。这些基础设施都为国际农业合作、国内农业发展创造了便利和条件。

（三）风险分析

1. 治安环境

卡塔尔居民绝大多数是外来人口，外来劳工工资待遇问题比较突出。此外，卡塔尔也面临遭受恐怖袭击的威胁。但是，卡塔尔一直保持着较低的失业率、恐怖袭击危险和自然灾害发生率。瑞士人居机构（Golden Visa）在全球 70 个主要签证国家中评选出 2015 年最安全国家，卡塔尔仅次于新加坡，名列第二，第三名是瑞士。在 2017 年由联合国对人口 500 万以下的国家进行的安全评估中，卡塔尔也曾取得第 6 名的好成绩。

2. 政治压力

2017 年 6 月，沙特阿拉伯、埃及、巴林、阿拉伯联合酋长国、利比亚和也门宣布与卡塔尔断绝外交关系。卡塔尔大部分生活用品过去一直经沙特、阿联酋等国进口。这些国家与卡塔尔断交后，相关贸易也随之中断，因此对卡塔尔居民生活影响很大。

3. 投资环境

尽管卡塔尔投资环境良好且投资潜力较大，但外国投资也有一些限制。例如，投资者在卡塔尔的投资主要以建立合资公司或参股经营为主，一般情况下外资持股比例不得超过投资总额的 49%，难以获得项目主导权。卡塔尔政府尚未出台有关外国投资者参与农业、林业投资的政策。除非获得特别许可，外国投资者一般禁止在卡塔尔银行业、保险公司、商业代理和房地产等领域进行投资。外国自然人不能直接在当地承揽工程承包项目，必须成立合资公司。海合会国家市场规范标准化高，中国企业很难进入。而且卡塔尔政府尚未制定有关外资开展基础设施建设的专门政策法律，有关项目需特别批准。

4. 市场容量

卡塔尔主要依靠外来人员，本地居民不多，劳动力供应紧张，需要从其他国家引进大批技术人才和劳工。卡塔尔经济结构相对单一，经济多元化还没能实现，能源收入仍是国家财政收入和外贸出口的主要来源，进口依赖程度较高，易受国际油价波动影响，这导致卡塔尔市场容量有限，投资机会较少。卡塔尔经济起步比较晚，市场辐射范围有限，辐射能力仍限于海湾地区、阿拉伯国家、印度及东南亚国家。

（四）总体评价

卡塔尔投资环境良好，投资潜力较大，中国与卡塔尔共建"一带一路"具有较好的基础和机遇，但从当前卡塔尔的发展现状来看，在中卡农业合作方面仍将面临一定的障碍和风险，主要体现为政治局势的动荡。受阿拉伯多国断交影响，2017 年是卡塔尔自 1995 年以来国内生产总值增长最慢的一年。沙特宣布关闭边界后，卡塔尔或选择空运、海运等运输物资的方式，不过，随着运输成本的提高，物价也有上涨的可能。有专家估计，断交危机和经济封锁已给卡塔尔造成约300亿美元经济损失。

四、中卡农业合作现状与合作重点

（一）合作现状

1. 合作机制

卡塔尔是中国和中东、非洲地区之间的贸易中心和枢纽，是陆上丝绸之路和海上丝绸之路的重要交汇点。1988年，中国与卡塔尔国建交。建交后两国友好合作关系不断发展。特别是近年来，两国高层交往密切，各领域务实合作深入开展，在国际和地区事务中保持了良好的沟通与协调。2014年，卡塔尔埃米尔塔米姆对中国进行了国事访问，两国元首共同宣布中卡建立战略伙伴关系。2014年双方签署本币互换协议，多哈人民币清算中心正式启动，中方还给予卡塔尔"人民币合格境外机构投资者"资格。另外，卡塔尔还是最早认可中国"一带一路"倡议，加入"亚投行"的国家之一，中卡已经签署了共建"一带一路"合作备忘录。

中卡两国之间合作机制包括双边、多边合作。加强政府间双边合作，推动双边关系全面发展，开展多层次、多渠道沟通磋商，为农业合作提供有力保障。在"一带一路"建设政府间谅解备忘录下推动签署农业合作备忘录或编制农业合作规划。充分发挥现有双边高层合作机制作用，强化政府间条法磋商，加快签订双边投资贸易协定，加强政府间交流协调，促进企业实践与政府服务有效对接。另外，深化与国际机构、多国之间的多边交流与合作，中卡可探索与非洲国家开展三方合作。卡塔尔提供资金，非洲提供土地资源和劳动力，中方提供技术和经验。三方合作可以达到共赢，可解决中东和非洲地区的粮食安全问题，促进社会稳定。

2. 科技合作

2012年11月，中国科学技术交流中心于在多哈国家会议中心举办了"南南科技合作应对气候变化"主题展览和边会。来自联合国环境规划署环境政策执行司、联合国教科文组织自然科学部、中国科技交流中心、北京理工大学的代表分别围绕适应气候变化的南南技术合作、南南合作应对气候变化挑战、中国南南科技合作应对气候变化工作、南南技术转移机制等进行了主题演讲。

2015年底微普团队受卡塔尔政府邀请，开始在卡塔尔进行荒漠化综合治理，近三年时间，应用微普生物技术产品在当地开展了多项农业实验项目，期间经历了当地缺水、地表高温酷热、土壤贫瘠等诸多环境考验和严峻挑战,将17个实验种植物种中的15个物种成功育种并获得丰收。2017年6月,卡塔尔政府委派项目代表到访微普,针对卡塔尔农业发展及粮食安全等需求,就引进微普生物技术产品、现代设施农业"智能植物工厂"、微生物肥厂建设等项目采购事宜进行商洽,并对技术产品生产、出口物流等具体工作进行对接。卡塔尔项目代表表示,将尽快落地实施微普在卡塔尔的项目,快速对接应用微普技术产品和解决方案,应对当地荒漠化治理、农业粮食安全等方面课题,共同开启当地农业生产发展新起点,合力打造自主农业品牌等项目。

3. 贸易合作

中国与卡塔尔建交后,两国贸易关系发展顺利。2014年11月,两国建立战略伙伴关系。两国经贸合作发展顺利。2014年双方签署本币互换协议;多哈人民币清算中心正式启动,中方还给予卡塔尔"人民币合格境外机构投资者"资格。

2017年中卡双边贸易额80.8亿美元,其中,中国出口16.8亿美元,进口64.0亿美元。中国主要出口商品是机械设备、电器及电子产品、金属制品等,进口商品是液化天然气、原油、聚乙烯等。从农产品贸易来看,中国对卡塔尔农产品贸易出口额由2008年的1488.67万美元增长到2016年的2055.48万美元,出口量从2008年的1.68万吨增长到2016年的1.80万吨。

4. 投资合作

2014年11月,中卡双方决定建立战略伙伴关系,宣布在交通、路桥、铁路、电信、国有企业、先进技术转移便利化等方面开展多种形式的互利合作,建立能源与替代能源领域长期全面的战略合作关系,扩大在银行、金融市场等金融领域的合作,在执法安全和反恐等方面加强交流与合作,进一步加强军工军贸合作,积极开展形式多样的人文交流,强调共同建设一带一路,支持成立亚洲基础设施投资银行,同意就西亚北非地区局势加强磋商与协调。目前我国正在加大与卡塔尔天气燃气合作的力度,并设立了专项贷款进行能源合作。

卡塔尔投资局(QIA)正在寻找亚洲潜在投资。该基金管理层在2014年表示,计划未来6年在亚洲投资200亿美元,并扩大其在北京和新德里的办事处。卡塔尔在2017年11—12月投资了土耳其最大的家禽生产商。目前,卡塔尔正在寻求中国的农业技术引入卡塔尔合作开发综合农场项目。食品安全是卡塔尔政府"2030年远景计划"中提出的战略中心。目前卡塔尔90%的食品依靠进口,未来这项农业计划能解决卡塔尔国内60%的食品供应。

卡塔尔已设立两个自由区—卡塔尔金融中心和卡塔尔科技园,并提供税费优惠。卡塔尔政府正着手简化授权及金融业界规例,企业税率设定于10%,藉此吸引外商投资。最近,卡塔尔开始建设3个新经济特区,面向不同产业,预计于2017—2022年分阶段完工,将向区内企业提供税费优惠。

（二）合作潜力

1. 合作基础

（1）稳定的政局

2013年哈马德埃米尔让位于王储塔米姆，塔米姆成为卡塔尔的第十任埃米尔，保证了王室政权的稳定性。卡塔尔社会治安状况良好。丰富的石油天然气资源是君主制良好的经济基础，民众受惠于王室提供的高额福利待遇。卡塔尔多哈是中东北非地区第五大安全城市，全球城市人身安全第70位（美国美世咨询公司评估报告）。在持续动荡的中东地区，稳定的政局和良好的治安为中卡顺利合作提供了重要的安全保障。

（2）基础设施建设

卡塔尔政府制定了2011—2016年第一个国家发展五年计划，到2016年对基础设施项目的投资将超过650亿美元，涉及电力及供水、多哈新港建设、信息及科技产业等领域。此外建设卡国内铁路网及多哈地铁网项目的研究工作正在进行。对于基础设施的投入还将带动其他领域85亿～125亿美元相关项目的投资，包括将污水排放系统扩大至新农田、新建工业污水处理设施、改善供水网络、提高污水处理能力、更新部分发电项目等。另外，卡塔尔电力资源充足，全年发电量为323.4亿千瓦时，能够满足全国工业用电和居民用电的需求。卡塔尔通信设施良好，技术设备比较先进，电子化程度较高。卡塔尔邮政局所基本覆盖全国；卡塔尔拥有固定电话用户32.7万户、移动用户约260万户。卡塔尔《旗帜报》援引卡塔尔科技行业业内人士分析称，卡通讯及信息技术产业目前正以年均10%的增速快速发展。

（3）经济保障

根据人均国内生产总值（GDP）计算，卡塔尔是世界上最富裕的经济体之一，在世界银行、联合国和国际货币基金组织（IMF）编制的2015年和2016年世界排名中，卡塔尔的排名在第五和第七之间。石油和天然气是卡塔尔经济的基石，占政府总收入的70%以上，占国内生产总值的60%以上，约占出口收入的85%。2016年卡塔尔经济增长率在历经15年的财政盈余后首降2.8%，首次出现财政赤字，政府负债率增加，但卡塔尔仍是海合会成员中赤字率最低的国家，由于卡塔尔液化天然气出口都是以固定价格签订的长期合同。而且，央行的巨额储备和主权财富基金，有助于卡塔尔应对债务危机。伴随国际油价复苏和经济多元化政策的步步推进，国内消费、住房和金融服务拉动，很好的刺激了国内需求。

2. 合作前景

卡塔尔与中国建交后，两国关系发展顺利。卡塔尔资金雄厚，能源充足，投资欲望强烈。近年来，中国—卡塔尔经贸合作取得了丰硕成果，在农业领域的合作有待深化。卡塔尔和中国的发展战略高度契合，在人力和财力方面互补性强，这将促进两国在共同关心的各个领域的合作。

（三）合作重点

1. 重点领域

卡塔尔具有先进的灌溉系统和渔业技术，农业部门在推动国民经济方面发挥了重要作用。而中国农业科技有19%处于国际领先水平。卡塔尔的战略目标是促进国家农业部门的发展并使经济多样化，扩大粮食生产和国家自给自足。中卡两国应加强农业科技交流合作，共建农业合作公共信息服务平台、技术咨询服务体系、高端智库和培训基地，推动区域农业物联网技术发展，提升"一带一路"沿线国家农业综合发展能力。

优化农产品贸易合作。中国与卡塔尔经济互补性强。中国对卡塔尔的出口主要包括机电产品、纺织品和高科技产品，这些产品满足了海湾国家的需求，这些国家能源资源丰富，但制造业有限。中国和卡塔尔加强了在能源领域的合作。卡塔尔与中国签署了一份促进双边能源合作的备忘录。中国和卡塔尔在工程项目和劳务领域的合作也日益密切。

拓展农业投资合作。近年来，两国间的投资也大幅增长。与此同时，越来越多地卡塔尔投资者正转向中国市场寻求投资机会，尤其是在金融、房地产和石化领域。中国应该发挥农业比较优势，充分利用相关国际金融机构合作机制与渠道，加大农业基础设施和生产、加工、储运、流通等全产业链环节投资，推进关键项目落地。

2. 重点产业

（1）设施农业

卡塔尔居民生活用水和农业灌溉用水主要靠海水的淡化处理。卡塔尔急需中国农业科技人员指导进行大棚种菜，传授无土栽培技术、滴灌技术等，实现卡塔尔农产品的自给。2008年卡塔尔打造"撒哈拉森林计划"（SFP），这是一项在沙漠中利用温差解决灌溉的绿化计划，在1万平方米沙漠中建造聚光太阳能发电厂、"海水温室"、晒盐池、水藻收集装置、植物室外区和岩土植物耕种区等。

（2）海水淡化

海水淡化是目前中国解决不断加剧的水资源危机的重要战略之一，作为阿拉伯国家之一，卡塔尔对海水淡化研究时间较长，卡塔尔靠海水淡化来满足其99%的城市用水需求。因此，低成本海水淡化技术将是中国与卡塔尔开展农业合作重点项目之一。

五、中卡农业合作建议

由于自然禀赋、发展方式、经济结构等原因，中东国家需要大量进口农产品，其农产品市场已经成为国际贸易中一个具有强劲吸引力的市场。作为政府和各农业产业部门，应拓展我国农业发展空间，促进国内过剩产能的转移，应把握好中卡农业发展机遇，全面深化与卡方农业合作，建议把农业合作纳入双方构建更加紧密发展伙伴关系的重要内容，全面提升合作水平。一是扩大各自优势农产品的贸易规模。扩大从中国进口园艺类植物产品，由于卡塔尔蔬菜水果类农产品自给率较低，对植物蛋白的需求量大。二是鼓励各种形式的涉农合作。合作形式包括投资建厂、合作经营，还可以组织跨境农业生产服务。三是加强双边和多边农业磋商。向对方国家介绍本国的食物安全战略、重大农业政策，由政府牵头搭建涉农信息合作平台，在两国重大农业科技攻关、优势互补的农业科技创新等领域进行国际合作。

从企业来看，中卡应在积极推动农业领域互联互通的基础上，加强合作，实现互利共赢和民心相通。充分利用我国农业龙头企业和大型国有资本、技术、装备、人才等生产要素优势，会同中资金融机构，采取投资、并购、租赁、重组等多种方式，实现农业现代化布局、专业化生产、规划化建设、系列化加工，形成种植、产供销、农工商、农科教一体化的经营体系，支持卡塔尔农业走上自我发展、自我积累、自我调节的良性发展轨道。中国与卡塔尔的关系有望在外交和经济方面有实质性和制度化继续深化，有助于中国在该地区实现更大的稳定。同样，中国也符合卡塔尔更广泛的国家发展战略。卡塔尔与中国的相互依存关系是通过两国共同经济利益共赢而实现。

参考文献

姜英梅.2016.卡塔尔经济发展战略与"一带一路"[J].阿拉伯世界研究，11（6），35-47.
商务部国际贸易经济研究院.2017.对外合作国别（地区）指南－卡塔尔[R].2017.12.

沙特阿拉伯

沙特阿拉伯位于亚洲西部的阿拉伯半岛之上，是阿拉伯世界中面积仅次于阿尔及利亚的国家，同时沙特阿拉伯是石油输出国的主要成员国之一，拥有全球最大的石油储藏量，剩余可采量占全球总量的 1/4 左右，巨大的石油资源使得沙特阿拉伯成为中东地区最大的经济体。但是在拥有巨大石油储量的同时，沙特的其他资源则相对稀缺，尤其是农业资源，沙特阿拉伯的大部分国土都被沙漠所覆盖，土地极其贫瘠，全国仅有少于 1% 的土地适用于耕种。因此沙特阿拉伯与我国在能源与农业方面，拥有巨大的合作空间。沙特阿拉伯作为 G20 成员国之一，其政治、经济、文化等方面在国际上均有一定的影响力，国内的政治及经济局势也一直相对稳定，在"一带一路"倡议的背景之下，沙特阿拉伯与我国在未来的农业合作空间将会越来越大。

一、国家基本情况

（一）地理及行政区划

沙特阿拉伯是阿拉伯半岛面积最大的国家，国土面积 214.97 万平方千米，在北方与约旦和伊拉克接壤，东边和卡塔尔、巴林及阿拉伯联合酋长国交界，东北部与科威特接壤，东南方和阿曼接壤，在南部还与也门交界。海岸线长达 2640 千米，西临红海、东临波斯湾，使得沙特萨拉伯成为了唯一一个同时拥有红海和波斯湾海岸线的国家。

地形方面，沙特阿拉伯地形以高原为主，地势呈现出由西到东阶梯性下降的态势，仅在西部红海沿岸以及东部部分地区有平原地带。

气候方面，沙特阿拉伯被北回归线在国土中部横穿而过，除西部高原为地中海气候之外，其他地区基本都为热带沙漠气候，夏季炎热干燥，最高气温可达 50℃，冬季则较为温和，降水量极为稀少，年平均降水量在 100 毫米左右，其中北部地区稍好，可达 100～200 毫米，南部地区则普遍在 100 毫米以下。

区划方面，沙特阿拉伯共有 13 个省级区划单位，分别为利雅得省、麦加省、麦地那省、东部省、卡西姆省、哈伊勒省、阿西尔省、巴哈省、塔布克省、北部边疆省、季赞省、纳季兰省、朱夫省，省下设立一级县和二级县，县下设立一级乡和二级乡。利雅得省为沙特阿拉伯的首都，不仅是政治、文化中心，也是沙特阿拉伯第一大城市，位于沙特阿拉伯中部地区。吉达为沙特阿拉伯的第二大城市，同时也是沙特阿拉伯外交部以及其他各国领事馆所在地，由于其地理位置优越，交通便利，也成为了沙特第一大贸易港口及金融中心。另外，麦加虽然只是沙特阿拉伯第三大城市，但是作为伊斯兰教圣地，每年可吸引大约 300 万名朝拜者，除了宗教意义之外，还拉动了麦加当地的经济发展，与朝拜相关的服务业已经成为麦加的支柱产业。

（二）人口状况

沙特阿拉伯人口数量近些年来一直处于增长态势，从2000年的2048万人增加到2017年的3261万人，世界人口排名也从2000年的48名上升到41名，其中男性比例较高，2000年以来一直稳定在55%以上，2017年，男性比例达到57.1%，相较女性多了近14个百分点。根据全球经济数据库（CEIC）预测，到2018年底，沙特阿拉伯人口将达到3341万人（表1）。从人口分布上来看，东西部沿海地区是沙特阿拉伯人口密度最高的地区，其次是中部地区，东南部人口密度最小。利雅得、吉达和麦加作为沙特阿拉伯最大的三个城市，2017年人口数量分别为421万人、287万人和132万人，占据了全国总人口的12.9%、8.8%和4.1%。

在人口方面，还值得一提的就是沙特阿拉伯的外籍人口数量，大量的外籍人口数量是沙特阿拉伯的特色之一。根据沙特阿拉伯当地媒体统计，在2015年沙特阿拉伯总人口数为3000万人左右的情况下，沙特本地人只有2000万人左右，占据2/3，其余1/3均为外籍人口，甚至在东部省的朱拜勒、吉达等部分地区，外籍人口数量已经能与本地人口数量平分秋色甚至略胜一筹，并且外籍人口的数量仍在进一步增加。外籍人口如此之多的原因其实还是因为沙特阿拉伯当地的石油产业，在20世纪70年代，沙特阿拉伯石油产业开始兴旺，经济也开始快速发展，仅靠当时的本国人口无法支撑国内的务工需求，因此，沙特阿拉伯只能借助于外籍劳力。再加上沙特阿拉伯借助于石油资源使得本国成为了中东地区最富裕的国家之一，更加大了沙特阿拉伯对于外籍人口的吸引力，外籍人口的不断增多，也在沙特阿拉伯国内引发了一系列社会问题。因此，从20世纪80年代初开始，沙特政府不断强化对本国人力资源发展的支持力度，规范对外籍劳工的综合治理。沙特政府采取的主要措施可概括为两个层面：其一是逐年大幅增加政府在人力资源上的资金投入，大力兴学办教，新建各种职业技术培训中心，尽可能从源头上为社会和经济的发展提供充足的人才和人力储备；其二是不断提高外籍劳工流入的门槛，逐步控制和削减外籍劳工的数量，分阶段强力推行劳工的"沙特化"（也称作"本土化"）。

表1　2000—2018年沙特阿拉伯人口规模　　　　　　　　　　（单位：万人）

年　份	人口数
2000	2048
2001	2098
2002	2149

(续表)

年 份	人口数
2003	2202
2004	2256
2005	2333
2006	2412
2007	2494
2008	2579
2009	2666
2010	2756
2011	2838
2012	2920
2013	2938
2014	3000
2015	3089
2016	3179
2017	3261
2018	3341

数据来源：全球经济数据库（CEIC）

（三）政治制度

沙特阿拉伯是一个政教一体的君主制国家，也是世界上少有的没有宪法国家之一，因为伊斯兰教在沙特阿拉伯中的重要性，《古兰经》和穆罕默德的《圣训》就成为了沙特阿拉伯立法及执法的依据。虽然沙特阿拉伯没有明确的宪法，但是在1992年颁布了《基本法》，正式确立了国王、王储、以及其他政府部门的职责与义务，地位与其他国家宪法类似。沙特阿拉伯的国王拥有较大的权利，不仅在政府中担任首相，同时也在军队中任总司令一职，除国王之外，主要政府部门还包括王储、地方政府、议会以及司法机构，无政党活动。沙特阿拉伯的权力是以沙特家族为中心，继承制度为兄终弟及，但是这一继承制度无法确保继承人的执政水平，因此在历史上沙特阿拉伯曾发生过由亲王联名弹劾国王要求退位的政治事件。为了确保政局平稳，2006年，沙特阿拉伯成立了由王室核心成员组成的效忠委员会，在保留兄终弟及制度的前提下，由委员会集体协商决定王储。

(四)社会和经济发展状况

石油产业是沙特阿拉伯的支柱产业,贡献出了50%的GDP、70%的财政收入以及90%以上的外贸收入。巨大的石油储量使沙特阿拉伯不仅成为中东地区的富裕国家,也是世界范围内的高收入组国家。2014年,沙特阿拉伯GDP达到近年来最高,为7563.50亿美元,2016年降低至6464.40亿美元,2011年后人均国民生产总值常年维持在20000美元以上(表2)。因为石油在经济中过高的占比,沙特阿拉伯的经济发展状况与国际石油价格息息相关,21世纪以来,沙特阿拉伯经济除个别年份有所波动之外,其余年份均呈现持续增长态势,而有所波动的年份,如2009年,都是国际石油价格低迷年份。

表2 2000—2016年沙特阿拉伯经济情况

年 份	GDP(亿美元)	GDP增速(%)	人均GDP(美元)	人均GNI(美元)
2000	1895.20	17.2	9253.66	18321.69
2001	1841.40	-2.8	8776.79	17697.34
2002	1896.10	3.0	8822.99	16703.09
2003	2158.10	13.8	9800.54	17999.30
2004	2587.40	19.9	11469.06	18920.90
2005	3284.60	26.9	14078.87	19451.40
2006	3769.00	14.8	15626.04	19492.38
2007	4159.70	10.4	16678.63	19425.89
2008	5198.00	25.0	20154.98	20177.54
2009	4291.00	-17.5	16095.20	19207.08
2010	5282.10	23.1	19165.71	19516.44
2011	6712.40	27.1	23651.83	20906.83
2012	7359.80	9.6	25204.62	21365.68
2013	7466.50	1.5	25413.44	21337.94
2014	7563.50	1.3	25211.67	21570.35
2015	6517.60	-13.8	21099.29	22038.44
2016	6464.40	-0.8	20334.63	21823.47

数据来源:世界银行

注:GDP相关变量为现价,人均GNI为2010年不变价

二、农业发展现状

(一)农业资源条件

沙特阿拉伯农业资源匮乏,国土大面积为热带沙漠性气候导致年均降水量稀少,而且

土地多为沙漠，森林面积仅为97.7万公顷，不足全国总面积的0.5%，不适宜种植。2000—2015年沙特阿拉伯的耕地面积一直都稳定在350万公顷左右，仅占据了国土总面积约1.6%。谷物耕地更为稀缺，而且呈现逐年下降的态势，2015年沙特阿拉伯的谷物耕地仅为21.09万公顷，较2000年下降了65.8%，这也使得沙特阿拉伯的谷物长期需要依赖进口。虽然种植业因为耕地资源禀赋所限无法有效开展，但是沙特阿拉伯却拥有大面积的低级草场，再加上沙特阿拉伯游牧民族的传统，畜牧业在国民经济中有着重要地位，依托绿洲与草地，沙特阿拉伯大面积的国土都可开展游牧活动，与耕地面积类似，畜牧业所用面积也一直居于稳定，处于17300万公顷左右，占全国土地面积的80%左右（表3）。

表3 2000—2015年沙特阿拉伯农业面积及国土占比情况 （单位：平方千米，%）

年 份	农业用地面积	农业用地占比	耕地面积	耕地占比	谷物耕地	森林面积
2000	17378.5	80.8	35.92	1.7	61.64	97.7
2001	17379.1	80.8	36.00	1.7	65.91	97.7
2002	17379.3	80.9	36.00	1.7	70.48	97.7
2003	17379.8	80.9	36.00	1.7	69.73	97.7
2004	17370.9	80.8	35.00	1.6	68.22	97.7
2005	17371.7	80.8	35.00	1.6	63.25	97.7
2006	17367.4	80.8	34.50	1.6	60.29	97.7
2007	17367.5	80.8	34.46	1.6	57.79	97.7
2008	17357.2	80.7	33.39	1.6	46.57	97.7
2009	17343.5	80.7	31.96	1.5	32.54	97.7
2010	17340.6	80.7	31.80	1.5	28.42	97.7
2011	17338.8	80.6	31.59	1.5	25.79	97.7
2012	17334.5	80.6	31.17	1.5	21.00	97.7
2013	17329.5	80.6	30.68	1.4	16.45	97.7
2014	17364.7	80.8	35.02	1.6	23.60	97.7
2015	17364.7	80.8	35.02	1.6	21.09	97.7

数据来源：世界银行

（二）农业生产情况

沙特阿拉伯的农业产值在国内总产值中的比例一直很小，年增长率虽然较低，但是一直保持正值，但是在国民经济中的比例一直处于下降态势。2016年沙特阿拉伯农业GDP为601.22亿沙特里亚尔，相比较2000年的419.45亿沙特里亚尔，增加了43.3%，年均增速为2.3%，但是在国民经济中所占比例却从2000年的4.9%下降到2.7%，缩水将近一半（表4）。

表4 2000—2016年沙特阿拉伯农业GDP情况 （单位：亿沙特里亚尔，%）

年份	农业GDP	农业GDP占比	农业GDP年增长率
2000	419.45	4.9	3.9
2001	421.82	5.2	0.6
2002	427.24	5.1	1.3
2003	430.72	4.5	0.8
2004	446.16	3.9	3.6
2005	450.88	3.2	1.1
2006	455.44	3.0	1.0
2007	464.31	2.8	2.0
2008	470.48	2.3	1.3
2009	475.33	2.9	1.0
2010	522.98	2.6	10.0
2011	545.65	2.2	4.3
2012	560.96	2.1	2.8
2013	579.36	2.2	3.3
2014	593.82	2.2	2.5
2015	597.44	2.6	0.6
2016	601.22	2.7	0.6

数据来源：世界银行

沙特阿拉伯的农业主要为种植业和畜牧业，渔业和林业在农业中所占比例都较低。沙特阿拉伯的主要作物种类为饲料饲草类作物，其次为蔬菜和谷物，水果最少。2016年，沙特阿拉伯农业作物总产量1587.53万吨，其中饲料饲草类作物产量为1081.12万吨，蔬菜和谷物分别为184.66万吨和181.41万吨，水果为140.34万吨。谷物中，除了小麦作为沙特阿拉伯主要口粮之外，生产量最大的是大麦、高粱、玉米等具有饲料作用的谷物，再加上饲料饲草类作物将近七成的占比，不难看出，沙特阿拉伯种植业的生产目的很大程度上是为畜牧业提供饲料。

由于沙特阿拉伯具有游牧民族的传统，所以该国一直都十分注重畜牧业的发展，畜牧业生产指数自1961年开始便一直保持增长态势（图1），但是由于自然资源禀赋所限，在20世纪80年代之前，畜牧业一直都是以游牧形式为主，很难获得大幅度发展。80年代之后，沙特阿拉伯政府借由石油资源带给国家财政的大量资金，开始支持畜牧业以家庭农场或者养殖工厂的形式发展，至此，沙特阿拉伯的畜牧业迎来了一个快速发展阶段。主要产品为牛、羊、鸡以及奶类、鸡蛋等。

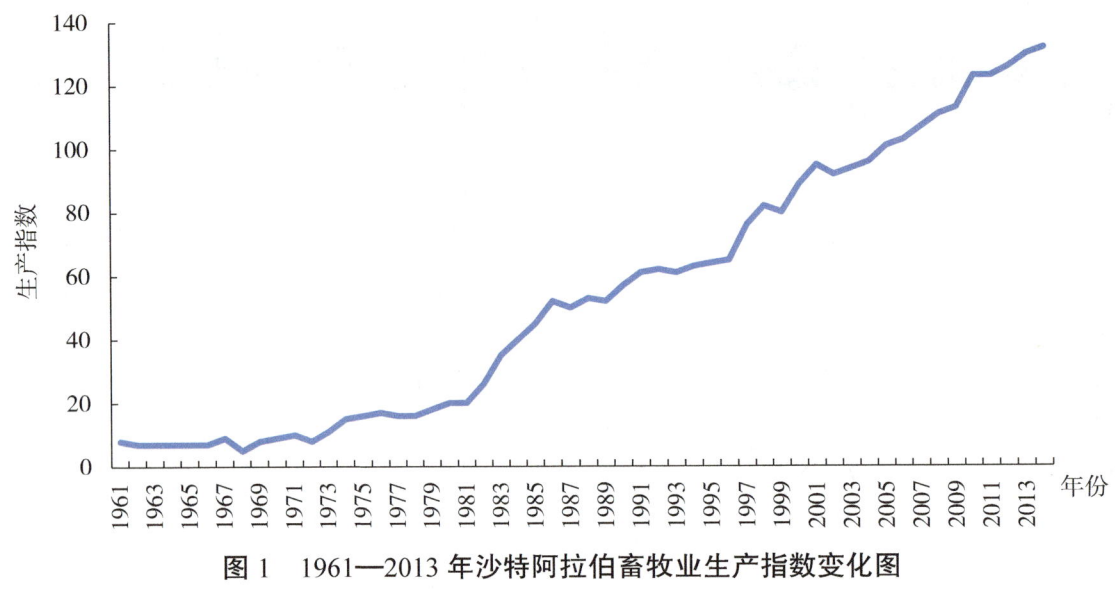

图 1　1961—2013 年沙特阿拉伯畜牧业生产指数变化图

数据来源：世界银行

1. 粮食作物

沙特阿拉伯的主要粮食作物为小麦，也是当地国民的主要口粮。除小麦之外，主要粮食作物还包括高粱、大麦和玉米。在 20 世纪 80—90 年代，沙特阿拉伯一直都十分注重本国农业发展，尤其是口粮自给率的保障，投入大量资金用以农业科技研发，并且将节水灌溉技术和室内栽培技术作为研发重点，种植作物的面积也不断上涨，一直持续到 2004 年左右，在这一时期，沙特阿拉伯的农业取得了一定的发展。但是缺水依然是沙特阿拉伯发展农业无法绕过的一个困难，再加上国际石油价格在 2000 年经历了高于 30 美元 / 桶的高位震荡之后，2001 年和 2002 年两年石油价格大部分时间都保持在 25 美元 / 桶以下，这使得沙特阿拉伯的国民经济受到巨大影响，经济增速急速下滑，让政府财政也无法在像之前支出大量资金用以支持种植业发展，所以沙特阿拉伯的种植业发展受阻，种植面积由逐年增加转为逐年下降。虽然在 2004 年之后，国际石油价格一路飙升，沙特阿拉伯的经济也快速好转，但是种植业的发展策略一直未能调整回 20 世纪 90 年代的方向。

具体来看，由于小麦是沙特阿拉伯的最主要的种植作物，再加上小麦生产极度费水的特性，种植面积的变化趋势在小麦这一品种上表现得尤其明显。2000—2004 年，沙特阿拉伯小麦种植面积由 41.92 万公顷增加到 52.31 万公顷，增加 24.8%，随后就持续下降，到 2013 年降为最低点，仅剩余 10.26 万公顷，相当于 2004 年的 1/5 不到，虽然在 2016 年又有些许上涨，但总体而言还是维持在历史低位。其他的主要作物种植面积变化情况与小麦基本类似，只是在变化年份上稍有出入，高粱和大麦是转折点发生在 2002 年，玉米则发生在 2005 年（表 5）。

表5 2000—2016年沙特阿拉伯主要种植作物面积和单产变化情况（单位：公顷，千克/公顷）

年份	小麦 种植面积	小麦 单产	高粱 种植面积	高粱 单产	大麦 种植面积	大麦 单产	玉米 种植面积	玉米 单产
2000	419220	42640	158582	13384	25550	46377	6464	62820
2001	424168	49081	177616	13971	45066	51153	4905	40612
2002	498507	48875	165877	14482	25425	54151	8085	36432
2003	516747	48849	141869	17057	22535	61262	9428	38053
2004	523061	53066	129865	21858	9952	67682	13901	38514
2005	488876	54175	107700	19751	7479	63435	24298	37301
2006	468271	56172	104000	23933	5000	62000	21629	58203
2007	450000	56844	96000	24271	4500	62222	24000	56250
2008	326161	60877	103572	24325	3964	61075	28966	56427
2009	195884	58833	92757	26312	3472	58880	29498	54742
2010	219505	61474	43899	25974	2366	69277	14951	53096
2011	192818	61429	44399	26372	2270	68352	15302	59958
2012	144169	59254	45438	26056	2044	66766	15528	60135
2013	102613	64333	42101	26199	1502	75013	15626	61024
2014	116718	42838	102000	25980	963	78449	12474	64132
2015	106583	56350	87699	26548	1363	67803	11351	67548
2016	122199	62669	57095	27781	3821	67553	13998	67057

数据来源：FAO

2. 畜牧业

沙特阿拉伯畜牧业的主要养殖品种为山羊、绵羊、肉牛和鸡。其中，鸡的存栏量自2000年以来一直处于上升状态，从2000年的1.15亿只上涨到2016年的1.87亿只，绵羊的存栏量先增加，后下降，后又增加，由2000年的793.45万只上升到2007年的808.29万只，在2008年和2009年又急剧下降，2009年为近年来最低点588.55万只，后又不断增加到2016年的1100.80万只。山羊与肉牛的存栏量都表现为先上升后下降，其中山羊存栏量在2004年到达最高点565.4万只，到2016年只剩下259.70万只，减少了一半以上，肉牛的存栏量波动上涨，在2012年到达最高点48.65万头，之后转为下降，到2016年仅剩下36.14万头，减少1/4左右（表6）。

沙特阿拉伯牛羊数量减少的根本原因还是国内资源有限，尤其是水资源。随着沙特阿拉伯人口数量的增加，生活用水剧增，这样一方面压缩了养殖用水的空间，另外一方面也影响了种植业的发展，使得沙特阿拉伯国内饲料价格上涨，提高了养殖成本。鸡和绵羊数量的增加主要原因是因为政府政策的引导与扶持和国内消费量的增加。沙特阿拉伯政府20世纪就开始鼓励国内开展家庭养殖和工厂养殖，改变国内畜牧业单一的游牧生产方式，丰富国内的养殖主体，养鸡作为更加适合沙特阿拉伯本国资源禀赋的养殖业，得到了快速发展，2014年，沙特阿拉伯从事养鸡行业的公司或农场已经达到400个左右。在国内消费量增加这方面，养鸡产业同样也是受积极因素影响最大的产业，由于沙特阿拉伯逐渐放宽了对于女性就业的要求，社会上对女性就业的认可程度也逐渐提高，所以国内出现了大量夫妻都在外工作的家庭，这使得国内速食产品的消费不断上升，再加上鸡肉价格相对于牛羊肉价格更容易接受以及沙特阿拉伯人民认为鸡肉比红肉更健康的消费意识，鸡肉在沙特阿拉伯拥有极大的消费市场，2015年，沙特阿拉伯是世界上消费禽肉最多的国家，平均每人消费禽肉50千克左右，其中鸡肉占比在95%以上。

表6 2000—2016年沙特阿拉伯主要牲畜存栏量变化情况 （单位：万只，万头）

年 份	鸡	肉牛	山 羊	绵 羊
2000	11500	29.05	452.90	793.45
2001	12500	30.62	565.30	700.58
2002	13000	32.22	559.39	700.99
2003	13500	33.19	547.80	722.59
2004	13700	34.20	565.40	804.70
2005	14100	35.20	564.30	850.09
2006	14200	36.90	500.20	809.07
2007	14500	42.10	485.30	808.29
2008	14600	41.78	439.30	697.48
2009	14600	42.45	380.90	588.55
2010	14820	39.33	340.80	874.10
2011	17590	42.62	338.20	1009.60
2012	17900	48.65	340.80	1012.90
2013	18150	45.64	343.00	1150.00
2014	18300	35.43	345.00	1165.00
2015	18502	29.33	341.97	1161.33
2016	18700	36.14	259.70	1100.80

数据来源：FAO

畜产品方面，在肉类上，沙特阿拉伯主要生产的肉类是鸡肉，占据了肉类生产的绝大部分份额，其次是绵羊肉、牛肉和山羊肉。产量变化情况与存栏量类似，鸡肉持续增加，由2000年的48.30万吨上涨到2016年的63.35万吨。绵羊肉也是先上升后下降，然后再上升，在2009年下降到最低点6.40万吨，然后持续增加到2016年的10.51万吨。牛肉的产量先上升后下降，但是总体而言还是有所增加，2016年的产量为4.40万吨，相比较2000年的2.16

万吨，上涨了 103.7%。山羊肉则一直处于波动状态，但总体而言变化不大（表 7）。

表 7　2000—2016 年沙特阿拉伯主要肉类产量　　　　　　　　　　（单位：万吨）

年　份	鸡　肉	绵羊肉	牛　肉	山羊肉
2000	48.30	7.60	2.16	2.22
2001	50.50	7.60	2.16	2.24
2002	46.70	7.40	2.19	2.23
2003	46.80	7.60	2.23	2.24
2004	48.00	7.80	2.22	2.37
2005	53.70	8.14	2.24	2.41
2006	54.80	7.92	2.40	2.13
2007	55.90	7.76	2.90	2.35
2008	56.40	7.00	2.90	1.81
2009	57.00	6.40	4.21	1.84
2010	57.50	7.80	4.40	2.03
2011	46.90	9.60	4.36	2.90
2012	45.00	9.80	5.10	2.90
2013	56.90	10.00	5.20	3.02
2014	66.73	10.80	4.06	3.05
2015	61.94	11.24	3.00	2.91
2016	63.35	10.51	4.40	2.23

数据来源：FAO

除肉类以外，沙特阿拉伯的畜牧业副产品还有奶类和鸡蛋（表 8），其中由于养鸡产业的发达，鸡蛋是沙特阿拉伯产量最高的畜牧业副产品，并且鸡蛋产量每年仍在持续增加，除了本国消费之外，每年还会剩余大量的鸡蛋用以出口，出口对象主要为海湾合作委员会国家。

表 8　2000—2016 年沙特阿拉伯蛋奶类产品产量　　　　　　　　　（单位：万吨）

年　份	黄油、酥油、绵羊奶	奶　酪	牛奶制品	酸　奶	鸡　蛋
2000	0.18	2.70	0.32	0.32	12.85
2001	0.18	2.70	0.35	0.68	13.80
2002	0.18	3.15	0.28	1.52	13.84
2003	0.19	13.05	0.29	2.03	13.74
2004	0.21	25.92	0.39	2.82	14.53
2005	0.22	14.96	0.39	3.20	16.95
2006	0.21	5.53	0.40	5.12	15.81
2007	0.21	17.04	0.39	5.32	17.06

(续表)

年　份	黄油、酥油、绵羊奶	奶　酪	牛奶制品	酸　奶	鸡　蛋
2008	0.18	20.14	0.38	3.38	17.00
2009	0.15	22.95	0.40	3.56	19.10
2010	0.22	34.00	0.40	4.00	21.93
2011	0.26	33.15	0.36	4.00	21.80
2012	0.26	33.15	0.36	7.20	22.02
2013	0.30	33.15	0.36	12.00	23.70
2014	0.16	33.15	0.36	12.00	25.52

数据来源：FAO

沙特阿拉伯的畜牧业，尤其是养鸡行业，虽然在过去几十年间取得了极大的进步，但是在进一步发展上，仍面临很多限制，最主要的影响因素分别是土地、生产成本还有疾病。土地方面，沙特阿拉伯的土地价格较高，而且产权容易引起纠纷，政府也出台了相关政策限制土地的买卖，这使得沙特阿拉伯国内的养殖企业无法轻易地获得企业扩张所需的土地。其次在生产成本方面，沙特阿拉伯养殖的成本一直居高不下，这主要是因为沙特阿拉伯畜牧配套产业发展不够完善，一直严重依赖饲料、动物疫苗以及养殖装备的进口。疾病方面，虽然政府出台了有关牲畜疾病免费检验的政策，但是当地的养殖企业与政府之间的联系并不密切，所以这些政策并未真正落到实处，而且沙特国内也缺少一个全国性的牲畜疾病预防与控制的组织，一般只有大型养殖企业才会采取疾病预防措施，小型的养殖场或者农户关于牲畜疾病预防的意识并不强烈，而且也不具备进行牲畜疾病预防的技能，因此即使部分农户想要进行疾病预防，也无法采取正确的措施。据统计，在过去几年间，沙特阿拉伯有25%的鸡死于疾病爆发，有些养殖场甚至达到50%。

3. 渔业

沙特阿拉伯两面临海，西部为红海，东部为波斯湾，海岸线长达2640千米，因此拥有丰富的海洋渔业资源，海水捕捞一直是沙特阿拉伯渔业产业的重点。相对于海水捕捞来讲，水产养殖业在沙特阿拉伯属于一个较新的产业，在20世纪80年代，沙特阿拉伯的一些农户开始尝试在内陆的淡水区域养殖罗非鱼，后来开始在海水区域养殖对虾，并且品种以印度对虾为主，因为其能更好地适应沙特阿拉伯沿海地区盐分含量较高的水体，直至现在，罗非鱼和对虾依然是沙特阿拉伯最主要的水产养殖品种。虽然很多渔民已经开始尝试将养殖的品种多元化，尤其注重海水养殖品种的多元化，但是这些品种现在所占比重相对于罗非鱼和对虾来讲，依旧较小。

虽然水产养殖业是一个新兴产业，但是沙特阿拉伯政府对于水产养殖还是十分重视，原因一方面在于本国国内对于鱼虾类动物蛋白来源的需求，另一方面在于水产养殖可以有效吸引外国投资。目前沙特阿拉伯政府对于水产养殖的主要扶持政策为贷款补贴，并且政府还会牵头做一些示范性水产养殖项目，以此来鼓励民间投资。

在养殖模式方面，由于沙特阿拉伯地表淡水资源有限，水产养殖和农业灌溉都要依赖地下水，因此淡水养殖场一般都建设在拥有较为丰富的地下水资源的地区，并且在地点规划上往往与农场建设在一起，目的是为了使用农业灌溉用水来进行养殖作业，也就是说，沙特阿拉伯的农业用水往往扮演了两种角色，一种是种植作物的灌溉用水，一种是淡水养殖的养殖用水，这样的养殖模式有利于节约沙特阿拉伯本身就稀缺的淡水资源，而且从农业生态的角度来讲，也更为健康。而海水养殖则主要分布于红海附近，以对虾养殖场为主，养殖方式通常都是利用水渠将海水引入养殖场中。

在产量方面，沙特阿拉伯渔业产量占比最高的是海水捕捞业，其次是淡水养殖，最后是海水养殖业。2000—2009年，海水捕捞业产量一直持续增加，从2003吨增加到2.24万吨，后来又开始下降，到2013年降为最低点的3240吨，后来又快速增加到2016年的3.21万吨。淡水养殖业的产量一直处于波动增加上升的状态，2016年，沙特阿拉伯淡水养殖业产量为7590吨，相比较2000年的3918吨，上涨了将近1倍。海水养殖业产量总体来看也是不断增加，但是产量一直较低，2016年产量也仅为280吨（图2）。

图2　2000—2016年沙特阿拉伯渔业产量情况

数据来源：FAO

4. 林业

沙特阿拉伯大部分地区都为热带沙漠气候，林业在当地的农业之中仅占到很小的比重，据统计，沙特阿拉伯的林业面积仅仅只占到了国土面积的1.4%。由于先天自然环境的限制，沙特政府也没有将发展林业放到主要议程上来。

（三）农产品贸易情况

沙特阿拉伯的农产品贸易一直表现为逆差，并且逆差不断增大，主要是因为基于国内资源所限，沙特阿拉伯无法生产出更多的产品以供出口。另外在国内人口不断增加的情况下，农产品的消费需求也不断增加，在本国无法有效供给的情况下，只能更多地去寻求海外市场。2016年，沙特阿拉伯农产品贸易逆差已达74.41亿美元（表9）。

表9 2000—2016年沙特阿拉伯农产品贸易情况　　　　　　　　　　（单位：亿美元）

年 份	进口额	出口额	贸易顺差
2000	57.03	7.25	-49.77
2001	62.91	11.37	-51.54
2002	63.81	11.22	-52.59
2003	63.24	11.38	-51.86
2004	83.74	9.68	-74.07
2005	73.55	9.97	-63.58
2006	68.71	11.09	-57.62
2007	85.77	12.01	-73.77
2008	101.32	12.64	-88.68
2009	90.01	12.56	-77.45
2010	98.62	11.40	-87.22
2011	117.45	12.73	-104.72
2012	112.33	13.39	-98.94
2013	108.68	14.50	-94.18
2014	114.02	14.34	-99.68
2015	119.10	14.09	-105.01
2016	89.84	15.42	-74.41

数据来源：FAO

1. 主要农产品贸易规模

沙特阿拉伯主要进口的农产品为饲料和粮食作物，以大麦、玉米、稻谷和小麦为主，并且由于国内需求不断增加，进口量也在不断上涨。在大麦进口上，由于大麦是沙特阿拉伯畜牧业生产最主要的饲料作物，因此对于大麦的需求一直较高，沙特阿拉伯也因此成为了世界上进口大麦最多的国家。每年的大麦需求量随着畜牧业的生产情况不断波动变化，2000年，沙特阿拉伯进口大麦534.11万吨，到2013年增加到1054.63万吨，涨幅接近1倍，随后又开始下降，到2016年下降到633.40万吨。玉米和稻谷的进口量也是一直处于上升状态，但是相比较大麦来讲，由于玉米和稻谷以人群消费为主，波动并不剧烈，整体而言是处于平稳增加的状态，2016年，玉米和稻谷的进口量分别为360.25万吨和123.57万吨。小麦作为沙特阿拉伯最主要的口粮，考虑到国际上紧急事件的风险，政府采取的政策都是支持本国小麦生产，以此来确保本国粮食安全，在1991年，沙特阿拉伯甚至成为了当时全球第六大小麦出口国，但是人口数量的增多以及地下水资源的不断消耗，使得沙特阿拉伯不得不放弃这个战略计划，小麦在2008年也开始进口，并且进口量急剧上涨，2016年就已经达到375.66万吨，相比于2008年的24.93万吨，增长了10倍有余（表10）。

表10 2000—2016年沙特阿拉伯主要粮食及饲料作物进口情况 （单位：万吨，亿美元）

年份	大麦		玉米		稻谷		小麦	
	进口量	进口额	进口量	进口额	进口量	进口额	进口量	进口额
2000	534.11	6.69	126.12	1.71	93.62	4.95	2.00	0.03
2001	324.47	4.14	108.38	1.47	76.49	3.67	0.09	0.003
2002	378.99	4.90	116.47	1.45	66.81	3.24	0.17	0.005
2003	564.83	9.62	88.70	1.31	67.67	3.64	0.12	0.007
2004	288.60	5.54	78.75	1.47	104.57	5.37	0.49	0.01
2005	597.97	10.48	122.65	1.90	108.04	5.81	0.23	0.008
2006	759.10	12.14	133.99	2.14	95.73	5.30	0.23	0.01
2007	709.86	21.43	183.02	4.66	96.84	6.26	0.20	0.007
2008	765.25	29.84	167.93	4.15	127.92	15.39	24.93	0.67
2009	596.02	12.59	154.46	3.78	131.31	13.80	130.09	3.73
2010	723.74	19.17	192.63	4.72	128.10	13.11	161.95	4.00
2011	635.16	19.59	164.91	6.11	110.94	11.25	206.66	6.59
2012	831.73	25.14	191.26	6.29	121.68	10.84	224.60	7.43
2013	1054.63	32.50	210.66	6.86	126.56	13.88	211.95	7.20
2014	755.19	19.93	256.81	6.81	142.22	17.69	323.73	10.24
2015	649.45	14.70	231.82	5.33	159.19	15.05	140.40	3.73
2016	633.40	11.58	360.25	6.93	123.57	10.19	357.66	7.41

数据来源：FAO

除了粮食和饲料作物以外，水果和蔬菜也是沙特阿拉伯进口的主要农产品，其中水果以新鲜水果和加工成速食产品的水果的居多，并且速食水果占据更大比重，2000年速食水果的进口量差不多为新鲜水果的3倍，到了2016年，速食水果和新鲜水果的进口量都有所提高，但是速食水果的进口量提高更快，变为新鲜水果的 7.29 倍，这一方面说明了沙特阿拉伯国内水果消费量的提高，同时也反应出来国内对于速食产品更为迫切的需求以及食品加工行业的短板。蔬菜的进口也是以冷冻蔬菜为主，一方面是考虑到蔬菜的耐储存性，另一方面也是因为进口蔬菜的用途大多也是用于速食加工。水果和蔬菜的进口结构，都反应出了沙特阿拉伯消费市场上对于速食性食品的高需求（表 11）。

表 11　2000—2016 年沙特阿拉伯水果蔬菜进口情况　　（单位：吨，亿美元）

年 份	新鲜水果		速食水果		冷冻蔬菜	
	进口量	进口额	进口量	进口额	进口量	进口额
2000	7942	3.13	23776	18.91	6222	4.05
2001	2796	1.27	30275	23.53	7239	4.73
2002	14300	6.33	26556	21.57	12931	8.68
2003	13063	5.68	40476	31.73	18359	12.28
2004	15705	7.53	51191	39.48	17137	12.48
2005	19214	14.61	60118	43.69	19180	13.12
2006	19030	9.69	50905	39.97	22310	16.05
2007	12374	8.35	54518	49.73	24721	20.18
2008	10456	6.50	51958	60.43	11932	13.47
2009	11326	7.71	4844	3.93	26623	26.29
2010	30868	22.32	61244	62.57	22849	20.49
2011	39228	33.07	72272	82.61	25546	26.70
2012	69524	55.14	95071	102.53	29523	31.77
2013	65962	50.40	60979	80.21	30441	34.68
2014	52494	40.47	54886	70.91	37397	41.33
2015	53376	50.04	66811	79.70	43024	43.80
2016	12351	15.55	90011	129.96	23020	25.50

数据来源：FAO

沙特阿拉伯主要出口的农产品以畜牧业产品为主，主要包括鸡肉、鸡蛋、绵羊、骆驼等，其中绵羊等大型牲畜虽然也会经屠宰之后出售，但是由于沙特阿拉伯出口国家都以中东地区为主，地理位置毗邻，所以还是以活畜交易更为常见。

养鸡产业作为沙特阿拉伯最发达的畜牧业，鸡肉和鸡蛋都属于常年出口的产品，出口的国家也是以海湾合作委员会国家为主。鸡肉出口量波动较大，在 2002 年、2008 年和 2010

年都曾经跌入低点，但是2010年以来呈现持续增长态势，2016年出口量达到2.73万吨。鸡蛋出口量表现为先增加后减少，自2000年起，就从7669吨波动增加到2013年的4.48万吨，随后开始下降，2016年只出口了1.27万吨（表12）。

表12 2000—2016年沙特阿拉伯鸡肉和鸡蛋出口情况 （单位：吨，万美元）

年份	鸡肉		鸡蛋	
	出口量	出口额	出口量	出口额
2000	17220	2755.20	7669	837.10
2001	15357	2472.20	6903	707.70
2002	7797	1413.30	6275	722.50
2003	22979	3393.50	7890	930.90
2004	16087	2798.40	10554	1247.50
2005	17371	3760.70	12665	1461.50
2006	19489	4414.60	26608	3333.70
2007	17951	3376.40	28155	3229.70
2008	9875	2178.40	11472	2238.40
2009	19030	4427.00	29653	6746.80
2010	8336	2094.00	41222	5972.90
2011	10972	3069.50	41585	5854.60
2012	12053	4345.70	35613	5453.50
2013	20538	7493.80	44822	7264.60
2014	21031	8301.50	43135	6730.20
2015	24378	11126.40	20023	3237.60
2016	27290	12045.40	12730	2869.50

数据来源：FAO

除鸡肉和鸡蛋之外，沙特阿拉伯的出口以活畜为主，主要为绵羊和骆驼，出口数量都表现波动比较大。虽然沙特绵羊的养殖数量一直持续增加，但是出口量很不稳定，常年波动，2015年出口数已经跌进21世纪以来的最低点，仅有2.09万只出口，但是在2016年就增加到了18.74万只。骆驼的出口数量波动也较大，但是相对于绵羊来讲较为平稳，总的来说呈现先增加后下降的状态，在2010年到达最高点，出口了8.46万头，然后就开始波动下降，2016年仅出口1.52万头（表13）。

表13 2000—2016年沙特阿拉伯绵羊、骆驼出口情况　　（单位：只，头，万美元）

年 份	绵 羊		骆 驼	
	出口数	出口额	出口数	出口额
2000	56856	403.50	591	36.00
2001	31717	143.90	7765	280.00
2002	71207	623.30	3322	115.00
2003	197977	1269.80	20249	671.20
2004	218443	1514.30	4272	144.20
2005	395702	2912.80	41714	578.80
2006	414080	3076.90	21364	585.60
2007	449563	4759.30	47584	1077.10
2008	388629	4653.90	45323	1545.70
2009	120917	744.10	50847	2720.00
2010	490610	7176.60	84561	4250.10
2011	528832	8036.50	44068	8716.40
2012	507701	9046.90	78580	9600.80
2013	79600	1592.00	45212	8326.80
2014	26914	265.00	23191	16313.80
2015	20901	219.50	33402	7108.60
2016	187392	1468.00	15241	1306.50

数据来源：FAO

2. 中国与其贸易情况

中国与沙特阿拉伯的农产品贸易，以中国出口为主。2008年，中国出口沙特阿拉伯农产品金额为2.15亿美元，后一直持续上涨，到2015年达到近些年最大出口额3.56亿美元，在2016年稍有回落，为3.20亿美元。进口方面，沙特阿拉伯并不是中国进口农产品的主要来源国，所以进口方面波动较大，但是由于之前进口金额太小，再加上中国农产品进口额近些年来持续上涨的背景，所以中国对沙特阿拉伯的农产品进口总体而言还是有所上涨（表14）。

表14 2008—2016年中国与沙特阿拉伯农产品贸易金额　　（单位：万美元）

年 份	出口额	进口额
2008	21467.85	54.21
2009	20120.47	221.31
2010	25557.55	397.14
2011	29872.28	411.81
2012	29525.31	136.49

（续表）

年　份	出口额	进口额
2013	30265.37	156.23
2014	32267.74	218.73
2015	35524.72	663.23
2016	31969.81	444.60

数据来源：中国海关

（四）农业科技发展

1. 农业科技机构

沙特阿拉伯的农业科研机构主要以政府部门和大学为主，私营部门为辅。政府方面，负责农业科技研发主要是环境、水和农业部同时在各地区还设有专门的农业研发机构。大学方面，沙特阿拉伯国内比较有名的大学有沙特国王大学、阿布勒阿齐兹国王大学等。在政府部门和大学这两方面，国家每年都会投入大量的科研经费用以支撑其科研项目，在20世纪70年代，农业部门科研经费增长速度极快，1972年沙特阿拉伯农业部预算为3.3亿美元，是1963年的30倍。在私营部门方面，沙特阿拉伯的农业产业集中度较高，产业研发都以大型企业为主，中小企业参与较少，但是大型企业数量较少，所以私营部门的科研活动并不活跃。

2. 农业科技发展状况

沙特阿拉伯发展农业科技采用国内研发和国外学习相结合的方式，不仅在国内投入大量资金用以支撑农业科技研发，主要研究项目包括良种培育、灌溉设施等方面，同时也十分注意学习和采用外国的先进农业生产技术。主要的学习目标国是位于赤道附近的澳大利亚，与沙特阿拉伯类似，澳大利亚也是一个缺水少地的国家，同时也有着畜牧业的传统，相似的国情使澳大利亚农业的发展经验能够很好地应用到沙特阿拉伯国内，除了向澳大利亚购买适用于干旱地区耕作的机器和适合旱地生长的良种以外，还聘请澳大利亚的农业专家指导生产，同时在沙特阿拉伯举办的农业展览会上，也邀请澳大利亚参展。

人才方面，沙特阿拉伯非常重视农业专业人员的培养工作，经常举办各种农业技术训练班，每年都会选派近百名专业人员到国外学习农业技术和管理。

（五）农业管理体系与政策

1. 农业管理体系

沙特阿拉伯的农业主要由环境、水和农业部来进行管理，位于首都利雅得，下属机构主要包括环境局、水务局、水服务局、农业局、土地与调查局、动物资源局和规划预算局，其中水务局主要负责全国水利设施的规划与建设，水服务局更加偏向于种植业和畜牧业在用水时的指导服务，其余部门管理业务与国内类似。另外，环境、水和农业部还建设了四个系统对国内农业生产进行监测，分别为农业活动登记系统、用水量统计系统、收获系统和土地系统。

除了环境、水和农业部之外，考虑到粮食安全的重要性，沙特当地还有一个专门负责粮食管理的组织机构——沙特粮食组织，同样也位于首都利雅得。

2. 农业支持政策

在20世纪70年代以前，沙特阿拉伯的农业构成基本是半游牧、半农业，农业生产也以种植椰枣为主，产业单一，粮食生产也无法满足本国需求。因此，沙特阿拉伯政府当时为了摆脱国内以石油为主，其他产业薄弱的现状，同时也考虑到农业在整个国家发展中的基础作用，开始重视本国农业的发展，尤其是粮食安全问题，制定了一系列措施来促进本国农业的发展。

（1）免费分配国有荒地，扩大耕地面积

这项工作是由沙特阿拉伯农业部组织的，从1968年开始实施，到1985年已经基本结束。在此期间，免费分配的土地共有71.3万公顷。其中的73%，大约51.9万公顷的土地是在1982—1985年的4年之内分配完成的。分配的对象有个体农民、农场和大型的农业公司。据统计，在此次荒地的分配中，沙特阿拉伯全国2344个农场和10个大的农业公司所分得的土地约占到分配总数的2/3。

（2）实行农业价格补贴，提高农民务农积极性

为了鼓励国内的农业生产，提高粮食的自给率，从20世纪70年代初开始，沙特政府一方面取消了对国外进口食品的补助，另一方面，随着国家收入的剧增，从1973年开始，沙特政府开始对农业实行价格补贴政策。补贴分为投入和产出两种，即首先通过补贴各种农业生产资料生产商，低价供应各类农用生产资料，其次，在收购的时候，也采取高价收购。所有的补贴都分别由农业水利部、农业银行和国营粮库和面粉厂这三个国家机构负责。其中农业部所提供的补贴，除了1983年以前对购买化肥的补贴之外，主要是对种植椰枣和除了小麦之外的粮食提供补贴；农业银行负责对购置各种农业生产资料进行补贴；而国营粮库和面粉厂只面向小麦，对它实行高价收购的补贴政策。

（3）提供无息贷款

沙特政府还通过农业银行向缺少资金的农民和农场提供无息的短期和中期贷款。短期贷款的期限为一年，主要是为了帮助农民或者农场解决种子、肥料、燃料、饲料和人力成本等

季节性财政开支。中期贷款一般情况下也不超过10年，主要用来帮助农民或者农场购置农机设备、灌溉设备、农业建筑和畜种等资产。除此之外，沙特农业银行还提供贷款期限可达到25年之久的长期贷款，用以帮助购买大型农业机械或者建设大规模的农田基础设施等，贷款条件也是十分优惠。

（4）水是沙特阿拉伯农业发展的关键

全国只有不到1/3的土地能够得到灌溉，为了改变这种状况，政府大力加强水利工程的建设。第一个五年计划中建成的哈萨排灌工程，使灌溉面积增加1.2万公顷。到第二个五年计划完成时，全国共建水坝33个，全国灌溉面积增加40%。另外政府还采取海水淡化及节水措施，推广先进灌溉技术，现在已普遍改漫灌为喷灌和滴灌。为了防止沙漠对农田的吞蚀，政府大力提倡植树造林。哈萨地区有一支专门从事植树固沙的工作队，到1976年已植树500多万棵。

（5）沙特阿拉伯十分注意学习和采用外国的先进农业生产技术

首先把目标集中在与它自然条件相似的澳大利亚。澳大利亚也是世界上干旱严重的国家，但它却由一个几乎没有农业、一跃成为一个大量出口农产品的国家。澳大利亚的经验对沙特阿拉伯有着强大的吸引力。沙特柯拉伯除向澳大利亚购买适用于干旱地区耕作的机器和适合旱地生长的良种以外，还聘请澳大利亚的农业专家指导生产。澳大利亚通过派遣专家和在沙特阿拉伯办农业展览会，将200多年积累起来的旱地耕作经验传授给了沙特阿拉伯。沙特阿拉伯还非常重视农业专业人员的培养工作，经常举办各种农业技术训练班。这几年还选派了近百名专业人员到国外学习农业技术和管理。

3. 农业发展规划

在之前的历史时期，沙特阿拉伯的农业发展一直都倾向于发展本国农业，但是本国农业资源禀赋的限制给农业发展盖起了一道天花板，之前农业的快速发展已经给本国的水土资源带来了巨大压力，再加上如今全球贸易越来越自由化的情况，仅仅依靠本国自身来实现农产品供给已经显得有些不切实际，因此沙特阿拉伯也放弃了原先大力发展本国农业的战略思想，转而寻求国际市场。在2008年，沙特阿拉伯已经放开了本国最主要口粮——小麦的进口限制。现如今，沙特阿拉伯农业发展规划，更多地是倾向于可持续性发展，如何利用本国有效地资源来实现更加有效率的农业生产，是如今沙特阿拉伯农业发展的重要方向。

在转型计划上，沙特阿拉伯主要制定三项计划，分别为环境转型计划、水资源转型计划和农业转型计划。其中，环境转型计划主要目的是为了增加绿化面积，改善本国空气质量；水资源转型计划的目的是为了改变国内如今用水量过于庞大的现状，以确保可持续的供水量能够应对不断增长的用水需求，同时也会采取相应措施，来改善水资源的质量，保障饮水健康；农业转型计划的目的在于扭转原先以产量为主导的生产方式，转而为农业寻求一条可持续发展的道路。

除以上三项主要的转型计划之外，沙特阿拉伯政府还制定了一系列的投资计划，确保通过这些投资项目来提供足够的财政资金，吸引其余投资者参与，提高私营部门对可持续发展战略的参与程度，以确保本国产业在转型期间也能均衡发展，同时创造更多的就业机会。具体的投资方案主要有以下几个方面。

制定长期的战略计划，在当下发展与后代需要之前取得平衡，以不损害国内环境和重要资源为前提，同时为妇女提供更加便利的工作环节，使妇女能够从事相关工作，释放出妇女的工作潜力，以此来支撑环境、经济和社会的协调发展。

开发沙特阿拉伯南部国家森林，设计害虫和外来植物入侵防治计划，保护重要的林业资源，建设国家森林公园和自然保护区，在实现可持续发展的同时也能够创造部分经济效益。另外也引导资金向防治沙漠化、保护牧场等方向流动，限制过度放牧行为。

在西南部地区，投资建设农业梯田项目，配套最新的雨水收集技术用以灌溉，同时增加当地水坝的水资源储备能力，记录农业、工业、服务业的水资源消耗情况，建立水资源优化管理数据库。

结合每个地方实际情况，制定地区性农业生产和投资战略计划，鼓励私营部门与国家部门合作，目的在于缓解转型期间，国内部分产品的供给压力。

建立专门负责农产品市场管理的部门，同时监测国内和国外两个市场的各项交易信息，提高农产品的流通和消费效率。另外针对畜牧业部门，建立一个研发生产牲畜疫苗的研究中心，用以治疗本地牲畜疾病，监测和控制地方性或跨境兽医疾病的传播。

在东部和西部沿海地区建设和发展渔港服务，为渔民提供有关海况，如波浪、风速等有用的信息预报，同时投资支持建设可以提高渔业管理效率的相关机构，提高渔业生产能力，提供捕捞的相关信息，采取相关限制过度捕捞的手段，促进渔业的可持续发展，保护国内的渔业资源。

投资建设海水淡化厂、地面和地下水净化厂，鼓励私营部门参与，注重废水的回收利用，尤其是农业用水的循环使用。

研究制定专门的粮食战略储备计划，确保储备情况和粮食生产原材料的有效供应，防止因为供应不足和季节性市场变化导致粮食危机或者粮价过分上涨。

总结来看，以上这些内容涉及农业就业，林业资源开发，种植业、畜牧业和渔业的进一步发展，水资源的保护、粮食安全等多方面内容，主要目的就在于提高农产品的供给和资源利用效率，确保产业转型期间，沙特阿拉伯国内农产品市场的稳定。

三、农业投资环境

（一）国家商业环境

在世界银行发布的《2018年营商环境报告》中，沙特阿拉伯的营商环境指数为62.50分，相比较2017年提高了2.92分，营商环境稍有改善，在190个评选国家中排名92名，处于中等水平。沙特阿拉伯营商环境指数评分不高的原因主要在于开办企业、获得信贷、跨境贸易、执行合同以及办理破产这几个单项评分过低，尤其是跨境贸易和办理破产，2018年分别排名161名和168名。但是沙特阿拉伯政府近些年来也在不断推出新的经济政策，以此来改善本国营商环境，并取得了一定进展，主要表现在对少数投资者的保护、办理施工许可证、开办企业和登记财产方面，少数投资者的保护提高幅度最大，这同时也导致了一些不公平的社会问题，并且促进了贫富差距的拉大。

从根本来看，营商环境不是很好的原因主要在于产业单一化严重，私营部门不够活跃。石油作为沙特最主要的产业支柱，占据了沙特将近一半的国民经济，所以受国际油价影响极其严重，同时私营部门发展空间受到一定限制，而且由于受国际油价低迷的影响，沙特阿拉伯之前采取了偏紧缩的财政政策，私营部门无法获得更多贷款用以投资，导致其发展缓慢，最终让国民经济增长动力不足。鉴于此，沙特阿拉伯又增加了财政预算，出台了一系列政策刺激经济发展，但是效果并不显著。

（二）农业优势与潜力

沙特阿拉伯国土面积多为沙漠，草场也基本为低级草场，无优质草场，常年降水量稀少，大田生产的农业方式并不具备优势，因此沙特阿拉伯的设施农业是主要的生产方式。这也就要求需要有各类与设施农业相互配套的农业机械，依靠之前的研发，已经在农业动力机械、农业灌溉机械、温室设备、家禽饲养系统、孵化设施、小型园艺机械、水泵和排水系统等方面有了一定的积累。按照沙特阿拉伯环境、水和农业部的官方规划，沙特阿拉伯在未来还需要建设部分配备高科技农业装备的梯田以及渔场，这与中国的农业发展方向具有一定的相似之处。另外根据本国人口增长带来的食物消费需求，将会重点发展食品加工业，结合中国农业供给侧改革的背景来看，中高端食品加工业也是中国目前的一个短板，并且亟需发展，沙特阿拉伯在这方面已经积累了部分经验，可供中国学习借鉴。

就农业总的发展潜力而言，在之前的历史阶段，沙特阿拉伯已经尝试过依靠本土资源发展农业。但是事实证明，还是有一定的现实局限性。所以沙特阿拉伯目前除了大量进口之外，还积极探索投资海外农业发展，预计在2025年沙特阿拉伯将成为国际上最大的小麦进口国之一，同时还将在海外地区进行农业投资合作，建设大约年产450万吨小麦的农业生产基地。目前，中国已经成为沙特阿拉伯在农业贸易方面最大的贸易伙伴之一，搭建了良好的合作基础，另外从长远发展的角度来看，中国与沙特阿拉伯海外农业合作依然有巨大潜力。

（三）风险分析

1. 政治风险

沙特阿拉伯继承制度为兄终弟及制，政局较为平稳，王室对整个国家政治拥有较强的控制能力，王位的更迭对沙特阿拉伯国内其他政策的后续影响难以预料。

2. 经济风险

沙特阿拉伯的经济风险主要分为国际和国内两个方面。在国际方面，沙特阿拉伯一方面由于国内产业结构受国际石油价格波动影响，另一方面，由于沙特阿拉伯货币沙特里亚尔与美元一直保持固定汇率，所以沙特阿拉伯国内的财政货币政策还会受到美国政策变动带来的影响，这两方面风险沙特阿拉伯都无法进行有效规避。

在国内方面，由于沙特阿拉伯外籍人口居多的现状，政府出台了"沙特化"的用工制度，要求在沙特阿拉伯本土的企业在招工时都必须按照一定比例雇佣沙特当地人，这在一定程度上限制了公司的自由。另外，虽然按照沙特《外国投资法》的规定，外国资金在沙特阿拉伯投资成立子公司或者分公司时，可以享受与本国公司同等待遇，但是在实际情况中，不公平现象依然存在。

3. 社会风险

沙特阿拉伯近年来社会局势表面较为稳定，但是从长远来看，还是有一定的潜在风险。一是沙特阿拉伯政权交替给社会带来的后续影响难以预测。二是沙特阿拉伯国内贫富差距悬殊，外籍人员居多。本国人民失业率居高不下，有潜在的社会动荡风险。沙特阿拉伯近年来实行的紧缩财政政策，还会加剧贫富差距和失业率，更易引发社会不稳。三是沙特阿拉伯目前还存在一定程度的男女不平等和宗教冲突现象。四是沙特阿拉伯地处中东地区，外部受恐怖主义威胁较大。

4. 自然风险

沙特阿拉伯地处热带沙漠之中，自然环境决定了其最常遭遇到自然风险就是干旱，沙特政府对此也相当重视，在水资源的供应上，现在沙特阿拉伯已经是世界上最大的海水淡化国，共有 30 个海水淡化厂，平均日产 300 万立方米淡化水，产量占到全球的 1/5 以上。虽然沙特政府早年间为了减少对石油产业的依赖性，对本国的产业进行发展多元化发展，其中对农业投入了大量资金，帮助建设了各种先进的水利灌溉基础设施，沙特的农业在 20 世纪 80 年代一度也曾有过快速发展的阶段，被称之为"沙漠中的农业奇迹"，但是随着近年来沙特生活用水量和工业用水量的急剧增加，农业用水已经遭到了沙特政府的限制，水资源的稀缺也使得农业不再像原先那样受到沙特政府的重视。因此，在沙特进行农业投资，水资源的短缺是一个很严峻的现实问题。

（四）总体评价

总体来说，沙特投资环境和投资潜力均不错，但是近年来国内投资政治风险有上升趋势，将带来更多的不确定性。目前沙特的继承制度正处于过渡阶段，同时周边国家政局动荡，恐怖主义盛行。沙特国内居高不下的青年失业率、男女不平等、派别冲突等，均加剧了沙特国内的政治风险。但是考虑到沙特政权的经济实力与政治地位，以及沙特顺利的权力交接以及在近几年采取的一系列稳健的改革措施，预计沙特不会出现大规模的动荡局面。

最关键的是，在沙特投资农业时，必须要慎重考虑当地的水利设施和农业用水额度，沙特政府近年来已经为了保证城市用水一再消减农业用水量，减少相关农作物的种植面积，因此，中国农业企业进入沙特时，水资源的供给一定要作为首要的考虑因素。

四、中沙农业合作现状与合作重点

（一）合作现状

1. 合作机制

中东地区是中国外交战略的重要组成部分，沙特作为地区大国必然被予以格外关注。中沙两国于 1990 年建交，中国支持沙特政府奉行旨在实现安全、稳定和民族利益的政策，沙特承认中国是代表中国人民的唯一合法政府。双方高层互访和各层次磋商频繁，在国际重大事务中互相配合与支持，中沙友好关系在沙特社会有广泛的民意基础。2006 年，两国就建立中沙战略性合作关系达成共识，双边关系进入新的发展阶段。2008 年 6 月，双方签署《中国和沙特关于加强合作和战略性友好关系的联合声明》。2012 年 1 月，两国决定在战略框架下进一步提升双边关系水平。

在合作协议的签署方面，1990 年沙特与中国建交之后，就经济、贸易、技术等方面签署多个协定，例如，在 1992 年 11 月 5 日，沙特与中国签订的《中华人民共和国政府和沙特阿拉伯王国政府经济、贸易、投资和技术合作协定》，1993年6月5日和11月24日签订的《中国政府和沙特政府相互给与贸易最惠国待遇的换文》，还有2008年6月21日签订的《中华人民共和国政府和沙特阿拉伯王国政府关于加强基础设施建设领域合作的协定》，2011年3月24日签订的《中华人民共和国国家标准局与沙特标准局技术合作协定》等。但是由于农业并非是沙特阿拉伯的特色产业，再加上中国与沙特政府签订协议时基本都是从宏观经济或者石油能源的角度出发，所以到目前为止，中国还没有与沙特阿拉伯专门就农业方面签署相关的合作协议。

2. 科技合作

在科技合作方面，考虑到中国与沙特阿拉伯的实际国情，主要合作领域包括荒地治理、旱地农业、农资和农机生产、渔业等方面。在政府层面，沙特阿拉伯希望与中方在作物育种、畜牧科学、果树研究及节水技术等相关领域的交流与合作。中方愿意并希望加强与沙特阿拉伯在渔业、旱作物种植、绿色植被保护等领域的交流与合作。基于政府层面的规划，中国与沙特阿拉伯的阿卜杜拉国王科技大学来往交流密切，实施中沙青年科学人才交流计划，组织中沙青年科学人才互访，资助其到对方国家开展有规定期限的合作研究，邀请阿拉伯国家技术人员参加中国科技部举办的"对发展中国家技术培训班"。同时双方还通过农业科技展览等方式积极交流合作，每一届沙特国际农业博览会都会吸引众多中方农业企业参与，中方所举办的中国国际现代农业博览会也是如此。

3. 贸易合作

沙特与中国在1990年建交之后，在农产品贸易上一直都有往来。2005年12月11日，沙特阿拉伯正式成了WTO的第149个成员国，自此，中国与沙特的贸易往来更加密切。截止到2015年，中国已经跃居成为沙特最大的贸易伙伴，沙特向中国出口额达925亿里亚尔，从中国进口额达924亿里亚尔，出口、进口均位居第一。在农产品贸易方面，中国主要是向沙特出口，出口的主要品种包括食用蔬菜、食用水果及坚果、蔬菜、水果、坚果、植物油脂等产品。从各年的出口额数据也可以发现，蔬菜及水果对沙特的出口呈现持续增长态势，尤其在2002年以后，出口增速更快，这显示了中国在这类产品上较强的出口优势。2016年，当时的王储继承人兼第二副首相、国防大臣穆罕默德·本·萨勒曼·阿勒沙特访华，参与在杭州举办的二十国集团领导人第十一次峰会，在此次与中方的交谈中，中沙双方企业共签署了8份合作协议，其中农业也是作为重点领域出现。另外在2016年的中国—阿拉伯国家合作论坛上，中国与中东地区的阿拉伯国家签署了《2030年可持续发展议程》，并且特别制订《中阿合作论坛2016—2018年行动执行计划》以确保计划得以落实。

4. 投资合作

目前中国与沙特阿拉伯的合作虽然较为密切，但是在农业方面的投资行为依然较少。一是由于沙特阿拉伯农业规模较小，而且本国政府对农业的扶持力度已经足够巨大。二是中国虽然是一个农业大国，但是由于地少人多的基本国情，很多大宗农产品还是需要靠进口才能满足国内需求，这一点情况与沙特阿拉伯极为相似。即使中国向沙特阿拉伯注入资金用来发展当地农业，也无法解决中国国内的农产品供给问题。三是根据沙特阿拉伯外国投资法及其实施条例的有关规定，外国投资者可与沙特阿拉伯本国投资者成立合资公司，直接从事贸易活动，但是要求门槛极高，规定每一名外国投资者的最低投资额为2000万里亚尔（合533亿美元），每年至少对15%的沙特员工进行培训。此外，沙特阿拉伯由于宗教信仰问题，在农产品和食品加工方面有着相当严格的规定，这使得中国企业进入沙特的农产品加工行业存在着诸多的困难。

（二）合作潜力

1. 合作基础

目前而言，中国与沙特阿拉伯双方外交关系良好，且在"一带一路"倡议的背景之下，双方关系还会继续加强。2016年1月《中华人民共和国和沙特阿拉伯王国关于建立全面战略伙伴关系的联合声明》的发表，说明了中国与沙特阿拉伯外交关系的进一步发展，同时也为农业等领域的合作打下了坚实的基础。

在农业方面，沙特阿拉伯农业资源匮乏，需要广泛的国外农产品市场来满足本国需求，除了粮食和饲料作物之外，每年还需要大量的蔬菜和水果，虽然中国粮食出口量较少，但是蔬菜和水果的产量庞大，而且相对于产量而言，中国蔬菜和水果的贸易量稍显不足，仍需扩展海外市场，在这一点上，双方已经建立了良好的贸易合作基础。其次在农资和农机等生产资料方面，沙特阿拉伯畜牧业在农业中所占比重较高，但是牲畜疫苗、养殖设备等配套产业并没跟上，而中国在动物疾病防治、畜牧业装备研发等方面已经具备足够实力，而且沙特阿拉伯经济发达，市场空间巨大。

2. 合作前景

中国与沙特阿拉伯虽然目前在农业方面的合作不多，但是从长远来看，中国与沙特阿拉伯在农业领域中的合作会不断加强，两个国家之间的友好关系和在部分领域的互补，为以后的合作提供了更多可能。沙特阿拉伯近年来随着人口的增加，谷物、食品和蔬菜等农产品的消费量急剧增加，但是本国水土资源的压力又使得沙特阿拉伯的农业生产具有一定的局限性，再加上沙特阿拉伯为了保护本国自然资源，要将农业生产转型为可持续发展的模式，因此可以预见，在未来一段时期，沙特阿拉伯都需要在国际市场上进口大量农产品，且每年进口数量会不断增多，这也为中国与沙特阿拉伯的合作提供了良好的历史机遇。

现今，虽然中国从总体上来讲，已经是沙特阿拉伯最主要的贸易伙伴，而且食品和蔬菜也一直都在中国出口沙特的农产品中占有一定比例。但是从整个农产品的贸易角度上讲，中国并非是沙特阿拉伯的主要贸易伙伴，尤其是在饲料产品，沙特并不从中国进口，而是以巴西和法国为主要进口来源国，主要原因就在于巴西和法国的饲料生产标准能够达到沙特阿拉伯作为一个清真国家的要求。但是在中国的陕西和宁夏等省（自治区），清真食品行业已经颇具规模，相关配套产业也已得到快速发展，因此，中国在未来也可考虑在这些行业与沙特建立贸易伙伴关系。

在农业科技方面，中国虽然地域辽阔，但是人多地少，农业缺水的国情与沙特阿拉伯还是有一定的相似之处，因此，从双方合作共赢的角度出发，如果要更好地发展中国和沙特阿拉伯的农业，尤其在干旱地区，两国则需要在耐旱品种培育、土地沙漠化治理、海水净化、污水处理、农业节水设施等方面加强合作，共同进步。

（三）合作重点

1. 重点领域

（1）开展食品加工业合作，培育清真食品品牌

随着沙特阿拉伯人口数量的不断增加和妇女就业环境的逐渐好转，沙特阿拉伯对于食物，尤其是速食类食物的需求快速增加，因此，沙特阿拉伯的食品加工领域在未来，会面临庞大的市场需求压力。同时，在中国西北部的新疆维吾尔自治区、宁夏回族自治区、陕西省等地，维吾尔族、回族等民族对于清真类食品的要求也是与日俱增，而且在当地食品清真化也已经取得了一定进展并积累了部分经验，但是只是以当地原有产品获得清真认证为主，导致清真食品虽然众多，但是并没有培育出具有一定品牌价值的清真产品。在中沙双方都有加强建设清真食品加工业这样的背景下，中国与沙特阿拉伯应该积极展开合作，就双方食品加工业的行业标准进行探讨并达成一致。考虑到沙特当地食物来源的限制，应该以双方共同出资，在中国建厂为主要合作模式，以满足双方市场需求为主要目的，同时也要注重清真食品品牌的培育。

（2）加强农业科技合作，提高双方农业生产效率

沙特阿拉伯虽然和中国在整体体量上差距甚大，但是在水土资源的稀缺性上还是有一定的相似之处，而且两国对于农业发展都持可持续发展观念，在资源禀赋的限制之下，发展农业科技成了中沙双方农业产业进步的必然要求。双方应该创新合作机制，加强交流学习，首

先要继续加强双方农业科技院校的合作，建立顺畅的合作研究渠道，为农业科技人员之间相互交流提供便利。除了农业科技人员的交流之外，还可以采取项目合作研究等多种方式，共通推进中沙双方的农业科技进步。其次要进行有效布局，针对重要产业，强化资金扶持和人员配置，尤其是要注重节水技术、旱地治理等可持续发展农业技术的研发。最后还注意创新管理体制。建立中沙之间农业技术交流合作的相关管理机构，出台一定的管理制度，从全局出发来进行统筹协调，避免资源浪费现象，同时还可针对形势变化，快速有效地调整研究战略。

2. 重点产业

（1）畜牧业配套产业

针对沙特阿拉伯饲料、疫苗等畜牧业前端产业以及屠宰加工产业发展较为不足的实际情况，中国可以将畜牧业配套产业做为切入点，从良种培育、饲料加工、疫病防控、屠宰加工等各个环节与沙特阿拉伯畜牧业开展合作，帮助沙特阿拉伯搭建完整的畜牧业产业链条。尤其是饲料加工和疫病防控这两方面，沙特阿拉伯畜牧业成本一直居高不下的原因就在于饲料的大量进口和缺少全国性的疫病防控系统，针对这两点，一是建立符合沙特阿拉伯标准的饲料生产基地；二是依托中国动物科技研发优势，借鉴中国畜牧业疫病防控的经验，与沙特阿拉伯政府开展合作，降低沙特阿拉伯的畜牧业生产成本和疾病发生率。

（2）水产养殖与海洋渔业捕捞

虽然水产品并非沙特阿拉伯主要的消费食物，但是近些年来消费需求不断上涨，预计以后的市场空间会越来越大。目前沙特阿拉伯水产养殖品种单一，但是水产养殖与种植业相结合的养殖模式值得中国借鉴，中方可就水产养殖技术和渔业资源培育方面与沙特阿拉伯开展深度合作。同时在海洋渔业捕捞上，中国与沙特阿拉伯都有着极长的海岸线，海洋渔业资源丰富，但是也都存在过度捕捞现象，除了在海洋渔业捕捞设备和捕捞技术上可以有所交流之外，结合他人经验，共同商讨建设合理的休渔制度也是可行的。

五、中沙农业合作建议

（一）建立维护稳定的政府合作关系，以农业作为切入点

沙特阿拉伯虽然在农业上不具备先天优势，但是在能源方面却位居世界前列，鉴于这种情况，中国应该与沙特阿拉伯建立稳定的长期可信赖的伙伴关系，签署一系列的长期贸易协定，考虑到沙特阿拉伯缺少农产品供给的现状，中方可以借助农产品出口以及其他农业合作方式，帮助沙特阿拉伯在国内农产品的供应上稳定局面，然后以农业为切入点，商讨沙特阿

拉伯的能源进口，以农业换能源，达成互惠共赢的局面。

（二）加强农业科技合作，强化人才交流

相对于20世纪来说，虽然沙特阿拉伯农业的国家战略地位已经有所下滑，但是，在之前发展农业的数十年间，沙特阿拉伯已经积累了丰富的旱作经验，再加上如今沙特阿拉伯和中国都需要以农业科技作为核心驱动力，使得本国农业得到进一步发展，两国可以在旱地栽培、水利设施建设、生态种养等方面加强合作交流。另外，要建设配套的人才交流机制，以双方的农业科研院校为依托，设立人才交流项目，也为两国其他农业领域的合作提供便利。在沙特阿拉伯的农业规划中，仍有大量的农田、水利设施等基础设施建设项目，中国在这方面有着雄厚的实力和丰富的经验，也可通过项目合作为渠道，学习双方先进合理的建造和规划经验，提高两国的农业生产能力

（三）鼓励双方私有部门投资合作，同时配套相关指导措施

沙特阿拉伯近些年来一直致力于改善国内较为单一的以石油为主的产业结构，鼓励私营部门发展，同时也积极吸引国外资金入驻。中方可借此机遇，在充分了解中方企业的基础上，探索中国私营部门投资沙特阿拉伯的可行性路径，另外也需要利用沙特阿拉伯经济发达的优势，将沙特阿拉伯的资金优势引进到中国国内。同时，为了保障投资的成功率和回报率，要配套相关指导措施，对于中方企业要指导他们熟悉沙特阿拉伯国情和地方民俗，详细了解沙特的食品法律、标签要求和市场准入限制，避免发生冲突。在沙特企业入驻国内时，也要提供相关帮助，以提供信息咨询等软服务为主，帮助沙特企业在国内有效立足。

参考文献

艾　林.2013.当代沙特阿拉伯王国的社会不稳定因素研究［D］.北京外国语大学.
陈建民.1991.沙特阿拉伯的农业补助制度［J］.世界农业，（5）：12-14.
粟若杨，郭静利.2016.中国和沙特阿拉伯农业重点合作领域前景分析［J］.农业展望，12（8）：67-71.
牟军生.1984.沙特阿拉伯重视农业及水资源开发［J］.水处理技术，（2）：22.
R. Cates, J. S. Zeinstra，李书林.1987.沙特阿拉伯大型奶牛场的饲料生产［J］.国外畜牧学.草原与牧草，（2）：14-16.

叙利亚

叙利亚是地中海沿岸国家，地处连接欧亚非三大洲的西亚地区，是进入阿拉伯国家以及欧洲的一个重要通道，自古就是"丝绸之路"的重要站点。

叙利亚是中东地区的主要农业国家，曾被誉为"中东粮仓"，幼发拉底河、哈布尔河、阿西河流域是主要农业区。叙利亚的主要农作物包括棉花、小麦、大麦、玉米、马铃薯、蔬菜、水果、橄榄和干果。其中，棉花是其外汇收入的主要来源之一；橄榄的种植历史悠久，橄榄油中的多酚含量很高，品质较好。叙利亚还是中东重要的畜牧国家，主要的畜产品为绵羊、山羊、牛和家禽。

自1956年中叙两国建交以来，双方在贸易、投资、科技等方面的合作发展迅速，特别是民间的贸易和投资往来日益密切。随着"一带一路"倡议的深入实施，叙利亚作为西亚地区的重要农业国家，其农业领域将成为中叙两国重要的合作内容。叙利亚的棉花种植与加工、畜牧养殖与加工、果蔬种植与销售等产业具有很大的发展潜力。两国农业具有较强的互补性，双方在农产品生产加工、棉花育种技术、荒漠农业、环境治理等领域具有广阔的合作前景。

在对叙利亚的投资方面，中国需要根据形势的发展谨慎考虑，以规避可能出现的政治风险。在未来叙利亚政局稳定之后，可考虑与其加强农业与粮食安全等领域的合作。

一、国家基本概况

（一）自然地理

叙利亚全称为阿拉伯叙利亚共和国，全国共划分为14个一级行政区，即13个省和大马士革市。叙利亚位于亚洲大陆西部，北与土耳其接壤，东同伊拉克交界，南与约旦毗连，西南与黎巴嫩和巴勒斯坦、以色列为邻，西与塞浦路斯隔地中海相望，总面积为185180平方千米（含戈兰高地）。边境线全长2413千米，海岸线长183千米。沿海和北部地区属亚热带地中海气候，南部地区属热带沙漠气候。

叙利亚是中东出入地中海的走廊，陆、海、空运输比较发达。位于大马士革东北245千米处的台德木尔城遗址，被誉为"沙漠中的新娘"，是公元2世纪和3世纪连接中国、西亚和欧洲的重要商道，是古代丝绸之路的重镇。

（二）政治、经济与人口状况

作为世界古老文明发源地之一的叙利亚，历经罗马帝国、阿拉伯帝国和奥斯曼帝国等大国统治，形成了目前多民族、多宗教、多教派的社会结构。主要民族有阿拉伯人（80%以上）、库尔德人、亚美尼亚人、土库曼人和吉尔吉斯人。85%的居民信奉伊斯兰教，约有

11%的居民信奉基督教，还有少数居民信奉犹太教。叙利亚官方语言为阿拉伯语，第二通用语言为英语。

叙利亚是中东地区少有的非单一经济结构国家，经济增长依靠农业、石油产业、加工制造业和旅游业等多种行业。在长期的国际经济贸易制裁中，叙利亚经济结构被迫调整，政府着力强调经济本地化，降低对外依存度。当前石油产业占叙利亚经济比重不大，农业和服务业成为支柱产业。2017年，叙利亚GDP为283.93亿美元，按不变价格计算，叙利亚GDP已滑落到20世纪末的水平（表1）。据FAO估计，2017年叙利亚农村人口占总人口的43.3%，农业劳动力占总劳动力的17%。现阶段，叙利亚农业的主要问题是缺乏灌溉等基础设施，几乎完全依靠降雨，造成粮食等生产不稳定。

表1　2000—2017年叙利亚经济与人口概况

年份	GDP（现价）（亿美元）	GDP（2010不变价）（亿美元）	GDP增长率（%）	人均GDP（当前价）（美元）	人均实际GDP增长率（%）	人口（万人）
2000	196.66	372.17	2.7	1198.42	-1.7	1641
2001	210.08	386.29	3.8	1253.46	1.6	1676
2002	217.82	416.65	7.9	1275.29	5.8	1708
2003	208.58	419.11	0.6	1198.05	-1.3	1741
2004	245.46	448.04	6.9	1378.21	4.5	1781
2005	283.97	475.88	6.2	1552.60	3.4	1829
2006	331.09	499.90	5.0	1750.87	1.6	1891
2007	402.72	528.27	5.7	2051.55	1.8	1963
2008	525.58	551.91	4.5	2587.79	1.0	2031
2009	541.11	584.55	5.9	2598.99	3.3	2082
2010	604.65	604.65	3.4	2876.55	2.5	2102
2011	551.73	566.56	-6.3	2644.92	-5.6	2086
2012	400.57	439.65	-22.4	1961.66	-20.7	2042
2013	316.67	330.62	-24.8	1598.54	-22.5	1981
2014	340.77	331.94	0.4	1774.84	3.6	1920
2015	283.78	314.35	-5.3	1515.11	-2.9	1873
2016	221.63	303.66	-3.4	1202.55	-1.8	1843
2017	283.93	287.57	-5.3	1554.08	-4.5	1827

数据来源：GDP及2017年人口数据来源于联合国数据库，2000—2016年人口数据来源于世界银行

叙利亚在第一次世界大战之后由法国委任统治，于1944年独立，1963年起由阿萨德家族领导的阿拉伯复兴社会党执政至今。叙利亚实行总统制，议会行行政立法权。根据叙宪法，总统和部长会议行使行政权。议会根据阿拉伯复兴社会党叙利亚地区领导的提议提出总统候

选人，然后通过全民秘密投票的方式选举总统。总统是国家元首和武装部队最高统帅，领导政府，任期七年。在军事上，总统是为武装力量总司令，通过国防部、总参谋部和三军司令部对全军实施领导和指挥。部长会议是国家最高行政机关，负责监督法律的执行以及监督国家机关和组织的工作。

2011年以来，战争给叙利亚带来了巨大的损失。人口从2010年的2102万减少到2017年的1827万，减少了275万人口（表1）。2016年全部商品CPI指数是2011年的6.12倍，其中，农副产品的CPI指数更是高达7～9倍（表2）。据联合国粮农组织/世界粮食计划署的住户调查，叙利亚有近1000万人需要援助，主要分布在库奈特拉、德拉、大马士革、伊德利卜和阿勒颇等省。

表2 2011—2016年叙利亚的CPI情况

项　目	2011年	2012年	2013年	2014年	2015年	2016年
所有商品	106.3	145.1	264.5	324.2	448.8	662.9
食品和非酒精饮料	107.1	150.8	316.3	378.0	512.1	807.3
食品	107.4	150.0	313.3	378.8	510.4	802.4
面包和谷物	106.5	151.4	325.4	370.6	486.5	737.0
肉	105.3	143.2	288.2	340.5	474.3	724.7
渔业与海洋食品	111.2	152.3	341.4	371.7	554.5	1032.0
酸奶，奶酪，鸡蛋	112.5	166.5	377.7	507.1	585.8	924.5
油脂	108.5	150.9	323.0	360.6	500.9	823.3
水果	105.0	145.8	293.7	379.9	529.6	878.1
干豆和蔬菜	103.1	143.4	298.0	355.7	515.3	779.5
糖、果酱、蜂蜜、巧克力、甜食	117.9	157.3	290.7	374.6	501.5	866.1

数据来源：叙利亚中央统计局

注：2010年的CIP指数为100

2017年6月，叙利亚重建工作预备启动。9月9日，叙利亚外交部发表声明，欢迎所有未对叙有侵略行为并遵循明确的打击恐怖主义方针的国家参与叙经济重建进程。2018年2月，叙政府重建阿勒颇进入新阶段，政府已拨出大笔资金启动全面发展进程，积极跟踪和推动所有与修复电力网络、道路、供水相关项目，着力重启国家行政和经济机构，恢复和发展石油和矿产资源产业。5月，叙总理府决定组建"被解放地区重建委员会"，并向其拨款500亿叙镑（约合1.2亿美元），旨在重建被解放地区的基础设施和国家机构。目前，叙利亚正计划扩建塔尔图斯港口，并重新开通关闭多年的首都大马士革至第三大城市霍姆斯的高速公路。叙利亚总理哈米斯表示，叙利亚出口额连续三年保持稳步增长，从 2015 年的 5.7 亿美元增至 2016 年的 6.3 亿美元，2017 年再度攀升到 7 亿美元。贸易逆差由 2015 年的 47 亿美元降至 2016 年的 37 亿美元，2017 年进一步降至 35 亿美元。

二、农业发展现状

（一）农业资源条件

1. 气候资源

叙利亚南部是热带沙漠气候，沿海和北部是地中海气候，四季分明，冬季多雨，夏季干旱，春秋为两个较短的过渡季。气温较为温和，平均气温夏季 32℃，冬季 10℃，春秋季 22℃，最低气温 0℃以下，最高气温 40℃左右。位于西南部的首都大马士革平均温度为 17℃左右，但 7—8 月气温较高。

气候总体干燥，沿海和沙漠地区降水量差异很大。沿海地区年平均降水量在 1000 毫米以上，而由于地中海的湿润气流被高山阻隔，叙利亚全国 60% 的地区全年降水量少于 250 毫米，南部沙漠地区更是仅 100 毫米。叙利亚降水主要集中在 5—10 月，因降水量和时间分布在年际间变化很大，雨养农业受到较大影响。当雨水推迟或雨量不足时，农民往往只种一季作物或者什么也不种，容易造成农民经济损失。

大力发展农业灌溉是促进叙利亚农业发展的一个重要途径。灌溉系统的推广和改进，可以在很大程度上提高农业产量，灌溉的农田产量比雨养的农田产量高出好几倍。然而，在叙利亚发展水利灌溉的成本非常高，而且耗时巨大。

2. 土地资源

叙利亚地理位置优越，地貌多样，自然景观资源丰富。据 FAO 统计，2014 年叙利亚土地面积 1836.3 万公顷。农业区土地 1392.1 万公顷，其中可耕土地 466.2 万公顷，永久性作物面积 107.1 万公顷，永久性草地和牧场 818.8 万公顷。森林面积 49.1 万公顷。

据 FAO 网站的叙利亚国家介绍，根据地形特征，叙利亚全境可分成以下四个地区：① 西部沿海地区，属于山地与地中海之间的狭长地带；② 山区，包括从北到南绵延于地中海海岸的山地和高地；③ 内陆区或平原区，位于山区以东，包括大马士革、霍姆斯、哈马、阿勒颇、哈塞克和德拉等平原；④ 沙漠区，位于与伊拉克和约旦交界的东部和东南部沙漠平原，沙漠地区面积为 424.4 万公顷，占全国土地面积 23%。

叙利亚境内山脉均呈南北走向，主要山脉有伊斯肯德伦山、阿拉维山、东黎巴嫩山等。最高峰为叙黎边界南端的谢赫山，海拔达 2814 米，山顶终年积雪。叙利亚的大部分地区干旱且少有植被，而且随着人口增长、道路交通设施的修建以及城市扩张，叙利亚耕地不断流失，未来土地复垦面临巨大挑战。

3. 水资源

中东地区三大河流中有两条流经叙利亚。幼发拉底河发源于土耳其东部高原，全长2700千米，为西亚第一长河，年均总流量359亿立方米。它贯穿叙利亚东部国境，经伊拉克注入波斯湾，是流经叙利亚的最重要河流。底格里斯河同样发源于土耳其东部山地，在叙土边境向东南方绵延32千米后进入伊拉克，与幼发拉底河在伊拉克的科纳城汇合，然后经巴士拉注入波斯湾。此外，叙利亚西部纵谷有阿西河，经土耳其注入地中海。

幼发拉底河是叙利亚的第一大河，也是唯一的通航河道。它自古以来一直是叙利亚农业灌溉和人民生活的主要水源，因此叙利亚农田大多分布在北部地区。自20世纪50年代起，叙利亚对整个幼发拉底河流域进行了大规模开发。1973年，叙利亚与苏联在幼发拉底河干流上联合修建了塔巴克大坝，坝下蓄水形成叙利亚面积最大的阿萨德湖，为农业灌溉和居民饮水提供了巨大便利。幼发拉底河则是叙利亚重要的工业经济命脉，叙利亚在幼发拉底河上兴建了塔巴克大坝和11个水电站，全国60%~70%的电力由此供应。叙利亚重视在发展农业中兴修水利，战前水坝有146座，水库蓄水量约170亿立方米，利用河流、水库、地下水井等灌溉土地面积达到121万公顷。但由于境内干旱，大部分地区灌溉用水供应仍然不足。

4. 生物资源

叙利亚属少林国家，森林覆盖率仅2.7%。森林资源主要分布在山岳地带，居于地中海气候带，夏季干燥少雨，耐干旱的常绿硬叶栎木类树种分布较多，约占40%，地中海松、黎巴嫩雪松等松树类树种约占45%。由于栎木林被不断开垦为农田或改造为松林，栎木类树种趋减，松柏类树种趋增。叙利亚山区还分布有角豆树、阿月浑子、桉树、杨树、小亚细亚黄连木及地中海地区常见的月桂树等阔叶树种。叙利亚主要经济树种为油橄榄。

叙利亚拥有野驴、老虎、狼、棕熊等珍稀动物，其中野驴已经灭绝。叙利亚还存在一种被称作隐鹮的珍稀鸟类，隐鹮曾经是欧洲、中东和非洲的常见鸟类，但如今只能在叙利亚和摩洛哥找到幸存的隐鹮种群。

5. 经济资源

2006—2010年期间，GDP的年均增长率为4.9%，2010年GDP达到604.65亿美元。2011年内战以来，叙利亚经济损失非常严重，2017年GDP下降至283.93亿美元，相比上一年滑落5.3%（表1）。据FAO估算，截至2017年，农业部门遭到的破坏和损失已超过160亿美元，战争毁坏的作物价值达9030万美元，畜牧业损失55亿美元。由于美国、欧盟等对叙利亚实施制裁，叙利亚面临石油出口中断、外汇收入锐减、货币贬值、物价上升、失业率高等多重压力，经济形势十分严峻。

叙利亚的陆、海、空运输比较发达。国内交通运输以公路为主，连接各城镇，可通往土耳其、伊拉克、约旦和黎巴嫩。铁路总里程数为2798千米，公路总长45860千米。水运有拉塔基亚港和塔尔图斯港。空运方面，除大马士革国际机场外，还有6个省级地方机场。叙利亚局势动荡后，受西方和阿盟制裁及军事冲突影响，对外航线锐减。据当地媒体报道，2017年4月，一架装载18吨服装的货运飞机从叙利亚首都大马士革飞抵巴格达，这是叙危机爆发6年来首架执行国际货运任务的货机从叙利亚飞抵他国。自2011年叙利亚内战至今，大量基础设施遭到毁灭性的破坏，其重建和恢复工作的时间漫长且耗资巨大。目前，铁路、公路、桥梁等主要基础设施重建已被叙政府列入国家重点的重建工程。

（二）农业生产情况

1. 农业产值规模及构成

叙利亚在历史上是个农业国，80%的人口从事农业，曾被誉为"中东粮仓"。北部为地中海海洋性气候，农作物产地大多集中在这一区域，且幼发拉底河流域、哈布尔河流域和阿西河流域是主要的农业区。尽管叙利亚经历了近8年的危机，农业依然是经济的重要组成部分。2017年，农业部门产值占国内生产总值的26%，涉及叙利亚超过700万的农村人口（包括国内滞留在农村的流离失所者）。

叙利亚在阿拉伯地区素以农业相对发达而著称，内战前粮食已经基本自给。农作物的主要品种包括小麦、大麦、棉花、豆类、马铃薯、番茄、柑橘、橄榄、樱桃、苹果、西瓜、葡萄、开心果等；畜牧业品种包括绵羊、山羊、牛以及鸡、鸭、鹅、火鸡、鸽子等家禽，还有少量驴、兔子、骆驼等。

2. 主要农产品产量

（1）小麦

小麦是叙利亚的第一大粮食作物。2011年内战以来，由于持续的危机和相关的制裁措施，叙利亚化肥、种子、农机所需燃料等农业投入品严重匮乏、价格飞涨，加之降雨不足和一些重要的灌溉基础设施遭到破坏，小麦等粮食作物的生产相比内战之前出现明显下滑，导致叙利亚出现严重的粮食安全问题，有近80%的家庭由于粮食不足或缺少购买粮食的现金而艰难度日，全国各地有超过700万人被列为粮食不安全人口。2016年，叙利亚小麦的播种面积为131.5万公顷，产量达293.7万吨，虽然产量明显高于前两年，但仍比最高产年份2006年的493.2万吨减少约2/5（表3）。

表3　2000—2016年叙利亚小麦种植情况

年　份	播种面积（万公顷）	产量（万吨）	单产（吨/公顷）
2000	167.9	310.5	1.85
2001	168.4	474.5	2.82
2002	167.9	477.5	2.84
2003	179.6	491.3	2.74
2004	183.1	453.7	2.48
2005	190.4	466.9	2.45
2006	178.7	493.2	2.76
2007	166.8	404.1	2.42
2008	148.6	213.9	1.44
2009	143.7	370.2	2.58
2010	159.9	308.3	1.93
2011	152.1	385.8	2.54
2012	160.3	360.9	2.25
2013	137.4	318.2	2.32
2014	128.8	202.4	1.57
2015	117.4	236.4	2.01
2016	131.5	293.7	2.23

数据来源：FAOSTAT

（2）大麦

在叙利亚的大多数地区，由于农民一般不使用市场提供的改良种子，且主动施肥和灌溉较少，因此大麦的产量主要取决于当年的降雨情况和播种面积。自2000年以来，叙利亚的大麦总产量在各年份间波动较大，处于很不稳定的状态。2006年，大麦产量增至120.2万吨，达到了17年来的历史最高水平，但大麦产量在历史最低年份仅有19.6万吨，不足2006年产量的1/6。叙利亚内战爆发以来，大麦的播种面积和产量均呈震荡下降趋势。2016年，大麦播种面积缩减至87.9万公顷，产量仅有50万吨，不足2006年产量的一半，但单产为0.57吨/公顷，达到了2014—2016三年中最高水平，基本处于历史平均水平（表4）。

表4　2000—2016年叙利亚大麦种植情况

年　份	播种面积（万公顷）	产量（万吨）	单产（吨/公顷）
2000	131.7	21.2	0.16
2001	130.3	19.6	0.15
2002	123.4	92.0	0.75
2003	125.4	107.9	0.86
2004	129.1	52.7	0.41

(续表)

年　份	播种面积（万公顷）	产量（万吨）	单产（吨/公顷）
2005	132.7	76.7	0.58
2006	130.7	120.2	0.92
2007	136.3	78.4	0.58
2008	143.3	26.1	0.18
2009	129.0	84.6	0.66
2010	152.7	68.0	0.45
2011	129.3	66.7	0.52
2012	113.3	72.8	0.64
2013	126.3	91.1	0.72
2014	122.1	60.0	0.49
2015	93.6	43.1	0.46
2016	87.9	50.0	0.57

数据来源：FAOSTAT

（3）棉花

棉花是叙利亚最重要的经济作物和工业原料，也是出口创汇的主要来源之一。叙利亚的棉花全部采用手工采摘，品质均匀，精亮洁白，而且国内很少有霜雪，几乎没有病虫害的侵扰，是世界公认的优质品种。最初叙利亚棉花局在20世纪80年代初开发的Aleppo 40是广泛种植的棉花品种，目前主要品种有Aleppo 90、Aleppo33/1、Aleppo118、Raqa5和DeirezZor22。

据FAO统计，受战乱影响，叙利亚的棉花种子、作物保护材料、信贷等投入普遍短缺，灌溉系统和轧棉机大量损坏，棉花生产明显下滑。2011—2016年，棉花的播种面积从17.51万公顷逐渐降到12.79万公顷，籽棉产量由67.17万吨降至47.77万吨。棉绒生产受战争影响很大，2014年产量仅5.58万吨（表5）。

表5　2000—2016年叙利亚籽棉的种植情况和棉绒的生产情况

年　份	棉花播种面积（万公顷）	籽棉产量（万吨）	籽棉单产（吨/公顷）	棉绒产量（万吨）
2000	27.03	108.19	4.00	34.50
2001	25.71	100.98	3.93	33.50
2002	19.98	80.22	4.02	24.50
2003	20.54	80.10	3.90	28.30
2004	23.42	102.92	4.39	33.10

(续表)

年 份	棉花播种面积（万公顷）	籽棉产量（万吨）	籽棉单产（吨/公顷）	棉绒产量（万吨）
2005	23.78	102.20	4.30	33.29
2006	21.56	68.57	3.18	24.00
2007	19.28	71.15	3.69	21.16
2008	17.64	69.78	3.96	22.16
2009	16.37	65.21	3.98	22.43
2010	17.24	47.25	2.74	16.54
2011	17.51	67.17	3.84	23.51
2012	16.81	59.27	3.53	20.74
2013	16.91	62.99	3.73	22.05
2014	16.24	62.34	3.84	5.58
2015	15.35	58.19	3.79	—
2016	12.79	47.77	3.73	—

数据来源：FAOSTAT

（4）橄榄

叙利亚种植橄榄历史悠久，橄榄油品质较好，油中多酚含量很高。橄榄种植区主要分布在伊德利卜、阿勒颇、拉塔基亚、哈马和德拉等省区。目前，叙利亚仍然保留着传统的种植、采摘与加工工艺，在橄榄树的栽培过程中，很少使用化学农药，在橄榄果成熟之后进行人工采摘与挑选，压榨过程也采用传统的压榨工艺。橄榄油每年大量出口到西班牙、意大利等国家。

2011年之前，叙利亚大约有10万个家庭从事橄榄生产，每年橄榄产量接近100万吨，是世界上第四大橄榄生产国。2016年达到76.56万公顷，较2015年增加9.07万公顷，增幅13.4%。但是橄榄果产量受战争影响非常大，2014年产量只有39.22万吨，相比2011年的109.5万吨减少了64.2%。近两年，橄榄果产量有所回升，2016年达到89.94万吨（表6）。

表6　2000—2016年叙利亚橄榄种植情况

年 份	种植面积（万公顷）	橄榄果产量（万吨）	橄榄果单产（吨/公顷）
2000	47.80	86.61	1.81
2001	48.90	49.70	1.02
2002	50.15	94.09	1.88
2003	51.70	55.23	1.07

(续表)

年　份	种植面积（万公顷）	橄榄果产量（万吨）	橄榄果单产（吨/公顷）
2004	53.14	102.72	1.93
2005	54.47	61.22	1.12
2006	56.50	119.08	2.11
2007	60.05	49.53	0.82
2008	61.71	82.70	1.34
2009	63.57	88.59	1.39
2010	64.75	96.04	1.48
2011	68.45	109.50	1.60
2012	69.57	104.98	1.51
2013	69.74	84.21	1.21
2014	69.70	39.22	0.56
2015	67.49	81.06	1.20
2016	76.56	89.94	1.17

数据来源：FAOSTAT

（5）马铃薯

2016年，叙利亚马铃薯种植面积为3.18万公顷，其中阿勒颇省是叙利亚马铃薯种植面积最大的省份，种植面积超过4800公顷。叙利亚马铃薯大多是2月播种、6月收获，少数是8月播种、12月收获，春季马铃薯的收益率通常高于秋季马铃薯（表7）。

目前，叙利亚马铃薯种植面积和产量已基本恢复到危机爆发前的水平。根据GOSMDE基金的数据，叙利亚也从国外进口一部分马铃薯，每年从欧洲进口认证的种薯在6000～15000吨。

表7　2000—2016年叙利亚马铃薯种植情况

年　份	播种面积（万公顷）	产量（万吨）	单产（吨/公顷）
2000	2.28	48.48	21.26
2001	2.12	45.34	21.39
2002	2.41	51.32	21.29
2003	2.48	48.66	19.62
2004	2.73	54.17	19.84
2005	2.95	60.84	20.62
2006	2.77	60.34	21.78
2007	3.11	57.01	18.33
2008	3.62	72.05	19.90
2009	3.49	70.56	20.22
2010	3.45	67.32	19.51

(续表)

年 份	播种面积（万公顷）	产量（万吨）	单产（吨/公顷）
2011	3.54	71.53	20.21
2012	3.40	69.81	20.53
2013	2.24	44.17	19.72
2014	2.99	53.96	18.05
2015	3.15	61.73	19.60
2016	3.18	63.22	19.88

数据来源：FAOSTAT

（6）柑橘

2011年以来，叙利亚柑橘的播种面积和产量较内战爆发前反而有所增长，并没有受到危机的影响，且一直保持稳定。除2012年外，柑橘产量近6年均保持在70万～80万吨的水平。因现金普遍短缺，大多数农民不得不减少肥料和农药的投入（表8）。

表8 2000—2016年叙利亚柑橘种植情况

年 份	播种面积（万公顷）	产量（万吨）	单产（吨/公顷）
2000	1.37	40.71	29.67
2001	1.43	46.49	32.41
2002	1.53	42.71	27.99
2003	1.65	39.88	24.17
2004	1.78	49.55	27.84
2005	1.84	45.26	24.60
2006	1.98	55.41	27.98
2007	2.13	60.29	28.31
2008	2.24	65.77	29.36
2009	2.27	68.98	30.43
2010	2.32	66.89	28.85
2011	2.46	73.40	29.88
2012	2.52	54.22	21.51
2013	2.58	79.22	30.75
2014	2.58	69.30	26.83
2015	2.67	76.27	28.51
2016	2.80	79.94	28.50

数据来源：FAOSTAT

（7）畜产品

叙利亚是中东重要的畜牧业国家，畜牧业在其国民经济中扮演着非常重要的角色。畜牧业产值占全国农业生产总值的35%～40%，从业人员占农村劳动力的20%左右，主要畜产品包括绵羊、山羊、黄牛和鸡等。大量的肉类、鸡蛋和日龄雏鸡等畜产品是叙利亚重要的外汇收入来源之一。

在正常情况下，叙利亚畜牧业数据尚难监测，在当前危机情况下，畜禽统计任务变得更加困难。在一定程度上，可以根据所提供的疫苗数量和常规药物数量、牲畜市场的交易量、屠宰场的记录和访问证据来推测，但这些只是近似估计。叙利亚过去曾实施可靠的牲畜普查，但自2011年危机爆发以来，普查活动已经中断。

羊。叙利亚曾是一个非常重要的绵羊出口国（尤其是阿加西品种），主要出口沙特阿拉伯和海湾国家。2007年，绵羊存栏量达到顶峰2286.54万头，随后逐渐下降至2011年1807.12万只。战后5年小幅降为2016年1791.93万只。山羊比绵羊存栏量少，战后山羊数量保持小幅增长，2016年达249.6万只，比上年略有增加。6年来，羊毛年产量基本稳定在2万吨左右（表9、表10）。

表9　2010—2016年叙利亚主要畜产品存栏量　　　　　　（单位：万只，万头）

年　份	绵　羊	山　羊	鸡	黄　牛
2000	1350.52	104.95	2162.90	98.44
2001	1236.18	97.93	2122.00	83.69
2002	1349.75	93.19	2863.40	86.67
2003	1529.27	101.73	2870.00	93.70
2004	1756.50	113.00	2886.10	102.40
2005	1965.11	129.57	2379.50	108.26
2006	2138.00	141.99	3094.60	112.14
2007	2286.54	156.13	2609.60	116.83
2008	1923.70	157.90	2314.30	110.90
2009	1833.60	150.80	2449.00	108.45
2010	1551.10	205.70	2540.10	101.00
2011	1807.12	229.40	2620.30	111.17
2012	1806.28	229.27	2502.40	110.85
2013	1801.87	229.42	1918.70	111.32
2014	1785.81	228.58	1660.10	109.05
2015	1783.03	229.78	1756.30	108.60
2016	1791.93	249.60	1913.20	114.45

数据来源：FAOSTAT

表10　2000—2016年叙利亚主要畜产品生产情况　　　　　　　　　　　　　　　（单位：万吨）

年份	鸡蛋	鸡肉	绵羊肉	牛肉	山羊肉	牛奶	羊奶	羊毛
2000	12.73	10.66	18.41	4.71	0.46	115.73	51.59	3.20
2001	13.36	11.42	16.85	4.23	0.49	103.33	54.45	2.80
2002	16.60	12.32	12.09	4.70	0.50	117.50	59.19	2.97
2003	17.25	15.94	15.28	4.70	0.68	120.85	66.72	3.22
2004	20.01	17.04	16.13	4.82	0.66	136.60	76.24	4.12
2005	15.52	16.21	17.99	5.52	0.71	151.05	84.70	4.40
2006	18.90	17.36	18.75	6.03	0.74	161.97	91.52	4.50
2007	17.14	17.34	20.46	6.55	0.84	170.90	97.06	5.00
2008	15.14	17.89	18.45	6.38	0.84	161.25	81.22	4.13
2009	16.24	18.22	18.95	6.30	0.82	160.63	80.30	2.19
2010	16.33	18.97	15.32	6.16	1.29	145.90	78.33	1.87
2011	17.19	17.90	17.24	7.09	1.40	170.78	85.06	2.11
2012	14.75	13.82	17.21	6.82	1.37	161.06	84.17	2.03
2013	12.33	10.75	16.39	6.99	1.37	153.46	82.89	1.99
2014	11.21	9.93	16.13	6.48	1.38	148.58	82.53	—
2015	11.45	10.70	15.99	6.08	1.35	136.64	77.83	—
2016	12.25	11.86	16.00	6.69	1.46	143.74	78.94	—

数据来源：FAOSTAT

家禽。自2011年以来，在所有畜产品中家禽是遭受破坏最严重的，大量的家禽养殖场遭到破坏或被遗弃，鸡的存栏量下降幅度最大。达拉和阿勒颇省遭受重大损失，涉及90%的养殖场。2014年，鸡的存栏量为1660.10万只，是近6年的历史最低水平，两年来逐渐增至1913.20万只（表9）。

黄牛。相对于羊和鸡，牛的数量一直相对较少。黄牛存栏量在2007年达到顶峰，为116.83万头，2010年减至101.00万头。2011年以来，牛的存栏量较战前略有增长，基本保持在110万吨左右的水平，2016年达114.45万头（表9）。

2016年，肉类总产量为36.01万吨，其中，绵羊肉16.00万吨，占44.4%；鸡肉11.86万吨，占32.9%；牛肉6.69万吨，占18.6%；山羊肉1.46万吨，占4.1%。2011年以来，由于战争对家禽养殖带来巨大破坏，鸡肉产量由2010年的18.97万吨滑落至2014年的9.93万吨；连带鸡蛋减产也较为明显，由2011年的17.19万吨降至2014年的11.21万吨。2015年后，鸡肉、鸡蛋产量都逐渐回升。2011—2015年，绵羊肉、牛肉、山羊肉的产量受战争影响小幅下降，2016年分别略有增加。近年来，奶类产量基本维持在200万吨~250万吨的水平，主要是牛奶和羊奶，2016年牛奶和羊奶产量之比约为2∶1。分别占奶的总产量的

64.6% 和 35.4%。（表 10）。

（8）水产品

受气候、地理和经济、技术等因素影响，叙利亚水产养殖只在淡水进行，海水养殖没有得到有效发展。鱼类养殖主要是淡水温水养殖，养殖模式包括池塘养殖、网箱养殖和以养殖为基础的水库渔业等 3 种，并以池塘养殖为主。商业水产养殖目前限于两个主要淡水种类：鲤鱼和罗非鱼。次要种类包括非洲鲶鱼、草鱼和鲢鱼等 3 个品种。

3. 主要农业产业布局

基于降水情况的不同，全国共分为五个农业生态区（FAO，2015）。

Ⅰ区占地约 270 万公顷，年平均降雨量 400～650 毫米。

Ⅱ区占地约 250 万公顷，年平均降雨量 300～400 毫米。

Ⅲ区占地约 130 万公顷，年平均降雨量大约 200～300 毫米。

Ⅳ区是农业边界，总占地面积约 180 万公顷，年平均降雨量 100～200 毫米。

Ⅴ区是沙漠或草原，占地面积约 830 万公顷，年平均降雨量小于 100 毫米。

叙利亚的农业集中在西北部的阿勒颇省、霍姆斯省、伊德利卜省和拉塔基亚省及西南部的大马士革市、东北部的哈塞克省。

小麦集中在哈塞克省，其灌溉条件相对较好，产量约占国内的 50% 左右。拉塔基亚省的主要农业活动是基于滴灌的大棚温室生产，主要生产番茄和黄瓜，该省大约有 12000 个塑料温室，每个温室约 400 平方米。拉塔基亚省是叙利亚的水果产区，果树（主要是橄榄和柑橘）的面积约占该省农业用地的 75%。

叙利亚的棉区集中在奥龙特斯河、幼发拉底河流域和阿勒颇平原。其中幼发拉底河流域的哈塞克省、拉卡省、代尔祖尔省的棉花产量占全国产量一半以上，其次是阿勒颇平原的阿勒颇省和伊德利卜省以及奥龙特斯河域的哈马省和霍姆斯省，其棉花产量占比较大。

（三）农产品贸易情况

1. 农产品贸易规模

受金融危机和战争影响，叙利亚农产品贸易额自 2010 年起持续下降，并一直呈贸易逆差状态。Chatham House 的 Resource Trade 数据显示，2010 年，叙利亚农产品进口额达 36 亿美元，农产品出口额达 25 亿美元。而 2016 年的进口额仅 10 亿美元，出口额 4.96 亿美元，比战争爆发前分别降低了 72.2%、80.0%（图 1）。

2016 年 11 月，联合国粮农组织和世界粮食计划署发布的作物和粮食安全评估组报告表明，燃料及一些粮食补贴的普遍短缺和削减，加重了通货膨胀和叙利亚镑的贬值（从 1 美元

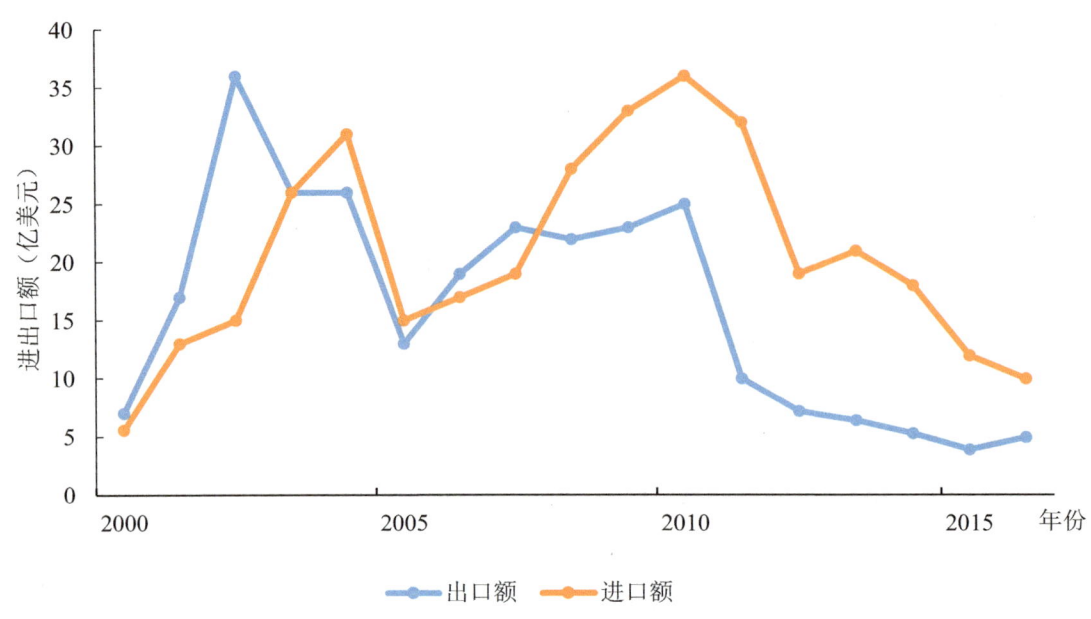

图 1　2000—2016 年叙利亚农产品进出口额

数据来源：Resource Trade 数据库

兑换 395 镑贬值到兑换 530 镑），进一步限制了叙利亚人获得基本进口产品的能力。在过去 12 个月中，农牧产品价格上涨。因为经济制裁、市场混乱和叙利亚镑的贬值，农业投入物价格的涨幅高于最终产品价格的涨幅，导致农民遭受了巨大的损失。由于生产商、运输商和贸易商面临着极高的成本和安全风险，运输瓶颈和支离破碎的市场十分常见。这一局势导致东北部供应过剩而西部则主要依赖于进口。

2. 农产品贸易结构

叙利亚为中东地区的农业大国，农业在国民经济中占据重要位置。农产品贸易主要品种有小麦、糖类、玉米、水果、蔬菜、棉花等，受战争影响，农产品贸易额降幅很大。2011 年战争爆发前，主要以出口水果、棉花、蔬菜、糖类、畜禽动物为主，尽管受战争影响，贸易额降幅很大，但目前仍以水果、蔬菜出口为主。棉花不再是出口额第一位的农产品，但仍是重要的出口农产品，而橄榄油逐渐成为重要的出口农产品。战争前后，主要的进口农产品都是玉米、糖类、小麦，2010 年进口量前 3 位的农产品是玉米、糖类、小麦，而 2016 年进口量前 3 位的农产品是小麦、糖类、玉米，但贸易额降幅较大。相比 2010 年，2016 年小麦进口量为 52.4 万吨，降幅达 52.4%；进口额为 1.25 亿美元，降幅达 47.3%。

小麦是叙利亚最主要的农作物，2006 年叙利亚小麦出口量为 150 万吨，出口额达 239 万美元，但 2016 年出口数量仅有百余吨，随着战争的持续，小麦以进口为主。叙利亚的气候、土壤和光热条件非常适合水果生长，如橙子、柠檬、苹果、椰枣、樱桃等，水果是叙利亚重要的出口农产品，2010 年出口量高达 82 万吨，到 2016 年出口量下降为 8.6 万吨，出口额由 4.29 亿美元下降到 8520 万美元。水果、蔬菜、棉花是出口创汇的重要农作物，橄榄油、开心果是重要的出口农产品。战前叙利亚是中东地区重要畜牧业国家之一，羊肉、牛肉、家禽等活体动物是重要的出口产品，但战后出口额骤降，从 2010 年的临近 2.40 亿美元降至 2016 年的 87 万美元（表 11、表 12）。

农产品出口结构较为分散，出口量较大的主要是新鲜水果、蔬菜、苹果、棉花和橄榄油。2016 年叙利亚主要的出口农产品是新鲜水果、蔬菜、苹果、棉花、橄榄油等，其中新鲜水果的出口额最大，为 8250 万美元，出口量达 8.60 万吨；其次是橄榄油，出口额为 8160 万美元，出口量为 3.36 万吨（表 11、表 12）。

表 11　2010—2016 年叙利亚主要农产品出口额　　　　　　　　　（单位：万美元）

农产品	2010 年	2011 年	2012 年	2013 年	2014 年	2015 年	2016 年
苹果	6720	5360	7750	2070	1500	5370	3620
橄榄油	6490	4210	3370	4640	3610	2880	8160
香菜籽	1170	720	530	660	1500	2840	1980
棉花/棉纱	47800	15600	3910	12300	8310	1310	3930
开心果	3240	2900	3050	4870	1350	1840	3100
糖类	18700	5100	290	28	6	1	38.1
新鲜水果	42900	12900	14800	9050	8170	8540	8250
番茄	18100	7010	6020	1560	2940	240	610
牛、羊、家禽等活体动物	23966	11464	8256	9558	3216	1051	87
牛奶/奶粉	6160	29	13	1	39	15	22.9
扁豆	5660	1920	2200	2020	1300	1020	1060
蔬菜	33200	13000	11800	5460	7610	2120	5280

数据来源：Resource Trade 数据库

表 12　2010—2016 年叙利亚主要农产品出口量　　　　　　　　　（单位：万吨）

农产品	2010 年	2011 年	2012 年	2013 年	2014 年	2015 年	2016 年
苹果	8.91	7.17	7.80	2.73	1.79	6.02	3.94
橄榄油	1.82	1.40	1.17	1.83	1.23	1.12	3.36
香菜籽	0.47	0.87	0.50	0.63	1.31	2.05	1.66
棉花/棉纱	23.50	4.73	2.10	6.53	5.69	1.74	3.47
开心果	0.48	0.24	0.37	0.59	0.12	0.16	0.29
糖类	27.40	6.66	0.99	0.51	0.08	0.00	0.21
新鲜水果	82.00	18.00	18.00	13.10	14.10	9.49	8.60
番茄	40.10	19.80	16.30	4.26	7.91	0.60	0.63

（续表）

农产品	2010年	2011年	2012年	2013年	2014年	2015年	2016年
牛、羊、家禽等活体动物	4.46	1.71	0.99	0.97	0.50	0.13	0.05
牛奶/奶粉	4.15	0.15	0.16	0.02	0.10	0.05	0.06
扁豆	4.18	1.78	2.64	2.13	1.42	1.18	1.12
蔬菜	74.30	32.10	28.40	10.80	19.30	2.10	5.26

数据来源：Resource Trade 数据库

与出口相比，叙利亚农产品进口的集中度较高，主要进口谷物、糖，还有少量茶叶、咖啡、肉类等。2016年叙利亚从世界各国进口最多的是小麦，进口了52.40万吨，进口额为1.25亿美元；其次是糖类，进口了46.00万吨，进口额为2.06亿美元；第三位的是玉米，进口了27.10万吨，进口额为5290万美元。此外，茶叶也是重要的进口农产品，是2016年进口额第三位的农产品，进口额为1.07亿美元（表13、表14）。

表13　2010—2016年叙利亚主要农产品进口额　　　　　　（单位：万美元）

农产品	2010年	2011年	2012年	2013年	2014年	2015年	2016年
小麦	23700	16600	11000	54700	25700	19700	12500
大米	33400	11600	15600	7480	4830	4730	4700
糖类	72400	46100	28000	23200	26400	9600	20600
玉米	44200	42900	18900	13900	9110	6220	5290
肉类	4810	6110	3960	4320	5070	3440	1820
大麦	2330	9410	2490	10700	760	52	1130
茶叶	12900	16200	15200	15000	14200	13300	10700
咖啡	6010	9730	7180	5220	5570	4920	4090

数据来源：Resource Trade 数据库

表14　2010—2016年叙利亚主要农产品进口量　　　　　　（单位：万吨）

农产品	2010年	2011年	2012年	2013年	2014年	2015年	2016年
小麦	110.00	67.20	40.60	170.00	8.81	84.50	52.40
大米	44.20	13.70	24.60	12.70	6.19	6.92	8.53
糖类	140.00	75.20	46.00	43.50	57.10	26.30	46.00
玉米	200.00	150.00	71.10	52.60	39.50	32.20	27.10
肉类	2.11	2.77	2.02	3.38	3.52	2.64	1.77
大麦	14.10	37.90	10.10	34.30	3.76	0.38	7.02
茶叶	5.04	5.47	4.99	4.71	4.19	4.03	3.28
咖啡	3.05	3.17	2.41	2.20	2.48	2.24	1.81

数据来源：Resource Trade 数据库

3. 主要贸易伙伴

叙利亚农产品的主要贸易伙伴是埃及、土耳其、黎巴嫩、印度等阿拉伯国家。叙利亚局势动荡前，其主要进口国为法国、意大利、德国、土耳其、中国，主要出口国为德国、意大利、法国、沙特、土耳其。叙利亚动荡后，对外贸易锐减，且近几年一直呈贸易逆差状态。目前主要进口谷物、糖、咖啡、茶等农产品，少量出口水果、蔬菜等园艺产品及香料、油籽、棉纱、羊毛等。

根据 Resource Trade 数据，2016 年叙利亚农产品出口份额前 5 位的是园艺产品、烟草和香料、油籽、其他农产品以及乳制品、鸡蛋和蜂蜜。埃及是叙利亚农产品出口的最主要对象国，2016 年出口额占叙利亚全部农产品出口的 19.9%，出口的农产品主要是园艺产品、烟草、香料、油籽、豆类等。除埃及以外，叙利亚农产品出口份额前 5 位的国家还包括黎巴嫩、约旦、土耳其和印度，出口额占叙利亚全部农产品出口的比例分别为 11.2%、10.7%、10.0% 和 7.2%。其中，出口黎巴嫩和约旦的主要农产品是水果、蔬菜、坚果等园艺产品，出口土耳其的是棉纱、烟草和香料，出口印度的是羊毛、皮革、坚果等其他农产品（表 15）。

表 15 2012—2016 年叙利亚农产品主要出口国及出口额的情况 （单位：万美元）

排名	2012 年		2013 年		2014 年		2015 年		2016 年	
	国家	金额	国家	金额	国家	金额	国家	金额	国家	金额
1	沙特	19943.92	沙特	12939.59	土耳其	9595.52	埃及	9830.10	埃及	9870.65
2	埃及	11499.11	约旦	9640.33	沙特	7704.87	沙特	5438.35	黎巴嫩	5551.27
3	约旦	9004.56	土耳其	8142.73	约旦	7670.28	约旦	4925.72	约旦	5311.75
4	黎巴嫩	6476.17	黎巴嫩	6765.59	黎巴嫩	4835.47	印度	3386.53	土耳其	4965.73
5	意大利	3984.34	埃及	5905.88	伊拉克	4142.78	阿联酋	2231.52	印度	3568.61
6	德国	3743.84	阿联酋	2748.90	印度	2865.08	土耳其	2109.01	沙特	2802.30
7	阿联酋	2811.20	意大利	2300.54	阿联酋	2519.13	意大利	1815.92	阿联酋	2579.58

数据来源：Resource Trade 数据库

在进口方面，土耳其是叙利亚第一大农产品进口国，2016 年进口额占叙利亚全部农产品进口额的 35.8%，进口的农产品主要是油籽和谷物。除土耳其以外，叙利亚农产品进口的主要来源国还包括巴西、黎巴嫩、阿根廷、斯里兰卡、埃及、印度等，进口额占叙利亚全部农产品进口的比例分别为 10.0%、7.2%、6.2%、5.2%、3.8%、3.3%。其中，进口巴西的主要农产品是糖、咖啡，进口黎巴嫩的主要农产品是糖、水果等园艺作物，进口阿根廷的主要农产品是茶、大豆，进口斯里兰卡的主要农产品是茶叶，进口埃及的主要农产品是糖和橡胶，进口印度的主要农产品是谷物、肉、香料（表16）。

表16 2012—2016年叙利亚农产品主要进口国和进口额的情况 （单位：万美元）

排名	2012年		2013年		2014年		2015年		2016年	
	国家	金额	国家	金额	国家	金额	国家	金额	国家	金额
1	乌克兰	29233.87	乌克兰	34450.23	土耳其	41670.48	土耳其	36634.18	土耳其	37219.42
2	阿根廷	21133.25	土耳其	31494.14	阿根廷	20289.31	阿根廷	14413.85	巴西	10375.92
3	约旦	12404.56	埃及	17061.96	乌克兰	12827.92	乌克兰	12127.62	黎巴嫩	7525.27
4	埃及	10553.77	法国	15966.32	埃及	11715.91	埃及	7854.51	阿根廷	6408.57
5	斯里兰卡	10484.97	阿根廷	15505.21	巴西	11080.51	巴西	6830.34	斯里兰卡	5437.45
6	印度	9403.15	罗马尼亚	10719.66	危地马拉	9257.30	斯里兰卡	4765.68	埃及	3971.39
7	巴西	8606.27	印度	9574.67	约旦	8579.49	印度	4115.03	印度	3412.94

数据来源：Resource Trade数据库

4. 农业贸易政策

叙利亚政府对进口贸易实行许可证制度，鼓励出口、限制进口。凡是国内生产能够满足需要的产品禁止进口，并对以色列产品实行贸易禁运。另外，除收割机、大米、糖、咖啡等农机具和农产品，以及汽车零配件、冷藏集装箱和大型建筑设备等商品以外，所有商品必须从原产地直接进口到叙利亚。

2011年内战爆发之前，叙政府十分重视农产品出口并将其提升到战略高度。为申请加入WTO，叙利亚正逐步向贸易自由化方向发展。2009年，叙政府采取了一系列鼓励投资的措施，包括简化投资手续、统一汇率、放宽外汇管制、对出口产品免除所得税和农业税、实行国际通用的协调税则，叙利亚平均关税从2005年的18%下降到2007年的14%，非限制类进口高附加值商品的关税从2005年的25%下降到2007年20%以下。

5. 中国与叙利亚贸易情况

中国同叙利亚的农产品贸易联系较为密切，以中国向叙利亚出口为主，叙利亚向中国出口相对较少。中国向叙利亚出口的农产品主要包括其他农产品、谷物、糖料、蔬菜等，还有少量粮食制品和饮品（表17、表18）；而叙利亚主要向中国出口棉麻丝和植物油，其中棉麻丝占比最大（表19、表20）。自叙利亚内战爆发以来，中叙双边贸易受到了较严重的影响，近6年来贸易额持续降低。2009年中叙农产品双边贸易额达7281.49万美元，其中，中国向叙利亚出口农产品6533.29万美元；叙利亚向中国出口农产品748.20万美元，而2017年农产品双边贸易额仅有1722.86万美元，约为2009年贸易额的1/4（图2）。

表17 2009—2017年中国对叙利亚主要农产品出口额　　　　　　　　　　（单位：万美元）

农产品	2009年	2010年	2011年	2012年	2013年	2014年	2015年	2016年	2017年
坚果	3786.82	2682.91	2241.81	742.05	555.55	776.78	218.96	102.25	—
粮食制品	131.45	149.31	93.48	80.15	69.92	91.16	97.93	23.28	28.95
粮食（谷物）	524.83	163.11	—	—	—	—	—	36.62	90.31
其他农产品	615.20	545.72	905.00	796.30	492.43	449.02	372.07	633.80	642.57
蔬菜	757.03	1488.87	1538.34	677.57	161.02	789.13	341.58	332.42	207.66
水产品	151.06	26.98	55.08	85.20	108.82	24.90	10.52	0.00	0.00
糖料及糖	126.36	144.55	328.11	271.96	123.03	151.92	112.91	72.39	98.73
畜产品	19.29	29.41	25.23	1.05	10.77	59.88	11.19	16.26	30.34
饮品类	199.87	329.36	260.41	63.99	38.08	125.33	118.97	124.88	138.36
油籽	65.43	98.93	206.71	146.25	61.98	219.25	1119.06	567.81	278.96

数据来源：中国海关

表18 2009—2017年中国对叙利亚主要农产品出口量　　　　　　　　　　（单位：吨）

农产品	2009年	2010年	2011年	2012年	2013年	2014年	2015年	2016年	2017年
坚果	19436.87	10288.96	8290.19	3556.03	2205.35	2654.90	555.25	280.10	—
粮食制品	1250.89	1220.94	594.39	391.43	294.43	468.88	534.21	103.25	399.62
粮食（谷物）	9490.93	3567.20	—	—	—	—	—	1000.00	2425.00
其他农产品	4674.00	3901.78	5559.62	4665.86	2626.55	2626.10	2637.27	2838.81	2788.14
蔬菜	10922.95	8770.21	11718.64	4029.51	1358.92	7095.05	2490.67	2862.99	1253.36
水产品	614.49	85.64	91.35	241.65	355.83	79.64	39.28	—	0.000
糖料及糖	2876.84	2563.65	4826.85	3817.06	904.11	1109.32	1336.19	1602.90	2091.18
畜产品	77.54	74.85	49.45	0.50	24.65	178.46	31.10	34.24	53.30
饮品类	1028.55	1377.20	883.99	303.09	198.09	340.75	510.78	604.00	556.27
油籽	585.96	787.84	1617.48	892.22	408.81	2029.75	7610.89	3051.55	—

数据来源：中国海关

表 19 2008—2017 年叙利亚对中国主要农产品出口额　　　　　　　　　　（单位：万美元）

年　份	棉麻丝	畜产品	植物油
2008	670.64	0.00	31.94
2009	556.62	11.85	179.67
2010	2425.73	11.57	207.42
2011	648.34	5.44	425.69
2012	435.10	24.61	221.48
2013	152.42	13.64	94.19
2014	17.05	0.00	13.19
2015	272.71	0.00	—
2016	227.77	0.00	3.17
2017	55.33	0.00	0.00

数据来源：中国海关

表 20 2008—2017 年叙利亚对中国主要农产品出口量　　　　　　　　　　（单位：吨）

年　份	棉麻丝	油籽	植物油
2008	4927.42	2.46	70.08
2009	11341.76	0.00	461.02
2010	25389.93	1.50	583.93
2011	5074.43	2.21	1065.24
2012	7820.74	0.00	605.73
2013	3716.83	0.00	277.47
2014	477.46	0.00	31.20
2015	7903.80	0.00	—
2016	3928.99	0.00	15.54
2017	782.49	1.38	0.00

数据来源：中国海关

（四）农业科技发展

1. 农业科研机构

农业科研总委员会是叙利亚农业科研的主要机构。该委员会成立于2002年，是从属于农业与土地改革部的半自治研究机构。农业与土地改革部部长兼任该委员会委员长。委员会下设7个研究管理局、2个技术管理局、7个技术部和18个地方研究中心，另外还包括54个研究站和150多个小规模研究机构。主要研究内容涉及农作物、蔬菜、自然资源

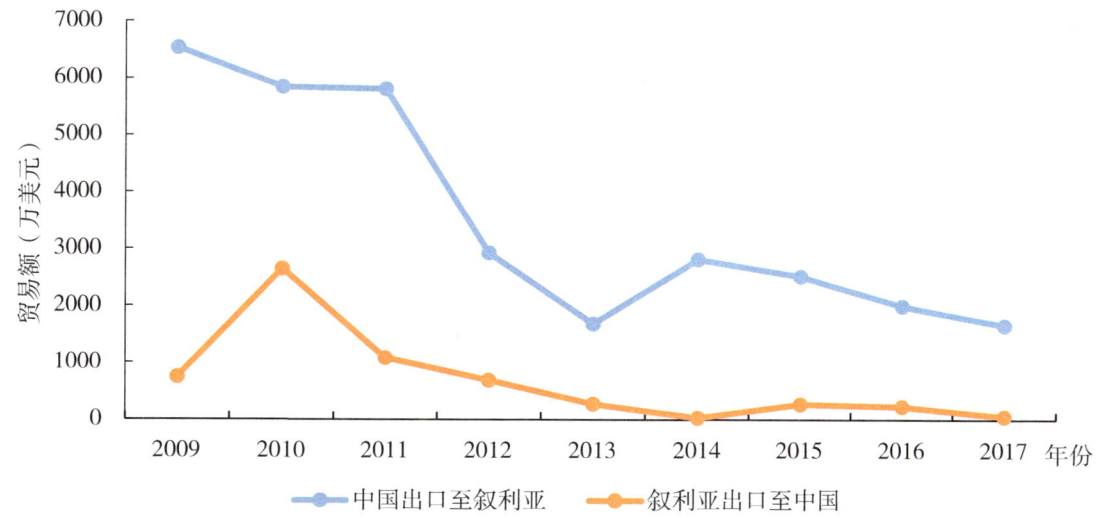

图 2　2009—2017 中国同叙利亚农产品进出口情况

数据来源：中国海关

（土壤和水）、园艺、农药、植物保护、动物、食品加工和社会经济学等，还负责制定国家农业研究政策。另外，叙利亚原子能委员会负责农业生物技术、作物育种、农艺学、昆虫学、动物生产和食品保存方面的研究。通信技术部下属的遥感总部则负责进行遥感相关的地质学、地球物理学、水文、农业及环境相关研究。地方管理与环境部下属的环境科学研究中心则负责环境相关研究，包括土壤、水的管理以及气候和其他环境变化对作物、渔业等的影响。

全国有 4 所综合性大学：大马士革大学、阿勒颇大学、十月大学和复兴大学。大马士革大学是一所历史悠久的新型综合性大学，它拥有一支强大的科研队伍，被认为是叙利亚科技和学术思想活动的支柱。叙利亚有多家高等教育机构进行农业相关研究。大马士革大学农学院和阿勒颇大学建立于 20 世纪 60 年代，位于拉塔基亚的 Teshreen 大学则建立于 1971 年。这 3 家大学的农业科研力量最强，有 50～61 名全职农业科研人员。大马士革大学农学院由农作物、动物、土壤和农作物食品、食品科学、农作物保护 5 个专业组成，特别重视病虫害控制、杂草控制和土壤科学（包括肥料的使用）研究。尽管也有企业进行一些创新性研究活动，但总体上，叙利亚的私人农业研究还非常少。

叙利亚的农业科研支出主要来自政府拨款。除政府拨款外，还接受如 FAO、ICARDA、AOAD、IFAD、GEF、ICBA、JICA 等国际组织的资助，执行一些联合研究项目。

2. 农业科技发展状况

叙利亚一直加强棉花生产的科研和管理工作。全国各大专院校农业系都在积极培养棉花生产科研和管理人员，各省相继建立起棉花研究所。叙利亚已从世界各地引进了一批包括各类品种的棉花种子，由 6 个棉科所进行杂交、提纯等科学实验，以培育出适应当地气候条件的、保持叙利亚棉花优点的高产稳产新品种。目前，叙利亚已经培育出"阿勒颇 40 号"等优良品种，为棉花生产做出了积极贡献。

由于叙利亚经济发展缓慢，对农业的投入不多，加上地理环境条件，农业机械化水平发展不快。叙利亚仅有一家拖拉机厂，即国营 Al Furat 公司，位于阿勒颇省。叙利亚国内主要采用中小型机械，农业机械主要从美国、英国、德国、罗马尼亚、意大利、法国、中国等国家进口，市场需求以中小型为主。

（五）农业管理体系与政策

1. 农业管理体系

叙利亚的农业管理体系包括各大部委。叙利亚农业和农业改良部是农业的主管部门，负责制定农业政策和管理农业，发展农业水利灌溉。叙利亚经济改革委员会也参与制定农业政策，叙利亚农业部农业科学研究委员会负责农业科技的发展。叙利亚灌溉部是管理、开发和保护水资源的中央机构，监督所有流域的水资源投资和开发，并拟订执行政策以实现水资源可持续发展。各部门都有与中央机构相关联的地方机构或地方主管机构，分布在全国 14 个行政区。

叙利亚还设立国家粮食局专门管理粮食生产、加工、贸易相关方面的工作。设立棉花管理局统一管理棉种出售、棉花生产、加工、收购和贸易，任何私营企业未经棉花局同意不能参与棉花经营。此外，农业部门与叙利亚农业合作银行负责农业信贷。农业合作银行是一个民营银行，业务涉及农民直接贷款和短期融资，成为影响农户生产决策的重要因素，在农业生产中发挥着重要作用。

2. 农业发展政策

爆发战争前，叙利亚农业取得了很大发展，这与政府所采取的积极农业政策是分不开的。政府根据本国国情从 20 世纪 80 年代起调整了发展战略，将农业置于国民经济发展的首位，制定了明确的农业发展政策。

农业发展政策主要包括：充分利用土地、水资源、森林和牧场等农业自然资源并对其实行保护，防止其退化、污染、过分利用和开采；实行农产品多样化；提高单位面积产量；大力发展面向出口的农产品加工业；改善农业投资环境；实现可持续发展；加强农业科研和生物工程研究。

政府还采取了一系列促进农业发展的措施。1990 年，叙利亚政府制定了东北落后地区和游牧区的发展计划，因地制宜地实施以农业为主，发展多种经济的开发计划，重点保证贫困地区人口的稳定和该地区人民生活水平的提高。1991年颁布了第10号《投资法》，鼓励国内外私人资本投向农业，规定在农业项目上的投资享受多种优惠，包括5年内免交所得税和农业机械设备进口税等。叙利亚政府还逐年提高对农业的投资，并通过农业银行向农民提供低息贷款。政府还提高了农产品收购价格，对农产品采取补贴政策。叙利亚政府还决定国有农业公司不再从事农业生产性经营，其主要任务是从事农业科研、培育优良品种、进行农业科学咨询和推广科学种田等。

由于水资源缺乏，叙利亚政府大幅度增加了水利工程投资，修建了幼发拉底河水利设施，建水坝，开水渠，全面进行土地改良和改造旱地为水浇地的工程，不断扩大灌溉面积。政府还对全国农业灌溉系统进行改造，将传统的漫灌改造成滴灌和喷灌。2000年，政府制定了《2001—2010农业十年规划》。按照该规划，水浇地面积每年增长2万公顷，植树面积每年增加3%～4%，要建立先进农业技术服务基地，完善农产品生产和销售机制，取消农业生产税等。

为保证农业的可持续发展，叙利亚还大造防护林，修建绿色屏障，防止耕地荒漠化和水土流失，使农业生态环境不断得到改善。另外，叙利亚还充分利用大片的荒地种草、种树，建造牧场保护区，建房屋，打水井，让游牧的居民定居。政府还向牧民提供饲料，由农业部免费向牧民派送兽医、提供药品。并实施了300万公顷的沙漠改造工程，对改善牧区居民的生活、促进畜牧业生产起到了重要作用。

3. 农业支持政策

近年来，叙利亚面临食物短缺，提高粮食安全尤其是提高主粮自给率是政府制定农业政策的一个重要目标。为了发展农业生产，政府采取了一系列改革措施，包括土地改革、建立合作社、开垦荒地、兴修水利等，并对农业实施一系列的补贴和信贷支持政策。

加强科技和水利建设。叙利亚对水资源的使用进行严格管理。水利和灌溉对叙利亚农业生产十分重要，为保证农业的可持续发展，在农业主要省份兴修水利灌溉；在城市周边地区建立具有灌溉设备的蔬菜大棚；在贫困地区还大造防护林，修建绿色屏障；在农村耕地区域进行荒漠化和水土流失治理，改善农村地区生态环境。为促进科技水平进步和提高国内农业机械化水平，还从西欧等国家大量进口农业机械。

构建农业服务体系。受20世纪计划经济影响，叙利亚政府对农业进行了较多干预。政府成立了相关的农业指导和推广部门，给农民提供技术指导。政府农业部门和农民协会在贫困地区成立农民合作社，并向其输送农业技术专家，提供先进农机和良种。合作社对自筹资金发展农业项目的农民提供服务和农业生产资料。政府建立专门发展基金，支持农业生产。2011年，叙利亚农业与农业改良部建立防旱救灾基金，专门用于支持农业生产。

对农业进行补贴。为了促进国内棉花生产，叙利亚棉花局对棉农进行大量补贴。禁止私营企业收购棉花，国家每年根据成本价格和补贴价格制定棉花收购价格，据此价格来统一收购。为鼓励农民积极生产，政府通过农业银行向耕种合作社以外土地的农民发放长期无息贷款，根据不同作物对农民的农业投入给予补贴。2012年，叙利亚政府宣布对农民购买灌溉用柴油及农用化肥等给予补贴，其补贴总额达135亿叙利亚镑（约合1.93亿美元）。

4. 农业发展规划

与我国相似，叙利亚的经济发展规划也是以五年为一个阶段制定和实施的。近年来，叙利亚经济逐步向社会市场经济转轨。叙政府力图通过实施经济建设和社会发展的"十一五计划"（2011—2015年），优化经济结构，推动经济发展。但受多重因素影响，叙利亚经济改革进程较为缓慢。2011年叙局势动荡后，美西方、欧盟对叙利亚实施制裁，使其面临石油出口中断、外汇收入锐减、货币贬值、物价上升、失业率高等多重压力，经济形势更趋严峻。2011年9月21日，叙利亚农业部发布的2011—2012年度农业发展计划显示，叙利亚拟新开垦570万公顷耕地，其中150万公顷将配套灌溉系统。

据叙利亚通讯社报道，政府于2017年9月12日召开内阁会议，批准2017/2018年农业生产计划，其中包括发展家庭农业，增加灌溉面积8326公顷，增加小麦种植面积1.38万公顷，增加烟草种植面积4353公顷等具体措施。

三、农业投资环境

（一）国家商业环境

世界银行发布的全球营商环境报告从10个维度对各国营商环境进行了评估。2018年，叙利亚在190个参评经济体中以41.55分排名第174位，相比2017年的位次略有下滑（表21）。在开办企业和登记产权方面，叙利亚比大多数国家慢，分别需要7.5道和4道手续，平均耗时近15.5天和48天，这大大增加了在叙利亚经营的时间成本。在纳税方面，企业纳税每年需缴20次，耗时约336个小时，税收负担占利润的比例达到42.7%，企业税负较重。报告指出，在开办企业方面，公司注册时间延长和注册后手续费的成本增加，使得在叙利亚创业更难。在登记产权方面，在转让财产之前要求安全许可使登记产权变得更加复杂。在执行合同方面，采用新的民事诉讼法，使执行合同更容易。

表 21　叙利亚营商环境

维　度	2018 年排名	2018 年得分（前沿水平 =100）	2017 年排名	2017 年得分（前沿水平 =100）
总体	174	41.55	173	41.43
开办企业	133	80.43	136	78.93
办理施工许可	186	0.00	187	0.00
获得电力	153	51.99	151	51.79
登记产权	155	46.88	154	46.88
获得信贷	173	15.00	170	15.00
保护中小投资者	89	53.33	87	53.33
纳税	81	73.97	81	73.97
跨境贸易	176	29.83	176	29.83
执行合同	161	42.58	159	42.58
破产处理	163	21.44	161	22.44

数据来源：《Doing Business 2018: Reforming to Create Jobs》、《Doing Business 2017: Equal opportuning for All》

根据加拿大菲沙研究所发布的《世界经济自由度报告2017》，2015年叙利亚的经济自由度为5.22，全球排名为153名，反映了叙利亚的经济自由度水平仍然较低。据美国传统基金会数据，2014—2018年叙利亚均未进入排名，叙利亚经济自由度的最新数据是2013年的5.19，全球排名为153名。综上所述，叙利亚由于战乱、政治不稳定等因素，营商环境比较恶劣。此外，根据2016年联合国开发计划署公布的数据，叙利亚人文发展指数为0.536，世界排名第149位，呈下降趋势，也体现出商业环境恶化的状况。

国际非政府组织"透明国际"每年制定和公布全球清廉指数来衡量世界各国的腐败程度。该组织2017年对全球180个国家和地区进行了调查及评测，叙利亚得分14分，排178名，居倒数第3位。

总体来看，持续的战争对叙利亚经济环境造成巨大冲击，各国之间在叙利亚的政治博弈使其局势捉摸不定，叙利亚面临着很大的政治风险和安全风险，商业环境堪忧。

（二）农业优势与潜力

相对于中东地区其他国家，叙利亚的耕地、水资源等条件具有优势，农业生产发展相对较好，曾享有"中东粮仓"的美誉。由于当地的自然条件优越，叙利亚有很多优势特色农业产业，棉花、橄榄、蔬菜、水果等产品丰富而优质，羊、牛、鸡等畜产品在中东地区具有很强竞争力，当地的自然环境也适宜种植小麦、糖料、马铃薯等农作物。

叙利亚农业还有地理位置的优势，处于亚非欧三大洲交界的黄金三角地带，是进入阿拉伯国家以及欧洲的一个重要通道。作为阿拉伯联盟的成员国，与周边国家签订了自由贸易协议，大幅降低了关税，为促进国内外投资颁布了很多可行的法律。粮食安全一直是阿拉伯国家面临的一个重要问题，农业在中东地区具有极其重要的地位，拥有广阔的市场和良好的发展潜力。叙利亚作为中东地区重要的农业国家，与其进行农业合作具有重要的现实意义。

（三）风险分析

阿拉伯世界资源丰富，而且市场前景广阔，由于政治影响、文化习俗和社会环境的差异，中国和叙利亚进行农业合作不可避免会面临众多风险。当前叙利亚农业投资面临的主要风险是政治风险，除此之外还有制度、经济、法律等方面的风险。

1. 政治风险

叙利亚是一个多宗教、多民族的国家。长期以来，叙利亚在政治上实行专制统治，家族企业占比过大，政府腐败问题严重，工作效率低下，官僚作风盛行。据华东政法大学政治学研究院联合其他机构发布的2016年全球治理指数，在189个国家中，叙利亚排名第173名。2014年世界银行全球治理指数，也显示叙利亚治理指数为-2.19，全球排名209名。

2. 制度风险

在对外关系方面，由于语言、文化、宗教等方面的差异，以及在项目实施过程中双方有各自的利益和考虑，与叙方合作不可避免的会出现一些问题和矛盾。叙政府和商人多基于自身考虑，在工程验收方面非常严格，价格上采用发展中国家标准，但验收上则采用欧美发达国家的标准，对国外投资者要求严格。有时候在项目执行过程中，还会出现一些额外支出，例如项目中标后，叙方仍会反复压价。此外，叙方办事效率低、项目评标和审批时间长、工程预付款拖延等情况会造成工程进度缓慢，而在此期间如果原材料价格发生变化，将影响项目执行甚至造成亏损。

叙利亚使用的多为现成的格式合同，其中有些条款苛刻，对一些术语的解释和理解不同于国际惯例，且在发生异议时通常以阿拉伯文为准。这样一来，如果对合同理解不透彻或对其隐性条款理解不深入，都可能给项目执行增加额外成本。在签订合同时要严格审查合同条款，做到提前规避风险。合同签订前，一定要深入细致地研究合同的每个条款，对重要的条款要同叙方认真核对，对模糊条款要逐条澄清或更正，为以后合同的顺利执行奠定基础。

3. 经济风险

2011年内战爆发之后，叙利亚经济形势几乎陷入崩溃边缘。受战争影响，叙利亚国内生产总值从2010年的3.4%正增长，开始滑向负增长，2017年为-5.3%。相较而言，叙利亚的货币通胀率相对较低，从2010年到2015通胀率仅仅大约35%，货币显示出了较强的坚挺性。但是居民消费价格指数（CPI）则激增，2016年较2011年上升了5.2倍，显示出叙利亚国内物价飞涨。2016年叙利亚的失业率高达53%，考虑到叙利亚国内未来难民返回，以及社会经济重建仍然受到叙利亚内战延续的影响，叙利亚未来的失业率将会进一步攀升。而叙利亚经济重建的最大难题在于缺少资金。在资金缺口方面，内战给叙利亚国内造成了至少2000多亿美元的直接损失，而国际货币基金组织（IMF）估计，叙利亚基础设施重建需要至少1000亿到2000亿美金。这对于当前的叙利亚政府来说，筹措十分困难。根据叙利亚政策研究中心2015年发布的研究报告，危机让叙利亚经济暴露在风险之中，并使其严重依赖进口、国外资金和援助。

4. 法律风险

叙利亚法律制度较为复杂。叙利亚独立后，用大批的新法律代替旧法律，先后制定了民法、刑法、商法、租赁法、交通法、统一劳动法等一系列法律。

叙利亚的水资源管理严格，使用地表水或地下水需要经过许可，即取得灌溉部签发的用水许可证。凡未经许可在公共水面上安装水泵的，会受到罚款。如果用户不遵守许可证的条款，或者使用水资源带有其他目的，政府将撤回许可证。中国企业在叙利亚开展经营时不仅要遵守法律，关注业务发展带来的资源、环境、劳工、安全以及社会治理等问题，还需要了解和掌握当地环境保护的有关法律规定及相关的环保标准。此外，叙利亚是伊斯兰国家，需要尊重当地人的宗教习俗和社会习惯。

5. 其他风险

叙利亚农业合作还受到诸如自然灾害、基础设施等情况的影响。OFDA／CRED 国际灾害数据库的报告《Internationally Reported Losses 1990—2014 EMDAT》指出，叙利亚发生的自然灾害主要是干旱、暴风、洪水和滑坡，概率分别是33.3%、33.3%、16.7%和16.7%。造成死亡的原因中滑坡占67.8%，暴风、洪水分别占27.1%和5.1%。灾害带来的损失达2.64亿美元，占GDP（以2014年为准，340.77亿美元）的0.89。其中地震和洪水带来的损失最大，年均损失分别是1.45亿美元、1.15亿美元。

叙利亚基础设施在战争中遭受了大范围的破坏，重建与修复会很漫长，而且耗资巨大。据FAO的估算，叙利亚战乱导致农业部门损失达160亿美元，农业部门重建需要花费110亿~170亿美元。

（四）总体评价

由叙利亚的风险矩阵（图3）可知，与欧美及亚洲其他国家相比，叙利亚的政治稳定性、腐败控制、经济自由度和法治水平都相当低，表明当前叙利亚农业投资风险较高，投资环境比较恶劣。虽然叙利亚政府军在打击"伊斯兰国"取得了很大进展，但这并不意味着叙危机将就此结束,未来可能会出现政府军、反政府武装和库尔德武装三足鼎立格局。在这种情况下,叙利亚政府对其国土的控制能力有限,局部地区可能存在着对政府进行破坏的恐怖主义活动。叙利亚危机一天尚未结束,长久、稳定的农业合作关系就很难展开,加上叙利亚面临国际制裁,对外贸易困难重重。

总的来说,当前叙利亚内战尚未结束,仍会是影响中东地区的巨大不确定因素,因此,并不具备投资的客观环境,需要根据形势发展,谨慎考虑对叙利亚的投资,规避可能的投资风险。

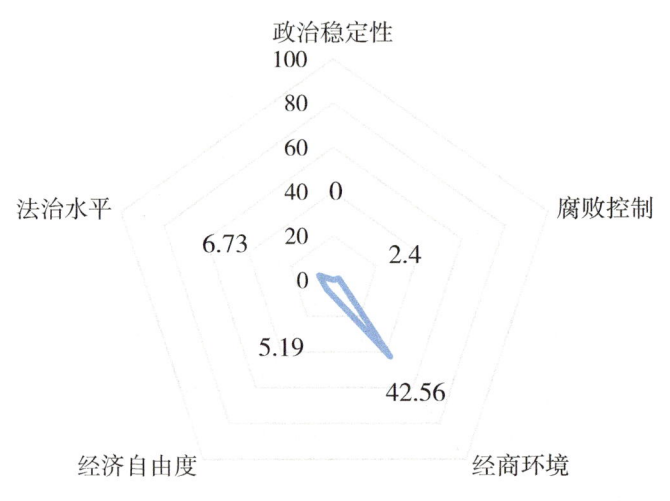

图3 叙利亚风险矩阵

数据来源:世界银行,美国传统基金会

四、中叙农业合作现状与合作重点

(一)合作现状

1. 合作机制

1956年8月1日,叙利亚与中国建交,同年中叙签订第一个文化合作协定。2001年1月,双方签订了经济、贸易和技术合作协定;同年中叙在平等互利基础上就发展两国贸易、经济和技术合作达成协议,根据各自市场需求和经济技术能力,在两国现行的有关法律和规定内,为发展和推动双边经济、贸易、技术合作采取必要措施,支持和扩大在能源、水利、农业、工业、运输、石油、建筑、贸易等互利领域的合作。

2004年6月,巴沙尔总统及夫人正式访问中国,促成了双方在农业领域的许多合作。在访华期间,两国签订了《中华人民共和国政府和阿拉伯叙利亚共和国政府水利合作协定》《中华人民共和国农业部与阿拉伯叙利亚共和国农业部农业合作谅解备忘录》等协议。中国贸促会与叙利亚商会联合会还签署协议成立了中国—叙利亚联合商务理事会，作为一个双边商务理事会机制，致力于促进中叙两国经贸界的交流与合作，对促进中叙农业贸易发展起到很大作用。

2017年1月18日，中国宣布决定提供2亿元人民币的人道援助，用于帮助叙利亚难民和流离失所者。随后，中叙两国签署了两项关于向叙利亚提供无偿援助的经济技术合作协定，将用于向叙利亚提供人道主义物资和实施人道主义援助项目，以及关于向叙提供紧急粮食援助的换文。

2. 科技合作

中国和叙利亚的农业科技合作缺乏具体数据。目前中国和叙利亚的科技合作主要集中在工业方面，比如石油勘探、石油管道敷设、水泥厂、电力工程等项目。

3. 贸易合作

2017年2—3月，中国驻叙利亚大使馆经济商务参赞处分别会见叙利亚的经济和对外贸易部、联合商会、农业商会联合会、海关总署、电力部等组织代表，双方分别就加强两国经贸领域合作、加强企业界合作的双边经贸关系、加强农畜产品贸易等农业领域合作、加强海关领域合作以及电力基础设施、能源领域合作等交换了意见。5—9月，又会见了叙利亚内贸及消费保护部、出口商协会等组织代表，双方分别就加强经贸领域务实合作、进一步加强中叙在贸易领域合作交换了意见。2018年5月，中国驻叙利亚大使与阿勒颇工商会的组织代表就进一步加强中叙在经贸领域合作交换了意见。

4. 投资合作

中国对叙利亚的投资大多集中于石油、建筑、工业、商贸等领域，农业领域的投资合作较少。中国和叙利亚自20世纪初就有民间业务往来，进入21世纪之后很多正式合作才真正开始，这些投资与合作项目只有少数涉及农业领域。

2017年5月，中国—叙利亚企业对接交流会上，叙利亚企业家代表团就叙利亚经济现状、投资环境和投资机遇进行介绍，来自两国基础设施、能源、制造业等领域的150余位企业代表进行了企业对口交流。7月3日，哈马斯总理出席第一届叙利亚投资论坛并表示，叙政府致力于落实阿萨德总统发起的国家行政改革工程，将继续改革推动投资。8月15日，叙利亚投资署同叙利亚—中国企业家理事会签署合作协议，将共同推动中国企业对叙投资。8月17日，叙政府举办战后首届大马士革国际博览会，借此传递出叙局势正在逐步好转、叙经济正在逐步恢复的积极信号。此次有20余家中国企业参与，领域涉及能源、建材、汽车、家具、机械装备、家用电器等多个领域，显示出中国企业对叙市场的兴趣和加强对叙合作的意愿，特别是众多中国汽车企业看好叙利亚市场前景。2018年2月，据叙利亚《祖国报》报道，叙利亚投资署已制定工作计划在2018年将继续加大吸引投资力度，一是与叙利亚相关政府机构以及商协会建立合作机制，特别是旅游、农业、中小企业等领域，并通过举办宣传推介活动，展示叙各领域的投资机会；二是与友好国家建立伙伴关系合作机制，推动叙企业界与这些国家的使馆举办合作论坛、双边会议等，针对各国不同国情，宣传推介合适的投资机会。叙投资署已经与叙中商务理事会签署合作协议。

（二）合作潜力及重点

1. 合作基础

中叙两国在众多领域拥有良好的合作基础。自古以来，古"丝绸之路"经过叙利亚；建国以来，两国建交较早，长期以来就有留学生互派交流。进入21世纪以来，中国和叙利亚在政治上深入交流，在农业、经济、科技等领域的合作发展迅速。2004年巴沙尔总统访华开启了中叙两国交往新时期，中叙两国6月签订了《水利合作协定》《农业合作谅解备忘录》等协议，加强两国在农业、水利、科技等领域的友好合作。2005年6月，两国签订了《经济技术合作协定》；2008年4月，两国又签订了新的《经济技术合作协定》。两国签订的贸易协议有《贸易支付协定》《长期贸易协定》《经济、贸易和技术合作协定》，这些协议促进了两国农产品加工及贸易的发展。

2. 合作前景及重点

中叙农业存在很大的互补性。叙利亚作为阿拉伯联盟的成员国，自古就是古代丝绸之路的重要国家，叙利亚的橄榄、棉花、水果、干果等特色农产品和中国具有很大的互补性；叙利亚农业基础设施落后或缺乏，但中国在这方面有较大优势。双方在可再生能源、荒漠农业、棉花种植、食品加工、农产品贸易等方面互利共赢合作前景十分广阔。

当前，叙利亚局势尚未结束，但政府军目前在战争中取得很大优势，形势正往政府军利好的方向转变。叙利亚总统巴沙尔以及相关官员多次表示，在叙利亚战后重建当中，中国在各领域都可参与投入。叙利亚的农业资源非常丰富，但未被深度挖掘，未来的农业合作具有很大前景。中叙之间的农业具备了合作基础，但仍需要政治稳定作为前提条件，农业合作需要依据叙利亚局势发展的趋势而定。

（1）合作重点领域

结合当地的自然环境和资源禀赋，基于当前的农业发展状况，叙利亚在农产品深加工、棉花育种技术、荒漠农业和节水灌溉、农业环境治理等领域的发展潜力较大，这是中叙农业合作的重点领域。

农产品深加工。叙利亚是中东地区重要的农业国家，粮食、棉花、肉类、水果等在阿拉伯地区的贸易中拥有重要地位。中东地区由于水资源缺乏普遍面临着食物安全的问题，食品深加工在阿拉伯地区拥有巨大的市场潜力。中国企业对叙利亚投资应立足于其国内资源和发展现状，以拓展中东和欧盟市场为目标，加强两国在农业、食品、加工制造等领域的合作，提高在中东地区的市场占有率。

棉花育种技术。因为气候条件良好，叙利亚棉花品质均匀，等级较高，织出来的棉布牢固耐穿，在世界商业市场上有极强的竞争力，被人们誉为"棉花之王"。叙利亚棉花科学研究水平较高，对科学研究进行了大量的投入，已培育出适应当地气候条件的"阿勒颇40号"等优良品种。中国的科研机构、企业、农场等可在棉花种植、棉花育种、其他作物育种等领域与叙利亚进行合作。

荒漠农业和节水灌溉。叙利亚气候比较干燥，降水量稀少，草原和荒漠占全国面积一半以上，发展荒漠农业和节水灌溉是保障其粮食安全的一个重要途径。中国宁夏等西北地区与叙利亚地理和气候条件近似，双方可加强在旱作农业、清真食品、畜牧与兽医等农业领域的双边合作，鼓励双方农业科技人员加强交流，在叙利亚建设农业技术示范项目，扩大农业管理和技术培训的规模，加强项目跟踪和评估。

农业环境治理。河流等水体污染已成为叙利亚面临的一个主要的环境问题，国内农业环境受工业废水、化学污染严重，耕地存在污染、退化、盐碱化等问题。水体污染已经影响到居民的日常生活，一些地区每日取水几乎完全由妇女进行。此外，叙利亚气候环境干旱少雨，水是一种稀缺资源，农业依赖于环境。中国可在农业环境治理、水利灌溉等领域和叙利亚加强合作，维护两国的粮食安全和农业可持续发展。

（2）合作重点产业

叙利亚是中东地区主要的食品生产及出口国，国内农业资源丰富，很多农业产业具有很大优势和发展潜力，具有广泛的合作空间。主要的合作重点产业包括以下几个方面。

棉花产业。叙利亚是重要的棉花生产国和出口国，其棉花是世界公认的优质品种。然而叙利亚实行禁止进口、限制出口的棉花贸易政策，通过加大纺织品服装出口比重，来替代皮棉出口，叙利亚的棉花出口逐步下降。围绕叙利亚的棉花产业，中国企业可对叙利亚进行直接投资，参与棉花的生产、加工、贸易各环节，在种子肥料、棉花种植技术、棉纺生产加工等领域和叙方进行合作，据此进入阿拉伯地区市场。

食品加工业。叙利亚农业基础良好，农产品较为丰富，为发展食品工业提供了充足的原材料，包括水果、肉类、糖类等农产品。食品加工业一直是叙利亚的重要基础产业，约占其国内加工业净产值的23%。叙利亚很多食品加工项目规模较小，设备陈旧，工艺落后，急需进行现代化改造。中国相关企业可以通过投资叙利亚食品加工业，帮助其更新生产线，改善加工工艺，进而占领叙利亚及中东食品市场，带动我国食品加工、包装、过滤、储藏等流程的机械设备出口。

果蔬种植与销售。叙利亚的气候适合水果生产，中东地区的地理条件使得生鲜农产品时常供应不足，叙利亚的水果和蔬菜具有一定优势，在中东地区拥有广阔的市场。然而叙利亚果蔬产业的生产能力不足，存在着市场化程度低、物流运输成本高、储存设施缺乏等问题，中国企业可以在果蔬种植与销售方面与叙方进行合作，提高果蔬等农产品的生产技术，提升生鲜农产品的生产、储存、运输和销售能力，增强中东地区生鲜农产品的供应，改善当地居民的生活水平。

畜牧养殖和加工。叙利亚是中东地区重要畜牧业出口国，畜牧生产和销售具有一定的优势。然而叙利亚畜牧业存在着养殖技术不高、经营风险大、产品深加工不足、产品缺乏竞争力等缺点。中东地区的食物种类较为单一，居民的食物消费水平较低，提升畜牧养殖水平，增加肉、蛋、奶产量，提高畜产品加工水平，这对增强当地居民的食物多样性，提高叙利亚粮食安全具有很好的促进作用。只要叙局势能逐步好转，中叙双方开展畜牧养殖和加工的空间将会很大。

五、中叙农业合作建议

（一）政府应审时度势、静观其变

叙利亚是亚洲、非洲和欧洲的重要贸易枢纽。尽管叙利亚当前的国际地位不高，但在战略层面上，中叙关系的是中国中东战略不可或缺的一部分。然而，由于叙利亚政局不稳定，战争在未来一段时间内仍会持续，叙利亚问题仍会是中东地区巨大的不确定因素。因此就目前形势来看，叙利亚并不具备农业投资的客观环境。

（二）企业应采取灵活的投资合作战略

在投资合作战略的选择上，中国企业应当大胆创新，采取更为灵活的投资合作战略。在投资方式上，可与欧美等发达国家的企业进行合资，以实现利益共享、风险共担；在投资结构上，可从传统农业领域向高科技农业领域渗透和拓展；在投资地域的选择上，应分散资源和资金到不同的地域和国家，避免孤注一掷。另外，为避免不利局势的突发，企业可提前做好应急预案，一旦政治风险过高，可及时启动应急预案，避免蒙受不必要的损失。

参考文献

里阿德·卡尼，谢怀栻.1984.叙利亚的司法制度［J］.环球法律评论（1）：33-39.

陆怡玮.2002.水资源与叙利亚国家安全［J］.阿拉伯世界研究（3）：22-26.

许世卫，信乃诠.2010.当代世界农业[M].北京：中国农业出版社.

尹必健，朱行.叙利亚陷入严重粮食不安全状态［N］.粮油市场报，2015-04-02.

朱砚菲.2011.世界最"大"的"小国"——访叙利亚驻华大使馆一等秘书尤素福·艾勒舒姆先生［J］.工程建设与设计（4）：36-39.

Ahmed Almulla. Nature and Agriculture in Syria［R］, GSSD, 1999. http://www.koushu.co.jp/AAI_E/NewsE/SNatureAgricultureSyria.pdf

Fraser Institute. Economic Freedom of the World 2017 Annual Report［R］.2017. http://pit.ifeng.com/report/special/2017zzfxaqbnb/.

Rocchi B, Romano D, Hamza R. 2013.Agriculture reform and food crisis in Syria: Impacts on poverty and inequality［J］. Food Policy, 43（43）: 190-203.

土耳其

作为"一带一路"沿线的重要国家,土耳其共和国(简称土耳其)是一个跨亚、欧两洲的国家。土耳其的欧洲部分仅占全国土地面积的3%,但却决定了这个国家的地位,是连接欧亚的十字路口,是进入欧洲市场的核心桥头堡。中土两国都是农业大国和农产品贸易大国,双方农业既有共同点又有互补性,可在农业领域进一步加强合作。

一、国家基本概况

(一)地理及行政区划

土耳其北临黑海,南临地中海,东南与叙利亚、伊拉克接壤,西临爱琴海,并与希腊以及保加利亚接壤,东部与格鲁吉亚、亚美尼亚、阿塞拜疆和伊朗接壤。海岸线长7200千米,陆地边境线长2648千米。土耳其行政区划等级为省、县、乡、村。全国共分82省、约600个县、3.6万个多乡村。伊斯坦布尔是土耳其第一大城市,其次为首都安卡拉,伊兹密尔为第三大城市。

(二)人口状况

土耳其人口居世界第18位,预测到2040年,人口将超过1亿人。2012—2017年,土耳其人口呈增长趋势(表1),其中男性人口略高于女性。2017年,土耳其人口总数为8081万人,男性占50.2%,女性占49.8%。一半人口年龄在30.4岁以下,劳动力(年龄在15~64岁)人口5488万人,占总人口的67.9%。城镇人口比例为77.3%。从人口数量看,伊斯坦布尔以1385万人位列第一,随后依次是安卡拉497万人,伊兹密尔401万人,布尔萨269万人,阿达纳213万人。土耳其族占人口总数的80%以上,库尔德族约占15%。土耳其语为国语。99%的居民信奉伊斯兰教,少数人信仰基督教和犹太教。

总体来看,土耳其劳动力年龄结构合理、文化素质较好、资源储备充足。作为欧洲年轻人数量最多的国家(土耳其其虽然地理意义属于亚洲,但长期被认为是欧洲国家,且他们自己也认为是欧洲国家),拥有欧洲最年轻的知识分子人口,加之有利的地缘优势、丰富的劳动力资源优势,被誉为欧洲经济的"发动机"。

表1 2012—2017年土耳其人口结构 (单位:万人,%)

年　份	人口总数	男　性	女　性	男性占比	女性占比
2012	7562.74	3795.62	3767.12	50.2	49.8
2013	7666.79	3847.34	3819.45	50.2	49.8

(续表)

年　份	人口总数	男　性	女　性	男性占比	女性占比
2014	7769.59	3898.43	3871.16	50.2	49.8
2015	7874.11	3951.12	3922.99	50.2	49.8
2016	7981.49	4004.37	3977.12	50.2	49.8
2017	8081.05	4053.51	4027.54	50.2	49.8

数据来源：土耳其统计局

（三）政治制度

土耳其宪法规定土耳其为民族、民主、政教分离和实行法制的国家，为全民直选的总统制，18岁及以上公民享有选举权。总统任期5年，可以连任一届。总统授权获得议会多数席位的政党领袖为总理，总理作为政府首脑，掌握行政权。现行宪法于1982年11月7日通过并生效，是土耳其共和国第三部宪法。议会全称为土耳其大国民议会，是土耳其最高立法机构，共设550个议席，议员根据各省人口比例经选举产生，任期4年。土耳其正义与发展党为土耳其执政党，成立于2001年；成立于1923年9月的土耳其共和人民党，是土耳其历史最悠久的政党；其他主要政党还有民族行动党、人民民主党。

（四）教育状况

土耳其拥有国家级和私立大学数量超过200所，也有很多高利润回报的私立学校，例如美国、法国、德国、意大利、保加利亚等国家的私立中学，但至今尚无中国的私立学校。

土耳其小学净入学率2013—2014年为最高，达到99.6%，从2014年以后出现了明显下滑，2015—2016年，小学净入学率下降到94.9%。初中净入学率在2012—2016年一直呈现上升趋势。详见表2。

表2　2012—2016年土耳其入学率　　　（单位：%）

年　份	小学净入学率	初中净入学率
2012—2013	98.9	70.1
2013—2014	99.6	76.7
2014—2015	96.3	79.4
2015—2016	94.9	79.8

数据来源：土耳其统计局

土耳其教育程度较高，技术熟练，拥有不少合格的专业人才。2017年，土耳其劳动力最低月工资约为17.78里拉（约合人民币3000元）。

（五）经济发展状况

土耳其作为新兴经济体，享有"新钻国家"的美誉，其突飞猛进的经济增长速度让世界惊讶。土耳其政府的目标是到2023年成为全球第10大经济体。美林证券、世界银行及经济学人杂志将其归类为新兴市场国家。

土耳其经济快速发展。在生产农产品、纺织品、汽车、船只及其他运输工具、建筑材料和家用电子产品方面皆居重要地位。土耳其为经济合作及发展组织的创始会员国及二十国集团的成员（于1999年加入）；自1995年12月31日起，土耳其已成为欧盟海关同盟的一员。

土耳其的国内生产总值居世界第16位，人均国内生产总值位居第65位。1998—2016年，GDP和人均GDP一直呈增长趋势（表3）。2016年，GDP为26085.26亿里拉，人均GDP为3290.4万里拉。

表3　1998—2016年土耳其GDP　　　　（单位：亿里拉，万里拉）

年　份	GDP 总量	人均 GDP
1998	718.93	115.1
1999	1071.64	169.1
2000	1706.67	265.6
2001	2454.29	376.6
2002	3593.59	544.5
2003	4680.15	700.7
2004	5770.23	853.6
2005	6737.03	984.4
2006	7892.28	1138.9
2007	8804.61	1255.0
2008	9947.83	1400.1
2009	9991.92	1387.0
2010	11600.14	1586.0
2011	13944.77	1878.8
2012	15696.72	2088.0
2013	18097.13	2376.6
2014	20444.66	2648.9
2015	23386.47	2989.9
2016	26085.26	3290.4

资料来源：土耳其统计局；100里拉＝0.06美元（2016年12月22汇率）

二、农业发展现状

农业在土耳其国民经济中占有重要地位，土耳其农副产品基本可以满足国内需求。土耳其已经成为全球第五大水果和蔬菜生产国，每年出口约20亿美元的鲜果蔬菜。据经合组织和世界银行的报告，自2008年以来，土耳其农业已上升到世界第7位、欧洲第1位。

土耳其农业就业人数呈现下降趋势。2002年，农业就业人数750万人，占总就业人数的35.0%；2016年，农业就业人数和所占比重出现明显下降，分别为530万人和19.5%。

土耳其为农产品净出口国。2002年，农业出口额为40亿美元，占总出口额的11.2%；2016年，农业出口额为169亿美元，占总出口额的11.9%（表4）。

表4　农业发展基本情况

基本指标	2002年			2016年		
	总　数	农　业	农业占比（%）	总　数	农　业	农业占比（%）
就业人数（万人）	2140	750	35.0	2720	530	19.5
GDP（亿美元）	2305	237	10.3	8568	523	6.1
人均GDP（美元）	10794	3179	—	31494	9855	—
出口额（亿美元）	360	40	11.2	1426	169	11.9
进口额（亿美元）	515	39	77	1986	156	7.9

资料来源：土耳其统计局

（一）农业资源条件

1. 土地资源

耕地资源丰富。2016年，土地总面积为7836万公顷，其中耕地2003万公顷，占总面积的25.6%；草地1462万公顷，占总面积的18.7%；森林2234万公顷，占总面积的28.5%（表5）。农户平均规模5公顷。

表5　2016年土耳其土地资源状况　　　　　　　　　　　　　（单位：万公顷）

土地类型	面　积
土地总面积	7836
耕地面积	2003
草原和草场面积	1462
森林面积	2234

资料来源：土耳其统计局

2. 气候资源

土耳其气候类型变化很大。尽管地处气候条件相当温和的地理位置，但却呈现出景观多样性，再加上存在与海岸线平行的山脉，导致气候条件从一个区域到另一个区域存在显著差异。主要地区平均气温见表6。地中海和爱琴海沿岸，夏季漫长而炎热，冬季温和而多雨。伊斯坦布尔位于博斯普鲁斯河畔，1月平均气温为5℃，7月平均气温为23℃，年平均降水量为700毫米，雨季为当年10月至翌年3月，主要种植橄榄、柑橘、无花果、葡萄、棉花和早春蔬菜。安纳托利亚高原中部为大陆性气候，夏季炎热，冬季比海岸更冷，安卡拉位于此区域，1月平均气温为0℃，7月平均气温为23℃，年平均降水量为410毫米。沿着地中海和爱琴海沿岸，伊兹密尔地区年降水量的1/3以上（约为650毫米）集中在当年12月和次年1月，安纳托利亚高原的降水量仅为其一半左右，但全年降水量分布较为均匀。高原上的草原和粮田十分丰富。东部高地冬季长而严寒，适于畜牧业发展。黑海一带森林覆盖率比较高，气候温和、多雨。安纳托利亚东南部气候炎热，粮食作物占主导地位。

表6　土耳其主要地区的平均气温　　　　　　　　　　　　　　　（单位：℃）

地区	1月	2月	3月	4月	5月	6月	7月	8月	9月	10月	11月	12月
安塔利亚（南部）	10	11	13	16	20	25	28	28	25	20	15	12
伊兹密尔（西部）	9	10	11	16	20	25	28	27	23	18	15	10
伊斯坦布尔（西北部）	5	6	7	12	16	21	23	23	20	16	12	8
特拉布宗（北部）	6	6	7	11	15	20	22	22	19	15	12	9
安卡拉（中部）	0	1	5	11	16	20	23	23	18	13	8	2
埃尔祖鲁姆（东部）	-9	-7	-3	5	11	15	19	20	15	9	2	-5
迪亚巴克尔（东南）	2	2	8	14	19	26	31	31	25	17	10	4

资料来源：土耳其统计局

3. 水资源

土耳其是地中海地区水资源最丰富的国家之一。年平均径流量约为1860亿立方米，可供消费的水资源为1100亿立方米，其中包括120亿立方米的地下水。但由于土耳其人口从1960年代的2800万人增加到2017年的8000万人，人均水资源供应量已经从4000立方米下降到目前不足1500立方米。2000年，土耳其总供水的75%用于农业灌溉，其余15%和10%分别用于家庭用水和工业用水。考虑到干旱（或气候变化）、人口增长、快速城市化和工业化等因素影响，预计到2030年，土耳其将成为一个水资源紧张的国家。

土耳其大部分水资源是通过灌溉消耗的，国家为水资源项目投入了大量资金。预计到

2030年，土耳其总用水量将达到110亿立方米，其中农业用水占65%，家庭用水和工业用水分别占23%和12%（表7）。

表7 土耳其各部门用水状况

年 份	总用水		各部门					
			灌溉用水		家庭用水		工业用水	
	亿立方米	%（*）	亿立方米	%	亿立方米	%	亿立方米	%
1990	30.60	28	22.02	72	5.14	17	3.44	11
1999	38.90	35	29.20	75	5.70	10	4.00	11
2000	42.00	38	31.50	75	6.40	15	4.10	10
2030	110.00	100	71.50	65	25.30	23	13.20	12

资料来源：土耳其统计局

*占经济可开发水资源比重

4．生物资源

土耳其位于三个生物地理区域：安纳托利亚、地中海、黑海区域及其过渡地带。该国的领土包括森林、山脉、草原、湿地、沿海和海洋生态系统以及这些系统的不同形式和组合。这种特殊的生态系统和生境多样性产生了相当大的物种多样性。

与温带其他国家的生物多样性相比，土耳其的动物群生物多样性非常丰富。尽管缺乏数据，但是无脊椎动物是所确定的活物种中最大的群体。土耳其无脊椎动物物种总数约为19000种，其中约4000种/亚种是地方性的。阿纳托利亚是马、鹿和野鸡的故乡。土耳其位于世界上两个主要的鸟类迁徙路线上，这使它成为重要的鸟类饲养和繁殖区域。在动物遗传资源方面，由于安纳托利亚地理位置特殊，许多家畜物种最初是在此繁殖的，并从这里传播到世界其他地区。

土耳其气候温和，地形复杂，从沿海平原到山区草场，从雪松林到绵延的大草原，是世界植物资源最丰富的地区之一。土耳其有世界上最丰富多样的森林。欧洲共有树木种类250种，其中土耳其就拥有205种。土耳其的遗传多样性在植物遗传资源中变得重要，特别是因为土耳其位于地中海和近东基因中心的交汇处。这两个区域在谷物和园艺作物的发现方面发挥着关键作用。土耳其有5个微基因中心，其中100多个物种表现出广泛的变异，它们是大量重要作物和其他重要经济作物（如药用植物）的起源或中心。这些中心为世界各地众多植物物种的可持续性提供了非常重要的遗传资源。

在考虑生态系统、物种、基因和生物功能及其对农业、林业和工业的意义时，需要研究和保存土耳其的生物多样性。

（二）农业生产情况

1. 农业产值

2002—2016年，农业GDP呈现一种先增后降的趋势。2002—2010年增长明显，其中最高年份是2010年，达到697亿美元；2010—2016年则呈现明显的下降趋势，2016年仅为523亿美元，比2010年下降25.0%（表8）。

表8 2002—2016年农业GDP变化　　　　　　　　　　　　　　　（单位：亿美元）

年 份	农业GDP
2002	245
2003	308
2004	381
2005	464
2006	451
2007	508
2008	572
2009	524
2010	697
2011	686
2012	678
2013	639
2014	616
2015	592
2016	523

资料来源：土耳其统计局

2017年，土耳其农业产值为3229.49亿里拉，其中作物产值为1352.26亿里拉，家畜产值为1177.97亿里拉，畜产品产值为699.26亿里拉，分别占农业产值的41.9%、36.5%和21.7%。在全国12个地区中，农业产值排名前三的地区分别为：地中海地区、爱琴海地区和东安纳托利亚地区，农业产值分别到451.08亿、450.12亿和303.14亿拉里，占全国比重分别为14.0%、13.9%以及9.4%。

各地区农业产值见表9。

表9　2017年土耳其以及各地区农业产值

地区	作物产值（亿里拉）	家畜产值（亿里拉）	畜产品产值（亿里拉）	人均作物产值（里拉）	人均家畜产值（里拉）	人均畜产品产值（里拉）
全国	1352.26	1177.97	699.26	1673	1458	865
伊斯坦布尔地区	3.92	7.21	3.12	26	48	21
西马尔马拉地区	100.83	88.41	24.06	2878	2523	687
爱琴海地区	217.83	183.56	48.73	2098	1768	469
东马尔马拉地区	98.05	72.85	15.33	1253	931	196
西安纳托利亚地区	134.73	107.81	27.84	1712	1370	354
地中海地区	312.04	106.81	32.23	3028	1037	313
安纳托利亚中部地区	100.61	123.56	32.18	2530	3107	809
西部黑海地区	102.26	104.89	28.97	2236	2293	633
东部黑海地区	73.90	27.32	17.21	2806	1038	653
安纳托利亚东北地区	17.21	133.20	33.02	787	6087	1509
安纳托利亚中东地区	40.59	102.96	27.08	1053	2671	703
东安纳托利亚地区	150.28	119.38	33.48	1734	1378	386

资料来源：土耳其统计局

2. 区域布局

土耳其各地气候差异大，其农业布局差异明显，共分12个生态区。黑海地区，指北部黑海沿岸地区，约占全国面积的1/6，此区多山，森林茂密，约占全国森林面积的1/4，该区以农业为主，玉米是主要农作物，榛子、茶叶和烟草也是本区特产；马尔马拉地区，包括土耳其的欧洲部分和安纳托利亚的西北部，虽然面积最小，人口却最稠密，是土耳其最发达的地区；爱琴海地区，包括爱琴海沿岸和西安纳托利亚地区，盛产烟草、棉花、葡萄和橄榄，为国家贡献了大部分农业产值；地中海地区，在安纳托利亚南部，托罗斯山脉在此凸起，在山麓以南形成了肥沃的低谷，使其成为著名的农业区，主要种植棉花、柑橘、蔬菜、香蕉等；东安纳托利亚地区，为最大和海拔最高区，平均海拔在1500～2000米，人烟稀少，主产小麦和大麦；东南安纳托利亚地区，多为荒地，耕作主要靠引水灌溉，是土耳其主要的产油区，著名的GAP综合项目，即东南安纳托利亚综合水利项目就在此地，土耳其最大的水坝阿塔图尔克大坝也坐落在此。

（1）种植业

东安纳托利亚地区、爱琴海地区与西部黑海地区为烟草优势产区。2017年，3个地区烟草产量占全国比重为88.2%。

东安纳托利亚地区、西安纳托利亚地区、地中海地区和安纳托利亚中部地区为谷物主产区。2017 年，4 个地区谷物产量占全国比重为 60.3%。

东安纳托利亚地区、爱琴海地区以及地中海地区，为纤维作物主产区，主要盛产棉花。2017 年，这三个地区纤维作物产量占全国比重为 99.9%。

爱琴海地区、西安纳托利亚地区、地中海地区以及安纳托利亚中部地区，为马铃薯、干豆、可食用块根和块茎类作物主产区。2017 年，这 4 个地区这几类作物产量在全国所占比重为 75.1%。

爱琴海地区、西马尔马拉地区、安纳托利亚中东地区、安纳托利亚东北地区以及安纳托利亚中部地区为秸秆和牧草主产区。2017 年，这 5 个地区秸秆和牧草产量占全国比重为 65.9%。

西安纳托利亚地区与安纳托利亚中部地区，为土耳其糖料作物主产区。2017 年，这两个地区糖料作物产量占全国比重为 65.0%。

西马尔马拉地区、地中海地区以及东安纳托利亚地区为油籽主产区。2017 年，三个地区油籽产量占全国比重为 67.7%。

2017 年全国及各地区谷物与其他作物产量详见表 10。

表 10　2017 年全国及各地区谷物与其他作物产量　　　　（单位：万吨）

地　区	未加工烟草	马铃薯、干豆、可食用块根和块茎	秸秆和牧草	糖料作物	谷　物	纤　维	油　籽
全国	7.42	583.16	4566.59	1959.29	3528.12	75.60	348.06
伊斯坦布尔地区	—	0.02	6.09	0.08	17.64	—	5.43
西马尔马拉地区	0.19	3.63	587.92	6.35	350.05	0.02	85.39
爱琴海地区	4.49	103.87	984.97	142.15	326.07	18.03	38.08
东马尔马拉地区	0.01	32.91	400.48	166.89	206.67	—	8.25
西安纳托利亚地区	—	77.70	396.73	693.62	598.27	—	30.59
地中海地区	0.19	50.96	234.45	85.07	467.60	16.24	79.63
安纳托利亚中部地区	—	205.68	419.91	579.93	451.91	—	9.66
西部黑海地区	0.88	20.57	402.57	144.37	302.86	7	18.53
东部黑海地区	—	14.87	19.17	1.05	12.34	—	—
安纳托利亚东北地区	—	12.28	455.58	60.77	98.88	0.02	0.71
安纳托利亚中东地区	0.49	21.59	561.99	62.51	85.92	—	1.03
东安纳托利亚地区	1.18	39.08	96.73	16.50	609.90	41.29	70.75

资料来源：土耳其统计局

2017 年，土耳其保护地水果和蔬菜主产区主要分布在地中海地区、爱琴海地区以及西部黑海地区。其中，地中海地区水果和蔬菜产量占全国比重为 80.9%，爱琴海地区水果和蔬菜产量占全国比重为12.6%，西部黑海地区水果和蔬菜产量占全国比重为3.3%。在这些蔬菜和水果中，产量最高的为番茄，其次为黄瓜，排在第3位是西瓜，第4位为辣椒。地中海地区番茄产量占全国比重为77.5%，黄瓜66.4%，西瓜97.0%，辣椒96.1%。爱琴海地区番茄产量占全国比重为17.2%，黄瓜17.0%，西瓜1.7%，辣椒1.0%。西部黑海地区番茄产量占全国比重为2.5%，黄瓜7.8%，西瓜1.4%，辣椒3.3%。

2017年全国及各地区保护地水果和蔬菜产量详见表11。

表11 2017年全国及各地区保护地水果和蔬菜产量　　　　（单位：吨）

地区	辣椒	草莓	番茄	鲜豆	黄瓜	西葫芦	西瓜	甜瓜	莴苣	香蕉	茄子
全国	704293	155059	3829831	47936	1121625	219304	791277	185762	115303	321815	344620
伊斯坦布尔地区	184	—	1441	20	1937	6	—	—	463	—	12
西马尔马拉地区	210	44	7482	138	10024	—	37	8	3309	—	49
爱琴海地区	6778	47930	658837	8116	191095	27984	13467	714	17120	500	19557
东马尔马拉地区	2817	10	50675	915	59969	3	—	—	22139	—	8
西安纳托利亚地区	83	6	7300	22	2606	8	30	—	49	—	22
地中海地区	676772	106990	2968149	36112	744444	189782	766743	177206	46031	321315	320219
安纳托利亚中部地区	133	16	11825	1	647	—	—	—	54	—	7
西部黑海地区	16190	3	95098	2548	87294	1521	11000	7800	25433	—	4606
东部黑海地区	29	—	2928	39	2769	—	—	—	634	—	16
安纳托利亚东北地区	4	60	4190	—	2631	—	—	—	49	—	—
安纳托利亚中东地区	375	—	2714	—	10372	—	—	—	22	—	24
东安纳托利亚地区	718	—	19192	25	7837	—	—	34	—	—	100

资料来源：土耳其统计局

（2）畜牧业

安纳托利亚地区，包括安纳托利亚东北地区、安纳托利亚中东地区以及安纳托利亚东部地区，畜牧业比较发达，为牛和绵羊的主产区。2017年，三个地区牛存栏量占全国比重为40.3%，绵羊为46.8%。

安纳托利亚中东地区、东安纳托利亚地区以及西部黑海地区为水牛主产区。2017年，三个地区水牛存栏量占全国比重为51.4%。

地中海地区、东安纳托利亚地区以及爱琴海地区为山羊主产区。2017年，三个地区山羊存栏量占到全国比重为63.7%。

西马尔马拉地区，爱琴海地区和东马尔马拉地区，家禽业比较发达，为家禽主产区。2017年，三个地区家禽存栏量占全国比重为67.4%。

2017年土耳其全国及各地区家畜存栏量详见表12。

表12 2017年土耳其全国及各地区家畜存栏量（单位：头，只）

地区	牛	水牛	骆驼	猪	绵羊	山羊	马、骡、驴	家禽
全国	15943586	161439	1703	1361	33677636	10634672	289782	348143754
伊斯坦布尔地区	85575	13456	19	12	110858	21914	2213	1867036
西马尔马拉地区	1174828	8260	314	—	2232171	600084	13956	42217102
爱琴海地区	2501983	11071	1105	677	3670460	1249666	44953	103004949
东马尔马拉地区	849831	10891	1	56	1385583	284447	13415	89506899
西安纳托利亚地区	1392438	2759	3	9	3536253	670498	14943	29311254
地中海地区	1304401	2745	158	607	2557173	2854220	21926	29670190
安纳托利亚中部地区	1630392	16528	20	—	2804361	392766	17629	9998467
西部黑海地区	1756084	48317	7	—	1110722	300282	31715	22776487
东部黑海地区	530240	5431	—	—	498677	78276	4429	753702
安纳托利亚东北地区	2173509	7400	—	—	3919204	317569	39641	2470855
安纳托利亚中东地区	1097366	17079	45	—	5677826	1195312	31284	9156435
东安纳托利亚地区	1446939	17502	31	—	6174348	2669638	53678	7410378

资料来源：土耳其统计局

3. 粮食自给率

2007—2016年（2014年除外），谷物自给率基本都维持在92%的水平（表13）。其中2009年和2015年，谷物自给率达到100%以上。小麦和大麦是其优势产品，自给率多数年份都超过了100%，完全可以满足国内需求。

表13 2007—2016年土耳其谷物与粮食自给率　　　　　　　　　　　　　　　　（单位：%）

年　份	谷物自给率	小麦自给率	玉米自给率	大米自给率	大麦自给率
2007	94.7	96.5	81.4	60.5	97.3
2008	92.7	94.5	79.9	75.7	98.1
2009	109.7	114.8	80	60.5	122.1
2010	98.8	102.2	79.6	90.7	104.7
2011	99.9	105.1	79.7	72.8	101.5
2012	93.1	98	77.5	86.9	91.8
2013	98.8	101.8	86.1	80.1	100.8
2014	86.4	89.2	84.4	65.4	80.6
2015	110.2	113.6	105	69.9	106.5
2016	97.2	103.8	87.8	69.9	89.2

资料来源：土耳其统计局

4．主要农产品生产状况

（1）种植业

土耳其主要粮食作物有小麦、大麦、玉米、大豆和马铃薯等，是中东地区最大的小麦生产国。小麦、大麦和黑麦产量在世界排名（1965—2016年）基本都在前10。主要的经济作物有甜菜、棉花、烟草。此外，土耳其生产并出口榛子、无核小葡萄、葡萄干和水果（包括柑橘、柠檬和甜瓜）等。

2001—2017年，主要农作物种植面积见表14。主要农作物产量见表15。

2001—2017年，小麦种植面积呈下降趋势。2001年，种植面积为935.00万公顷，2017年减少到76689万公顷，减幅为18%。

大麦种植面积呈下降趋势。2001年，种植面积为364.00万公顷，2017年减少到242.47万公顷，减幅为33%。

玉米种植面积呈上升趋势。2001年，种植面积为55.00万公顷，2017年增加到63.91万公顷，增幅为16%。

向日葵种植面积呈上升趋势。2001年，种植面积为51.00万公顷，2017年增加到77.96万公顷，增幅为53%。

棉花种植面积呈下降趋势。2001年，种植面积为68.47万公顷，2017年减少到50.19万公顷，减幅为27%。

甘蔗种植面积基本稳定。2001年，种植面积为35.88万公顷，2017年为33.92万公顷。

表14 2001—2017年土耳其主要农作物的种植面积　　　　　　　　　　（单位：万公顷）

年份	小麦	大麦	玉米	向日葵	棉花	甘蔗
2001	935.00	364.00	55.00	51.00	68.47	35.88
2002	930.00	360.00	50.00	55.00	72.11	37.25
2003	910.00	340.00	56.00	54.50	63.73	31.53
2004	930.00	360.00	54.50	55.00	64.00	31.53
2005	925.00	365.00	60.00	56.60	54.69	33.58
2006	849.00	364.98	53.60	58.54	59.07	32.57
2007	809.77	342.80	51.75	55.47	53.03	30.02
2008	809.00	295.00	59.50	58.00	49.50	32.20
2009	810.00	301.00	59.20	58.40	42.00	32.44
2010	810.34	304.00	59.40	64.14	48.07	32.92
2011	809.60	286.88	58.90	65.57	54.20	29.73
2012	752.96	274.88	62.26	60.46	48.85	28.07
2013	777.26	272.05	66.00	60.98	45.09	29.13
2014	791.92	278.73	65.86	65.75	46.81	28.88
2015	786.69	278.36	68.82	68.53	43.40	27.45
2016	767.19	274.00	68.00	72.01	41.60	32.25
2017	766.89	242.47	63.91	77.96	50.19	33.92

资料来源：土耳其统计局

表15 2001—2017年土耳其主要农作物产量　　　　　　　　　　（单位：万吨）

年份	小麦	大麦	玉米	向日葵	棉花	甘蔗
2001	1900.00	750.00	220.00	65.00	235.79	1263.25
2002	1950.00	830.00	210.00	85.00	254.18	1652.32
2003	1900.00	810.00	280.00	80.00	234.57	1262.29
2004	2100.00	900.00	300.00	90.00	245.51	1351.72
2005	2150.00	950.00	420.00	97.50	224.00	1518.12
2006	2001.00	955.10	381.10	111.80	255.00	1445.22
2007	1723.40	730.68	353.50	85.44	227.50	1241.47
2008	1778.20	592.30	427.40	99.20	182.00	1548.83
2009	2060.00	730.00	425.00	105.71	172.50	1727.47
2010	1967.40	725.00	431.00	132.00	215.00	1794.21
2011	2180.00	760.00	420.00	133.50	258.00	1612.65
2012	2010.00	710.00	460.00	137.00	232.00	1491.99
2013	2205.00	790.00	590.00	152.30	225.00	1648.86
2014	1900.00	630.00	595.00	163.79	235.00	1674.30
2015	2260.00	800.00	640.00	168.07	205.00	1602.28
2016	2060.00	670.00	640.00	167.07	210.00	1959.27
2017	2150.00	710.00	590.00	196.44	245.00	2082.83

资料来源：土耳其统计局

2001—2017年，小麦产量呈增长趋势。2001年，小麦产量为1900万吨，2017年增长到2150万吨，增幅约13%。

大麦产量波动较大。2001年，大麦产量为750万吨，2017年为710万吨，2006年产量达到历史最高，为955万吨。

玉米产量呈增长趋势。2001年，玉米产量为220万吨，2017年增长到590万吨，增幅约168%。

向日葵产量呈增长趋势。2001年，向日葵产量为65万吨，2017年增长到196万吨，增幅约201%。

棉花产量基本稳定，多数年份维持220万吨以上。2001年，棉花产量为236万吨，2017年增长到245万吨，增幅约3.8%。

甘蔗产量呈增长趋势。2001年，甘蔗产量为1263万吨，2017年增长到2083万吨，增幅约65%。

2010—2016年，蔬菜自给率都在100%以上（表16）。2002年，蔬菜总产量为2880万吨，2016年增长到3030万吨，增幅为5.2%。

表16 2010—2016年土耳其蔬菜自给率（单位：%）

年 份	2010年	2011年	2012年	2013年	2014年	2015年	2016年
自给率	106.8	106.2	106.6	107.1	106.7	106.8	106.7

资料来源：土耳其统计局

2001—2017年，番茄产量呈增长趋势。2001年，番茄产量为843万吨，2017年增长到1275万吨，增幅约51%。

黄瓜产量基本保持稳定。2001年，黄瓜产量为174万吨，2017年增长到183万吨，增幅约5.1%。

甜瓜产量基本保持稳定。2001年，甜瓜产量为178万吨，2017年增长到181万吨，增幅约1.7%。

西瓜产量基本维持在360万吨以上。2001年，西瓜产量为402万吨，2017年为401万吨，其中，2002年产量达到峰值，为458万吨，2010年产量最低，仅为368万吨。

洋葱产量基本维持在170万吨以上。2001年，洋葱产量为215万吨，2017年为213万吨，其中，2001年产量达到峰值，为215万吨，2012年产量最低，仅为174万吨。

2001—2017年土耳其主要蔬菜产量见表17。

表17 2001—2017年土耳其主要蔬菜产量　　　　　　　　　　　　　　　（单位：万吨）

年份	番茄	黄瓜	甜瓜	西瓜	洋葱
2001	842.50	174.00	177.50	402.00	215.00
2002	945.00	167.00	182.00	457.50	205.00
2003	982.00	178.31	173.50	421.50	175.00
2004	944.00	172.50	175.00	382.50	204.00
2005	1005.00	174.50	182.50	397.00	207.00
2006	985.49	179.96	176.56	380.53	176.54
2007	993.66	167.05	166.11	379.67	185.94
2008	1098.54	168.28	174.99	400.23	200.71
2009	1074.56	173.50	167.92	381.02	184.96
2010	1005.20	173.92	161.17	368.31	190.00
2011	1100.34	174.92	164.80	386.45	214.14
2012	1135.00	174.19	168.87	402.23	173.59
2013	1182.00	175.46	169.96	388.73	190.48
2014	1185.00	178.05	170.73	388.56	179.00
2015	1261.50	182.26	171.96	391.86	187.92
2016	1260.00	181.17	185.44	392.89	212.06
2017	1275.00	182.78	181.34	401.13	213.15

资料来源：土耳其统计局

2010—2016年，水果自给率都在100%以上，蔬菜完全可以满足国内需求。2002年，水果总产量为1330万吨，2016年增长到1870万吨，增幅为40.6%。

2002年，香蕉产量为9.5万吨，2016年增长到30.6万吨，增幅约222%。2002年，苹果总产量为220万吨，2016年增长到290万吨，增幅约18%。2002年，樱桃产量为21万吨，2016年增长到60万吨，增幅约155%。2002年，柑桔产量为240万吨，2016年增到430万吨，增幅约60%。

（2）畜牧业

畜牧业发展经历了一个高—低—高的"U"形曲线式发展，生产模式以粗放经营的小型农场为主，地域发展不平衡，畜牧业产品尤其是肉类产品供应紧张。土耳其约有一半的畜牧养殖位于东部地区，主要以养牛、养羊业为主，是世界羊毛制品产地之一。国产大麦的90%用作饲料。近年来家禽养殖业也日趋重要，鸡肉已经成为土耳其最受欢迎的肉类产品。

2001—2017年，牛的存栏量呈增长趋势。2001年，牛存栏量为1055万头，2017年增长到1594万头，增幅约51%。

绵羊存栏量呈增长趋势。2001年，绵羊存栏量为2697万只，2017年增长到3368万只，增幅约25%。

山羊存栏量呈增长趋势。2001年，山羊存栏量为702万只，2017年增长到1063万只，增幅约51%。

2001—2017年土耳其家畜存栏量见表18。

表18　2001—2017年土耳其家畜存栏量　　　　　　　　　　　　（单位：万头，万只）

年　份	牛	绵　羊	山　羊	家畜总存栏
2001	1054.80	2697.20	702.20	4454.20
2002	980.35	2517.37	678.01	4175.73
2003	978.81	2543.15	677.17	4199.13
2004	1006.93	2520.12	660.99	4188.04
2005	1052.64	2530.43	651.75	4234.82
2006	1087.14	2561.69	664.33	4313.16
2007	1103.68	2546.23	628.64	4278.54
2008	1085.99	2397.46	559.36	4042.81
2009	1072.40	2174.95	512.83	3760.18
2010	1136.98	2308.97	629.32	4075.27
2011	1238.63	2503.16	727.80	4469.59
2012	1391.49	2742.52	835.73	4969.74
2013	1441.53	2928.42	922.55	5292.51
2014	1422.31	3114.02	1034.49	5570.83
2015	1399.41	3150.79	1041.62	5591.82
2016	1408.02	3098.39	1034.53	5540.94
2017	1594.36	3367.76	1063.47	6025.59

资料来源：土耳其统计局

2001年，肉类总产量为44万吨，2017年增长到113万吨，增幅达157%。2002年，红肉总产量为42.1万吨，2016年增长到120万吨，增幅为178%。

奶类产量呈增长趋势。2001年，奶类产量为950万吨，2017年增长到2070万吨，增幅约118%。

鸡肉产量呈增长趋势。2001年，鸡肉产量为61.5万吨，2017年增长到214万吨，增幅约249%。

鸡蛋产量呈增长趋势。2001年，鸡蛋产量为106亿枚，2017年增长到193亿枚，增幅约82%。

2001—2017年土耳其畜产品产量见表19。

表19 2001—2017年土耳其畜产品产量

年份	肉类（万吨）	奶类（万吨）	鸡肉（万吨）	鸡蛋（亿枚）	蜂蜜（万吨）	蚕茧（吨）	羊毛（万吨）	马海毛（吨）
2001	43.58	949.56	61.47	105.75	6.02	47	4.09	400
2002	42.06	840.86	69.62	115.55	7.46	100	3.82	318
2003	36.70	1061.10	87.24	126.67	6.95	169	4.65	333
2004	44.72	1067.94	87.68	110.56	7.39	143	4.60	304
2005	40.94	1110.79	93.67	120.52	8.23	157	4.62	302
2006	43.85	1195.21	91.77	117.34	8.38	127	4.68	274
2007	57.56	1232.98	106.85	127.25	7.39	125	4.68	237
2008	48.25	1224.30	108.77	131.91	8.14	125	4.42	194
2009	41.26	1254.22	129.33	138.33	8.20	136	4.03	174
2010	78.07	1354.37	144.41	118.40	8.11	126	4.28	200
2011	77.69	1505.62	161.33	129.55	9.42	151	4.66	194
2012	91.58	1740.13	172.39	149.11	8.92	134	5.12	200
2013	99.61	1822.37	175.84	164.97	9.47	121	5.48	260
2014	100.83	1863.09	189.47	171.45	10.35	80	5.84	280
2015	114.93	1865.47	190.93	167.28	10.77	66	5.92	325
2016	117.30	1848.92	187.90	180.98	10.57	103	6.25	341
2017	112.64	2069.99	213.67	192.81	11.45	102	6.33	356

资料来源：土耳其统计局

（3）渔业

土耳其渔业发展相对缓慢，对国民经济的贡献微乎其微，但发展水产养殖业对乡村建设及农村经济的发展具有巨大的推动作用，故而逐渐得到土耳其政府的重视。

水产业计划在2023年前实现产量翻番，旨在推动土耳其水产品出口贸易。养殖业主要养殖少量贻贝、鲤鱼及其他海产品。养殖业起始于20世纪70年代，进入2000年后发展迅猛。土耳其本国居民的海产品消费能力较弱，在欧洲地区属于较低水平，年人均消费量7千克。

2004—2016年，海产品产量总体呈下降趋势。2004年海产品产量为50.5万吨，2016年下降至30.2万吨，减幅约40%。

水产养殖产量总体呈增长趋势。2004年水产养殖产量为9.4万吨，2016年增长至25.3万吨，增幅约169%。

淡水产品产量总体呈下降趋势。2004年为4.6万吨，2016年下降至3.4万吨，减幅约26%。

2001—2017年土耳其水产品产量见表20。

表20 2001—2017年土耳其水产品产量　　　　　　　　　　　　　　（单位：万吨）

年　份	海水产品	水产养殖产品	淡水产品
2004	50.49	9.40	4.56
2005	38.04	11.83	4.61
2006	48.90	12.89	4.41
2007	58.91	13.99	4.33
2008	45.31	15.22	4.10
2009	42.50	15.87	3.92
2010	44.57	16.71	4.03
2011	47.77	18.88	3.71
2012	39.63	21.24	3.61
2013	33.90	23.34	3.51
2014	26.61	23.51	3.61
2015	39.77	24.03	3.42
2016	30.15	25.34	3.39

资料来源：土耳其统计局

（三）农产品贸易情况

土耳其是世界食品与农产品主要出口国之一。2002—2016年，土耳其农业出口额呈先增后降的趋势。2002年出口额为37.5亿美元，2016年增长到162.6亿美元，增幅约334%。其中农业出口额在2014年达到峰值，为180.0亿美元。详见表21。

表21 土耳其农业出口额　　　　　　　　　　　　　　　　　　　（单位：亿美元）

年　份	农业出口额
2002	37.52
2011	144.27
2012	152.51
2013	169.78
2014	179.95
2015	167.89
2016	162.56

资料来源：土耳其统计局

1. 主要农产品贸易规模

土耳其是农产品净出口国。2016年，土耳其向185个国家出口了1690种农产品，其中，小麦、坚果、大豆、马铃薯、樱桃、番茄、棉花出口大于进口，大麦、向日葵、茶叶、香蕉进口大于出口。详见表22。

表22　2007—2016年土耳其农产品进出口量　　（单位：吨）

年份	谷物		小麦		玉米		大米	
	进口量	出口量	进口量	出口量	进口量	出口量	进口量	出口量
2007	4244247	2118717	2511652	1818712	198972	93364	236364	20948
2008	4260111	2650467	3628102	2342827	143505	123747	183621	36494
2009	3577387	5829538	2951007	4491284	72834	390766	336192	40463
2010	4565386	3399462	4174105	3228101	60409	212323	275267	105874
2011	4424253	4395131	3224535	3977079	49523	275046	158749	91783
2012	5536328	4149281	4029699	3700742	298191	285848	217056	46412
2013	5646172	5178228	4185189	4677855	171770	593036	320214	34770
2014	8784623	4879666	5780716	4358527	813577	421311	292663	39589
2015	4837640	6588743	4109527	5918407	107351	603844	198876	61254
2016	5850339	8238485	4586405	7463969	208402	728344	243859	67799

年份	大麦		坚果		大豆		向日葵	
	进口量	出口量	进口量	出口量	进口量	出口量	进口量	出口量
2007	198972	9764	—	—	64778	38824	1475301	206089
2008	143505	1970	61884	485317	34810	23910	1675655	416720
2009	72834	783187	72004	412521	67048	20236	1263131	228269
2010	60409	46210	58019	503846	48557	26525	1851283	507523
2011	49523	139985	84507	447129	40708	27281	2694600	870296
2012	298191	8711	74378	699905	41408	79700	2506685	924659
2013	171770	11467	67686	620514	57293	27180	2800496	1827004
2014	813577	16861	60230	534831	44600	44250	2798851	1968341
2015	107351	21131	94994	577100	52918	117987	2361849	1833068
2016	208402	47856	113400	562193	56643	132468	2864007	1974923

年份	糖类		茶叶		马铃薯		蔬菜	
	进口量	出口量	进口量	出口量	进口量	出口量	进口量	出口量
2007	33518	150670	17022	12019	54717	236766	46451	1470987
2008	33003	137875	19021	10426	40188	65071	47117	1631883
2009	37813	201168	28127	9405	60943	69924	57713	1834782
2010	43701	233805	32760	9327	63941	163723	72783	1549447
2011	47670	252849	26466	9001	62164	70345	200139	1627366
2012	55441	282590	24530	16937	60246	309614	54336	1609951
2013	56591	269915	21669	19836	88167	132825	78360	1784816
2014	132673	272798	26013	23900	129257	21055	79368	1705222
2015	327633	251833	27971	18969	86204	124851	69357	1779047

(续表)

年份	糖类		茶叶		马铃薯		蔬菜	
	进口量	出口量	进口量	出口量	进口量	出口量	进口量	出口量
2016	310608	268649	80159	24904	75184	428754	82686	1792265

年份	樱桃		番茄		香蕉		棉花	
	进口量	出口量	进口量	出口量	进口量	出口量	进口量	出口量
2007	234	66264	15129	1002133	237235	28	35552	28603
2008	75	32601	9972	1145794	170897	9	65823	16974
2009	85	59219	10240	1268458	207824	7	35229	22242
2010	31	67937	12472	1040519	229409	4	10159	19342
2011	83	56411	11773	1116800	221666	11	81	12162
2012	59	64788	11009	1114999	239670	0	21002	6727
2013	56	63190	11302	1259287	210216	17	6115	5221
2014	2	56550	9725	1127216	216589	11	1863	20473
2015	31	87778	10950	1195050	214422	30	83	21840
2016	143	91068	10405	1246147	212317	6	85	12559

资料来源：土耳其统计局

土耳其对肉、奶等畜产品的贸易保护程度很高，以保护国内大量的小规模生产农户。因此，进口畜产品很少，主要进口有活牲畜、奶产品、天然蜂蜜、鱼类及其他水产品。

2. 主要贸易伙伴

2017年，中国为土耳其第15大出口市场和第1大进口来源地。土耳其与中国的贸易逆差为204.3亿美元，约占土耳其全部对外贸易逆差的27%。

2017年，德国、英国、伊拉克、美国、意大利、法国、西班牙、荷兰、以色列、伊朗、比利时、罗马尼亚、波兰、中国、保加利亚、俄罗斯、沙特阿拉伯、埃及、阿尔及利亚等国为土耳其主要出口市场。土耳其对中国的出口额为29.4亿美元。

2017年，中国、德国、俄罗斯、美国、意大利、法国、伊朗、瑞士、韩国、英国、西班牙、印度、日本、荷兰、比利时、波兰、马来西亚、越南、捷克共和国等国为土耳其主要进口来源地。土耳其从中国的进口额为233.7亿美元。

2016年，土耳其活动物出口市场排在前5位的分别是伊拉克、荷兰、德国、意大利和美国。土耳其出口到中国的活动物贸易额为263.67万美元，仅占中国活动物进口总额的0.11%。详见表23。

表 23　2016 年土耳其活动物主要出口市场　　　　（单位：万美元，%）

地　区	出口额	出口产品所占份额 （商品出口额占出口地商品进口总额的比重）
伊拉克	54377.06	7.1
荷兰	15968.74	4.5
德国	11187.66	0.8
意大利	9935.80	1.3
英国	6507.04	0.6
沙特阿拉伯	6343.10	2.0
阿拉伯叙利亚共和国	6320.81	4.8
俄罗斯	5967.38	3.4
日本	5155.30	14.5
阿拉伯联合酋长国	4960.23	0.9
其他 112 个贸易伙伴	51978.68	29.1
中国	263.67	0.1

资料来源：世界银行

2016 年，土耳其蔬菜出口市场排在前 5 位的分别是伊拉克、意大利、德国、俄罗斯和叙利亚。土耳其出口到中国的蔬菜贸易额为 6399.73 万美元，占中国蔬菜进口总额的 2.8%。详见表 24。

表 24　2016 年土耳其蔬菜主要出口市场　　　　（单位：万美元，%）

地　区	出口额	出口产品所占份额 （商品出口额占出口地商品进口总额的比重）
伊拉克	150236.84	19.7
意大利	61462.07	8.1
德国	57441.03	4.1
俄罗斯	38481.51	22.2
阿拉伯叙利亚共和国	33110.43	25.1
美国	31411.30	4.7
法国	28939.48	4.8
英国	23795.00	2.0
苏丹	22313.80	48.5
荷兰	20204.41	5.6
其他 156 个贸易伙伴	26383.81	41.1
中国	6399.73	2.8

资料来源：世界银行

2016 年，土耳其食品出口市场排在前 5 位的分别是伊拉克、德国、美国、沙特阿拉伯和伊朗。土耳其出口到中国的食品贸易额为 5631.62 万美元，占中国食品进口总额的 2.4%。

详见表25。

表25 2016年土耳其食品主要出口市场　　　　　　　（单位：万美元，%）

地　区	出口额	出口产品所占份额 （商品出口额占出口地商品进口总额的比重）
伊拉克	87748.05	11.5
德国	67064.62	4.8
美国	46819.71	7.1
沙特阿拉伯	25492.34	8.0
伊朗伊斯兰共和国	24898.16	5.0
荷兰	21339.29	6.0
阿拉伯叙利亚共和国	20107.88	15.2
免税区	19669.39	7.3
英国	17633.33	1.5
以色列	17100.44	5.8
其他179个贸易伙伴	306003.59	46.8
中国	5631.62	2.4

资料来源：世界银行

2016年，土耳其活动物进口来源地排在前5位的分别是乌拉圭、德国、巴西、挪威和法国。土耳其从中国进口的活动物贸易额为1501.21万美元，占中国活动物出口总额的0.1%。详见表26。

表26 2016年土耳其活动物主要进口来源地　　　　　　（单位：万美元，%）

地　区	进口额	进口产品所占份额 （商品进口额占进口地商品出口总额的比重）
乌拉圭	14334.23	61.2
德国	9079.21	0.4
巴西	8159.21	4.6
挪威	7555.94	12.0
法国	5819.47	0.8
捷克共和国	4795.80	1.9
波斯尼亚和黑塞哥维那	4301.87	14.9
奥地利	3868.07	2.5
匈牙利	3821.21	3.0
斯洛伐克	3460.89	3.6
其他95个贸易伙伴	32537.94	33.3
中国	1501.21	0.1

资料来源：世界银行

2016年，土耳其蔬菜进口来源地排在前5位的分别是俄罗斯、马来西亚、乌克兰、美国和加拿大。土耳其从中国进口的蔬菜7419.57万美元，占中国蔬菜出口总额的0.3%。详见表27。

表27 土耳其蔬菜主要进口来源地　　　　　　　　　　　　　（单位：万美元，%）

地　区	出口值	进口产品所占份额 （商品进口额占进口地商品出口总额的比重）
俄罗斯	150483.82	9.9
马来西亚	54420.85	27.3
乌克兰	52175.53	20.5
美国	42482.96	3.9
加拿大	34975.01	32.9
巴拉圭	25896.95	99.5
巴西	19037.19	10.7
波斯尼亚和黑塞哥维那	14245.42	49.4
保加利亚	13082.47	6.1
德国	12757.72	0.6
其他133个贸易伙伴	211879.77	33.6
中国	7419.57	0.3

资料来源：世界银行

2016年，土耳其食品进口来源地排在前5位的分别是美国、俄罗斯、德国、荷兰和科特迪瓦。土耳其从中国进口的食品4203.36万美元，仅占中国食品出口总额的0.2%。详见表28。

表28 土耳其食品主要进口来源地　　　　　　　　　　　　　（单位：万美元，%）

地　区	进口值	进口产品所占份额 （商品进口额占进口地商品出口总额的比重）
美国	36864.00	3.4
俄罗斯	35308.29	2.3
德国	29617.61	1.4
荷兰	25427.49	8.5
科特迪瓦	22479.44	89.5
阿根廷	19803.65	51.8
巴西	19275.99	10.8
乌克兰	19149.87	7.5
加纳	15449.45	85.6
意大利	14537.38	1.4
其他119个贸易伙伴	47783.34	38.3
中国	4203.36	0.2

资料来源：世界银行

（四）农业科技发展

根据世界银行收集的发展指标，2014年土耳其的研发支出占国内生产总值的百分比为1.0%。2011年土耳其农业部的重组使政府对农业研发的承诺更加坚定，但农业研发支出占农业GDP比重（0.5%）仍然相对较低，特别是与大多数欧盟国家的平均份额相比。2012年，农业研发支出占农业GDP比重为0.5%。

1. 农业科研机构

土耳其的农业研究主要由土耳其食品、农业和畜牧业部，环境和林业部，大学以及土耳其科技委员会执行。

土耳其食品、农业与畜牧业部，下设农业研究与政策总局，主要职责：根据国家发展计划确定农业研究发展战略和优先事项；制定和实施项目；为保护和合理利用水土资源进行研究；培育和推广抗不利环境条件的品种和品系；开展国家和国际研发活动，并支持这一领域内的项目。

2017年，土耳其食品、农业与畜牧业部拥有研究所50个（其中中央级10个，区域级10个以及学科导向级30个），科研人员2665人。农业部科研院所的子项目已对私营部门和大学开放。

（1）农业类研究所

10个中央级农业研究所分别为：大田作物中心研究所；阿塔图尔克园艺中心研究所；植物健康中心研究所；土壤、肥料与水资源中心研究所；畜牧中心研究所；水产养殖中心研究所；食品与饲料控制中心研究所；农业经济与政策发展研究所；GAP国际农业研究与培训中心；国际农业研究与培训中心。

10个区域级农业研究所分别为：东地中海农业研究所；西地中海农业研究所；地中海渔业、生产与培训研究所；色雷斯农业研究所；东安纳托利亚农业研究所；过渡带农业研究所；爱琴海农业研究所；黑海农业研究所；GAP农业研究所；Bahri Dagdas国际农业研究所。

此外，还有30所以学科为导向的农业类研究所。对于一个地区或全国来说，以学科为导向的研究所主要开展一些具有一定经济优势的作物或学科的相关研究项目。

（2）农业类大学

土耳其农业科学领域包括园艺学、食品科学、营养学、乳制品科学、农艺学等。在农业科学领域拥有5所世界排名靠前的大学，包括：埃西耶斯大学；伊格大学；库库洛瓦大学；安卡拉大学；阿塔图克大学。

2. 农业科技发展状况

土耳其农业研发大部分项目直接由政府提供资金。随着时间的推移，私营部门的作用在实际进行农业研究和资助公共部门研究方面变得越来越重要。

（1）植物科技

在土耳其所登记的品种中，农业部研究所培育出940个品种，占迄今登记品种的31%。蔬菜方面，通过2004年启动的"公私合作培育土耳其F1杂交蔬菜品种和种子生产项目"，国内杂交蔬菜品种的使用率从2002年的10%提高至2016年的60%。近10年，共登记88个水果和84个葡萄品种。无壳大麦改良为食用大麦，并提交注册。

（2）畜牧科技

建立了3个蛋鸡育种系，土耳其第一批种鸡被称为"Anatolian T"；在水产养殖方面，水产养殖部门获得了10个新品种；口蹄疫疫苗生产技术已经发展起来，并取得了有效的疾病防控效果；已研发出联合抗血清，并用于新生小牛、羊羔和幼畜。

（3）遗传资源保护

植物遗传资源通过"保护植物生物多样性和遗传资源项目"而进行保护。目前正在进行保护研究，登记了12000多种植物，其中4000种是本地特有的。

建立了两个种子基因库，其中一个是1964年在伊兹密尔建立的，另一个是2010年在安卡拉建立的世界第三大植物基因库，其中，安卡拉的基因库拥有25万个种子样本，是仅次于中美两国的第三大基因库。

自2004年以来，共有62个基因型的绵羊、山羊、牛、水牛、蜜蜂、鸡、兔、蚕、猫、狗以及鸽等家畜品种通过家畜登记委员会登记。

在"畜禽遗传资源保护和可持续利用"项目范围内，动物品种在2个基因库下得到了保护，其中一个基因库在畜牧中心研究所建立，另一个在马尔马拉研究中心建立。采集DNA、细胞、胚胎和精液，对6个牛品种、1个水牛品种、13个绵羊品种、5个山羊品种和5个马品种进行了细胞保护和分子鉴定研究。

（4）其他领域

天然免疫亲和柱首次用于真菌毒素检测；研发出了替代化肥的当地微生物肥料；保护性耕作技术，已用于农场。

3. 农业科技投入

2010—2016年，土耳其国内研发总经费呈现逐年增加的趋势（表29）。2010年国内研发总经费为92.69亿里拉，2016年增加至246.41亿里拉，增幅达168.9%。

表29 2010—2016年土耳其国内研发经费总支出　　　　　　　　　　（单位：亿里拉）

项目	2010年	2011年	2012年	2013年	2014年	2015年	2016年
土耳其	92.69	111.55	130.62	148.07	175.98	206.15	246.41

资料来源：OECD

2000—2015年，土耳其国内研发经费支出占GDP比重（研发投入强度）呈现逐年增加的趋势（表30）。2000年研发投入强度为0.5%，2015年增加至0.9%，增幅达80%。与中国相比，土耳其的研发投入强度偏低，2015年中国为2.1%，比土耳其高1.2%。

表30 2000—2016年土耳其国内研发经费占GDP比重　　　　　　　　　（单位：%）

项目	2000年	2001年	2002年	2003年	2004年	2005年	2006年	2007年	2008年	2009年	2010年	2011年	2012年	2013年	2014年	2015年	2016年
土耳其	0.5	0.5	0.5	0.5	0.5	0.6	0.6	0.7	0.7	0.9	0.8	0.8	0.8	0.8	0.9	0.9	--
中国	0.9	0.9	1.1	1.1	1.1	1.3	1.4	1.4	1.4	1.7	1.7	1.8	1.9	2.0	2.0	2.1	2.1

资料来源：OECD

2008—2015年，土耳其各执行部门农业与畜牧业国内研发经费均呈现增长趋势（表31），其中政府研发经费在这期间的增幅为107.9%，企业增幅282.2%，高校增幅为120.0%。最近几年，私营企业参与农业与畜牧业的研发经费增长迅速。2015年，在国内农业与畜牧业研发经费总支出中，政府占42.4%，企业占14.48%，高校占43.1%。企业占农业与畜牧业研发总经费比重与发达国家相比，明显偏低。

表31 2008—2015年土耳其执行部门农业与畜牧业国内研发经费支出　　（单位：亿里拉）

项目	2008年	2009年	2010年	2011年	2012年	2013年	2014年	2015年
政府	1.74	1.99	1.87	2.66	3.29	3.02	3.43	3.61
企业	0.32	0.45	0.53	0.55	0.72	1.05	1.20	1.23
高校	1.67	2.33	2.31	2.41	2.63	2.85	3.14	3.67
总计	3.73	4.77	4.70	5.61	6.63	6.92	7.77	8.51

资料来源：OECD

2007—2015年，土耳其农业与畜牧业科研总人数呈增长趋势，增幅为27.1%（表32）。2015年，在土耳其农业与畜牧业研发总人数中，来自政府部门研发人数占比为41.9%，企业为15.4%，高校为42.7%，其中女性占比为35.2%。

表 32　2007—2015 年土耳其各执行农业与畜牧业国内研发人数（全职）　　　　　　　　（单位：人）

项　目	2007年	2008年	2009年	2010年	2011年	2012年	2013年	2014年	2015年
政府	1519	1535	1659	1611	1958	2215	2028	2035	1966
企业	248	219	271	395	405	473	569	700	724
高校	1925	1904	1963	1984	1772	1974	1993	1994	2003
总计	3692	3658	3893	3990	4135	4662	4591	4729	4693
女性	1111	1073	1178	1211	1385	1617	1597	1660	1651

资料来源：OECD

（五）农业管理体系与政策

1. 农业管理体系

2011年，土耳其农业和农村事务部改组为土耳其食品、农业和畜牧业部。主要负责食品、农业和牲畜方面的政策制定、监测和执行情况的监督。土耳其食品、农业和畜牧部的主要活动包括：推动植物、牲畜、水产养殖和渔业生产；关于农业部门发展和农业政策的研究；粮食安全与保障；农村发展；土地、水资源和生物多样性的保护；加强农民和渔民对制度的认识；切实有效地执行农业支持计划。

土耳其食品、农业和畜牧业部的主要服务部门均设在安卡拉，在省级机构的帮助下制定和执行政策，并担任农业部门的主要监管机构。主要服务部门包括：食品与控制总局、植物生产总局、畜牧总局、渔业与水产养殖业总局、农业改革总局、农业研究与政策总局、欧盟事务和对外关系总局、战略发展局、法律顾问处、支持服务局、培训、推广服务和出版司、IT司。

土耳其食品、农业和畜牧业部的相关附属机构包括：土耳其粮食局、农业企业总局、茶叶企业总局、肉类与奶业局、农业与农村发展支持机构（IPARD机构）、阿塔图尔克林场局与烟草和酒精市场监管局。

土耳其食品、农业和畜牧业部的省级组织部门包括：81个省局和区局、研究所、农业生产站、食品控制实验室、农业检疫局，以及仓库与海关兽医局。

土耳其食品、农业和畜牧业部人力资源情况：2003—2016年，为增加该部的人力资源，共招聘了大约33000名员工。截至2016年，该部员工总数达到59000多人。

2. 农业支持政策

（1）农业相关法律

土耳其通过了15部促进农业结构调整与转型的法律。包括：农业法、有机农业法、农业生产者联盟法、植物新品种植物育种者权益保护法、农业保险法、土壤保护与土地利用法、种苗法、农业和农村发展支持机构建立法、特许仓库法、兽医服务、植物健康、食品和饲料法、生物安全法、关于食品、农业和畜牧业部组织和职责的法令、2016年安塔利亚世博会法、牧草法修订案、土壤保护和土地利用法，以及土耳其民法修正案。

（2）农业相关支持项目

农业无息贷款项目。2002年农业贷款利率为59%，2013年，对灌溉、饲料作物、渔业、认证种子、苗木生产、温室现代化、牲畜等活动实行无息贷款，而对其他农业活动项目则将贷款利率降至8.25%。此外，对农业领域的投资实行利率优惠政策。

国家农业项目。建立在"盆地支持模式"和"畜牧业国内生产支持模式"基础上的国家农业项目，旨在实现土耳其2023年目标，提高农民的生活水平，在全球竞争中有更大的发言权。主要项目有：一是基于盆地的植物生产支持模式。为了在保护自然资源的同时规划并增加作物生产，同时在农业盆地的基础上实施有效和合理的农业支持政策，建立了以盆地为基础的农业支持模式。在这一范围内，通过对气候、土壤、地形、土地类别、土地利用类型等数据的评价，共确定941个农业盆地。通过利用农业盆地数据确定产品生产效率最高的区域，进而确定了该区域需要支持的产品。二是畜牧业国内生产支持模式。以出口为基础的增长已被确定为一项战略目标，满足日益增长的肉类需求，提高种畜生产水平，确定种畜比例，合理利用牧场，有效防治动物疾病，减少小牛损失，以及确保牛奶生产的可持续性。在这方面，将30个省定义为牧区。在兴建动物收容所时，不得在大都会边界内收取许可证费。2017年2月22日，在全国范围内开展了"口蹄疫防治运动和集体疫苗接种运动"。建立了"疫苗生产中心"，用于动物健康的所有疫苗均按国际标准生产。

抗旱战略和行动计划。土耳其为应对干旱，国家进行了一些重大研究，并实施了一些措施。干旱是农业最重要的风险之一。国家制订了"抗旱战略和行动计划"；加强立法性基础设施建设；在省级建立干旱风险中心并制定干旱行动计划；建立监测预警预报委员会、风险评估委员会和农业干旱管理协调委员会；加快对抗旱品种的培育和推广研究；在Bahri Dağdaş 国际农业干旱研究所成立农业干旱试验中心。

农村发展支持计划。2006年启动了"农村发展支持计划"，旨在使农业和工业一体化，向生产者提供50%资助金。该计划对农产品加工、包装、储存和机械设备购买等投资给予资助。在农村发展支持计划的范围内，2006—2017年共建造6863个新加工设施，并向企业提供11亿里拉的资助金。这些农业食品企业总计雇佣员工61000多人。2007—2014年，为262万台机械与设备提供了15亿里拉的资助金。在农村发展支持计划下，总共向购买新设施、机械和设备的农民受益者提供了230亿里拉的资金支持。

农业发展合作社项目。在 2003—2014 年，在"农村社会支持"计划下，土耳其共为 1858 项合作社项目分配了 22 亿里拉的信贷。在支持计划下，这些合作社成员共收到近 27.20 万头繁殖母牛和近 41.40 万头繁殖绵羊。

（3）农业保险政策

土耳其从 2006 年开始实施农业保险，用来补偿自然灾害给生产者带来的损失。2010 年，洪水首次被纳入农业保险范围。农业保险范围于 2011 年继续扩大，露地水果开花期、牛育肥期和挤奶期均被纳入农业保险范围。2016 年，有 1930 万公顷土地和 110 万头动物被纳入农业保险行列。"养蜂人身保险"已于 2014 年纳入农业保险范围。2017 年，补贴型农业保险范围扩大，拥有了更多新主题。2018 年，基于地区的干旱产量保险将会覆盖所有谷物。

（4）农业补贴政策

土耳其政府计划在 2018 年向农业生产者提供 148 亿拉里的农业补贴，该补贴为新农业预算的一部分，比 2017 年增长 15%（上述数字包括对畜牧业的补贴）。2017 年，土耳其政府下拨 128 亿里拉的农业补贴。

根据政府公报公布的 2018 年内阁关于农业支持的决定的补贴细节，2018 年补贴中更新的重要部分是增加燃料补贴。政府承诺在 2018 年给农民补贴一半的燃料成本。化肥和土壤分析补贴与去年持平，保险费也保持不变，但一些豆类和饲料作物的保费增加。根据 2017 年生效的土耳其基于农业盆地的支持计划，土耳其根据气候和土壤类别分为不同的农业盆地，以及每个地区的特定作物提供补贴。农民只有在种植了政府认为适合该地区的作物，并将其特定位置列入盆地清单时，才能获得补贴。据估计，2018 年按类别划分补贴数分别为：燃油补贴 19 亿里拉，溢价补贴将达 40 亿里拉（包括 15 亿里拉棉花补贴），农村发展补贴将达 17 亿里拉，农业保险支出约 10 亿里拉，牲畜补贴支出约为 40 亿里拉。2017 年各品种燃料、柴油补贴、肥料补贴、土壤分析补贴、溢价补贴与 2018 年基本保持相同（个别品种除外）（表 33）。

表 33　2017—2018 土耳其按产品分类的农业补贴

种类	燃料/柴油（里拉/公顷）		肥料（里拉/公顷）		土壤分析（里拉/公顷）		溢价（里拉/吨）	
年份	2017	2018	2017	2018	2017	2018	2017	2018
棉花	360	400	40	40	8	8	800	800
水稻	360	400	40	40	8	8	100	100
大豆	170	190	40	40	8	8	600	600
油菜籽	90	100	40	40	8	8	500	500

（续表）

种 类	燃料/柴油（里拉/公顷）		肥 料（里拉/公顷）		土壤分析（里拉/公顷）		溢 价（里拉/吨）	
Aspire	110	120	40	40	8	8	550	550
玉米	170	190	40	40	8	8	30	30
葵花籽	170	190	40	40	8	8	40	40
鹰嘴豆、小扁豆、干豆	110	140	40	40	8	8	300	500
橄榄油	90	100	40	40	8	8	800	800
茶叶	90	100	40	40	8	8	130	130
洋葱以及其他	90	100	40	40	8	8	—	—
饲料作物	90	100	40	40	8	8	400～900	400～1000
休闲地	50	60	—	—	—	—	—	—

资料来源：Official Gazette

土耳其政府继续鼓励使用国内认证种子和苗木，此外，还为认证种子生产商、有机产品和良好耕作做法提供了一些补贴，这与2017年的做法相似。农民必须在农民登记系统中登记，才能获得政府补贴。种子生产者补贴的对象为在农民登记系统注册过的生产者，其经过认证的种子在土耳其进行生产和销售，并经政府授权为种子公司。2017年各品种种子生产者补贴与2018年相同。（表34）。

表34　2017—2018年土耳其国内认证种子生产者补贴　　　　　　　　（单位：里拉/千克）

产 品	2017年	2018年
大麦、燕麦、黑麦	0.08	0.08
小麦	0.10	0.10
水稻	0.25	0.25
大豆	0.35	0.35
芝麻	0.60	0.60
鹰嘴豆、干豆与红花	0.50	0.50
油菜籽	1.20	1.20

资料来源：Official Gazette

尽管粮食生产溢价在过去6年中保持不变，但同期土耳其里拉对美元和许多外币贬值近60%。2013—2016年，小麦、大麦、燕麦和黑麦的溢价补贴为50里拉/吨，水稻为100里拉/吨，鹰嘴豆、小扁豆、干豆的溢价补贴分别在100～500里拉/吨，玉米20～40里拉/吨。2017年获得了约33亿里拉的谷物保费，其中小麦6.75亿里拉/吨，玉米1.2亿里拉/

吨，豆类 7000 万里拉 / 吨，水稻 7000 万里拉 / 吨。2017 年，土耳其政府还为所有农作物支付了约 6.56 亿里拉的农业保费。详见表 35。

表 35　2013—2018 年土耳其谷物溢价补贴　　　　　　　　　　　　（单位：里拉 / 吨）

产品	2013 年	2014 年	2015 年	2016 年	2017 年	2018 年
小麦	50	50	50	50	50	50
大麦、燕麦、黑麦	50	50	50	50	50	50
水稻	100	100	100	100	100	100
鹰嘴豆、小扁豆、干豆	100	100	200	300	300	500
玉米	40	40	40	20	30	30

资料来源：Official Gazette

饲料和畜牧业一直与高饲料价格作斗争。土耳其对本国畜牧业进行了大量新的投资，包括进口活动物，这增加了获得饲料作物的重要性。饲料工业依赖于大豆和副产品的进口，玉米副产品的进口，以及来自油籽厂、小麦厂和棉花加工厂的麸皮或副产品。土耳其也没有足够的可供开发的牧草资源和饲料作物种植，因此政府近年来通过额外的财政支持来鼓励牧草作物生产。2013—2018 年，苜蓿、三叶草、青贮玉米种植补贴逐年增长趋势（表 36）。2018 年，三省种植补贴分别为 900、900 和 1000 里拉 / 公顷。

表 36　2013—2018 年土耳其饲料作物种植补贴　　　　　　　　（单位：里拉 / 公顷 / 年）

产品	2013 年	2014 年	2015 年	2016 年	2017 年	2018 年
苜蓿（灌溉地）	500	500	500	600	600	900
三叶草	400	400	400	450	600	900
青贮玉米	750	750	750	450	900	1000

资料来源：Official Gazette

（5）针对私营部门的农业投资政策

土耳其通过新的农业政策改革，鼓励资本投资。政府向打算投资农业部门的国内外投资者提供农业资助和奖励。2016 年，农业在私营部门资本投资中所占份额为 1.8%。农业部门固定资本投资数额为 12420 亿里拉，私营部门共有 1570 亿里拉固定资本投资，其中将 570 亿里拉投向农业。在农业、食品、饮料和烟草领域，2016 年外商直接投资增至 6.12 亿美元，2002 年为 1400 万美元，过去 14 年外商直接投资共计 90 亿美元。土耳其银行系统也随着最近的变化以及与欧洲银行的协调而得到改善。各银行已开始通过开展特别活动，为中大规模农业投资提供大量资助。

3. 农业发展规划

土耳其食品、农业与畜牧业部的战略计划（2018—2022年）内容包括：农业生产与供给安全、食品安全、植物卫生、动物健康与福利、农业基础设施与农村发展、水产养殖和渔业资源管理、研发机构能力。

2023年土耳其农业远景包括：为国民提供充足、优质和安全的食品、提高农产品净出口国地位、提高土耳其在全球市场上的竞争力。

2023土耳其农业的主要目标：农业GDP达到1500亿美元；农业出口额超过400亿美元；在1400万公顷土地上实现土地集约管理；在所有可灌溉土地上实现现代灌溉系统。

三、农业投资环境

（一）国家商业环境

根据《2018年营商环境报告》，预计土耳其营商环境2018年排名第60位，较2017年排名提高9位，营商环境取得明显改善。土耳其政府将改善商业和投资环境作为中长期经济改革的重要举措，提振了国内外投资者在土耳其创办企业的信心，特别是私营部门投资有更大的提升作用。政府通过经济改革在应对外部经济风险、改善商业环境、刺激私营部门投资、保持价格水平稳定中取得了明显成效。近年来，土耳其经济政策的首要任务是控制通货膨胀和财政赤字。地缘政治风险和不断抬头的贸易保护主义是土耳其经济面临的挑战。

2016年，土耳其公共债务为2444.99亿美元，自2015年以来增加了69.49亿美元，2016年的债务占土耳其GDP的28.3%，比2015年的27.6%增加了0.7个百分点。与世界其他国家相比，2016年，土耳其债务占GDP比重有所提高。在185个国家中，债务占GDP比重排在第30位，人均债务排在109位。2018年5月，土耳其失业率达到9.8%，明显高于一些欧洲国家。土耳其政府效率得到一定改善，政府腐败指数的世界排名由2007年的61位降至2017年的81位。

（二）农业优势与潜力

土耳其在土地资源、气候条件和人力成本上具有明显的比较优势。沿海地区主要生产蔬菜、水果等经济作物，内陆地区主要生产小麦、棉花和瓜果类作物，中部地区为温带草原，形成乳畜带。东部和南部地区则主要发展畜牧业。土耳其充分利用其优越的农业生产环境和便利的交通运输条件，大力发展农业，成为世界食品净输出国之一。

土耳其本身农业较为发达，同时由于加入了欧盟共同关税协定，其农产品对周边国家和地区有着很强的辐射力，特别是茄果类蔬菜和亚热带水果。由于昼夜温差较大，加之在品种选育上对口味的重视，土耳其几乎所有的蔬果产品在单果均重上都要小于中国产品，但口感更好。

土耳其加工食品几乎全部为清真食品。总体来说，土耳其食品市场上的产品单调而传统，开发潜力很大。另外，由于土耳其设施农业较为普遍，因此对农业生产资料的需求很大，尤其是温室设施、节水灌溉设备、优良种子和化肥、冷链设施等。

（三）风险分析

1. 经济风险

2010年后，随着全球经济回暖，土耳其经济也走上复苏之路。近年来，土耳其经济发展较快，人民收入不断增加，极大拉动了需求，但通货膨胀情况较为严重。目前，土耳其生产的电力尚不足以满足国内需求，能源供应不足，大量依赖进口。土耳其经常账户长期赤字，外债较为严重。财政收支失衡、国家信用评级相对较差影响了经济的长期稳定发展。

2. 政策风险

尽管土耳其在贸易法规方面加强了立法，但投资和贸易法规体系仍不健全，许多问题无章可循。公司税有较强的竞争力，但其他税负仍然较高。政府部门机构臃肿，办事效率低，加大了投资者的经营成本和投资风险。此外，土耳其严格保护本国劳动力市场，外资企业高管和技术人员获取土耳其工作签证有一定难度。

3. 自然风险

2013年，土耳其自然灾害风险指数为5.5%，世界排名第67位。土耳其位于欧亚板块与非洲板块之间的北安那托利亚断裂层，属地震多发地区。

（四）总体评价

从内部环境看，未来一段时间内，土耳其经济前景向好，经济发展受中东局势动荡的影响不大，经济增长速度将继续保持在较高水平。从外部环境看，各界对土耳其的经济发展前景普遍看好，外国直接投资额有望持续上升，土耳其有望逐步成为新兴市场国家的代表之一。

但也应该看到，土耳其经济增长也存在一些不确定因素：一是土耳其经济已初现过热隐忧；二是土耳其也面临着一定程度的通货膨胀压力；三是经常账户长期赤字问题严重，不利于国民经济的中长期发展。根据对当前总体形势的分析和评估，土耳其的参考评级为6（6/9）级，国家风险水平较高，未来风险水平相对稳定。

四、中土农业合作现状与合作重点

（一）合作现状

1. 合作机制

2002年4月，双方签署了《中华人民共和国农业部与土耳其共和国农业农村事务部农业合作谅解备忘录》。2006年1月，双方签署了《中土两国政府关于动物检疫及动物卫生的合作协定》。

2013年4月，农业部韩长赋部长在京会见了来华访问的土耳其食品、农业和畜牧业部部长埃克尔。根据会议达成的共识，双方于2014年5月在北京召开了中土农业合作工作组第一次会议。2015年5月，韩长赋部长率团赴土耳其参加二十国集团（G20）农业部长会议，同土耳其农业部部长就双边合作交换了意见。

2016年6月，农业部屈冬玉副部长会见了率团出席G20农业部长会议的土耳其副国务秘书努斯雷特·亚泽哲先生。2017年9月，屈冬玉副部长在京会见了来华出席第15届中国国际农产品交易会的土耳其食品、农业与畜牧业部副部长麦赫迈特·丹尼诗。2018年1月9日，屈冬玉副部长在京会见了土耳其共和国食品、农业和畜牧业部副部长麦赫迈特·丹尼诗，双方就进一步深化中土农业交流与合作交换了意见。2018年5月18日，屈冬玉副部长在杭州会见了应邀参加第二届茶博会的土耳其共和国食品、农业和畜牧业部副部长麦赫迈特·丹尼诗。

2. 科技合作

2011年12月，应土耳其国家农业研究局邀请，中国农业科学院时任院长翟虎渠访问了土耳其，双方明确了今后开展合作的优先领域和具体合作计划，包括共同组织农业环境保护与节水技术、作物抗旱、抗病资源评价以及畜牧兽医领域的重点合作项目，共同举办双边科学家峰会和建立节水技术和育种联合实验室以及互派专家等，确定了2012年中国农业科学院将邀请土耳其国家农业研究与政策总署代表团访问，召开科学家峰会并正式签署双边合作协议等。

2013年4月，时任中国农业科学院副院长唐华俊在京会见了来访的土耳其食品、农业和畜牧部部长默罕默德·麦赫迪·埃克尔。2014年5月7日，中国农业科学院副院长吴孔明会见了来访的土耳其食品、农业和畜牧部副部长阿赫迈特·卡瓦克。2014年5月，中国农业科学院与土耳其农业研究与政策总署签署了谅解备忘录，双方同意加强在人员交流、种质资源交换、合作研究、联合申请项目、科技信息交流等领域的合作。

2017年11月20日，土耳其食品、农业和畜牧部家禽及小型驯养动物司司长Hakan

OZTURK 先生和土耳其食品、农业和畜牧部安卡拉家畜指导中心 Gülten BULUT 女士等一行 5 人来中国农业科学院蜜蜂研究所考察座谈。代表团的来访，增进了双方在蜂业科研方面的交流，通过沟通和深入了解，为进一步充分利用双方优势加强合作、推动双方蜂业的共同发展奠定良好基础。

2017 年 9 月 19 日，青海省省委常委、副省长严金海会见土耳其食品、农业与畜牧业部副部长麦合麦特·达尼师一行。在饲料、有机肥料、乳制品加工和技术研发方面，青海发挥自身优势，与土耳其进一步加深交流合作，支持本地企业到土耳其投资办厂，通过企业间合作，为两国人民造福。

2018 年 1 月 10 日，土耳其共和国食品、农业和畜牧部副部长麦赫迈特·丹尼诗率团访问中国农业大学，双方就加强联系、促进科技交流和成果共享等事项进行了商谈。

2018 年 6 月 11 日，农业农村部副部长屈冬玉与土耳其食品、农业和畜牧业部副部长丹尼诗在土耳其安卡拉共同主持召开了中土农业合作工作组第二次会议，就进一步加强农业务实合作深入交换了意见。屈冬玉表示，中国和土耳其都是农业和农产品贸易大国，两国农业合作潜力很大。中国农业农村部愿借着"一带一路"倡议和土耳其"中间走廊"建设对接的东风，全面深化农业政策沟通、乡村振兴经验互鉴、农业经贸投资和科技交流等各领域合作，推动中土农业合作不断迈上新台阶。会后，屈冬玉与丹尼诗共同签署了会议纪要，并见证了农业农村部农药检定所与土耳其食品安全管理局关于农药管理技术合作的谅解备忘录的签署。

3. 贸易合作

2008—2017 年，中国与土耳其农产品贸易总额不断增大，从 2008 年 3.58 亿美元增加到 2017 年的 9.75 亿美元（表 37）。中国与土耳其农产品贸易以出口为主，总体上呈现贸易顺差，且贸易顺差不断扩大，2008 年为 2.52 亿美元，2017 年为 5.05 亿美元。

表 37　2008—2017 年中国与土耳其农产品贸易变化情况　　（单位：亿美元）

年　份	进口额	出口额	总　额	差　额
2008	0.53	3.05	3.58	2.52
2009	0.66	3.54	4.20	2.87
2010	0.87	3.58	4.45	2.71
2011	1.30	3.96	5.26	2.66
2012	1.40	4.88	6.29	3.48
2014	1.60	4.92	6.52	3.32
2013	1.71	5.29	6.99	3.58

(续表)

年 份	进口额	出口额	总 额	差 额
2016	1.80	5.46	7.25	3.66
2015	1.87	5.90	7.76	4.03
2017	2.35	7.40	9.75	5.05

数据来源：UN Comtrade Database

贸易额较大的农产品主要是棉花、水果和蔬菜。中国出口土耳其的农产品主要是棉花、蔬菜和茶叶，2017年出口额分别为1.20亿美元、1264.27万美元和94.15万美元。中国从土耳其进口的农产品主要是水果和大米，2017年进口额分别为2731.82万美元和855.22万美元。

4. 投资合作

中国与土耳其投资往来频繁，中国海南航空、华为、中车、招商局、中国工商银行等一批企业已在土投资。2015年9月15日，由中远海运港口、招商局港口以及中投海外三家组成的中方联合体收购了土耳其第三大集装箱码头KUMPORT码头65％的股权。2015年5月，中国工商银行成功收购土耳其纺织银行，开启中土金融合作新篇章。

2018年3月7日，中国与土耳其合作建设的土耳其数字贸易中心在伊斯坦布尔投入运营，标志着两国跨境电子商务合作取得新进展。该中心的建成将为土耳其商人采购中国商品提供更便利的渠道。土耳其重视中国倡导的"一带一路"建设，愿继续与中国深化在跨境电子商务领域的合作。据介绍，土耳其数字贸易中心由中国跨境电商敦煌网和土耳其QT集团共同投资建立，具有线下展示、线上交易、提供物流及售后服务等功能。借助该中心，土耳其买家可以现场观察样品、线上完成交易并享受售后服务，中国卖家也可以推广产品、扩展合作渠道。

（二）合作潜力

1. 合作基础

双方政治关系良好。中国是土耳其重要的贸易伙伴，两国政府都积极推动两国经贸合作，《中华人民共和国和土耳其共和国关于建立和发展战略合作关系的联合声明》等发展两国关系的纲领性文件、《中华人民共和国农业部与土耳其共和国农村事务部农业合作备忘录》等一系列具体合作协议，以及"一带一路"经济带的建设，为推动中国与土耳其农业合作的顺利进行提供良好的政治环境和合作机制。

中国—土耳其两国农业互补性强。两国不同的自然条件与农业发展历史决定了两国农业的差异性与互补性。从农业资源类型来看，优越的地理环境和气候条件是土耳其农业的优势，借助这些有利条件，土耳其在农业生产方面能够自给自足，生产出多种温带产品、亚热带和热带产品，是中东地区最大的小麦生产国，也是全球第五大蔬菜和水果生产国，出产世界优质榛子、樱桃、无花果等。中土资源的差异性有利于两国推动农业资源开发，扩大双边贸易。在农业技术方面，中国在杂交稻、杂交玉米、农产加工、农资和农机技术等方面已经建立成熟的研发和推广体系，一些领域已经达到世界先进水平，正符合土耳其提升农业生产力、扩大农产品出口的合作需求。同时，中国有丰富的农业发展经验和充足的资金，能够弥补土耳其在农业投资上的不足。

经贸和科技合作取得的成功经验和模式为进一步拓展中国与土耳其农业合作奠定了基础。中国和土耳其已经在包括农业在内的多个领域开展了广泛的合作。中国经济的快速增长、消费需求的增加为土耳其农产品出口带来广阔市场，未来可能会成为坚果、水果、蔬菜、果汁、橄榄油、清真食品等主要农产品的出口市场，中国农资（如农药）也开始进入土耳其市场。中国经济的增长和农业生产技术水平的提高也带动中国企业走出去在土耳其开展包括种植业、畜牧业、农产品加工业、农业服务业在内的投资，走出去企业投资规模不断扩大，由生产环节向上下游拓展为全产业链投资。

2. 合作前景

中国—土耳其两国良好的政治关系、较强的农业互补性、坚实的农业合作基础、土耳其巨大的农业发展空间以及土耳其政府在优化国内投资环境的持续努力，为两国间的农业合作提供无限机遇，中国—土耳其两国在农业合作方面有着广阔的发展前景，包括生产资料、种植业、畜牧业和饲料、食品加工、冷链设备以及遗传资源保护等内容。

生产资料。土耳其水果与蔬菜行业年增长率在6%左右，导致对农业生产资料的需求很强劲，尤其是现代温室设施、节水灌溉设备、种子和化肥。但是，土耳其的农业生产资料的自给率比较低，因为土耳其境内石油和煤炭等资源短缺，需要从周边国家进口。

种植业。土耳其在蔬果品种选育上比较注重品质和口味的选育，其生产的茄果类蔬菜和亚热带水果，单果小，口感佳，出口潜力较大。

畜牧业和饲料。土耳其肉类与乳品消费低于发达市场的消费水平。草地资源有限，饲料生产加工技术落后制约着当地生产者的发展。饲料消费量与日益增长的家禽业和畜牧业生产则需要同步发展。土耳其农场规模小，规模化与经营程度均较低，为此，政府为地方畜牧业和饲料工业提供了投资鼓励措施。

食品加工。土耳其加工食品几乎全部为清真食品，食品市场上的产品单调而传统，其开发潜力非常大。另外，土耳其在全球水果和蔬菜生产商中排名前10，气候适宜，产量竞争力强，为加工水果和加工蔬菜的主要出口国，出口潜力大。

冷链设备。近年来，土耳其农产品出口处于增长趋势，包括乳制品、水果和蔬菜，以及鱼类和肉类。但是冷链的使用和渗透率低于发达国家标准（储存和运输），食品公司尽管有自己的冷链，但效率低，非核心，更愿意外包给冷链运营商。政府对冷链投资给予鼓励（如农业发展基础设施）。

遗传资源保护。土耳其因其生态系统和生境多样性而拥有非常丰富的物种，为土耳其动植物遗传改良打下了坚实基础，如小亚细亚半岛是栽培植物的世界起源地之一；安纳托利亚蜜蜂是土耳其最珍贵的西方蜜蜂遗传资源；世界小麦遗传资源搜集总数约15万份，其中土耳其拥有12613份。近年来，土耳其与各地区农业研究所、大学、国际中心、基因库合作，形成系统的遗传资源研究工作体系。

（三）合作重点

1. 重点领域

土耳其作为中国"一带一路"沿线国家，在农业领域与中国存在较强的差异性和互补性，从而为农业投资合作提供了较大空间。依据合作共赢，双边社会经济效应最大化原则，加大中国在"一带一路"节点国家的农业投资，不仅解决了国内经济扩张和资源短缺矛盾，而且实现资本输出的有效方式，可以提高当地的发展水平，促进双方友好关系。

贸易合作。中国企业与土耳其农业部门已经针对农产品流通和贸易进行了调查和研究。2016年5月中国农产品市场协会执行会长、北京市新发地农产品股份有限公司董事长张玉玺带队赴土耳其共和国考察当地农产品和市场情况。2017年9月22日，土耳其食品、农业与畜牧业部副部长麦赫迈特·丹尼诗携考察团到访北京市新发地农产品批发市场，实地考察新发地市场的经营管理，了解土耳其主产的同类农产品在新发地的销售情况。可以考虑增加土耳其车厘子、榛子等品种的进口，扩大对土耳其香蕉、火龙果等品种的出口。此外，土耳其的经济贸易辐射能力很强，中国农产品可以通过土耳其进入周边中东国家和地中海沿岸国家以及欧洲发达国家，把土耳其作为中国农产品进入欧洲市场的桥头堡，支持两国企业共同开拓第三方市场。

投资合作。中国在土耳其农业投资很少，但土耳其农业投资空间大。以土耳其农药市场为例，土耳其农业生产面临多种病虫害压力，使得植保产品的需求相对旺盛，土耳其地区的农药生产和贸易活动较为活跃，农药市场潜力大。在安纳托利亚地区，灌溉设施齐全，肥沃的土地非常适合水果和蔬菜生产，当地对水果、蔬菜以及畜禽的动物饲料的需求增加，对中东地区出口也有潜力，可以考虑在该地区对水果、蔬菜、乳品业、畜禽动物饲料以及畜牧业进行投资。另外，在化肥、种子、农产品加工、园艺设施、灌溉设施、冷链等基础设施方面，也具有投资建厂和收购的机会。

2. 重点产业

畜牧业合作。从土耳其的 Aynes 乳品企业了解到，土耳其的乳制品市场没有充分饱和，对乳制品的需求大于供给，目前 Aynes 乳品企业的生鲜乳加工量每天只有 800 吨，具有很大的业务发展空间，Aynes 乳品企业也有与其他国家合作建厂，拓展相关业务的愿望。在这种情况下，中国可以充分利用"一带一路"的发展契机，加大合作力度，与其合作建设乳品加工厂或向其出口乳制品。

种植业合作。一是多倍体西瓜合作研究。土耳其是仅次于中国的西瓜甜瓜生产大国，也是西瓜甜瓜的次生起源中心，拥有丰富的瓜类资源，其中西瓜、甜瓜、葫芦、南瓜等在土耳其的研究在世界上也居前列。中国的西瓜甜瓜研究也居世界前列，并拥有 3000 多份西瓜甜瓜种质资源。中国近些年随着嫁接技术的大面积应用，急需西瓜甜瓜的抗病种质资源和适合西甜瓜嫁接的葫芦、南瓜品种，通过和土耳其在瓜类研究方面的合作，通过交换资源，并在种质资源、功能基因组研究方面进行合作，提高中国西瓜甜瓜研究水平。二是葡萄遗传研究和加工技术交流。土耳其为典型的地中海气候，夏季干热持续时间长、光照充足，冬季温暖多雨，非常适合葡萄生产。土耳其是葡萄栽培种的起源地之一，也是世界著名的葡萄、葡萄酒和葡萄干的生产国之一，其葡萄栽培面积和产量分别位居世界第 4 位和第 6 位，尤其是葡萄干产量多年位居世界第 1 位，是世界上重要的葡萄干出口国。建议双方开展优异种质资源交换，引进土耳其抗寒优质的制干品种，促进中国葡萄品种改良；联合开展东亚、欧亚葡萄种群的遗传多样性研究，进一步丰富和完善葡萄属植物的起源、进化理论；开展葡萄加工技术交流，促进中国葡萄产业的发展。

农产品加工业合作。中国拥有完整的食品加工产业链，如以畜禽加工品为核心的畜禽产品加工产业链；以蔬菜制成品为核心的绿色食品加工产业链；以大豆分离蛋白为核心的大豆产品深加工产业链；以小麦粉和食用植物油为核心产品的粮油加工企业群。由于土耳其加工食品几乎全部为清真食品，食品市场上的产品单调而传统，因此食品加工发展前景广阔，开发潜力巨大。为了丰富土耳其食品种类的多样化，促进多种食品出口到中国和周边国家，双方可在此领域加强合作与交流。

五、中土农业合作建议

中国和土耳其都是农业和农产品贸易大国，两国农业合作潜力很大，可以在全面深化农业政策沟通、乡村振兴经验互鉴的基础上，加强农业经贸投资和科技交流等各领域合作，推动中土农业合作不断迈上新台阶。

土耳其农业作为国民经济的核心部门，结构比较齐全，优势产业突出，特别是水果、蔬菜、坚果、小麦、棉花等产业。近年来政府大力推动农业结构性转变，国家积极出台相关产业支持政策，提升产量并扩大出口。中土同为文明古国，两国有着悠久的历史渊源，在思维方式、处事方法上有着诸多相似，随着中土经贸关系的进一步深化，双边投资定会持续增长，农业合作范围也会不断扩大。当前，两国农业部门积极落实两国领导人达成的共识，切实加强在小麦育种、农产品深加工、农产品贸易、动植物遗传资源保护、生产资料等领域的合作，促进两国现代农业进一步发展。为进一步深化两国的农业合作，提出以下三方面的建议。

（一）突出重点产业投资

土耳其拥有重要地理区位优势，而且经济发展比较有活力，中土两国经贸合作基础稳固。土耳其农业资源优势突出，土地资源丰富、劳动力素质高，优势农产品与中国不同，产品互补性较强，要充分挖掘在种植业、畜牧业、渔业、林业等领域的合作空间。通过加强两国农业合作，推动两国农业生产水平提升，扩大农产品出口，辐射区域内其他国家的现代农业发展，增强中国在该区域的影响力。

（二）政府、科研机构与企业三方携手推进合作

在新的战略机遇期，中国政府要不断通过政策、机制、平台推进中国企业赴土耳其的农业投资合作。建议各级政府、科研机构和企业合力推进农业合作升级，以可操作的合作规划与计划为指导，不断提升农业合作项目质量和合作水平。政府要鼓励和支持科研机构、高校、企业共同与土耳其相关机构开展科技项目合作，同时，还要积极推进为在土耳其农业企业提供信贷、保险等金融支持政策的出台与落实。

（三）企业强化精细管控，提升投资效益水平

对企业来说，要准确把握土耳其投资政策和法规。在项目选择方面，企业应从地理位置、自然资源、国内外关系、政治稳定程度、政府办事效率、法律执行、经济发展重点、基础交通、劳动力水平、土地成本等多种投资环境因素入手，深入调研和分析，充分了解项目所覆盖地区的利益构成，做好项目可行性研究和危机预案。目前，中土政治、经贸关系稳步发展，文化外交不断推进，人文关系恰逢"丝路战略"新机遇。建议企业适时捕捉投资机

会，利用土耳其的优势资源进行项目投资，力争获取最大经济效益。此外，企业可进行公共关系活动，如履行企业社会责任，利用当地媒体进行宣传，树立企业良好形象，助力项目能够顺利进行，当冲突出现时有助于降低影响，为企业建设营造良好环境。

参考文献

张家瑾，谢丹丹 . 2016. 我国企业对土耳其直接投资现状及建议［J］. 人力资源管理（8）：20-21

Structural Changes and Reforms in Turkish Agriculture 2003-2016 [EB/OL]. [2018-06-01]. https//www.tarim.gov.tr/SGB/TARYAT/Belgeler/Faaliyet%20Kitaplar%c4%b1/%c4%b0NG%c4%b0L%c4%b0Z CE.pdf

Turkey: Grain and Feed Annual 2018 [EB/OL]. [2018-06-01]. https://gain.fas.usda.gov/Recent%20GAIN%20Publications/Grain%20and%20Feed%20Annual_ Ankara_Turkey_4-5-2017.pdf

Turkey: Structure of Turkey Ministry of Agriculture Food and Livestock [EB/OL]. [2018-06-01]. https://gain.fas.usda.gov/Recent%20GAIN%20Publications/Alcohol%20Legislation%20and%20Taxes%20in%20Turkey_Ankara_Turkey_9-7-2015.pdf

Turkey Planting Seeds Sector Overview [EB/OL]. [2018-06-01]. https://gain.fas.usda.gov/Recent%20GAIN%20Publications/Turkey%20Planting%20Seeds%20Sector%20Overvie w_Ankara_Turkey_3-15-2017.pdf

阿联酋

阿拉伯联合酋长国是由7个酋长国组成的联邦国家，位于阿拉伯半岛东部、波斯湾南部，世界知名城市有阿布扎比、迪拜等，石油和天然气产业是其支柱产业，但服务业增长迅速，并超越工业成为阿联酋第一大产业；除了椰枣和水产品等少数农产品外，多数农产品尤其是粮食和畜禽产品等依赖于进口，农产品出口规模较小。主要农产品贸易国为中东国家、澳大利亚、印度、巴西等国家，中阿之间的贸易规模较小，主要贸易产品为水果、蔬菜等。阿联酋投资环境较好，但市场规模有限，且受中东局势的影响。基于对中国和阿联酋各自农业现状和国情的判断，未来，中国和阿联酋之间的农业合作重点在果蔬等产品的贸易、现代节水农业的投资与开发等。

一、国家基本概况

（一）自然地理

1. 地理位置

阿拉伯联合酋长国位于阿拉伯半岛东部，北濒波斯湾，与伊朗隔海相望，西部和南部与沙特阿拉伯交界，东部及东北部与阿曼相邻，首都为阿布扎比，东临霍尔木兹海峡。国土面积为8.36万平方千米。

2. 行政区划

阿联酋包括阿布扎比、迪拜、沙迦、阿治曼、乌姆盖万、拉斯海马和富吉拉7个酋长国。

阿布扎比酋长国位于阿联酋西部，临近波斯湾，是阿联酋面积最大的酋长国，面积达6.73万平方千米，占阿联酋国土面积的86.7%，包括大约200个岛屿。阿联酋首都阿布扎比变位于该酋长国的首府阿布扎比。

迪拜酋长国面积约为3990平方千米，仅次于阿布扎比酋长国，是阿联酋第二大酋长国。其中，全球知名城市迪拜便位于该酋长国。迪拜是阿联酋最大城市，是中东地区的经济与金融中心。

其他酋长国中，沙迦酋长国面积约为2600平方千米，是中东地区的文化名城；阿治曼位于波斯湾沿岸，是阿联酋面积最小的酋长国；乌姆盖万酋长国位于阿曼半岛西岸，是阿联酋人口最少的酋长国；拉斯海马酋长国，又名哈伊马角酋长国，位于阿联酋最北部，靠近霍尔木兹海峡，面积约1680平方千米；富查伊拉酋长国，位于阿拉伯半岛东部、阿曼湾沿岸，面积约为1500平方千米。

3. 自然资源

阿联酋的石油和天然气资源十分丰富，现已探明石油储量约为978亿桶，位居世界第7位；现已探明天然气储量为6.09万亿立方米，居世界第7位。阿联酋的石油和天然气资源主要分布在阿布扎比酋长国，均占阿联酋总储量的90%以上。除了油气资源之外，阿联酋还有丰富的硫磺、锰矿、石灰岩等资源。此外，富查伊拉和哈伊马角的铜矿，沙迦、阿治曼、富查伊拉和哈伊马角的铬矿等资源也比较丰富。

（二）人口与宗教

2016年，阿联酋人口总数为927万人，其中城镇人口为795万人，占比85.8%。阿联酋人口总数由1973年40万人迅速增长至1980年的104万人，1992年突破200万人，2000年突破300万人，2006年突破500万人，2016年增至927万人。同期，城镇人口占总人口的比重也由73.5%上升至85.8%（图1）。

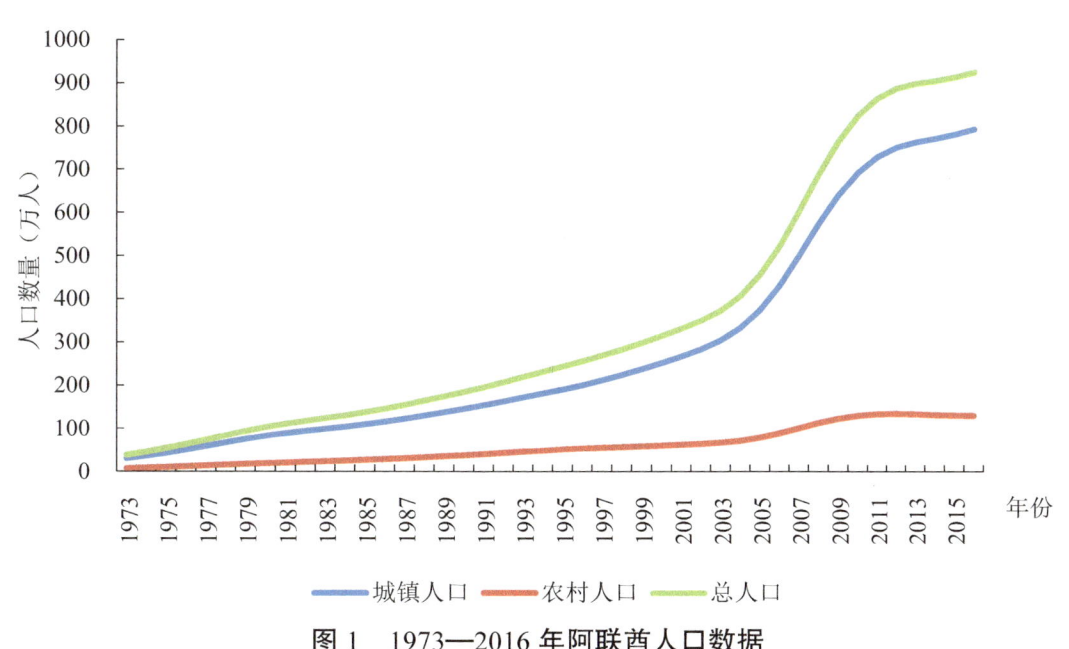

图1　1973—2016年阿联酋人口数据

资料来源：世界银行

与多数国家不同，阿联酋主要人口为外籍人口而非本国人口。根据世界银行数据，2015年，外籍人口占阿联酋总人口的88.4%，主要来自于印度、巴基斯坦、埃及、叙利亚、菲律宾、伊朗等国；而本国人口仅占11.6%，主要为阿拉伯人，其占比约为87.0%。

伊斯兰教为阿联酋国教，居民多数信奉伊斯兰教，其中，多数属逊尼派，但在迪拜，什叶派占多数。阿联酋实行宗教信仰自由的政策，少数人信仰基督教。

(三)政治制度

1. 政治体制

阿联酋为君主立宪制国家,实行总统负责制,最高权力机构为联邦最高委员会。

联邦最高委员由组成联邦的7个酋长国的酋长组成,是阿联酋的最高权力机构,负责选举出联邦总统与副总统、决定联邦政府的组建、任命联邦最高法院的首席法官和法官团,讨论、制定国家政策,审核联邦预算,批准法律与条约。委员的决议必须经5名以上成员赞成通过才能生效,且赞成成员中必须包括阿布扎比和迪拜代表。

联邦总统是国家元首、最高行政首脑、国家的宗教精神领袖,同副总统均由联邦最高委员会从其组成成员中选举产生,任期5年。联邦总统兼任武装部队总司令,担任最高委员会主席。

联邦政府由联邦最高委员会决定、总统任命组建,是阿联酋的中央权力执行机构,由总理、副总理和各部部长组成。

联邦国民议会是全国协商性咨询机构,由组成联邦的7个酋长国按比例分配的名额所选举产生的40名议员组成,其中20名由各酋长国直接任命,20名由选举产生。主要职能是加强社会的沟通和协调,同政府进行建设性合作,参与国家的发展和建设;审议联邦政府提出的法律、法律草案,并有权提出修改意见或给与否认。

联邦最高法院是阿联酋的最高司法机构,由首席法官和不超过5名的法官团组成,由联邦最高委员会任命。

由于阿联酋是由7个酋长国组成的联邦国家,因此,尽管设立了最高的立法、行政和司法机构,但除国防和外交相对统一于中央外,各酋长国政府仍在一定程度上保持其在行政、经济、司法等方面的自主权。联邦政府不得干预各酋长国的内部事务。各个酋长国都设有行政机构,保留了家族统治的方式,酋长拥有绝对的权力,并设立王储,酋长的继承人由家族委员会或长老会议推选,实际上为世袭。

2. 政府机构

阿联酋联邦政府是联邦委员会的执行机构,在联邦委员会的监督下,具体实施宪法和法律规定权限范围内的内外大政方针,职位按照各酋长国的政治影响、经济实力进行分配,阿布扎比酋长国、迪拜酋长国往往占据主要职位。

内阁由总理、副总理及部长组成。总理负责主持召开每周一次的内阁例会,监督和协调各部门工作。内阁负责起草法律草案。

主要政府部门有财政部、经济部、能源部、气候变化与环境部、各酋长国市政厅、各酋长国工商会等。2016年，新组建了教育和人力资源委员会、酋长国青年委员会、酋长国科学家委员会等政府部门。

（四）社会和经济发展状况

1. 经济发展政策

阿联酋一直执行着比较自由、开放的经济发展政策，基本没有采取任何外汇管制政策，进出口政策的限制力度也低于其他多数国家。在外汇政策方面，迪拉姆（阿联酋货币）与美元汇率固定，在符合阿联酋反洗钱规定的前提下，可以自由兑换、汇进汇出。外商投资资本和利润的流出基本不受限制，外资银行在汇出利润时只需向阿联酋央行进行报备。在贸易政策方面，除了海洛因、伪造及复制的货币及与宗教、道德不符或旨在引起社会动荡的出版、雕刻等产品禁止进口，武器及军火、药品、食品、活体动物、出版物等产品的进口需事先征得政府部门的同意外，其他产品均可以进口，进口关税税率为5%（烟、酒等少数产品除外）。

为了推进国内经济的持久健康发展，阿联酋政府也推出了《阿联酋2071百年计划》《第四次工业革命战略》等发展规划。

2. 宏观经济形势

2017年阿联酋经济形势实现逆转，国内生产总值（GDP）在经历了2015年和2016年连续2年的下滑后，在全球原油价格上涨的推动下，实现逆转，2017年增速为8.2%，GDP总量由3487.43亿美元增至3774.35亿美元，人均GDP也由3.54万美元增至3.72万美元（表1）。通货膨胀率也得到有效控制。同时，阿联酋的经常账户余额、政府债务情况等宏观经济指标均有所改善。

表1 2013—2017年阿联酋宏观经济数据

项 目	2013年	2014年	2015年	2016年	2017年
GDP（亿美元）	3904.27	4031.98	3579.49	3487.43	3774.35
GDP增长率（%）	4.2	3.3	-11.2	-2.6	8.2
人均GDP（美元）	43232.8	43346.5	37361.2	35383.9	37225.7
通货膨胀率（%）	1.1	2.3	4.1	1.6	2.0
经常账户余额（亿美元）	741.3	544.9	175.6	48.8	176.3
国际储备（亿美元）	682.0	784.2	939.3	853.9	—
政府债务总额/GDP（%）	15.7	15.5	18.7	20.7	19.5
汇率（美元/本币）	3.67	3.67	3.67	3.67	3.67
全球原油价格（美元/桶）	104.08	96.24	50.75	42.81	52.81

数据来源：世界银行、国际货币基金组织，其中全球原油价格为世界银行月度价格年度均值

3. 产业结构

包括石油产业在内的工业及服务业是阿联酋经济的支柱产业。尽管受全球原油价格下跌的影响，阿联酋的工业增加值在 2012 年达到历史高峰后开始下滑，2016 年下滑至 1408.37 亿美元。在金融业、旅游业的强劲发展下，同期工业增加值占阿联酋 GDP 的比重也 2012 年的 57.5% 下滑至 2016 年的 40.4%，而服务业的比重则提升至 58.8%（表 2）。

表 2　2012—2016 年阿联酋三产结构　　　　　　　　　　（单位：亿美元）

项　目	2012 年	2013 年	2014 年	2015 年	2016 年
农业增加值	23.92	25.11	25.73	26.54	27.95
工业增加值	2154.99	2149.57	2133.05	1579.38	1408.37
其中制造业增加值	287.24	294.31	315.03	321.17	330.08
服务业增加值	1569.27	1729.58	1873.20	1973.57	2051.11
GDP	3748.18	3904.27	4031.98	3579.49	3487.43

数据来源：世界银行

（1）工业

阿联酋工业增加值在进入 2000 年后快速增加，2012 年达到 2154.99 亿美元的历史高点后，在全球原油价格下滑的影响下迅速下滑，2016 年下滑至 1408.37 亿美元，同期工业增加值占 GDP 的比重则呈现出"下滑—上升—下滑"的波动走势，2016 年为 40.4%（图 2）。

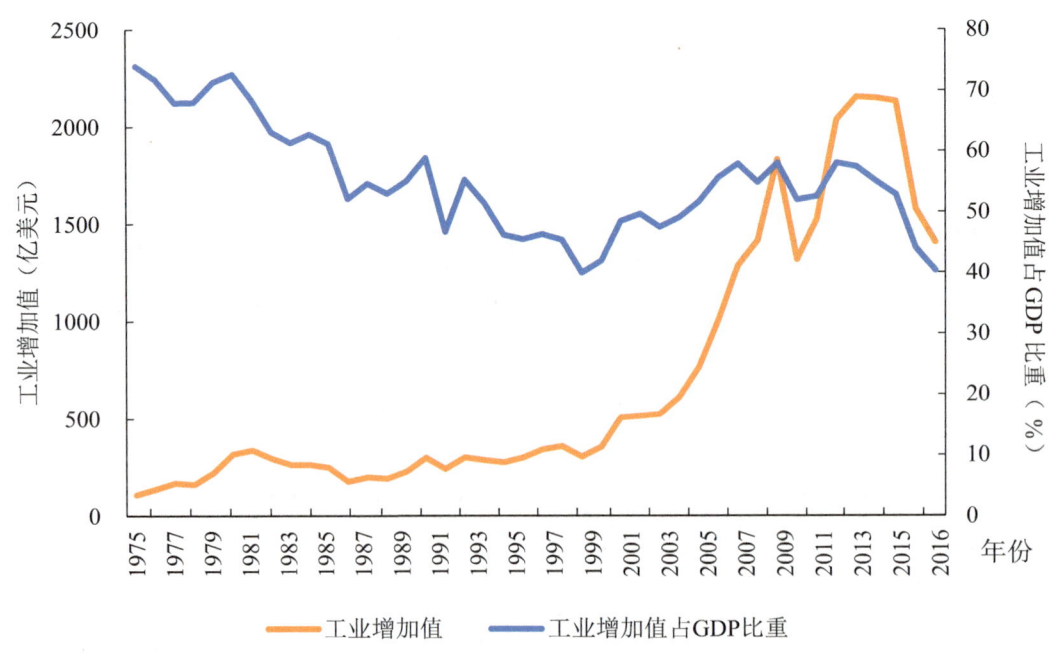

图 2　1975—2016 年阿联酋工业增加值及占 GDP 比重

资料来源：世界银行

阿联酋石油和天然气资源丰富，为其工业的发展奠定了基础，同时石油和天然气产业也成为阿联酋的支柱产业之一，而巨额稳定的石油收入也成为阿联酋财政收入的主要来源，并促使阿联酋成为海湾地区第二大经济体和世界上最富裕的国家之一。尽管阿联酋在推进经济的多元化战略，以减轻对石油和天然气产业的依赖，降低石油价格波动对经济增长的影响，但石油和天然气产业的增加值占阿联酋国内生产总值的比重依旧很高。2014年阿联酋非石油部门创造的实际GDP总量比2013年增加8.1%，占阿联酋GDP总量的68.6%。2016年，阿联酋非石油产业增加值占阿联酋GDP的比重为80%，石油产业占比为20%。

除了石油和天然气产业，阿联酋的主要工业还有铝业与钢铁制造业、水泥产业、塑料工业、制药业、纺织品产业等。

铝业是阿联酋最为主要的非石油产业之一。2013年阿联酋两大铝业巨头迪拜铝业（DUBAL）和酋长国铝业（EMAL）合并成的阿联酋全球铝业公司总资产高达150亿美元，冶铝产能达到240万吨/年，跻身全球前十大大铝业公司。2017年，阿联酋全球铝业公司的铝产量为260万吨，成为中国以外的第三大原料铝生产商。

钢铁产业是阿联酋最为主要的非石油产业之一，产量在300万吨以上。阿联酋钢铁工业公司是阿联酋最大的钢铁生产企业，2016年产量为310万吨，2017年为320万吨，其中出口占比20%。

水泥产业是阿联酋最为古老的产业之一。目前，阿联酋共有20家水泥厂，总产量在4200万吨左右，远高于阿联酋1200万吨/年的国内需求量。随着天然气价格的上升、进口产品竞争的加剧，阿联酋水泥产业面这严峻挑战。

制药业、塑料工业和纺织服装业。借助于丰富的石油和天然气资源、较为发达的石油和天然气产业等优势，阿联酋的制药业、塑料工业、纺织服装业也得以发展。目前，阿联酋是海湾六国（阿联酋、阿曼、巴林、卡塔尔、科威特和沙特阿拉伯）中第二大制药生产国，仅次于阿拉伯，2015年共有16家药厂。在塑料工业方面，阿联酋ADNOC公司和丹麦Borealis公司合资建立了世界第六大聚烯烃公司，2015年产能已达到450万吨，成为全球最大的单一地点综合性聚烯烃生产基地。在纺织服装业方面，纺织服装业增加值占阿联酋国内生产总值的10%左右，并是阿联酋的第二大出口产业，主要出口至欧洲和美国。其中，迪拜纺织服装业规模最大，年产值约为24亿美元。据相关数据，迪拜约有325家成衣厂、4家纺织厂、582家成衣批发商、9000家零售店及13000家成衣服饰店。

（2）农业

阿联酋地处为热带沙漠气候，降水稀少，农业发展条件差，主要农产品依赖于进口；农业增加值占GDP的比重不足1%，农业增加值不足30亿美元。根据世界银行数据，阿联酋全国耕地面积仅为3.75万公顷,其中农业灌溉耕地面积占农业农地总面积的比重不足13%,人均可耕地面积仅为0.004公顷。为了解决水资源短缺问题、推动农业发展,阿联酋建造了许多海水淡化厂,并推广现代化农业灌溉系统,免费为农户提供种子、化肥、技术指导、金融支持(如贷款)、销售支持(如包购包销)等服务,以保障农户收入、提高农业的生产能力。尽管如此,除了椰枣和水产品等少数农产品,阿联酋多数农产品依赖于进口。根据联合国粮农组织(FAO)数据,2016年阿联酋谷物产量仅为3629吨,而净进口量高达253.87万吨,是产量的700倍;肉类产量为15.92万吨,净进口量为69.50万吨,是产量的4倍左右。

(3)服务业

目前,服务业是阿联酋的第一大产业,主要由民航产业、金融业、旅游业等产业构成。阿联酋服务业增加值由1975年的37亿美元快速增长至1979年88亿美元,1980年突破100亿美元,1990年突破200亿美元,2000年突破500亿美元,2007年突破1000亿美元,2016年达到2051亿美元(图3)。2015年,受全球石油价格下滑的影响,阿联酋以石油和天然气产业为主导的工业的增加值出现下滑,服务业顺势超越工业,成为阿联酋第一大产业。

在民航产业方面,过去几年,阿联酋民航产业的总收入一直呈现出上升趋势,航班架次始终以较快速度增长。阿联酋目前共有国际机场7座。2016年,阿联酋7大国际机场旅客流量达到1.23亿人次,其中迪拜国际机场客运量达到8300万人次,阿联酋国有四大航空公司(阿提哈德、阿联酋航空、迪拜航空、阿拉伯航空)飞机总架数达515架,民航产业占GDP的比重高达12%。

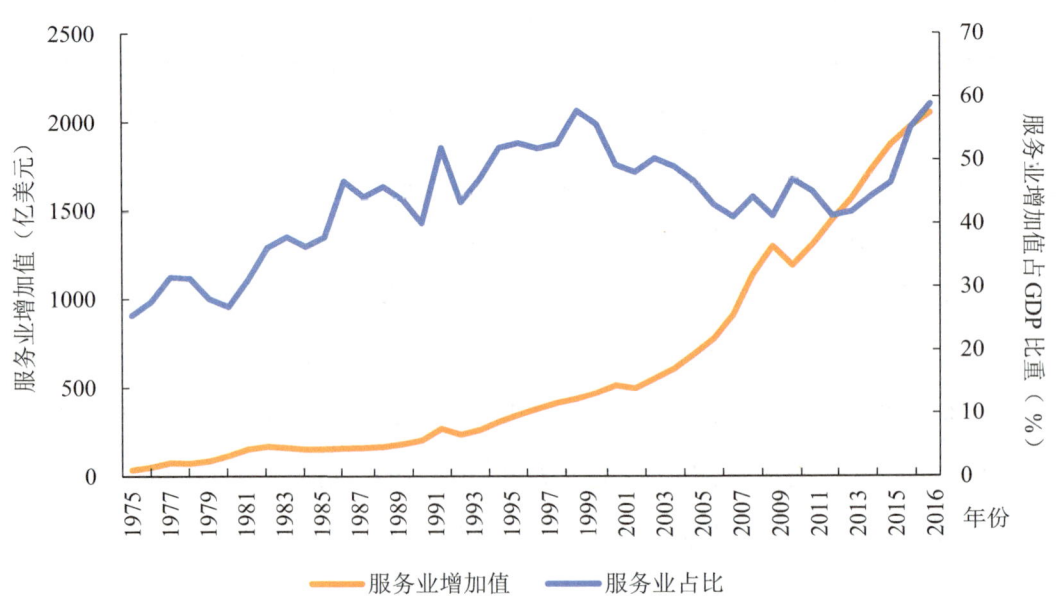

图3 1975—2016年阿联酋服务业增加值及占GDP比重

资料来源:世界银行

在金融业方面，阿联酋建立起了较为完善的金融体系。目前，在阿联酋从事金融业务的机构主要有银行、证券公司、财务投资公司、金融资讯公司等。截至2016年年底，阿联酋银行业资产总规模达7710亿美元，在迪拜国际金融中心注册的业务活跃公司数量已达到1648家，其中金融服务企业447家。迪拜已成为位列伦敦、纽约、新加坡、中国香港、法兰克福之后的全球第六大金融中心。

在旅游业方面，为了减少对石油和天然气产业的依赖，阿联酋基于地处亚、欧、非三大洲中心的有利位置，大力发展旅游业，阿联酋旅游市场主要集中在迪拜，迪拜旅游业的发展大致经历了三个过程：① 1996—2000年，迪拜当局致力于制定鼓励投资的政策框架、改善商业环境、提高政府运营效率，成立了旅游业的主要负责机构迪拜旅游与商业市场局，制定政策允许所有航空公司的航班在迪拜过境，减少对外国人的宗教限制，建设标志性建筑、举办旅游活动等，积极引入私人资本参与迪拜建设；② 2001—2010年，迪拜当局积极扩展旅游产品和市场基础，在全球开设办事处、开展旅游推广活动、增加游客数量，并强化质量管理、提高可持续发展水平，重视文化旅游，发展零售、餐饮业，将迪拜打造成为购物休闲度假基地，强化酒店、滑雪场、机场等基础设施建设；③ 2011年之后，迪拜当局致力提升科技水平，全面丰富旅游内涵。2011年，旅游业对阿联酋GDP的直接贡献率约为6.5%，综合贡献率（含直接、间接影响和溢出效应）13.5%，提供直接就业岗位16.6万个，约占就业总量的4.6%，间接就业岗位38.80万个，占总量10.7%。根据世界旅游业理事会最新数据，2017年，旅游业对阿联酋GDP的直接贡献率约为5.1%，综合贡献为11.3%，直接创造就业岗位30万个，占总就业总量的4.9%，间接就业岗位58.55万个，占总就业岗位的9.5%。

此外，阿联酋的转口贸易业也比较发达。据世界贸易组织（WTO），阿联酋迪拜港是继新加坡和中国香港之后的全球第三大转口中心。2016年，迪拜非石油货物出口和转口总额达到1289亿美元。

4．基础设施建设

（1）交通运输

在公路方面，阿联酋公路网发达，公路交通十分便利。2003年，阿联酋开始投资1.5亿迪拉姆完善国家公路网，将所有酋长国的高速公路连接成网，并与沙特、阿曼公路相连。现各酋长国之间均有现代化高速公路相连。阿联酋公路总长约4030千米，路面质量优良。全国约有机动车320万辆。

在铁路方面，由于国土面积较小，阿联酋货物运输以公路运输为主，暂未修建铁路。阿联酋现启动总投资约110亿美元、全长约1200多千米的联邦铁路项目，原计划2018年完工,但联邦铁路一期项目建成后,二期项目由于预算问题而被搁置。完工后,该铁路将纳入全长2200多千米的海湾铁路网,届时将联通海合会六国。在地铁方面,迪拜分别于2009年和2011年建成52.1千米的红线和22.5千米的绿线地铁项目,其中红线地铁延长线已于2016年启动。2013年,阿布扎比推出城轨项目,规划全长131千米,包括地铁、轻轨和快速公交等,但目前项目处于搁置状态。

在空运方面,阿联酋还有机场21个,其中国际机场7个,直升机机场10个。2016年,阿联酋各大机场客流量达到9216万人次。迪拜国际机场始建于1960年,后经多次扩建,现已成为阿联酋最繁忙、世界第二繁忙的机场;2015年迪拜机场免税店销售额约19.3亿美元,是世界最大的机场免税店。马克图姆国际机场位于迪拜世界中心,是迪拜第二座国际机场,2014年运送旅客约100万人次,目前旅客容纳量为700万人次/年,2020年全部完工后,马克图姆国际机场将成为世界上最大的机场,年客运能力将达1.6亿人次,货运能力将达1200万吨。阿布扎比机场建于1970年,目前只有一条跑道,阿布扎比国际机场扩建项目最终完工后,阿布扎比国际机场年客运能力将超过5000万人次。

在海运方面,阿联酋共有16个现代化的港口,其中9个港口具有集装箱货运码头、仓储及其他先进设施,2016年货柜码头吞吐量为2041.32万标准箱,其中,迪拜港是阿联酋最大、全球最大的港口之一,2016年和2017年集装箱吞吐量分别为1477万标准箱和1544万标准箱,位居全球第九。阿联酋全国港口泊位超过200个,其中80%的泊位在阿布扎比酋长国和迪拜酋长国港口。

(2)电力设施

由于拥有丰富的石油和天然气资源,阿联酋电力资源的可获取性较强,2014年装机容量为28829兆瓦。根据世界银行数据计算,2014年阿联酋全年发电量为1099.79亿千瓦时,其中天然气发电量占比高达98.4%,石油等其他发电方式的发电量占比不足2%,通电率(通电人口占总人口的比重)为100%,年人均耗电量为11263.53千瓦时。在电网建设方面,2011年海合会统一输电系统建成,成员国之间可在紧急用电时互送电力。

为摆脱对天然气高度依赖的单一能源供应结构风险,阿联酋努力通过发展太阳能、风能、清洁煤和核能等,加速实现能源结构多元化。2009年年底,阿布扎比与韩国签署了价值200亿美元的核电站建设合同,首个核反应堆预计将于2018年开始发电。2012年,迪拜推出马克图姆太阳能公园项目,总装机容量超过1000兆瓦。2016年年初,中国哈尔滨电气与沙特Acwa电力组成的联合体中标迪拜哈翔清洁煤电厂一、二期共2400MW项目。2017年初,由中国晶科能源和日本丸红株式会社组成的联合体中标世界最大的单一太阳能光伏电站项目1177MW阿布扎比Noor太阳能光伏电站。根据阿联酋能源发展规划,阿联酋计划到2020年发电总量中核电占25%、可再生能源发电占7%,天然气发电占67%~70%。

(3) 通信

2015年,阿联酋拥有固定电话用户约210万户。而截至2017年3月份,阿联酋全国手机用户为1983.5万户。阿联酋的电信运营商有阿联酋电信公司和酋长国综合通讯公司两家。

阿联酋电信运营商阿联酋电信公司成立于1976年8月30日,政府持有其60%的股份,在2005年酋长国综合通讯公司上市之前,是阿联酋唯一的一家电信运营商,垄断了阿联酋的固定电话、移动电话、互联网接入及有线电视业务。酋长国综合通讯公司为住宅和企业用户提供固话、电视以及高速互联网服务,阿联酋联邦政府拥有其50%的股份。

目前,阿联酋人均使用互联网比例高,在中东国家中排名第一。据统计,阿联酋有51%的消费者都有过网购行为,排名中东地区首位。阿联酋的互联网主要由阿联酋电信公司和酋长国综合通讯公司这两家公司经营监管,其他公司目前只能向其租用网线,提供服务。据2016年世界经济论坛公司的研究报告,阿联酋网络成熟度在全球139个国家中排名第26位,在阿拉伯国家排名第一。

二、农业发展现状

(一) 农业资源条件

1. 气候条件

阿联酋属热带沙漠气候,全年分为夏季和雨季两个季节。每年5—10月为夏季,天气炎热潮湿,气温超过40℃,沿海地区白天气温最高达45℃,湿度保持在90%左右。每年11月至次年4月为冬季,气候温和晴朗,有时降雨,气温一般为15~35℃。年平均降水量不足100毫米,多集中于1—2月。近年来,雨量有渐增趋势。东部山区则较为凉爽和干燥。

2. 土地资源

阿联酋境内多为荒漠、盐滩,东北部有少量山地,适用于农业生产的土地面积极少。根据世界银行最新数据,2015年阿联酋农业用地面积仅为3823平方千米,占国土面积的比重仅为4.6%。其中,耕地面积仅为37500公顷,占国土面积的比重仅为0.4%。人均耕地面仅为0.004公顷。

3. 水资源

阿联酋属热带沙漠气候,无河流,地下水资源有限,降水量较少,全年降水量不足100毫米,水资源相当匮乏。为了解决严重缺水所带来的问题,阿联酋兴建海水淡化厂。目前,阿联酋全国有70余座海水淡化工厂，每年可生产淡水13亿立方米。目前，阿联酋全国用水量的37%来自海水淡化，其中98%的工业和生活用水由海水淡化厂提供。此外，阿联酋政府还投入巨资实施了一套较为完善的水资源国家战略，以解决水资源短缺问题。在立法上，制定相关法律，为保护水资源提供法律和政策保障。在地下水保护上，在全国各地兴建120座水坝，拦蓄地表水，逐步提高地下水位。在节约用水上，在草坪、公园等公共绿化设施上安装现代节水灌溉系统，为洗车设备、水龙头等加装节水装置，并大力宣传节水观念，号召人民增强节水意识。

4. 生物资源

由于地处热带沙漠气候，地形多为荒漠、盐滩，阿联酋生物资源较少，主要品种为椰枣、玉米、柠檬、骆驼等，主要农产品为椰枣。根据商务部出版的《对外投资合作国别（地区）指南》，阿联酋共有椰枣树超过4000万棵，每年可以生产椰枣上百万吨。由于靠近波斯湾，阿联酋拥有丰富的渔业资源，其生产的水产品基本可以满足国内需求。除了椰枣和水产品之外，粮食、水果、畜禽产品等农产品主要依赖于进口。

（二）农业生产情况

1. 农业产值规模及构成

阿联酋农业生产规模较小，农业增加值占GDP的比重不足1%。根据联合国粮农组织（FAO）数据，阿联酋农业生产总值不足10亿美元，2012年为4.65亿美元，2016年增至7.07亿美元，其中种植业生产总值高于畜牧业生产总值，椰枣生产占据主导地位（表3）。

表3　2012—2016年阿联酋农业生产总值　（单位：万美元）

项　目	2012年	2013年	2014年	2015年	2016年
农业生产总值	46497.26	47791.98	58277.18	68345.51	70712.30
种植业生产总值	17613.43	18121.84	27698.43	38126.66	42354.17
谷物生产总值	55.76	13.71	39.35	55.16	51.26
椰枣生产总值	11313.57	12147.81	20708.21	30006.00	34313.73
水果生产总值	455.30	448.13	461.67	485.20	508.99
蔬菜生产总值	695.82	386.47	443.06	490.95	979.01
畜牧业生产总值	28883.83	29670.14	30578.75	30218.86	28358.13
禽蛋生产总值	3317.56	3400.49	4064.01	4354.29	2363.76
骆驼肉生产总值	5720.63	5720.63	5720.63	5720.63	5720.63
牛肉生产总值	3752.89	3820.42	3820.42	3820.42	3820.42
禽肉生产总值	5848.33	6019.26	6019.26	6019.26	6019.26

（续表）

项　目	2012年	2013年	2014年	2015年	2016年
羊肉生产总值	5562.46	5726.48	5726.48	5726.48	5726.48
奶类生产总值	4681.96	4982.85	5227.95	4577.77	4707.58

数据来源：联合国粮农组织

在椰枣生产规模迅速扩张的推动下，阿联酋种植业生产总值由2012年的1.76亿美元增长至2016年的4.24亿美元，占阿联酋农业生产总值的比重也有2012年的37.9%提高至2016年的59.9%，提高超过二十个百分点。其中，椰枣生产占据种植业生产的主导地位，椰枣生产总值由2012年的1.13亿美元增长至2016年的3.43亿美元，占农业生产总值的比重也由24.3%提高至48.5%。谷物、水果和蔬菜生产规模均比较小，生产总值均未超过1亿美元。

2012年至2015年期间，阿联酋畜牧业生产总值基本在2.89亿美元上下，变动幅度不大，但在椰枣生产总值迅速提高的影响下，阿联酋畜牧业生产总值占农业生产总值的比重由62.1%下滑至40.1%。主要肉类品种为禽肉、骆驼肉、羊肉、牛肉等，但生产总值均未超过1亿美元。其中，禽肉生产总值约为6000万美元，骆驼肉和羊肉生产总值约为5700万美元，牛肉生产总值约为3800万元。

2. 主要农产品产量

阿联酋水果产量、蔬菜产量、谷物产量、肉类产量、禽蛋产量和肉类产量均不足100万吨，产量最大的为水果，2016年产量也仅为70万吨左右，其中椰枣占据着绝对性主导地位（表4）。

表4　2012—2016年阿联酋主要农产品产量　　　　　　　　　　（单位：万吨）

项　目	2012年	2013年	2014年	2015年	2016年
水果产量	26.22	27.10	44.23	62.68	71.24
椰枣产量	22.15	23.79	40.55	58.75	67.19
蔬菜产量	19.60	17.57	21.98	25.80	25.74
番茄产量	3.55	3.31	4.19	4.66	4.75
胡萝卜产量	2.17	2.61	3.07	5.46	3.91
黄瓜产量	1.51	3.39	3.57	3.75	2.73
洋葱等葱属蔬菜产量	2.39	2.44	2.48	2.53	2.58
南瓜等葫芦科蔬菜产量	2.14	0.58	1.64	1.85	1.80
谷物产量	0.39	0.10	0.28	0.39	0.36
玉米产量	0.38	0.08	0.26	0.37	0.34
肉类产量	13.10	13.16	14.34	15.43	15.93

（续表）

项　目	2012 年	2013 年	2014 年	2015 年	2016 年
骆驼肉产量	2.70	2.78	3.06	3.14	3.23
牛肉产量	1.58	1.60	1.51	1.88	2.07
禽肉产量	4.20	4.32	4.64	4.78	4.80
羊肉产量	4.62	4.46	5.13	5.62	5.83
禽蛋产量	4.00	4.10	4.90	5.25	2.85
奶类产量	13.82	14.69	15.42	13.32	13.71

数据来源：联合国粮农组织

水果是阿联酋产量最大的农产品。产量由 2012 年的 26.22 万吨增长至 2016 年的 71.24 万吨，这主要得益于椰枣产量的快速增长。2012 年，阿联酋椰枣产量仅为 22.15 万吨，但 2016 年已经达到 67.19 万吨。

阿联酋蔬菜产量较少，2016 年仅有 25.74 万吨，产量比较大的有番茄、胡萝卜、黄瓜、洋葱等和南瓜等葫芦科蔬菜。

在肉类生产方面，阿联酋肉类产量由 2012 年的 13.10 万吨增长至 2016 年的 15.93 万吨，骆驼肉、牛肉、禽肉、羊肉四大肉类产品的产量均在不同幅度上实现了增长。

奶类产量较为稳定，主要奶类产品为骆驼奶、牛奶和羊奶。

（三）农产品贸易情况

1. 主要农产品贸易规模

（1）出口情况

阿联酋农产品出口规模较小，前十大出口产品的出口额不足 10 亿美元。根据联合国贸易数据库数据，若不将卷烟等烟叶制品纳入统计范围，2016 年阿联酋出口规模最大的农产品为蔗糖，出口规模为 6.75 亿美元，出口量为 136.10 万吨（表 5）。出口额超过 1 亿美元的产品仅有大米、浓缩乳及奶油、坚果、果汁、巧克力、豆类、椰枣和油粕等。

在谷物出口方面，大米出口量为 45.83 万吨，出口额为 4.70 亿美元，是阿联酋第二大出口农产品。玉米和小麦的出口规模较小，出口量、出口额均不足 10 万吨、1 亿美元。

在畜禽产品出口方面，阿联酋浓缩乳及奶油出口量为 12.79 万吨，出口额为 3.79 亿美元，是阿联酋第三大出口农产品。禽肉、牛肉和羊肉出口规模均较小。

椰枣出口规模相对较大。2016 年出口量为 29.17 万吨，出口额为 1.72 亿美元。

表 5 2016年阿联酋主要出口农产品出口量及出口额 （单位：万吨，亿美元）

出口产品	出口量	出口额
蔗糖	136.10	6.75
大米	45.83	4.70
浓缩乳及奶油	12.79	3.79
坚果	5.46	2.95
果汁	26.65	2.58
巧克力	4.74	2.23
菜用豆类	20.12	1.97
椰枣等	29.17	1.72
油粕	36.21	1.41
禽肉	2.04	0.37
牛肉	0.18	0.10
羊肉	0.10	0.04
玉米	5.87	0.30
小麦	1.51	0.05

数据来源：UN Comtrade

（2）进口情况

阿联酋主要农产品均需要进口，主要进口产品包括大米、禽肉等。大米是阿联酋进口量最大的农产品，2016年进口120.88万吨，进口额为8.45亿美元；其次为禽肉，进口量为51.85万吨，进口额为7.67亿美元。

在谷物进口方面，大米是阿联酋进口量最大的谷物产品，2016年进口量为120.88万吨，进口额为8.45亿美元。小麦和玉米也严重依赖于进口。2016年，阿联酋小麦进口量为81万吨，进口额为2.04亿美元。玉米进口量为53.51万吨，远高于其国内0.34万吨的产量，进口额为1.41亿美元。

在畜禽产品进口方面，禽肉是阿联酋进口量最大的畜禽产品，2016年进口量为51.85万吨，远高于其国内4.80万吨的产量。其次为浓缩乳及奶油。羊肉和牛肉进口量分别为5.96万吨和4.82万吨，也远高于其国内产量。

2016年阿联酋主要进口农产品出口量及出口额详见表6。

表 6 2016年阿联酋主要进口农产品出口量及出口额 （单位：万吨，亿美元）

进口产品	进口量	进口额
大米	120.88	8.45
禽肉	51.85	7.67
浓缩乳及奶油	37.12	6.19
茶叶	7.90	4.84

(续表)

进口产品	进口量	进口额
面包、糕点、饼干	17.08	4.82
干草类饲料	175.79	4.80
菜用豆类	48.49	4.30
巧克力	8.44	4.22
油菜	80.46	3.62
坚果	7.44	3.57
羊肉	5.96	3.34
柑橘属水果	45.83	3.21
乳酪及凝乳	6.47	3.18
椰枣等	37.93	3.01
牛肉	4.82	2.81
苹果、梨	25.19	2.59
蔗糖	55.30	2.41
棕榈油	31.20	2.33
小麦	81.00	2.04
玉米	53.51	1.41

数据来源：UN Comtrade

2. 主要贸易伙伴

（1）主要出口目的国

阿联酋农产品主要出口至中东地区及北非地区，少数农产品出口至缅甸、印度、斯里兰卡、巴西等国家。主要出口目的国有伊朗、伊拉克、阿曼、沙特阿拉伯等国家。其中，作为出口量最大的农产品，蔗糖主要出口至苏丹、缅甸、坦桑尼亚等国家，国内主要农产品椰枣主要出口至印度、阿曼和孟加拉等国家（表7）。

表7　2016年阿联酋农产品出口目的国

出口产品	主要出口目的国（占出口总额的比重）
蔗糖	苏丹（17%）、缅甸（11%）、坦桑尼亚（9%）
大米	伊朗（83%）
浓缩乳及奶油	黎巴嫩（18%）、阿曼（17%）、伊朗（10%）
坚果	伊朗（49%）、巴基斯坦（12%）、伊拉克（12%）
果汁	伊拉克（33%）、埃及（21%）、阿曼（12%）
巧克力	沙特阿拉伯（56%）、阿曼（11%）
菜用豆类	伊朗（48%）、阿曼（15%）、印度（11%）
椰枣等	印度（30%）、阿曼（14%）、孟加拉（11%）

(续表)

出口产品	主要出口目的国（占出口总额的比重）
油粕	越南（67%）、泰国（17%）
禽肉	阿曼（28%）、巴西（16%）、伊拉克（14%）、阿富汗（14%）
羊肉	阿曼（39%）、伊拉克（20%）
玉米	伊朗（65%）
小麦	斯里兰卡（72%）

资料来源：根据 UN Comtrade 数据库计算

（2）主要进口来源国

阿联酋农产品进口来源国主要有印度、美国、澳大利亚、沙特阿拉伯和巴西等（表8）。

谷物主要进口来源国有印度、巴基斯坦、加拿大等国家。其中，大米主要进口自印度和巴基斯坦。2016年，阿联酋从印度进口大米92.79万吨，占其大米进口总量的77%，进口额6.57亿美元，占进口总额的79%；从巴基斯坦进口大米17.45万吨，占比14%，进口额1.25亿美元。小麦主要从加拿大、立陶宛和罗马尼亚进口，进口额占比分别为30%、29%和13%。玉米主要从巴西、阿根廷和澳大利亚进口，进口额占比分别为34%、30%和澳大利亚18%。

畜禽产品主要进口来源国为巴西、澳大利亚、沙特阿拉伯等国。其中，禽肉主要进口自巴西，2016年阿联酋自巴西进口禽肉36.20万吨，占阿联酋禽肉进口总量的69%，进口额5.22亿美元，占比68%。羊肉主要从澳大利亚、印度和埃塞俄比亚进口，进口额占比分别为44%、26%和17%。牛肉主要从巴基斯坦、澳大利亚和巴西进口，进口额占比分别为26%、22%和13%。

表8 2016年阿联酋农产品进口来源国

进口产品	主要进口来源国（占进口总额的比重）
大米	印度（79%）、巴基斯坦（14%）
禽肉	巴西（68%）
浓缩乳及奶油	新西兰（38%）、荷兰（22%）、沙特阿拉伯（14%）
茶叶	斯里兰卡（10%）等
面包、糕点、饼干	阿曼（24%）、沙特阿拉伯（24%）
干草类饲料	西班牙（30%）、美国（26%）、意大利（18%）
菜用豆类	加拿大（41%）、澳大利亚（15%）、缅甸（12%）
巧克力	意大利（12%）、瑞士（10%）、新西兰（8%）
油菜	加拿大（82%）
坚果	美国（73%）、伊朗（14%）
羊肉	澳大利亚（44%）、印度（26%）、埃塞俄比亚（17%）

(续表)

进口产品	主要进口来源国（占进口总额的比重）
柑橘属水果	南非（45%）、埃及（13%）
乳酪及凝乳	沙特阿拉伯（24%）
椰枣等	伊拉克（17%）、沙特阿拉伯（13%）、印度（13%）
牛肉	巴基斯坦（26%）、澳大利亚（22%）、巴西（13%）
苹果、梨	南非（19%）、美国（13%）、法国（13%）
蔗糖	印度（16%）等
小麦	加拿大（30%）、立陶宛（29%）、罗马尼亚（13%）
玉米	巴西（34%）、阿根廷（30%）、澳大利亚（18%）

资料来源：根据 UN Comtrade 数据库计算

3. 中国与其贸易情况

（1）出口至中国

根据联合国贸易数据库数据，受制于国内农产品生产情况，2012—2016年，阿联酋未向中国出口农产品。

（2）进口自中国

阿联酋从中国进口的农产品规模较小。根据联合国贸易数据库数据计算，2016年阿联酋自中国进口的农产品总额仅为3.6亿美元[1]，按大类划分，进口额超过1000万美元的产品有水产品、蔬菜、水果、咖啡和茶及调味香料、蔬菜制品、饮料及醋和酒、油料作物、糖类、杂项食品等（表9）。

阿联酋从中国进口规模最大的农产品为蔬菜，2016年进口额为1.54亿美元。其中，葱属蔬菜进口额为1.07亿美元，占比69.4%，进口量为6.4万吨。其次为水果，进口额为3798.45万美元，以苹果、梨等产品为主，苹果、梨进口额为2636.97万美元，占比69.4%。

在肉类及谷物贸易方面，中阿之间的贸易规模较小。2016年，阿联酋从中国进口的肉类产品金额仅为113.83万美元，以禽肉为主，谷物进口额更是只有2.02万美元。

表9　2016年阿联酋从中国进口农产品量及进口额　　（单位：吨，万美元）

项目	贸易量	贸易额
蔬菜		15390.67
葱属蔬菜	64073.91	10675.93
胡萝卜等使用根茎蔬菜	55235.80	2668.20

---

[1] 烟草未计入

(续表)

项　目	贸易量	贸易额
水果		3798.45
苹果及梨	25144.92	2636.97
蔬菜制品		3694.93
番茄制品	25503.93	1729.74
蘑菇制品	5215.29	451.59
咖啡、茶等调味香料	3025.43	
茶	1121.16	763.38
肉桂及肉桂花	3251.01	418.82
姜及其他调味香料	43645.26	1546.57
油料作物		1977.53
花生	3632.78	456.81
向日葵	7764.05	873.87
饮料、酒及醋		1719.69
啤酒	20209.431	1657.91
水产品		1699.90
冻鱼	3175.41	365.56
甲壳动物（虾蟹等）	1289.06	596.53
软体动物	3007.58	658.59
糖类		1335.01
杂项食品		1195.92
肉类		113.83
羊肉	130.52	10.35
禽肉	1416.77	103.33
谷物		2.02

资料来源：UN Comtrade

（四）农业管理体系与政策

1. 农业管理体系

阿联酋当局未设立农业部，农业产业归属阿联酋气候变化与环境部管理。其中，阿联酋气候变化与环境部下属的主管生物多样性和生活领域的助理副部长（Assistant Undersecertary for Biodiversity & Marine Life Sector）主要负责制定渔业发展政策、促进渔业发展、保护生物多样性等，食品多样性部门助理部长（Assistant Undersecertary for Food Diversity Sector）主要负责种植业与畜牧业政策的制定、促进种植业与畜牧业发展、提高阿联酋的食物安全性等。

2. 农业发展政策

（1）节水补贴政策

恶劣的气候条件、水资源的短缺是限制阿联酋农业和整个经济与社会发展的关键性因素。为了推动农业与国民经济的可持续发展，阿联酋当局对水资源的开发利用十分重视。2005年，阿联酋当局成立了国家战略水资源管理委员会，2008年制定了《2008—2012年阿联酋战略水资源规划》，对水资源的利用与开发进行约束与管理。

为了降低农业耗水量、提高水资源利用效率、推动节水农业的发展，阿联酋当局推出《地下水开发使用法》《阶梯式商业化水价和农业节水补贴政策》等多项政策法规，引导节水农业的发展。同时，为了鼓励农民放弃种植高耗水农作物，同事保护农民的生产积极性，阿联酋当局开始向放弃种植高耗水作物的农户每年发放节水补贴。

（2）推动农业科技研发与市场化应用

阿联酋政府与多家外国节水科技企业合作，开发出农业用水信息监测网络、污水回收再利用系统以及地下水储量监控系统等信息化节水平台。并积极推动电离技术人工降雨、无土栽培以及培育抗旱耐盐作物等领域的技术研发与推广使用。同时，阿联酋当局在全国范围内广泛推广信息化节水滴灌技术，实现可实时监控的数字化滴灌在农庄的100%安装和应用。此外，阿联酋政府免费为包括农业用户在内的用水户安装节水龙头。

（3）积极发展海水淡化产业

阿联酋政府积极投资发展海水淡化产业，为农业用水提供更大支持。阿联酋现有70座海水淡化厂，每年可产淡水13亿立方米，占世界海水淡化总量的14%。目前，全国用水量的37%来自海水淡化，98%的工业和生活用水由海水淡化厂提供。为满足日益增长的农业用水需求，阿联酋政府不断投资建设海水淡化工厂，提高生产能力，以缓解目前农业对于地下水资源的过度依赖。

（4）提供农资和农机补贴

为了支持小型节水农场的发展，鼓励农民的生产积极性，阿联酋当局不断加大政策扶持力度。私营农场主购买化肥、种子和杀虫剂等生产资料，可获得阿联酋中央政府的补贴，补贴比例为50%。同时，中央政府还提供农机贷款和配套技术支持。

（5）建设海外农场

为了提高粮食的可获取率、减少对进口来源国的依赖、稳定国内发展，阿联酋于2006年正式提出海外农业投资计划。根据国际粮食政策研究机构统计，2006—2009年，阿联酋海外农业投资额增长了45%，海外租购农业用地面积仅次于中国和韩国。2009年初，阿联酋提出海外农业投资计划，确定了25个农业投资重点对象国，制定了鼓励阿联酋私营企业和投资者在上述国家租购农田进行大米、小麦、大麦、玉米、糖料、牲畜和鱼类等农产品生产的政策，鼓励企业将产品直接运输至阿联酋，确保阿联酋的粮食安全。

目前，阿联酋境外农业项目主要分布在苏丹、巴基斯坦、印度尼西亚、埃塞俄比亚、缅甸和越南等国。截至2015年年底，阿联酋在海外农业投资168亿美元，占其海外投资总额的25%，签署落实大型农业项目超过28个，农业用地租赁总面积接近100万公顷，主要分布在非洲（66.1%）、亚洲（21.6%）、北美（10.8%）和欧洲（1.5%）。

三、农业投资环境

（一）国家商业环境

1. 经商便利程度

据世界银行和国际金融公司发布的《2018年营商环境报告》、世界银行数据库，阿联酋的经商便利程度位列第21位，较2017年上升5位。其中，投资者保护力度上升2位至第10位，执行合同便利程度上升4位至第12位，获得建设许可便利程度上升2位至第2位。

2. 腐败程度及竞争力

根据世界经济论坛发布的《2017—2018年全球竞争力报告》，阿联酋全球竞争力排名第17位，较上一年度下滑一位，但全球竞争力指数增加0.04点至5.30。阿联酋的政府效率位居第5位（政府效率的评估标准：政府开支的浪费情况、政府管制的负担及政策制定的透明度）。同时，根据透明国际组织公布的2017年"全球廉洁指数"（CPI），阿联酋在168个国家中位列第21位，得分71分（满分100分，得分越高，公共部门腐败程度越低）。

3. 贸易便捷程度

阿联酋通过建设大量自由贸易区，简化海关手续，为进出口商降低行政成本。在BMI物流风险指数中，阿联酋在贸易程序和行政管理方面得到94.5分的高分，仅次于新加坡、中国香港和韩国，位列全球第4位。

4. 犯罪与恐怖袭击

阿联酋境内的恐怖袭击以及犯罪行为的发生率相对较低，在中东和北非地区各国家中的商业运营安全指数最高。根据BMI相关研究报告，阿联酋在犯罪与安全风险指数中得到79.9分，在中东和北非地区国家中排名第1位，在世界排名第16位。

5. 主权评级

2016年，标普维持阿布扎比酋长国主权债券的评级为AA级，前景稳定。穆迪维持阿联酋AA2长期信用评级不变，前景展望为负面。

2017年，惠誉维持对阿布扎比酋长国的主权债券评级 AA 级，前景稳定。

6. 法律环境

（1）贸易法规体系

阿联酋联邦政府负责对外贸易投资管理的部门主要是经济部。经济部主要负责制定经济贸易政策、规范经济贸易活动的法律法规、监测经济运行情况、管理国内投资、吸引外资、协调政府部门和企业间的关系。除经济部外，阿联酋 7 个酋长国均设有工商会，工商会属半官方机构，主要负责贯彻执行本酋长国有关工商业政策、管理本酋长国私人公司和企业、负责公司和企业的登记注册、为本酋长国工商会会员提供有关经济贸易和市场等方面的信息，介绍客户。7 个酋长国工商会联合组成阿联酋联邦工商会，主要负责协调各酋长国工商会之间的关系、组织参加酋长国间工商会活动、推动阿联酋企业家对外交往与合作。

（2）外国投资规定

阿联酋联邦政府负责对外贸易投资管理的部门主要包括经济部和财政部。禁止行业只有阿联酋公民或由阿联酋公民完全所有的企业法人方可从事，主要包括商业代理、房地产服务、汽车租赁服务、农业、狩猎和林业服务、渔业服务、人力资源服务、公路运输服务、调查和安保服务等。限制行业主要有 WTO 服务贸易领域中的娱乐、文化、体育服务和视听服务等。

外商对自然资源领域的投资规定由各酋长国制定。阿联酋的石化工业完全由各酋长国自行所有，外商投资必须以合资企业的形式并由国家控股。电力、水、气等资源领域也均由国家垄断，但是近年阿布扎比酋长国已开始将一些水电项目部分私有化。

（二）农业优势与潜力

受制于水资源、气候等问题，阿联酋农业发展潜力有限。阿联酋水资源和适合农业生产的土地十分稀少，除了椰枣，其他农产品生产能力有限，因此，其农业发展潜力有限。同时，通过发展现代节水农业，提高土地和水资源的利用效率，缓解水资源和土地资源的短缺带来的问题，在一定程度上减轻阿联酋农产品严重依赖于进口的局面。

（三）风险分析

1. 劳动力市场风险

阿联酋本国人口有限，外籍人口占绝大多数，导致劳动力得不到有效供应，需要从外国雇用劳工。此外，阿联酋劳动力普遍存在受教育程度低、集中为国家公共部门所雇佣等问题。而雇用外国职工的行政阻碍大、成本高，且对雇佣移民劳动力的限制很多。此外，日益扩大的外籍劳工和强烈的等级差异与种族优越感使得外籍劳工的权益保护刻不容缓。

2. 物流运输风险

阿联酋的港口和机场扮演着重要的角色。尽管阿联酋政府正努力减少行政程序、增加在交通运输基础设施上的投资，但由于铁路的缺乏，其境内道路运输压力依旧过大。

3. 公用事业风险

尽管阿联酋拥有丰富的油气储量，国内电信设施先进且分布广泛，政府对海水淡化厂的大量投资也保证了基本供水，但目前仍不适宜投资用水量大的产业。在 BMI 贸易投资风险指数中，阿联酋的市场规模和公用事业得分 65 分，在中东和北非地区排第 6 名。

4. 政治风险

阿联酋的政治风险主要来自于内部和外部两个方面。

在国内，阿联酋国内反对派力量不断挑战现有的政治秩序和格局。自 2011 年以来，以穆斯林兄弟会为代表的阿联酋国内政治自由运动不断兴起，要求获得更大的政治权力，推动阿联酋国内的政治变革。

在外部，阿联酋面临着巨大的地区压力。阿联酋长期同伊朗保持着较为密切的关系，是伊朗主要的贸易伙伴。随着沙特和其他海湾国家对于伊朗和什叶派政治力量在中东扩张的担忧日益加重，阿联酋也日益陷入到了艰难的外交抉择中，迫使其在区域敏感问题上选择站队。

（四）总体评价

宏观上看，阿联酋的国内政治较为稳定，社会和文化相对开放，经商便利程度和贸易便捷程度较高，腐败程度和犯罪率较低，竞争力较强，长期发展态势较好，投资环境和投资潜力均不错。此外，阿联酋有着得天独厚的地理优势，是重要的转口贸易所在地，辐射面非常广，其完善的港口海运设施和便捷的航空中转路线，为阿联酋发展贸易提供了必要的支撑。

但阿联酋水资源严重短缺，农业可用地面积较少，农业生产环境较差，且人口规模和市场规模决定了其农业市场容量有限，加之中东地区的动荡局势和其所面临的政治风险，因此，需要选择合适的方式与产业展开合作。

四、中阿农业合作现状与合作重点

（一）合作现状

1. 合作机制

中国和阿联酋的合作源远流长。1984 年 11 月，中阿两国正式建立外交关系。1985 年 11 月，中阿两国签订中阿两国政府经济、贸易和技术合作协定，规定两国贸易以现汇支付，并规定成立两国经贸和技术合作混合委员会。随后两国高层多次互访。1993年7月，两国正式签订了投资保护协定和避免双重征税协定。随后，高层多次互访，签订多项协议，贸易合作、投资合租与科技合作不断开展，先后签订的协议有《中华人民共和国政府与阿拉伯联合酋长国政府经济、贸易、技术合作协定》《中华人民共和国政府和阿拉伯联合酋长国政府关于促进和保护投资协定》《中华人民共和国政府和阿拉伯联合酋长国政府关于对所得避免双重征税和防止偷漏税的协定》等。

2016年9月，阿联酋气候变化与环境部部长到访中华人民共和国农业部，双方一致同意择机签署加强中阿农业合作谅解备忘录。

2. 科技合作

2016年，中阿技术转移中心、中阿（迪拜）技术转移中心、宁夏中阿技术转移开发有限公司与西部电子商务股份有限公司分别签署了《中阿设施园艺、智能节水物联网技术合作协议》和《迪拜设施农业物联网应用项目建设协议》，在阿联酋迪拜合作示范推广包括农业物联网应用系统、设施农业智能管理应用系统、大田节水智能灌溉系统等关键技术和集成解决方案、椰枣树节水智能灌溉管理系统和设施花卉智能管理应用系统等在内的设施园艺、智能节水物联网等技术。

3. 贸易合作

目前，中国与阿联酋的贸易合作还处于一个比较低的水平。在从阿联酋进口方面，受制于阿联酋国内资源的约束，中国目前还未从阿联酋进口农产品。在对阿联酋出口方面，目前我国对阿联酋的出口规模比较小，主要以水产品、蔬菜、水果、咖啡和茶及调味香料、蔬菜制品、饮料及醋和酒、油料作物、糖类、杂项食品等为主。

（二）合作潜力

1. 合作基础

首先，中国是农业生产大国，拥有丰富的农业生产资源，谷物、肉类、水果等主要农产品产量位居全球前列，除了国内消费之外，部分农产品还有一定出口潜力，满足阿联酋国内市场的需求。其次，中国在现代设施农业、节水农业等方面的经验和技术也较为丰富和先进，国内企业生产的相关设备质量可靠，能够解决阿联酋在发展现代节水农业中所遇到的问题。

2. 合作前景

阿联酋农业生产环境较差，多数农产品依赖于进口。为了保障食品的可获取性，阿联酋在国外以租赁土地的形式建设生产基地，以满足国内需求。未来，中国与阿联酋在果蔬等农产品与食品领域的贸易、现代节水农业贸易与投资、在品种开发、节水农业技术研发、海水淡化技术开发等领域开展合作具有一定前景。

（三）合作重点

1. 重点领域

基于对中国农业与阿联酋农业现状、未来的分析，中国和阿联酋的农业合作重点在农产品及食品贸易、现代节水农业设备的贸易、现代节水农业的投资等领域。在农产品及食品贸易方面，基于在蔬菜、水果等产品和食品制造业领域的优势，中国可与阿联酋加强在水果、蔬菜及其制品、食品等产品的贸易往来；在现代节水农业设备领域，基于中国在滴灌设备等节水设施、设施农业装备等领域的技术与产业优势，中国可与阿联酋加强滴灌设备等节水设施、设施农业装备等领域的贸易往来与技术往来。同时，中国与阿联酋可强化在现代节水农业领域的投资合作，中方企业可以独资、合资等多种方式在阿联酋布局现代节水农业，利用设施农业生产技术，生产蔬菜、水果产品。

2. 重点项目

根据中国和阿联酋两国的实际情况，两国的农业合作项目可集中在以下几个方面。

一是在水果与蔬菜、食品领域强化贸易合作，充分发展中国在水果、蔬菜和食品制造业方面的优势，满足阿联酋的国内食品需求。

二是在现代农业装备与节水设备领域强化贸易合作，充分利用中国在滴灌设备等节水设施、设施农业装备等领域的技术与产业优势，解决阿联酋发展节水农业所面临的困境。

三是在节水、海水淡化等领域开展技术合作。

四是在农业投资领域强化合作，鼓励中国有能力的企业在阿联酋利用节水技术、设施农业技术，生产蔬菜和水果等高附加值产品，获取企业自身成长的同时，满足阿联酋国内对农产品的需求。

五、中阿农业合作建议

（一）合作措施

目前，中国与阿联酋的贸易合作还处于一个比较低的水平。在从阿联酋进口方面，受制于阿联酋国内资源的约束，中国目前还未从阿联酋进口农产品。在对阿联酋出口方面，目前我国对阿联酋的出口规模比较小。基于中国农业与阿联酋农业现状及阿联酋国内需求，中国和阿联酋可以通过贸易措施，支持国内企业，继续强化在水果、蔬菜等农产品方面的贸易力度，并制定相关政策、引导两国企业在现代农业设备与节水设备、水果和蔬菜的生产等领域展开合作。

（二）政策建议

1. 了解当地情况

中国和阿联酋在政治、法律、标准等存在巨大差异，容易引起纠纷，并有可能带来损失甚至企业投资的失败。因此，企业在与阿联酋企业开展贸易合作或者在当地开展投资时，应充分了解这些情况。政府相关部门、有实力的企业、第三方咨询公司可以就阿联酋的企业运营管理、投融资、项目建设、合作协议签署等方面的法律法规进行深入研究，并为企业提供有偿甚至免费咨询服务，为合作企业、投资人和研究人员进行法律普及和咨询，为中国企业在阿投资提供指导，切实保护中国企业、投资人在外合法权益。企业还应充分利用中国国际贸易促进会这类平台，发挥好这类平台在信息提供和双边协调中的作用。

2. 建立双边争议解决长效机制

虽然国际争议可以交由国际法院进行仲裁，但其周期长、过程繁琐，不利于两国间长期的互信友好关系。中国应利用好现有平台，与阿联酋或海湾合作组织建立争议解决机制，推动双边合作的高效、有序进行。

3. 制定鼓励双边合作的政策

在贸易合作上，中国政府联合阿联酋政府，在现有贸易政策的基础上，针对水果、蔬菜、食品、现代农业装备、节水农业装备等双方合作机会较多的产品，制定相关鼓励政策，在遵循市场原则的基础上，扩大中国相关企业对阿联酋的出口业务，强化双边贸易。

在科技合作上，在人才交流、科技研发协调机制等层面，制定鼓励双边企业、科研机构在节水、海水淡化等领域技术合作的引导政策，将双方的科研资源充分调动起来，推动双方在节水、海水淡化等领域的技术合作。

在农业投资领域方面，在市场化原则的基础上，制定引导中方企业赴阿联酋进行农业投资的门槛，引导阿联酋政府降低中国企业在当地通过设立独资企业、合作企业等方式开展业务的门槛。

也门

也门共和国位于阿拉伯半岛西南端，为资源型国家，经济发展主要依赖石油出口，是世界上经济最不发达的国家之一。其地理位置比较特殊，战略重要性强，是连接欧、亚、非三大洲的重要枢纽。

长期战乱导致也门经济发展滞后，目前，其3/4的人口需要人道主义救援。因此，中也农业合作在战乱结束之前以救援为主，今后的合作导向为战后重建，包括减贫相关项目。战乱停止后，也门对于农业方面需求空间很大，在农业科技、农产品加工、技术培训等方面都有较大合作潜力和空间。

一、国家基本概况

（一）自然地理

也门位于亚洲西南部，阿拉伯半岛西南端功，北部与沙特接壤，南濒阿拉伯海、亚丁湾，东邻阿曼、苏丹，西隔曼德海峡与非洲大陆的埃塞俄比亚、索马里、吉布提等相望。也门有约2200千米的海岸线，海上交通十分便利。位于西南的曼德海峡是国际重要通航海峡之一，沟通印度洋和地中海，是欧、亚、非三大洲的海上交通要道，战略位置极为重要。位于阿拉伯海亚丁湾的亚丁是历史上有名的港口之一。

也门国土面积约55万平方千米。共划分20个省和1个首都直辖市，省下设县、乡、村，首都是萨那市。

也门地势大致分为五个部分：山区主要是西部和南部的高山；高原位于东北部；沿海平原区是从也门—阿曼边境开始，沿阿拉伯海岸在曼德海峡北折至也门—沙特边境，长2000千米、宽30～60千米的平原地区；沙漠地区集中在哈德拉毛省；岛屿包括阿拉伯海上索克特拉岛，该岛是也门最大岛屿，面积3650平方千米；在红海还分布着112个岛屿。

（二）人口状况

也门是阿拉伯半岛人口最多的国家。据FAO统计数据，2017年人口总数为2825万人，其中农业人口占总人口的60.7%。也门绝大多数是阿拉伯人，官方语言为阿拉伯语。伊斯兰教为国教，什叶派的宰德教派和逊尼派的沙斐仪教派各占50%。FAO统计数据显示，人口增长率从2001年的2.9%逐年降低到2017的2.4%，农村人口占总人口的比例从2000年的72.3%逐步降低到2017年的60.7%（表1）。2017年也门人口结构以青壮年为主（表2）。

表1 2000—2017年也门人口规模 （单位：万人）

年 份	总人口数	农村人口数	城镇人口数
2000	1787	1292	460
2001	1839	1320	483
2002	1892	1348	507
2003	1946	1377	531
2004	2002	1405	557
2005	2058	1431	583
2006	2116	1457	609
2007	2175	1482	636
2008	2236	1506	664
2009	2297	1530	693
2010	2361	1554	722
2011	2425	1578	753
2012	2491	1601	784
2013	2558	1624	816
2014	2625	1647	850
2015	2692	1670	884
2016	2758	1692	919
2017	2825	1714	954

数据来源：联合国粮农组织

表2 2017年也门人口结构

年 龄	人口比例（%）	男女比例
0～14岁	39.8	1.04
15～24岁	21.2	1.03
25～54岁	32.3	1.05
55～64岁	3.9	0.85
65岁及以上	2.8	0.87

数据来源：中情局世界概况

除首都萨那外，人口集中的省份还有亚丁、塔兹、荷台达和伊卜。

生活在也门的阿拉伯人以部落为基本单位，全国共有190多个部落，其中150多个位于山区。哈希德、巴基尔、哈卡和穆德哈基是四个最主要的部落，其中，又以哈希德部落知名度最高。该部落集中于萨那、哈贾、萨达三省，人口逾百万，由50多个中小部落组成，是一个集政治、经济、军事、宗教四位一体的强大实体，其地位和重要性非常突出。

（三）政治制度

也门实行共和民主制，人民通过选举投票直接行使政治权力，通过立法、行政、司法和地方委员会等机构间接行使政治权力。也门政治体制建立在政治多元化和多党制基础之上，通过大选实现政权的和平交替。

根据也门宪法，也门总统是国家元首和武装部队最高长官，由人民直接投票选举产生，任期7年，可连任一届。

议会是立法机构，负责制定财政预决算和经济社会发展大纲等国家大政方针，对政府工作进行指导和监督。议会由议长、议会秘书处和20个专门委员会组成。议会共有301名议员，主要政党均参与其中，包括全国人民大会174席，伊斯兰改革集团拥有46席，也门社会党7席，复兴党2席、纳赛尔主义党3席。

也门政府由总统任命的总理组成内阁。

也门总统委员会在1991年7月宣布成立最高司法委员会，由1名主席和9名委员组成。主席由总统委员会主席担任。总统委员会宣布成立最高法院，设最高法院院长，第一副院长和副院长各1名、委员45名。

（四）社会和经济发展状况

也门是世界上经济最不发达的国家之一。1991年海湾战争和1994年内战使国民经济严重倒退。1995年，也门政府开始经济、财政和行政改革。1996—2000年，GDP年均增长5.5%，财政收入逐年增加。2001年，财政首次实现盈余。2005年，也门政府进一步出台削减燃油补贴、降低进口关税等经济改革措施，力求调整经济结构、改善投资环境、减轻政府财政负担，取得了一定成效。

也门经济发展主要依赖油气出口收入。已探明的石油可采储量约60亿桶，天然气可采储量约5000亿立方米。也门未参加任何石油组织，因而不受国际石油组织配额限制，在生产上较具自主性。政府极为重视石油的勘探和开采，力图通过开发石油和矿产资源克服经济困难。受益于国际市场的高油价，2014年以前，石油和天然气收入约占GDP的25%和政府收入的65%。也门政府经常面临年度预算短缺问题，并试图通过旨在加强非石油部门经济和外国投资的改革方案来实现也门经济多样化。

外援对推动也门经济发展发挥了重要作用。自1997年以来，从西方国家和国际金融组织获取援助和优惠贷款近30亿美元，被免除或重新安排债务70多亿美元。2002年10月，第三届也门捐赠国会议在巴黎举行。美、英、法、世界银行、国际货币基金组织等34个国家和国际组织在会上允诺于 2003—2005 年向也门提供总额为 23 亿美元经济援助。2003 年 10 月，欧盟承诺在 2003—2006 年向也门援助 9170 万欧元。此外，世界银行及阿拉伯国家的基金会亦向也门提供共约 10 亿美元援助。也门还是美国和欧盟等西方国家在该地区的主要受援国，美、英、德、意、法、荷、日等西方国家每年向也门提供的双边援助大都在 3000 万美元左右。

作为一个低收入国家，也门面临着稳定和发展经济的长期挑战，2014 年开始的内战阻止了也门的出口，加速了通货膨胀，严重限制了食品和燃料的进口，并对基础设施造成了广泛的破坏。冲突还造成了严重的人道主义危机。

2016 年，也门 GDP（现价）总量 182 亿美元，2015 年的 GDP（现价）为 346 亿美元；2014—2016 年 GDP 增速连续为负，分别为 -0.2%、-37.2% 和 -34.3%；2016 年人均 GDP 660.28 美元，相比 2015 年的 1285.56 美元降低了将近一半，与 2004 年接近（表 3）。

表 3 2000—2016 年也门 GDP 总量及增速（现价）

年 份	GDP 总量（亿美元）	GDP 年增速（%）	人均 GDP（美元）
2000	96.36	6.2	539.10
2001	98.54	3.8	535.83
2002	106.93	3.9	565.21
2003	117.78	3.8	605.16
2004	138.74	4.0	693.08
2005	167.54	5.6	813.96
2006	190.82	3.2	901.76
2007	216.57	3.3	995.63
2008	269.11	3.7	1203.72
2009	251.30	3.9	1093.81
2010	309.07	7.7	1309.23
2011	327.26	-12.7	1349.42
2012	354.01	2.4	1421.17
2013	404.15	4.8	1580.18
2014	432.29	-0.2	1647.03
2015	346.02	-37.2	1285.56
2016	182.13	-34.3	660.28

数据来源：世界银行数据库

世界银行数据显示，也门失业率在 2010 年达到最高值最高为 17.8%，然后逐步下降，2017 年降为 13.8%。

二、农业发展现状

（一）农业资源条件

1. 水资源

也门是世界上人均水资源最缺乏的国家之一。2014年我国驻亚丁总领馆经商室的研究报告显示，也门年人均用水量低于135立方米，为世界最低，将近一半人口无法获得达标的饮用水和卫生设施。国际用水贫困线为人均每年1000立方米，国际上中等国家人均用水为7500立方米，预计到2025年也门人均用水量还将下降到65立方米。也门每年的再生水资源约为25亿立方米，而中东地区的再生水资源是每年3483亿立方米。

也门的水资源有90%来源于地下水，造成地下水资源严重减少。93%的地下水被用于浇灌75%的农业水浇地，造成地下水位的快速下降。所抽取地下水的40%又被用于浇灌耗水量很大的植物卡特，每年消耗用水量达到8亿立方米。近50年来卡特市场需求量不断上升，使得农场主卡特种植面积不断增加，其他农作物如咖啡豆、葡萄、粮食作物的种植不断减少，造成农业用水量逐年上升。

半干旱性气候也是造成也门目前的水资源危机主要原因之一。快速下降的地下水位，又制约着农业发展和对地下水资源的进一步开发，并形成恶性循环。

2. 土地资源

也门境内可耕地面积约145.2万公顷左右，约占其国土总面积的3%左右。2006年，也门实际耕地面积达131万公顷，占可耕地总面积的90%，其中，87万公顷的土地用于种植一年生作物，41万公顷用于种植常年生作物。也门有约3200万公顷的土地被沙漠和地表岩石所覆盖，块状土地面积约1600万公顷，主要生长着灌木丛、常年生植被和草，仅有150万公顷的土地属于林地。

也门土壤含沙量较高，在沿海平原地区，土质较为肥沃且以淤泥为主；在多山地带，土壤多见淤泥和黏土，氮、磷等有机化学物质含量较低。在许多地区，由于土壤厚度较浅，影响旱地农作物对雨水的吸收。常见的沙尘暴经常会横扫丘陵和洼地，加速土壤的腐蚀。

3. 气候状况

也门位于热带气候区的北部。国内缺少河流，气候干旱少雨。由于海拔的极端差异，温度变化很大。山地和高原地区气候较温和，沙漠地区炎热干燥，年平均最高气温39℃，最低-8℃。一年有两个雨季，3—5月小雨季，7—9月大雨季。据世界银行统计，在1991—2005年全国7月平均降水量为26.9毫米。

4. 渔业资源

也门有2000多千米海岸线，近海水产资源丰富，品种300多种，蕴有量约160万吨，每年总捕捞量约10万吨。南部的阿拉伯海是世界上较好的渔场，主捕鱼种为：墨鱼、带鱼、石斑鱼、沙丁鱼、金枪鱼、鲷科鱼和对虾。海产品是也门的重要出口产品。

（二）农业生产情况

1. 农业产值规模及构成

农业是也门最主要的产业之一，在也门国民经济中占有重要位置，是除石油外最主要的出口来源。农业增加值占GDP的比重从2000年开始逐年降低，在2009年有所提高，但是由于国家战争局势又持续下降，2014年降至最低值7.8%。在2015年才有所回升。工业增加值占GDP比重保持稳定，服务业增加值占比呈逐年下降的趋势（表4）。

表4 2000—2015年也门主要产业增加值占GDP的比重　　　　　　（单位：%）

年 份	农 业	工 业	服务业
2000	13.8	46.4	31.2
2001	14.1	42.4	29.2
2002	13.3	42.1	25.9
2003	12.9	43.0	22.5
2004	11.7	45.2	19.0
2005	10.6	49.0	15.1
2006	10.2	49.3	12.9
2007	9.9	49.5	11.3
2008	8.7	44.9	9.0
2009	10.0	52.8	9.5
2010	8.2	43.8	7.2
2011	8.5	46.5	6.9
2012	8.4	46.5	6.4
2013	7.9	43.9	5.6
2014	7.8	44.0	5.2
2015	10.4	58.8	6.5

数据来源：世界银行数据库

从也门农业产值结构来看（表5），牛肉一直是产值最高的农产品，2016年也门牛肉产值为9.86亿美元。其次是鸡肉、羊肉、各类水果、高粱、小麦、马铃薯和咖啡。

表 5　2006 年和 2016 年农业产值结构　　　　　　　　　　　　（单位：亿美元）

序号	2006 年		2016 年	
	项目	产值	项目	产值
1	牛肉	2.85	牛肉	9.86
2	芒果，山竹果，番石榴	2.33	山羊肉	7.17
3	本地牛肉	2.25	鸡肉	6.80
4	鸡肉	2.19	绵羊肉	6.50
5	本地鸡肉	2.17	本地山羊肉	6.40
6	高粱	1.72	本地鸡肉	6.06
7	鲜牛奶	1.28	本地绵羊肉	5.96
8	本地羊肉	1.16	本地牛肉	5.67
9	羊肉	1.16	鲜牛奶	3.65
10	山羊肉	1.05	高粱	3.40
11	马铃薯	1.02	芒果	2.96
12	葡萄	0.85	葡萄	2.61
13	橘子	0.77	橘子	2.54
14	番茄	0.67	马铃薯	2.10
15	咖啡	0.67	咖啡	1.97
16	干洋葱	0.64	小麦	1.93
17	带壳鸡蛋	0.62	带壳鸡蛋	1.89
18	小麦	0.61	西瓜	1.81
19	烟草	0.58	干洋葱	1.74
20	香蕉	0.54	鲜山羊奶	1.26

数据来源：FAO 统计数据

2. 主要农产品产量

FAO 的统计数据显示，也门在 2016 年收获面积最大的农作物是高粱，为 46.31 万公顷，其次收获面积从大到小依次为：小麦、小米、玉米、大麦、咖啡、芒果、山竹果、番石榴、芝麻、马铃薯、鹰嘴豆和番茄（表 6）。

表6 2006年和2016年也门主要农作物生产情况

产品	2006年			2016年		
	收获面积（万公顷）	产量（万吨）	单产（吨/公顷）	收获面积（万公顷）	产量（万吨）	单产（吨/公顷）
高粱	56.60	48.41	0.86	46.31	39.41	0.85
小麦	11.07	14.92	1.35	12.68	22.02	1.74
小米	11.30	8.23	0.73	12.54	8.67	0.69
玉米	4.33	6.59	1.52	4.32	6.35	1.47
咖啡，绿色	3.23	1.73	0.54	3.50	2.13	0.61
芒果、山竹果、番石榴	2.40	34.90	14.53	2.57	40.58	15.78
芝麻	2.10	2.20	1.05	2.37	2.72	1.15
马铃薯	1.78	22.64	12.70	2.28	29.46	12.91
鹰嘴豆	2.14	5.37	2.50	1.80	5.99	3.33
番茄	1.56	21.17	13.56	1.65	20.09	12.21

数据来源：FAO统计数据

2006—2016年，高粱的收获面积减少10.29万公顷，单产基本上保持不变；小麦的收获面积增加了1.61万公顷，单产提高了28.9%；小米收获面积增加1.24万公顷，单产下降5.5%。

也门畜牧业有一定基础，2006—2016年间，肉、奶等畜产品的产量逐步增加（表7）。

表7 2006—2016年也门畜产品产量　　　　　　　　　　　　　　（单位：吨）

年份	牛肉	鸡肉	羊肉	骆驼肉	骆驼奶	牛奶	羊奶
2006	72793	117723	47848	2277	11946	224202	71458
2007	81936	129495	52868	2368	12037	248317	80435
2008	90242	135568	58492	2433	12305	272212	88321
2009	96735	139655	62333	2482	12572	291087	94400
2010	107512	144103	69330	2551	12749	203939	99974
2011	109850	149700	85028	2633	12839	208191	106251
2012	111301	152000	97663	2775	12972	215321	117008
2013	111804	152500	116522	2810	13061	224436	129001
2014	117782	153100	135132	2889	13672	235195	141480
2015	128788	159693	121640	2973	13809	241971	91294
2016	134382	168845	122453	3073	14080	243487	91964

数据来源：FAO统计数据

3. 主要农业产业布局

也门一直是一个十分落后的农业国家,农业人口占全国的60%。农业布局上,西部以种植业为主,东部以畜牧业为主。受制于恶劣的自然条件,也门的农业生产,特别是粮食生产力十分低下。加上人口增加,粮食不能自给,50%以上的粮食靠进口。

也门国境内,地理条件最好的,为靠近阿拉伯半岛西侧,在南部陡然走宽的"塞特拉山地"。这些能够涵养更多水源、少受沙漠气候影响的高地,是也门的农业根基所在,并保有了也门75%左右的人口。从气候地理条件来看,地势较低的南也门虽然国土面积更大,但在北、东两面易遭受沙漠侵入,农牧业条件相较北方而言较差。

南也门拥有一条漫长的海岸线。由于亚丁港的存在,是南也门在海洋方面占优的主要因素,也是海洋商业可带来利益的主要原因。

种植业方面,也门的主要农作物有粮食作物(小麦、玉米、高粱、小米、大麦及豆类)、蔬菜(番茄、洋葱、马铃薯、甜瓜、西瓜及其他)、水果(芒果、椰枣、香蕉、葡萄、柑橘、木瓜及其他)、经济作物(主要是咖啡、棉花、芝麻、烟草等)、饲料作物(苜蓿及其他)和卡特等六类(表8)。2016年,也门农作物收获面积最多的是高粱,其次是小米和小麦。

表8　2016年也门农产品种植面积　　　　　　　　　　　　(单位:万公顷)

序号	作物	收获面积	序号	作物	收获面积
1	高粱	46.31	11	蕃茄	1.65
2	小麦	12.68	12	干洋葱	1.64
3	小米	12.54	13	种子棉	1.47
4	玉米	4.32	14	西瓜	1.28
5	大麦	3.78	15	葡萄	1.26
6	咖啡	3.50	16	扁豆	1.13
7	芒果,山竹果,番石榴	2.57	17	烟草	1.07
8	芝麻	2.37	18	香蕉	1.03
9	马铃薯	2.28	19	桔子	1.02
10	鹰嘴豆	1.80	20	桃子和油桃	0.57

数据来源:FAO统计数据

(三)农产品贸易情况

1. 主要农产品贸易规模

农产品进口额先增后减。农产品贸易额从 2000 年的 7.23 亿美元开始增加,增至 2014 年的 53.30 亿美元后,2015 年开始连续两年剧减,2016 年降至 20.41 亿美元。农产品贸易以进口为主,进出口额均呈现先增后减趋势。其中,出口额从 2000 年的 1.13 亿美元增至 2011 年的 6.55 亿美元后呈现下降趋势,尤其是 2015 年开始快速下降,2016 年为 1.41 亿美元;农产品进口额从 2000 年的 6.10 亿美元增至 2014 年的 47 亿美元后开始下降,2016 年为 19 亿美元。

主要出口产品集中于水产品和园艺产品。2016 年水产品出口额为 8640 万美元,其次为园艺产品,出口额为 2190 万美元,其他农产品为 1300 万美元;主要进口产品为谷物、糖、油料、奶制品和肉类。2016 年进口额分别为 9.64 亿美元、3.30 亿美元、2.24 亿美元、1.65 亿美元和 1.21 亿美元。详见表 9。

表 9 2000—2016 年也门农产品进出口额 (单位:亿美元)

年 份	出 口	进 口	总贸易额
2000	1.13	6.10	7.23
2001	1.34	6.05	7.39
2002	1.50	6.09	7.59
2003	2.13	7.26	9.39
2004	3.31	14	17.31
2005	3.78	14	17.78
2006	3.89	18	21.89
2007	4.30	26	30.3
2008	5.13	27	32.13
2009	4.84	28	32.84
2010	5.72	31	36.72
2011	6.55	37	43.55
2012	5.43	41	46.43
2013	5.69	43	48.69
2014	6.30	47	53.3
2015	3.62	33	36.62
2016	1.41	19	20.41

2. 主要贸易伙伴

进出口市场比较集中。2016年也门农产品出口按照出口金额数量排在前5位的国家和地区：阿曼、西班牙、中国香港、阿拉伯联合酋长国和马来西亚，出口额分别为3130万美元、2870万美元、1740万美元、870万美元和830万美元，合计占总出口额的67%；进口市场主要集中于巴西、印度、澳大利亚、阿根廷、俄罗斯，2016年进口额分别为3.78亿美元、1.92亿美元、1.89亿美元、1.67亿美元和1.53亿美元，合计占总进口额的57%。详见表10。

表10　2016年也门农产品前5大进出口市场

市　场	出口额（万美元）	市　场	进口额（亿美元）
阿曼	3130	巴西	3.78
埃及	2870	印度	1.92
中国香港	1740	澳大利亚	1.89
阿联酋	870	阿根廷	1.67
马来西亚	830	俄罗斯	1.53

3. 中国与其贸易情况

也门和中国农产品贸易先增后减，呈现绝对逆差。两国农产品贸易额从2008年的7827.22万美元增至2012年的1.26亿美元后，2013年和2014年略有下滑，2015年开始明显下降，2017年为8476.66万美元。其中，农产品对中国出口额不大且波动较大，最高为2008年，为472.39万美元，最低为2013年，仅7.36万美元；自中国农产品进口额从2008年的7353.83万美元增至2013年的1.25亿美元后下滑，2017年降至8409.21万美元。

2017年也门从中国进口的农产品主要是蔬菜、糖料及糖、干豆和水果等，进口额分别为8409.21万美元、4587.19万美元、405.42万美元和617.36万美元；也门出口到中国的农产品主要是水产品，出口额66.45万美元。

2008—2017年也门中国农产品进出口额见表11。

表11　2008—2017年也门中国农产品进出口额　　　　　　　　　　（单位：亿美元）

年　份	出　口	进　口	总贸易额
2008	472.39	7354.83	7827.22
2009	77.01	9418.57	9495.58
2010	110.38	9199.04	9309.42
2011	147.90	9882.98	10030.88

(续表)

年 份	出 口	进 口	总贸易额
2012	70.37	12488.21	12558.58
2013	7.36	12331.27	12338.63
2014	12.58	12052.94	12065.52
2015	110.90	9159.93	9270.83
2016	44.75	9712.83	9757.58
2017	67.45	8409.21	8476.66

数据来源：中国海关

（四）农业科技发展

1. 农业科研机构

也门农业研究主要由农业研究和推广局（AREA）来负责，AREA 是也门最大的农业研究机构。AREA 的研究人员占也门农业研究人员总量的 3/4，由 8 个研究站和 6 个国家中心组成。研究领域包括作物、畜产品、草原和饲草、社会经济、收获后技术和自然资源。唯一一个政府农业研发机构是水产养殖研究中心。此外，还有 5 个高校也进行农业研究和开发，主要的农业大学是 Sana 农业大学和 Aden 大学。最近几年也门的内战和政治不稳定性影响了其农业研发机构。2011 年 5 月，农业研究和推广局在 Elkod 省的研究站被毁坏，受影响的还有 Taiz 省和 Alhudaidah 省的研究站，Lahj 省的畜牧改良研究中心和 Aden 大学的食物研究和收获后技术中心设施被盗。政局也影响了外部的研发资助，例如，2001 年和 2002 年荷兰和世界银行均撤出了其对农业研究和推广局的支持，影响了研究支持的可持续性。2011 年国际农业发展基金（IFAD）也取消了其在也门三个省的农业和农村发展项目，相应的农场适应性试验也停止，而政府无力支持。这种情况导致农业研究和推广局无论是研究主题还是研究领域都开始缩窄，人员和基础设施经费也大量萎缩。

2. 农业科技发展

政府农业研发支持下降，农业研究水平不高。2012 年政府对农业研发投入仅 3450 万美元，较 2009 年下降了 28%，占 GDP 比重 0.56%，下降 0.05 个百分点。57% 的研究集中于农作物，畜产品仅占 17%。作物研究以小麦（25%）、水果（20%）、蔬菜（12%）、豆类（7%）为主。除了自然资源很薄弱以外，在农业技术方面，也门的农业基础研究不够、管理水平及生产率低下、缺少及时而有效的技术及指导，特别是在灌溉方面，导致农业生产有很大的不稳定性。

（五）农业管理体系与政策

1. 农业管理体系

也门农业和灌溉部负责农业管理，渔业部负责渔业管理。也门政府在农业中发挥主要作用，拥有许多大型商业农业设施或者占有主要股份，控制着主要投入品的生产，如小麦和马铃薯种子；通过农业和渔业生产促进基金（AFPPF）项目提供补贴；同时监督和管理许多协会和合作社。由于各种原因，食物安全、检疫、植物保护、动物健康、政策和管理、研究和推广、营销信息、自然资源保护等没有足够资助。农业和灌溉部的预算仅占全国预算的1%。

2. 农业支持政策

农业在也门经济中发挥重要作用，政府也实施了一系列的农业支持政策，总体来说农业的政府预算占比较小，支持力度有限。尽管政府在农作物、畜牧业和渔业的创新技术研发支持、改善农户农业投入和市场可获得性等方面能力有限，但依然努力增加农业的公共投入。主要实施的支持政策包括：① 投入品补贴。2007—2013年，也门政府提供了化肥、种子以及柴油补贴。也门农业和灌溉部为加大经济作物的种植面积，建立并支持咖啡生产计划。联合公共研发机构建立改良种子育种计划（PIBIS），向农户分发种子和种苗。为应对粮食价格飙涨和粮食高度依赖进口，2007年开展了全国谷物生产计划，为小农户提供种子和农机支持，这项计划一直持续到现在，由财政部支付预算来补偿种子和化肥价格的上涨。② 小农户信贷。2008年，农业和渔业生产基金拨付给农业合作信贷银行预算为全国谷物生产计划提供软贷款支持，为小农户提供短期、中期和长期贷款，但后期由于银行转向商业活动贷款，对小农户的支持剧减。③ 粮食价格调控。20世纪90年代也门逐渐取消了粮食补贴，但采取了粮食价格的市场调控政策。例如，2007年对扰乱粮食价格实施罚款，2008年工业和贸易部设定了大城市的面包价格，2010年批准了仿造和过期产品的条例、法规和管理机制，2011年设立工业和贸易办公室防止主食价格的市场操纵，减少经营的不确定性。

3. 农业发展规划

为发展农业，也门政府实施了一系列的农业发展规划。主要包括以下几个方面：第三个社会经济发展减贫计划（DPPR）（2006—2010）侧重改善环境投资，刺激经济发展，推动经济年均增长7.1%；第四个社会经济发展减贫计划（DPPR）（2011—2015），侧重于加强社会保护、加速千年发展目标进程、改善政府管理；国家农业部门规划（2012—2016），旨在提升国内粮食生产，提高农村地区收入和就业，保障环境和自然资源可持续性；国家农业部门规划（2013—2017），增加了农业投资作为重点，表明也门政府振兴农村的决心；国家食物安全战略（2011—2015），旨在到2015年将食物不安全性降低1/3，到2020年保障90%人口的食物安全，每年将儿童营养不良降低1%。

三、农业投资环境

（一）国家商业环境

根据《2018年营商环境报告（Doing Business 2018）》中提供的全球营商环境指数看，也门营商环境很差，营商环境指数在190个国家中位列第186位，得分33分。国内战乱导致营商环境恶化，营商开立指数排名163位（得分72.68），建设许可获得排名186位，电力获得排名第187位，财产注册排名第82位，信贷获得排名第186位，保护中小投资者排名第132位，纳税排名第80位，合同执行排名第140位，跨境贸易排名第180位，处理破产排名第156位。

（二）农业发展困难

农业是也门重要的经济部门，但受战乱、自然条件和投入不高等因素限制，未来发展仍面临很多困难。在农业生产条件方面，也门耕地面积约为119万公顷，其中54%依赖降雨，46%具有灌溉条件，约60%的人口从事农业生产。因此，气候变化对也门农业生产具有重要影响，尤其是面临极端温度、洪涝、山体滑坡和干旱的影响。随着农业生产成本的不断提高，也门没有足够的金融信贷。也门的农业运输和销售网络也非常的薄弱。除此以外，也门基础设施如道路、仓储和冷库设施等建设落后，农业机械化程度低、农业信息渠道不畅。战乱等因素对农业基础设施破坏严重，农业面临较大的发展限制，一些耕地面临严重退化，包括盐碱化和荒漠化。也门政府需要依赖农业提升食品安全性、减少贫困，但缺乏必要的支持。总体来说，也门农业面临水资源匮乏、落后基础设施、农业生产力低等因素限制，同时又缺乏必要的投入，因此当前也门农业发展面临问题较大，农业生产恢复及提升仍需时日。

（三）风险分析

1. 制度风险

国内政治局势动荡，制度风险高。也门国内仍处在战乱之中，政府失控和分裂的风险较大。

2. 经济风险

经济风险较大。暴力冲突导致经济和社会状况急剧恶化，产出大幅萎缩，家庭收入下降，贫困人口激增至总人口的 4/5。除了收入下降外，大约 900 万也门人面临严重的食物不安全，同时传播性疫病也是一大风险。2015 年 3 月也门冲突加剧后，GDP 跌幅超过50%，影响了农业服务、油气生产等经济活动。同时，由于油气生产的下降，导致政府财政萎缩，影响了公共财政的正常支出，扰乱了社会安定，加剧了国内通胀和本国货币贬值。更为严重的是，冲突导致平民大规模失业，40% 的家庭（2016 年）失去了主要收入来源。由于外汇储备剧减，进口也大幅下降，重要的食品都是通过私人渠道进口。2018 年以后的经济前景还依赖于政治稳定和安全形势，国内冲突有效解决才能有利于经济和社会结构重建，当前状态下宏观经济稳定难以实现。

3. 基础设施风险

基础设施由于战乱被严重破坏。在经历了两年半的战火之后，频繁的轰炸不仅造成平民伤亡，还导致基础设施被严重破坏，包括重要的港口、桥梁和医院、下水道以及民用工厂。民众所需的基本服务已经完全停滞，导致经济状况进一步恶化，基础设施的破坏也导致人道主义援助组织无法进入也门发放救济品。也门还爆发了全世界近 50 年来最大规模的霍乱疫情，仅仅三个月的时间，已经导致将近 2000 人死亡，50 多万人感染。

（四）总体评价

也门经济急剧恶化。由于内战持续，政治局势恶化，自 2015 年以来也门的 GDP 大幅萎缩，连续 3 年双位数下降，预计 2018 年降幅将趋缓，2019 年将会有所恢复。同时，在普遍贫困和营养不良的情况下，霍乱、白喉和其他传染病的出现导致贫困发生率显著恶化。对重要基础设施的破坏也影响了经济的恢复。未来经济前景将严重依赖于政治和安全形势的迅速改善，最终是否结束持续的冲突将关系到经济和社会结构的重建。当前也门的前景不明朗，在冲突后恢复和重建将继续需要大量外援。

四、中也农业合作现状与合作重点

（一）合作现状

中华人民共和国和也门共和国于 1958 年签订友好条约，并签署了合作协议。1964 年 6 月 9 日又签署了另一项友谊条约及技术和经济方面的其他合作协议。20 世纪 80 年代，两国友好合作关系有了进一步发展，开展了形式多样的经济合作。90 年代，中也签署了《中华人民共和国政府和也门共和国政府经济技术合作协定》。2010年，两国签署《中华人民共和国政府和也门共和国政府关于鼓励和相互保护投资协定》。中国企业在也门主要投资的农业产业为渔业。1998年2月，也门渔业部与中国农业部签订了《中国政府和也门政府渔业合作协定》《中国农业部和也门渔业部合作议定书》。其他中国企业主要投资路桥修建、石油等。在贸易方面，两国也签署了一系列的贸易协定。

（二）合作潜力

中国和也门未来农业合作仍需等待机会。尽管也门和中国的建交和合作历史悠久，有着很好的合作关系和基础，但自2014年内战以来也门政治和经济均面临很大问题，绝对贫困人数大幅增加，对和平建设构成巨大挑战。如果在各方协调下也门内战可以尽快结束，且也门政府重建和恢复能够顺利展开，中也在农业方面将会有一定的合作潜力。

（三）合作重点

1. 重点领域

（1）农业技术援助合作

也门面临农业技术援助的需求。由于国内动荡局势，也门正在经历世界最大的粮食安全危机，尤其是连续四年的冲突，严重的经济衰退导致该国遭受深度贫困、粮食不安全和营养不良、缺水和土地退化，对农业生产的恢复和农业生产力的需求迫切。由于也门所处的自然环境和区位，也门国家辖区范围内水资源严重匮乏，甚至濒临枯竭，而也门的国土面积中可耕种土地很少，在战乱可控制的前提下，加强农业科技输出方面的合作，尤其是粮食生产、节水农业和渔业技术的合作。根据目前也门的实际情况，资源匮乏、经济发展差等现实情况，中也合作在农业技术培训、职业培训等扶贫项目合作的方面应该还有一定合作空间。

（2）农业贸易合作

进一步加强优势农产品贸易。也门主要农产品如谷物、畜产品和蔬果等自给率较低，是世界上农牧产品主要进口国之一。随着也门国内局势的稳定，中国和也门农产品贸易将会恢复性增长。中国已经连续6年位居也门商品第一大进口国地位，2017年中国自也门进口商品增长297.5%，进口农产品主要是烟草、香料和鱿鱼等，其中以初加工水产品为主，在两国渔业技术合作逐步加深后，能够提升也门深加工和精细加工水产品贸易。

2. 重点产业——渔业捕捞和加工

也门丰富的渔业资源和两国渔业合作基础为进一步加强渔业合作带来巨大潜力。从地理来说，也门位于阿拉伯半岛最南端，西临红海，南靠亚丁湾和阿拉伯海，海域辽阔，具有丰富的海洋生物资源，但政府渔业政策变化影响了国外渔业直接投资。也门境内从事海产品深加工的工厂很少，出口的渔业产品主要集中在鲜鱼、冷冻鱼和鱼干。由于当前也门国内环境和渔业政策影响，适宜开展渔业生产和加工技术方面的合作，通过开展培训和联合开发，协助也门做好渔业资源开发利用的研究和合理规划，以有利于未来加强两国渔业捕捞和加工合作。

五、中也农业合作建议

也门局势持续动荡，面临高政治风险，企业需谨慎投资。同时，也门农村社会情况复杂，由于其农村地区以数千个部落为基础，很多部落仍然严格地按照伊斯兰教规以及部落习俗办事。外来投资者不仅需要同政府和相关部门进行沟通，还需要协调部落力量。因此，从政府来说需要及时为具有合作意向的企业和机构提供风险预警，规避可能的政治和社会风险；企业和机构应选择风险较小的贸易和技术合作。

参考文献

刘云鹏. 2018. 中国与西亚国家农产品贸易发展问题及提升路径［J］. 对外经贸实务，（5）：30-33.

杨建荣. 2004. 对也门渔业合作的思考［J］. 国际经济合作，（6）：43-46.

Agricultural R&D Indicators Factsheet-YEMEN. ASTI，2014［EB/OL］. http://www.ifpri.org/.../agricultural-science-and-technology-indicators-asti.

Christopher Ward, Matthias Schlund, Abdulmalik Al-Thawr, Farouq M. Kassem, Stephen Mink. YEMEN：Agricultural Policy Review, Working Paper Number V.I, Public Expenditures of the MAI［EB/OL］. http://www.yemenwater.org.

Republic of Yemen Ministry of Agriculture and Irrigation. A Promising sector for Diversified Economy in Yemen：National Agriculture Sector Strategy 2012—2016［EB/OL］. http://www.ye.undp.org/.

以色列

以色列位于西亚黎凡特地区，地处地中海东南，北靠黎巴嫩、东濒叙利亚和约旦，西南边为埃及。1948年宣布独立，2017年7月人口829.97万，其中犹太人占74.7%（CIA，2017），是世界上唯一以犹太人为主体民族的国家。工业化程度较高，总体经济实力较强。除此之外，以色列也是中东地区经济发展程度、商业自由程度、新闻自由程度和整体人类发展指数最高的国家。以色列对于科学技术的发展贡献相当大。自从建国以来，以色列一直致力于科学和工程学的技术研发，以色列的科学家在遗传学、计算机科学、光学、工程学以及其他技术产业上的贡献都相当杰出。以色列的研发产业中最知名的是其军事科技产业，在农业、物理学和医学上的研发也十分知名。以色列是世界上唯一建立在沙漠上的发达国家。农业生产的自然条件恶劣，通过优先发展高效节水农业，用几十年时间，发展大棚温室、滴灌系统和国家输水工程，在大部分是荒漠、水资源极度匮乏的条件下创造了举世瞩目的农业奇迹。

一、国家基本概况

（一）自然地理

以色列位于北纬31°47'，东经35°13'，地处亚洲西部。整个国土呈狭长型，长约470千米，东西最宽处约135千米，海岸线长198千米。可划分为4个自然地理区域：地中海沿岸狭长的平原、中北部蜿蜒起伏的山脉和高地、南部内盖夫沙漠和东部纵贯南北的约旦河谷和阿拉瓦谷地。北部加利利高原海拔1000米以上，高原与地中海之间大小不等的海滨平原，土地肥沃，是以色列主要农业区。位于东北部的太巴列湖面积170平方千米，低于海平面212米，是以色列重要的蓄水库。东部与约旦交界处的死海面积1050平方千米，低于海平面417米，是世界最低点，有"世界的肚脐"之称，湖中含有丰富的盐矿。最高山峰为梅隆山，海拔1208米。主要河流有约旦河、亚尔库恩河、基松河。

（二）人口状况

以色列是一个国土面积狭小、人口密度大、资源贫乏的国家，其农业发展的人口、自然资源及环境条件极其不利。2017年总人口829.97万人，其中城市人口766.1万人，城市人口比重达到92.3%。男女性别比为1.01。人口平均预期寿命82.5岁，居世界第十二位，集中在特拉维夫及周边地区，以及加利利海周围。除了亚喀巴湾海岸外，南部人烟稀少。总人口中除犹太人外，其余为阿拉伯人、德鲁兹人等。与2000年水平相比，总人口增加了35.9%，其中城镇人口占比增加了1%，而农村人口占比减少1%（表1）。2017年劳动力总数402.1万,其中农业、工业和服务业比重分别为1.1%、17.3%和81.6%。农业从业人员数4.4万人,与1990年6.2万人相比,减少40.2%。

表1 2000—2016年以色列人口及构成情况　　　　　　　　（单位:万人,%）

年　份	人口总数	人口增长率	农村人口占比	城镇人口占比
2000	628.9	2.64	8.80	91.20
2001	643.9	2.36	8.73	91.27
2002	657	2.01	8.67	91.33
2003	668.97	1.81	8.61	91.39
2004	680.9	1.77	8.54	91.46
2005	693.01	1.76	8.48	91.52
2006	705.37	1.77	8.42	91.58
2007	718.01	1.78	8.36	91.64
2008	730.88	1.78	8.30	91.70
2009	748.56	2.39	8.24	91.76
2010	762.36	1.83	8.18	91.82
2011	776.58	1.85	8.11	91.89
2012	791.05	1.85	8.05	91.95
2013	805.95	1.87	7.99	92.01
2014	821.57	1.92	7.92	92.08
2015	838.01	1.98	7.86	92.14
2016	854.6	1.96	7.80	92.21

资料来源:世界银行

(三)政治制度

以色列是议会制国家,一院制议会设有120个席位,是最高权力机构,拥有立法权,负责制定和修改国家法律,对政治问题表决,批准内阁成员的任命并监督政府工作,以及选举总统和议长。议员候选人以政党为单位竞选。以色列没有宪法,只有议会法、总统法和内阁法等基本法。总统是象征性的国家元首,职能基本上是礼仪性的。议会有权解除总统职务。内阁向议会负责。

以色列是中东地区唯一具有完善的多党制的自由民主制国家,公民拥有各式各样的政治权利和公民自由。

政府由议会中占多数席位的一个或几个政党联合组成。议会选举结果揭晓后,总统在综合议会各党派意见基础上提名总理人选,授权其组阁。总理由成功完成组阁者担任。

司法机构由最高法院、地区法院和基层法院三级组成,此外,还有管辖交通、劳工和青少年的专门法院和不同宗教派别的宗教法院。

（四）社会和经济发展状况

以色列是经济多元化的工业发达国家，其经济以知识和技术密集型产业为主。2017年GDP达到3156亿美元（CIA），其中农业72.6亿美元，占2.3%，人均GDP3.62万美元，2000—2016年以色列经济发展情况见表2。生活水平与大多数西欧国家相仿，高于西班牙、葡萄牙和希腊等欧盟成员国。以色列在通信、信息、电子、生化、安保和农业等领域技术先进，高科技产品在国际市场上极具竞争力。出口对以色列的经济增长具有重要作用，2017占以色列全年GDP的29.8%，出口产品以工业制成品为主，特别是高科技产品。进口则主要是原材料和投资性商品。

表2 2000—2016年以色列经济发展情况（单位：亿新谢克尔，%，新谢克尔）

年 份	人均GDP	GDP	GDP增长率
2000	85798.55	5395.87	8.17
2001	85372.08	5497.11	0.03
2002	87306.32	5736.02	0.16
2003	86364.97	5777.56	0.77
2004	89156.21	6070.65	4.57
2005	92254.21	6393.31	4.13
2006	97260.41	6860.46	5.21
2007	102247.19	7341.45	5.77
2008	105959.28	7744.35	2.99
2009	108960.56	8156.35	1.38
2010	114573.95	8734.66	5.22
2011	120545.61	9361.33	4.66
2012	125416.84	9921.1	1.94
2013	131040.38	10561.2	4.11
2014	134314.19	11034.85	3.41
2015	138724.82	11625.28	3.04
2016	142795.53	12203.31	4.09

资料来源：世界银行

2003年以来，随着全球经济恢复，以色列政府实施紧急经济计划，经济开始复苏，当年GDP增长2.3%，2004—2007年经济增长加速，分别达5.2%、5.3%、5.2%和5.3%。受国际金融危机影响，以色列出口萎缩且国内消费能力下降。2008年以色列GDP仅增长4.1%，2009年增长0.5%，为2003年以来最低水平。2010年，在政府大规模经济刺激计划的作用下，经济重新恢复较快增长，全年经济增长 4.6%。2011 年，经济增长呈现"前高后低"走势，全年经济增长 4.8%，增速快于大多数发达经济体。2012 年，受全球经济不景气等因素影响，经济增长率下降到 3.3%，2013 年经济增速与 2012 年持平。2014 年 GDP 同比增长 2.8%，较 2013 年增速有所下降。

2016 年，以色列经济总体形势较好，增长势头超过预期，GDP3061 亿美元，增长率达 4%，明显高于 2014 年和 2015 年 2.5% 左右的增长率。2016 年第四季度，以色列增长率达 6.2%，是 2013 年第二季度以来的最高值。

2017 年，以色列 GDP 继续增长到 3156 亿美元，增长率略回落至 3.1%，其中农业、制造业和服务业三个产业的占比分别为 2.3%、26.6% 和 69.5%。受益于低通胀和强势货币的影响，私人消费预计将推动 2018 年的经济增长。

二、农业发展现状

（一）农业资源条件

1. 气候

以色列属于夏季干热的地中海型气候，一年之中，只有 2 个差别显著的季节：从 4 月到 10 月为炎热、少雨的夏季，11 月至翌年 3 月为凉爽、多雨的冬季。从海拔 2810 米的黑门山，一直到降至水平线以下 392 米的地球最低处——死海，气候区域性明显，状况各不相同。海岸平原夏季湿热，冬季略冷有雨，在山丘区域偶有小雪。在约旦山谷区域夏季干燥炎热，南方区域则属半干燥型气候，白天暖热，夜晚凉爽。以色列的气候是由邻近的亚热带撒哈拉和阿拉伯沙漠地带与地中海东部沿岸的亚热带湿热气候所共同影响的，气候的状况在以色列国内各地也有相当差异，并且会因为各地高度、纬度、以及与地中海的距离而变化。

2. 土地

以色列国土面积 220.7 万公顷，其中土地面积 216.4 万公顷，内陆水域面积 4.3 万公顷，分别占国土面积的 98.1% 和 1.9%。2016 年，农用地面积 53.4 万公顷，比 1990 年 57.9 公顷减少了 7.8%。其中，可耕土地和长期作物面积 39.4 万公顷，较 1990 年 43.1 万公顷下降了 8.6%；短期作物面积 21 万公顷；灌溉土地面积 22.5 万公顷，较 1990 年 20.6 万公顷增加了 9.2%；森林面积 16.5 万公顷，较 1990 年的 13.2 万公顷增加了 25%；长期草地和牧场面积 14 万公顷，较 1990 年 14.8 万公顷下降了 5.4%。

3. 水

以色列水资源极为匮乏，淡水年蕴藏量主要来自 3 个地方：基尼烈湖（加利利海）、沿海含水层和山区含水层。基尼烈湖是以色列唯一的天然地表蓄水库,产水量约4.7亿立方米;山区含水层总产水量约6.5亿立方米,沿海含水层总产水量为2.4亿～3.0亿立方米。以色列大部分土地是沙漠,绝大部分地区为干旱、半干旱地区。

南部的Negev沙漠与死海接邻,夏季气温更高达40℃。以色列降水主要在冬季,降水量由东北往西南递减;年均降水量仅约200毫米,东北部年平均降水量虽有机会高达400～800毫米,但在沙漠地区雨量偏少,年均降水量仅25～50毫米,西南部几乎为零。因此,约60%的地区农业生产终年需要人工灌溉,即使在东北部降水量相对高的地区,在4—10月干旱期间(夏季),作物栽培也需要人工灌溉。

4. 生物资源等

以色列动植物资源丰富,种类繁多,这多少是由于它地处三大洲交叉点的缘故。目前已识别的植物2600种左右,从北部山坡上的高山植物到南部阿拉瓦的撒哈拉植物,应有尽有。以色列是能生长纸莎草一类植物的最北极限,也是能生长鲜艳的红牡丹一类植物的最南极限。

许多经过人工栽培的花卉,诸如鸢尾花、白百合花、郁金香和风信子,在以色列的野花中都可以找到其亲缘植物。在以色列可以看到500多种鸟类。一些哺乳动物则在林木茂盛的地区生活。长着一对大角的努比亚大山羊在沙漠中的陡峭岩石上跃奔。以色列还产有100种爬行动物,其中有变色龙、蛇和鬣蜥属的各种蜥蜴。

(二)农业生产情况

1. 农业产值规模及构成

农业产值不断上升,但占GDP的总量呈下降趋势。1979年,农业产值占GDP总量6%左右;1985年比重下降至5.1%;1990年农业总产值为16.1亿美元,占GDP比重3.1%;2000年18.4亿美元,占2.6%;2006年农业总产值20.5亿美元,比重下降至2.5%;2016年农业总产值72.6亿美元,占GDP的1.3%。详见表3。

表3 2000—2016年GDP各业所占比重 (单位:%)

年 份	农 业	工 业	服务业
2000	1.41	24.72	73.87
2001	1.64	22.90	75.46
2002	1.69	22.69	75.63
2003	1.58	23.02	75.40
2004	1.49	22.81	75.71

(续表)

年 份	农 业	工 业	服务业
2005	1.75	23.05	75.20
2006	1.68	23.87	74.44
2007	1.62	23.73	74.65
2008	1.67	23.11	75.22
2009	1.95	22.57	75.48
2010	1.69	22.89	75.42
2011	1.71	21.91	76.38
2012	1.36	22.27	76.36
2013	1.34	22.16	76.50
2014	1.28	21.97	76.75
2015	1.31	20.99	77.70
2016	1.30	20.84	77.86

资料来源：世界银行

以色列的种植业与畜牧业发展比较均衡。种植业与畜牧业产值之比为6∶4。种植业比重大的原因，主要是水果、蔬菜和花卉园艺业的附加值较高，在资金密集度和知识密集度方面都非常突出，已经成为以色列农业的支柱。在畜牧业方面，养鸡业后来居上，超越养牛业，成为最重要的部门之一。根据各种农产品的产值排列，农业内部各类产品的重要性依次是：蔬菜、水果、家禽业、养牛业、大田作物、花卉业和水产业。

从20世纪80年代开始，以色列农业实现产业化。根据国际市场和本国自然条件，70年代开始改变农业生产结构，从以粮食生产为主，转向发展高质量花卉、畜牧业、蔬菜水果等出口创汇的农产品和技术，用高科技、现代管理不断提高农业效益，形成高投入、高科技、高效益、高产出的特色，建成了一整套符合国情的节水灌溉、农业科技和工厂化现代管理体系。通过兴修水利，使用先进技术，提高机械化程度，农业获得迅速发展。粮食已基本自给，水果、蔬菜和花卉除了满足国内需要外，还出口到欧美市场。

2. 主要农产品产量

（1）种植业

以色列的种植业主要由田间作物和园艺作物两大部门构成，其中田间作物又分为冬季田间作物（主要是粮食作物）和夏季田间作物（主要是经济作物），而园艺作物则主要是水果、蔬菜和花卉栽培。主要农作物有小麦、玉米、棉花、柑桔、葡萄、蔬菜和花卉。2000—2016年以色列主要作物面积见表4。

表4　2000—2016年以色列主要作物面积　　　　　　　　　　　　　　　　（单位：公顷）

年　份	小　麦	玉　米	马铃薯	棉　花	柑　橘
2000	64151	5590	11287	11140	7325
2001	81300	4800	11400	14620	4750
2002	83770	5260	12740	11710	4800
2003	72810	6130	17110	12890	4600
2004	70510	4640	16900	14400	4900
2005	85600	4630	16780	12520	5150
2006	84900	4410	18010	13500	5295
2007	85900	5000	17000	11000	5320
2008	66100	5360	17280	5170	5340
2009	64400	3220	19000	3930	5300
2010	64160	2960	16194	3900	6828
2011	60620	2850	18241	8630	6253
2012	68100	3340	15530	8510	9370
2013	64010	4880	17266	6090	9777
2014	61600	4798	17550	6580	8037
2015	50800	4300	17610	10090	10186
2016	43700	3490	17586	8340	10100

资料来源：FAOSTAT

小麦是以色列最主要的大田作物，但近年来也逐渐减少。1990年，栽培面积、单产和产量分别为9.1万公顷、3203.0千克/公顷和29.1万吨；2016年栽培面积较1990年下降52%，为4.4万公顷，单产提高20%，增至3844.4千克/公顷，产量由于面积的大幅下降而减少42.3%，为16.8万吨。同期，玉米经历了先增长又波动下降的过程。1990年，玉米栽培面积、单产和产量分别为0.7万公顷、13.79吨/公顷和9.6万吨；到2016年，玉米栽培面积减少到0.3万公顷，而单产增加到23吨/公顷，产量因而略减到8万吨。

以色列蔬菜和水果的单产和品质都很高。2016年蔬菜种植面积6.42万公顷，占农作物总面积的20.4%。以色列主要的蔬菜作物有马铃薯、番茄、胡萝卜、黄瓜和甜椒等。1990年蔬菜作物种植面积为3.6万公顷，2016年扩大到10.4万公顷；蔬菜单产却下降了，从1990的32.70吨/公顷减少到14.50吨/公顷；2016年蔬菜总产量较1990年增加28.7%，从116.9万吨增至150.5万吨。

水果种植主要是柑橘和鳄梨。柑橘类在水果中产量最大，其种植面积从1990年的4130公顷增加到1.01万公顷，但单产从40.41吨/公顷下降到16.24吨/公顷，因而产量从16.7万吨略减少到16.4万吨。鳄梨种植面积略有下降，从1990年的8466公顷减少到2016年的 8180 公顷，但其单产大幅提高，从 5669.7 千克/公顷增加到 12.4 吨/公顷，产量因而从 4.8 万吨大幅增长到 10.2 万吨。

棉花是最主要的经济作物，但近年来面积有所减少。种植面积从 1990 年的 3.20 万公顷大幅下降至 2016 年的 8340 公顷，单产略有增加，1990 和 2016 年分别为 4183.7 和 4292.6 千克/公顷，总产量则从 13.4 万吨减少到 3.6 万吨。

（2）畜牧业

以色列也很注重发展畜牧业，畜牧业产值比重 22.8%，家禽业、养牛业都是十分重要的产业部门，乳业平均产奶量领先于欧美，位居世界第一。养殖业极为发达，2016 年肉类、奶类和蛋类产量分别为 79.58 万吨、153.14 万吨和 14.01 万吨。

养牛业包括奶牛与肉牛，其产值在以色列农业总产值中所占比重为 15%，这其中牛奶及奶制品产值占农业总产值的 11%，牛肉产品占 4%。以色列的养牛业不仅提供了全国所需的所有奶产品，而且其生产潜力远远大于其国内市场的需求。2016 年牛存栏量达到 50.7 万头，较 1990 年 34.2 万头增加 48.2%。2000—2016 年以色列肉蛋奶产量见表 5。

肉类以禽肉为主。以色列是世界上人均家禽消费较高的国家之一，这种消费习惯带动家禽业的发展，使其成为世界上家禽养殖技术最发达的国家之一。禽类中以鸡为主，2016 年鸡存栏量达到 4232.2 万只，较 1990 年 2135.0 万只增加了 98.2%。2000—2016 畜禽存栏情况见表 6。

表 5　2000—2016 年以色列肉蛋奶产量　　　　　　　　　（单位：吨）

年　份	肉	蛋	奶
2000	498862	87900	1217220
2001	534832	84650	1224683
2002	558989	86800	1248490
2003	568449	90160	1180434
2004	578705	90720	1208119
2005	605345	92400	1216274
2006	650015	93520	1188200
2007	663688	93520	1265556
2008	687966	96320	1375204
2009	668585	100800	1317395
2010	684612	102480	1332240
2011	704522	120900	1394602
2012	719090	120250	1407545
2013	684481	122328	1435392

(续表)

年 份	肉	蛋	奶
2014	716977	122409	1523692
2015	763657	122295	1436742
2016	795772	140107	1531416

资料来源：FAOSTAT

表6 2000—2016以色列畜禽存栏情况

年 份	牛（头）	禽（千只）	鸡（千只）	绵羊和山羊（只）
2000	395000	33718	27533	442000
2001	390000	35767	29275	457000
2002	355000	33606	28155	460000
2003	360000	35743	30052	475000
2004	350000	35401	30060	495000
2005	357000	36223	30828	518000
2006	406000	42335	37055	532000
2007	394000	42685	37066	520000
2008	416000	44163	39245	520000
2009	400000	45691	41095	521000
2010	430000	47599	42599	545000
2011	432000	45652	40717	593000
2012	435000	44940	40247	640000
2013	465000	44592	40179	640000
2014	461000	42206	37538	750552
2015	500000	50177	45180	669800
2016	506700	46978	42322	606940

资料来源：FAOSTAT

（3）林业

以色列在1948年建国时，基本上没有天然林，全国只有树木450万株。全国现有森林几乎全部为人工林。以色列法律规定，国有土地（占全国土地面积93%）上的森林全部为国家所有。以色列强调其国有林的非生产性、非商业性、非盈利性。明确其森林主要为生态林，无生产任务，本国森林仅提供所需木材的15%，且均为小径材。因此森林一般不采伐，如需采伐，林龄必须到50年以上。因此，木材生产是森林经营的副产品，所以森林采伐规模小。

3. 主要农业产业布局

以色列耕地主要分布在北部滨海平原、加利利山区以及上约旦河谷。北部滨海平原是以色列栽培柑橘类果树的中心区，是最先为国家提供重要出口商品的基地，包括柑橘、猕猴桃、芒果、鳄梨和番石榴。加利利山区由于大量季节性降雨，形成小块肥沃谷田，不用灌溉即可耕作。该地区生产的橄榄和烟叶驰名国内外。在上约旦河谷的太巴列湖周围地区，是农作物丰产区，主要种植稻谷、棉花、花生、玉米和各种热带水果。

（三）农产品贸易

1. 主要进出口农产品

以色列农业是重要出口创汇部门，近年来出口规模持续上升，主要出口产品是棉花、禽肉、水果、蔬菜、花卉等，其中棉花95%产量用于出口。但是，农产品进口也呈快速上升趋势，且规模远大于出口，进口产品主要是小麦及粗粮等谷物产品。2014年农产品进出口82.77亿美元，逆差32.59亿美元。

以色列水果、蔬菜、花卉等产品主要销往西欧、日本和美国，1995年3类农产品出口额10亿美元，2014年为18.9亿美元，占当年农产品出口额74%以上。水果是以色列农业第一大出口产品，主要是柑橘、鳄梨、杧果、苹果、葡萄等，2014年出口9.6亿美元，占水果、蔬菜、花卉出口总值51.34%，占农产品出口总额比例达38.4%。蔬菜也是以色列农业的重要出口产品，出口额仅次于水果。花卉出口是以色列种植业新的创汇部门，每年新培育品种占花卉总量的50%，因种类繁多，品质优异，很好地适应了国际市场需求，如今已成为继荷兰、哥伦比亚之后第三大花卉出口国。

粮食是以色列主要进口农产品，主要用于满足居民口粮和饲料用粮需要，2014年进口量分别为176.94万吨和186.44万吨，大大超过国内10.46万吨和0.61万吨的产量。其他进口产品包括油籽、牛肉和鱼类产品，进口量分别为71.03万吨18.38万吨和18.43万吨，也都大大超过国内产量。

2. 主要贸易伙伴

以色列的经贸合作伙伴主要为欧美国家。以与欧盟、美国均签有自由贸易协议，加上地域因素的影响，双边农产品贸易合作关系尤为密切。水果出口地区主要是西欧、日本和美国。其中鳄梨2/3以上出口法国，其余则销往英国、德国、瑞士、斯堪的纳维亚半岛诸国。

3. 中国与其贸易情况

中国是以色列在亚洲的第一大贸易伙伴，也是其全球第三大贸易伙伴。据中国海关统计，中以农产品贸易中，中国一直处于顺差地位，两国农产品贸易逐年增长。中以双边农产品贸易额从2006年的9944万美元增长到2016年的2.86亿美元，增加了1.9倍。其中中国向以色列出口从 5826 万美元增加到 2.2 亿美元，增加了 2.7 倍；自以色列进口从 4118 万美元增加到 5621 万美元，增长了 71.3%。中国对以色列出口的农产品较为集中，主要为水产品、蔬菜和坚果等，2016 年出口额分别为 8115 万美元、4335.1 万美元和 2316.5 万美元，各占中国对以色列出口农产品总额的 37.7%、20.2% 和 10.8%。其他出口产品主要包括糖料、水果、粮食制品等。中国自以色列进口的农产品非常集中，水果和棉麻丝分别占到了 43% 和 37%，进口额各自为 3035.9 万美元和 2610.6 万美元。其他进口农产品还有蔬菜、糖料等。2016 年中国出口以色列农产品分类情况见表 7，进口以色列农产品分类情况见表 8。

表 7　2016 年中国出口以色列农产品分类情况

项　目	出口额（万美元）	出口量（吨）
农产品	21512.2	95483.6
水产品	8115.0	24202.9
蔬菜	4335.1	24356.3
坚果	2316.5	4667.8
其他农产品	1961.1	11260.8
糖料及糖	1199.1	9429.3
水果	1042.5	7930.3
粮食制品	802.6	5183.7
油籽	624.5	3424.5
饮品类	330.5	1296.9
畜产品	254.8	615.1
精油	152.8	69.7
干豆（不含大豆）	119.7	836.5
药材	92.2	147.8
饼粕	71.4	1258.2
调味香料	66.1	402.8
粮食（谷物）	20.6	253.2
植物油	3.6	17.4
花卉	2.8	128.3
粮食（薯类）	1.2	2.1
棉麻丝	0.0	0.0

数据来源：中国海关

表 8　2016 年中国进口以色列农产品分类情况

项　目	进口额（万美元）	进口量（吨）
农产品	7057.8	30542.0
水果	3035.9	17614.2

(续表)

项　目	进口额（万美元）	进口量（吨）
棉麻丝	2610.6	8441.9
蔬菜	474.3	20.1
其他农产品	427.8	1001.8
糖料及糖	226.1	2107.9
精油	76.1	30.8
饮品类	72.7	146.8
植物油	67.4	36.7
花卉	46.4	1109.5
粮食制品	12.3	27.7
调味香料	6.1	3.4
水产品	1.3	0.2
粮食（谷物）	0.3	0.6
油籽	0.2	0.6
畜产品	0.1	0.0

数据来源：中国海关

（四）农业科技发展

1. 农业科研机构

以色列的科研体系主要由独立的公益性研究机构、农业教育机构和公司类社会研究机构组成。公益性研究机构主要有农业研究组织(ARO)、魏斯曼科学研究院以及与农业有关的专业研究所。其中ARO负责很大一部分以色列农业研究的计划、组织与实施，其运行经费50%来自于政府资助。魏斯曼科学研究院是世界一流水平的综合性研究院之一。农业教育机构主要有耶路撒冷希伯来大学的农学院和以色列技术学院。耶路撒冷希伯来大学农学院共有7个系，即农业生物化学系，动物科学系，农业植物学系，昆虫学系，大田作物、蔬菜与遗传学系，园艺、观赏园艺系，植物病理与微生物学系。以色列技术学院农业方面的系有食品工程与生物技术系、农业工程系2个，所属农业研究机构有5个，包括水与土壤农业工程研究中心、农业机械研究中心、环境与水资源工程研究中心、食品工业研究发展中心、以色列技术学院研究与开发基金会。以色列还有相当多公司类农业科研机构，涵盖农业研究各个方面。

2. 农业科技发展状况

以色列是一个农业高度现代化的国家。政府根据国情，强调"科技立国"。依靠科技，以色列不但创造出了沙漠中的农业奇迹，并且走上了可持续发展的道路。

（1）高效节水灌溉技术

以色列60%土地属于干旱或半干旱地区，严重缺水。为克服降水不足问题，以色列大力发展节水灌溉技术。以色列所有的灌溉农田都采用了喷灌和滴灌等现代灌溉技术，使灌溉水利用率达90%，滴灌面积占其全部灌溉面积的2/3。以色列节水灌溉系统并不雷同，而是根据气候、土壤、地形、水源和各种植物生长特点具体设计，如滴灌由于器材成本高昂，仅用于温室和园艺等高附加值作物，灌水利用率达95%。喷灌一般用于大田作物，灌溉水利用率70%~80%。目前，节水灌溉技术已发展到全部采用计算机控制的水肥一体喷灌、滴灌和微喷灌、微滴灌系统，不但节省了珍贵的水，还大幅度提高了农作物的产量和品质，经济效益显著。

（2）先进的育种技术

以色列非常注意培育优良品种，高超的生物技术帮助以色列创造了世界最先进的育种技术。以色列培育出了可以抗病、提高品质和产量，在炎热气候下也只需要很少水的种子。一种新品种销售前都要经过分子遗传学技术进行检测，一般情况下，一个种子的生命周期为3~4年。以色列的种子质量较高，欧洲温室中的番茄品种40%来自以色列。

（3）高度智能化

随着工业化、城镇化完成，使以色列农业劳动力由60%~70%快速减少到了全国劳动力的2.05%。在人力减少的同时，以色列农业耕地在不断增加，户均种植规模由5公顷到30多公顷，这主要得益于机械化水平的不断提高，并使生产过程由机械化向自动化、智能化发展。大部分作物生产从播种到收割全部机械作业在田间完成，并以最经济的办法保持燃料消耗和操作速度，既提高了劳动生产力，又提高了经济效益。除大田农作物完全实现机械化外，以色列还研制出了一些具有以色列特点的农机设备，如集水机可尽量多地保留降水，减少损失，可使小麦每公顷产量提高5000千克。

（4）温室技术

由于耕地面积少和雨水缺乏，自20世纪80年代以来，以色列开始大力发展温室技术。以色列的温室一般由抗酸性的塑料薄膜和钢金属架制成，并都使用电脑控制温室中的水分、肥料和气温，从而使产量达到最大。目前，采用温室每公顷一个生产季节可生产300万株玫瑰，每公顷番茄平均产量为300吨，远远超过裸地产量。

（5）化肥与病虫害综合防治

以色列南部特别是死海的丰富矿物资源为以色列的化肥生产和化肥原料出口提供了保障。生产的化肥不但可以满足国内需求，而且每年出口创汇5.6亿美元以上。主要化肥品种以磷酸钾、硝酸钾、MAP 和 MKP。

以色列化工集团是以色列最大的化工企业，全球最大的化肥企业之一，全球第四大钾肥供应商。该公司开发的"诺普丰"水溶性复合肥是经过了严格的田间作物试验而研发的科学配方，目前已成为欧洲市场上销量最大的水溶性产品之一，可以为各种作物提供均衡的营养。

在以色列的病虫害防治中，农业栽培预防、物理机械防治、生物防治与化学防治措施的应用比例呈金字塔形递减。一是以色列非常重视农业与物理预防措施，通过应用抗病虫品种，耕作栽培措施、光学措施、覆盖防虫网与专用薄膜等控制病虫害的发生。二是以色列利用昆虫性信息素通过化学生态技术控制重要害虫，不仅有效控制害虫种群数量，还保护天敌，减少化学农药使用。三是其生物防治技术实用化程度较高，包括商品化天敌、应用生物农药、害虫不育技术控制害虫等。

化学措施是以色列控制病虫害的最后一道防线。以色列非常重视病虫监测预报工作，只使用对靶标病虫有效的选择性农药品种，多使用机械带动的喷施设备及液压式、气压式和熏蒸施药方式以提高施药质量和农药利用率，同时还开展常规药剂抗性系统监测，以有效控制害虫抗性发展。

（五）农业管理体系与政策

1. 农业管理体系

以色列政府用价格、贷款等市场调节机制进行宏观调控，并通过低息贷款等方式支持创汇农产品，体现发展出口型农业的战略。农业与农村发展部负责宏观指导、规划、市场预测、分配产额、大型基建、区域开发、提供贷款、农业科研和对外合作等。农业农村发展部下设 26 个部门和单位，包括林木局、以色列农业推广服务部、人力资源管理局、植物育种者组联、农业研究局、植物保护和检验服务局、质量管理与生产董事会与紧急状态经济局、水土保持与排水局、兽医服务、渔业与水产养殖局、对外贸易局、国际农业发展合作中心等[①]。

2. 农业支持政策

缺水和沙漠条件下的以色列创造出的农业奇迹，得益于政府正确的发展战略与政策。一是以灌溉技术为核心，加强农业科技研发。以色列通过采用先进的农业灌溉技术和建立发达的灌溉系统，使大部分耕地实现了水利化。以色列还十分重视农业技术推广。国家制定了一

---

① 以色列农业农村部，http://www.moag.gov.il/en/ministrys%20units/pages/default.aspx

系列的基本原则和方针，促进农业和农村技术的推广提供。在研究推广方面国家每年投入8000多万美元，相当于国民生产总值的3%。以色列目前已建立起由政府部门、科研机构和农民合作组织紧密配合的研究体系。他们的科研项目直接来自于生产实际，并由生产部门提供科研经费及试验基地，由农业部下属的农业研究组织来承担。农技推广服务站则举办培训班，建立示范点，进行实地推广。这种以生产引导科研，科研和生产相结合的农业科研推广体系具有很强的经济价值和实用价值。

此外，以色列通过一系列关税和非关税措施加强对本国农业的支持。关税措施方面，需缴税的商品税率一般为8%～12%，鲜活产品及加工后食品关税较高，有的超过200%。非关税措施方面主要包括四类。主要是进口管制，安全、环境、卫生、检验检疫等方面要求，犹太教规的特殊要求，以及标签和包装要求。

3. 农业发展规划

科技强国和可持续发展是以色列发展战略规划的核心内容。

（1）科技强国战略

以色列政府设有专门的科学与技术部，该部的"科学与技术基础发展高级委员会"13名成员都是学术界政府部门和工业界的代表人物，由他们确定国家的科学战略。科学部长还兼"科学与技术部长委员会"和"首席科学家论坛"的主席，协调各部门各机构之间的工作。

以色列政府为高新技术产业提供了大量资金支持。以色列国家产业开发基金总额为每年4亿美元。此外，以色列政府采取有力措施，吸收科技移民。以色列科学部曾制订"2000年纲领"，筹集了650万美元基金，实施五个人才吸收计划。

（2）可持续发展战略

随着社会和经济的发展，以色列的环境问题也日益突出。为此，以色列1997年正式出台可持续发展战略规划，其包括三个主要目标：①不同代人之间的平等，即当代人与后代人之间福利共享。②同代人之间的平等。社会成员在收入分配、教育、卫生保健等方面实现平等，同时在所处的环境条件方面也应实现平等。③大力发展经济，保护和改善环境质量。

以色列还提出了实施可持续发展战略规划的具体措施，包括建立自然资源利用限制"红线"；利用经济手段和市场机制促进环境改善；建立最低环境标准；将资源与环境的经济价值纳入决策全过程；建立绿色核算体系；制定各行业和地区的可持续发展规划；调整行政管理机构；加强教育和研究等。

三、农业投资环境

（一）国家商业环境

以色列的投资环境良好。在世界银行发布的《2018世界营商环境报告》中，以色列营商环境排名第54位，综合得分71.42分，远超中东地区其他国家的平均值。据世界经济论坛《2017-2018全球竞争力报告》显示，以色列在全球最具竞争力的137个国家和地区中，排名第16位，比上年上升8位。

以色列对外贸易出口商品以工业制品尤其是高科技产品为主，其次是钻石和农产品。进口产品则主要是原材料和投资产品，包括机械设备及车辆等。与其他以自然资源和服务业为主的新兴市场国家不同，以色列自然资源匮乏，吸引外资的主要优势产业为高科技行业，包括互联网及电子商务软件、生物技术、加密解密及数据安全技术、计算机辅助教育和数据传输等。

以色列的商业、金融和学术数据网络的规模处于世界领先水平，移动电话覆盖率高，邮政服务遍及全国，交通运输业发达，公路网络已全面扩展。其通信系统在国际上处于领先水平，电话线路、计算机和互联网用户的数量名列世界前茅。作为一个"创新大国"，以色列资本市场对外商来说具有强大的吸引力。来自国外的投资、建设和国内的政策支持，都为提振国内经济、扩大出口、改善国内投资环境创造了良好条件。

（二）农业优势与潜力

1. 国家极其重视农业的可持续与乡村发展

以色列农业在国民经济中的比例很小，但其非常重视农业在国民经济中的地位和作用：① 资金投入强度大；② 建立了机构配套和运转高效的农业科研、开发和推广体系；③ 建立了面向国内外市场，适应市场经济发展需要的农业经营管理体系；④ 重视农业教育，培养了一支素质较高的从事农业各领域生产活动的人才队伍。此外，政府还制定了一系列鼓励农业发展的政策，极大地调动了农业生产经营者和科技工作者的积极性，有力地促进了农业持续、快速发展。多年来农业生产的增长率一直保持在8%左右。

以色列农业成功的奥秘在于先进的农业技术的研究及高效实用的农业科技推广应用体系支撑。为了实现可持续的农业发展，以色列在国家有关部门的领导下进行不同层次的决策管理，即国家的长期决策，区域和地区的中期目标，区域的、团体的和个体的短期行为决策。而这些决策目标的实现主要通过信息、规划、预测、环境立法及防治污染物的各种法规来进行。

2. 注重生物多样性保护

以色列地处气候和植被分布的过渡区,动植物种类较为丰富。北部地区是地中海式气候,南部是干旱的荒漠气候,中部是这两种不同生物地理区的过渡带。以色列有25%的国土面积被确定为自然保护区,其中的80%位于干旱区。第二次国际生物多样性保护大会之后,以色列开始制定国家保护生物多样性的对策。其中的一些措施是:① 建立由环境部、农业部、内务部、科技部、贸易与工业部、交通部、国防部及教育部的代表组成的联合工作委员会;② 将生物多样性保护纳入到环境保护规划中;③ 生物多样性保护的优先领域研究得到国家环境部的资助。

以色列的生物多样性保护议案和自然保护工作主要由环境部门负责,教育部、农业部和内务部也负责其中的一些工作。在国家环境部领导下进行的自然保护区与国家公园建设的目的是为了保护生物的多样性和生态系统的多样性,其中有些已被列入联合国教科文组织(UNESCO)的人与生物圈保护计划。为了改善脆弱的生态环境,国家自然保护委员会和国家基金委开始共同执行"开放的景观计划",通过收集各种数据资料,在地理信息系统的支持下进行制图与评价。为进一步开展生物多样性保护工作,使生物的利用具有可持续性,国家自然保护委员会提出了数据收集、制图及评价的框架性建议。

在以色列从事自然与生物多样性保护工作的组织机构除环境保护部门外,还有负责自然保护区建设、国家公园建设的机构以及国家自然基金委员会和热衷于自然保护工作的非政府组织。

1996年12月,以色列农业部植物保护局牵头组建了由多部门、多学科参加的委员会,以便进行有关生物安全、生物技术和基因技术的研究。其中的自然保护部门由来自大学、研究机构、科技部、贸易和工业部门的代表组成。该委员会将着手处理与生物安全有关的政策、法律问题,生物安全、生物技术、基因技术以及关系到生物多样性保护的其他相关问题。科研机构与大学的研究人员汇同工业、政府部门的有关人员共同致力于生物技术的研究。为保证生物技术研究工作的顺利开展,国家环境保护部门和科技部门还设立了公共基金给予资助。

3. 良好的海洋环境保护工作

近年来,以色列在防治海洋环境污染方面已取得了重大进展。加强了对所有可能造成海洋生态环境破坏的污染物的监控,并将红海和地中海沿岸地带作为重要的自然资产加以保护。以色列是UNEP"地中海行动计划"的积极参与者,将海岸带的管理和可持续发展作为重要的内容加以研究。以色列政府提出的"海岸带管理计划"为以色列制定出海岸带可持续发展的对策与措施；同时，它也是以色列21世纪议程的重要组成部分。

以色列环境部海洋和海岸带管理局是负责海洋生态环境保护的主要机构。该部门的行动计划主要包括：监控海洋、海岸带区域和内陆水域的环境问题，防治所有类型的海洋环境污染，执行与保护海洋生态环境有关的法律条文，为了与国际协议及现代环境指标接轨，更新相关的法律法规。

以色列的科研机构和工业部门的相关人员，对控制海洋环境污染的生物技术进行了深入的研究。比如在利用微生物控制油类污染物方面取得了重大进展，并被应用于石油泄漏事故中，取得了很好的效果。

早在1983年，以色列为保护地中海沿岸地带的生态环境，制定了国家行动框架。根据这一框架，国家的自然保护区、国家公园、沿岸区域的自然保护区等都被列为重点保护对象。近年来，国家环境部开发出了先进的地理信息系统，针对地中海沿岸区域建立了相关的数据库，为科学而准确地进行海洋环境的管理与决策提供了依据。

以色列政府为了进一步开展区域性的和国际合作，保护地中海的生态环境，对1976年签定的巴塞罗那协议、1973年和1978年签定的防止来自船体的各种污染物的协议等进行了修订。以色列政府还签定了多种区域合作协议，以加强海洋生态环境的保护和治理。

4. 高效的水资源管理

针对淡水资源十分短缺这一问题，以色列采取了许多措施进行水资源的利用与保护。在以色列，所有的居民由公共供水系统服务，80%的污水将在污水处理厂接受处理，42%的污水在经过二次处理或三次处理后被重新用于灌溉。目前，该国正在努力使65%～70%的污水能够经过处理后被重新利用。

国家水资源管理委员会为保证居民的饮用水质量，制定了严格的措施以确保水质达到饮用标准。为了防止水资源的浪费，达到节约用水的目的，对于家庭用水的各种装置进行了改造。水资源委员会还采取各种政策和措施保护水资源，其主要原则是，利用最好的技术和最有效的办法，使得对水资源的污染减少到最小程度。与此同时，可以利用的水资源得到相关部门的不间断的监控，年度和季度的报告被作为今后水资源利用调控的重要参考。为了保护水资源，以色列绘制了全国的水资源图，并要求在土地的开发利用中必须将其作为重要参考，以便在土地开发利用过程中不会对水资源构成危害。

5. 可持续的发展战略

根据世界社会经济的发展趋势和生态环境状况，以色列提出了国家可持续发展战略及逐步实施这一战略的政策和措施；在自然资源与生态环境的利用与保护、行业的发展规划、科技管理体制及全民教育等各个领域，都十分重视可持续发展思想的贯彻和落实。从以色列的自然环境条件与所处的地缘政治经济环境看，也必须走可持续发展的道路。目前，以色列已经在许多领域取得了举世瞩目的成就。它的农业生产、对资源与生态环境的管理、科研与教育体制等不仅具有自己的特色，而且在世界上居于领先的地位。

以色列的民族精神、讲究实际的工作作风和全民的节约意识为实施可持续发展的战略奠定了基础。例如，在以色列最短缺的是水，全国可供应的淡水每年只有20亿立方米，并且70%用于农业。其水价昂贵，农业用水每立方米约70美分，居民用水每立方米1美元，都是定量供应。城市生活污水的70%被净化处理后，以红色管道送到农村，用于农作物灌溉。

此外，在以色列的科研活动中具有强烈的市场意识，可行性研究紧紧围绕市场。对某一技术或产品的市场生命周期（市场引导期、上升期、高峰期、衰落期）、各个时期的收益、期限的长短等进行周密系统的预测分析；同时，对同类技术或产品的研制开发周期进行系统的研究。由此确定替代技术与产品投放市场的时间和研究开发的开始时间。管理部门依据这种可行性研究的结果确定某一阶段和每年的研究立项计划。

发展教育、提高全民的文化素质是以色列社会经济可持续发展的基本支撑条件。科技立国，教育先行，普及知识、提高科学技术与文化素质是以色列的基本国策之一。重视教育，重视技术人才的培养，使得以色列犹太人全民素质远远高于其他国家甚至发达的西方国家。以色列政府在发展教育的同时，非常注重再教育工作，不论大学、国家研究机构，还是职业教育机构均承担大量的再教育任务，其目的是使广大工程技术人员及经营者及时更新知识，获得新的技能培养教育。这种体系的成效已在近年来以色列社会经济发展中显现出巨大的作用。国民素质的普遍提高为贯彻落实可持续发展战略，为未来社会经济的发展奠定了坚实的基础。

（三）风险分析

首先，以色列自然资源极其匮乏，经济对外依存度高。以色列能源资源全靠进口，石油、天然气和煤炭资源不足，世界能源价格动荡必将影响以色列经济。而且以色列国内经济过度依赖高新技术，而近年来高新技术发展减缓，对经济推动作用降低。以色列的市场规模也十分有限。

其次，以色列周边环境并不稳定。，与周边大多数阿拉伯国家贸易关系迟迟没有正常化。围绕耶路撒冷及周边领土以及巴勒斯坦难民问题等造成的地区冲突短期内难以得到根本解决。中东局势复杂，中东和平进程又具有长期性、曲折性和不稳定性，地区安全得不到根本性保障。以色列的国家安全和社会安定因此而受影响，这些均不利于国内经济的长期发展。

（四）总体评价

总体来说，尽管以色列也存在一定风险，但在中东地区国家中，以色列的投资风险相对较小。政府更迭平稳，且政策连续性好。现任政府在法定任期内垮台的可能性较小。2017年世界银行报告显示，以色列商务环境在全球排名第54位，属于在中东地区开展商务活动的首选之地。

四、中以农业合作现状与合作重点

（一）合作现状

1. 合作机制

两国农业部1993年签署农业合作谅解备忘录。之后，高层交流不断深入，科技、贸易与投资合作迅速发展。先后签署了中以节水灌溉和水资源管理合作谅解备忘录（2001年2月）、中以示范奶牛场技术合作谅解备忘录（2001年2月）和中以旱作农业示范培训中心谅解备忘录（2002年8月）。2014年，中国农业部部长韩长赋和以色列农业和农村发展部部长沙米尔在特拉维夫签署了合作纪要。说明两国将进一步加强农业科技合作，交流发展经验，夯实合作基础，扩展合作领域，鼓励人员往来，扩大项目合作等。两国的农业合作被纳入中国倡导的"丝绸之路经济带"和"21世纪海上丝绸之路"合作框架。2015年11月12日，中国与以色列就进一步加强两国农业合作达成共识，并签署加强农业合作行动计划，强调中以农业合作潜力巨大，要发挥互补优势，深化农业合作。2017年3月23日，双方宣布建立创新全面伙伴关系。以色列已成为中国积极推动的"一带一路"倡议在欧亚非三大洲要冲的重要枢纽。"创新全面伙伴关系"的建立将推动重视创新的崛起大国和创新有方的创新强国走在一起，进一步推动中以农业创新合作，更好实现优势互补。

2. 科技合作

中以农业科技合作主要涉及培训、示范农场、研究项目等多个方面。以色列每年在中国和当地单位合办许多培训项目，两国政府先后合作建立了"中以国际农业培训中心"、"北京中以示范农场"和"新疆中以旱作农业示范培训中心"等。以色列与中国的农业培训项目主要以四种方式进行：在以色列的培训课程、在中国的实地教学培训课程、在中国的短期咨询服务、在中国或以色列的定制课程。除了在以色列的培训课程外，其他三种都是根据中国需要进行设计。这些培训项目对中国农业技术的提高起到了积极作用，也展示了以色列的先进技术和装备，增加了以色列农业设备出口中国的机会。如中以示范农场引进了全套以色列先进农业技术，包括节水型水肥配送系统、室内小气候控制系统，以及害虫监测、管理系统，大大降低了外界自然环境的影响。该项目大幅度提高了农产品的产量，尤其适用于中国北方缺水地区。中以示范农场的现代化温室设备与技术管理、现代节水灌溉、园艺作物栽培新技术体系等积极带动了中国温室栽培技术的发展。

3. 贸易合作

中以双方不断促进贸易往来，加强贸易合作。2012年，以色列财政部长斯坦尼茨访华期间与中国财政部签订新的财政合作议定书。根据新的议定书，以色列政府将为中国企业提供总额达3亿美元的优惠贷款，为中国企业进口以色列农业、水利技术和设备提供支持，中国政府将为贷款偿付提供担保。2017年11月7日，《中华人民共和国海关总署和以色列财政部税务总局关于中国海关企业信用管理制度和以色列海关"经认证的经营者"（AEO）制度互认的安排》在北京正式签署，给予企业通关便利。这是中以两国促进贸易便利化的重要成果，将显著提升两国AEO企业跨境通关效率，促进双边贸易进一步健康有序发展。

4. 投资合作

中以两国的农业投资合作也逐渐的从无到有。1995年，中国与以色列政府签署《中华人民共和国和以色列国政府关于促进和相互保护投资携带》。之后，又签订了避免双重征税协定。两国还签订了中以两国贸易协定、海运协定、互认标准协议、投资保护协定、工业技术研究与开发合作框架协议等。以色列的高新技术与中国的巨大市场是双方合作的基础。就农业来说，投资合作仍延续了展示示范园的模式，将以色列先进的技术引进来并促进其落地生根，如山东现代农业示范园等。2016年9月，"走向以色列"第16届投资高峰论坛首次在中国上海、武汉两地举办。论坛专注于以色列成熟的科技公司的投资及并购机会，以及以色列公司进入中国市场的合作机会，并汇聚了来自以色列及欧美的50～100个科技投资项目、上市企业、风险资本、私募基金和其他投资机构。论坛和专题会议主要议题包括：中国与以色列企业并购机会及要点；以色列科技企业的中国市场战略；以色列高科技领域的投资机会；以色列与中国的合作：中国的一带一路倡议；中国投资者与以色列高科技企业的一对一投资洽谈。中以农业投资合作可以说是方兴未艾。

（二）合作潜力

1. 合作基础

1948年以色列建国，1949年中华人民共和国成立。1950年1月9日，以色列正式承认中国，成为中东第一个承认新中国的国家。但两国关系的正常化直到1992年才实现。之后，两国农业交流与合作迅速展开，得到了全面的发展。两国的政治、经贸及军事合作关系也迅速的发展，合作领域和合作规模不断扩大。从基础研究、农业科技、水资源管理等迅速扩展到信息技术、生物技术等高技术产业领域的研发合作。截止 2000 年年底，中以两国签定政府间有关科技合作协定 4 个；签定部门间科技合作协议 11 个；建立科技合作基金 2 项，基金支持合作项目 15 个；近年来，平均每年我国有 200 - 250 多位科技人员到以色列参加各种形式的科技培训，以色列每年平均派出 100 - 130 多位专家到中国开展多种形式的技术服务；地方政府与以色列有关方面科技合作的态势日益加强。

农业方面，中国借鉴和依托以色列技术，在节水灌溉领域开发了适合中国国情的低成本、高效率的节水灌溉产品；在设施栽培技术方面研发了适合中国华北地区的低成本、高产出的蔬菜和花卉设施栽培综合技术；在奶牛养殖技术方面，开发了适合本地奶牛特点的养殖技术，极大节约了成本并提高了奶品的质量和产量。同时，中方依托设在中国农业大学的中以国际农业研究培训中心，连续 20 多年开展农业科技交流合作，内容涉及节水灌溉技术、农业生物技术、食品安全与管理等专业领域，为今后的农业科技合作打下了坚持的基础。

2. 合作前景

21 世纪以来，以色列经济持续稳定增长。如前所述，根据世界银行和世界经济论坛的报告，以色列拥有良好的营商环境。宏观环境良好，有利于中以农业合作的平稳发展。就农业本身来说，尽管自然环境恶劣，自然资源匮乏，但得益于其高水平的科技成就，以色列农业发展处于全球领先地位，被形象地誉为欧洲的"冬季厨房"。以色列高新技术发达，其高科技研发投入占国民生产总值的比重高居世界第三，仅次于日本和瑞士。

总体而言，中以农业合作充满机遇、前景广阔。以色列政府更迭平稳，且政策连续性好。其基础设施相对完善，投资鼓励措施丰富，金融体系高度集中且稳定，高新技术产业取得巨大成就。为鼓励外商投资，以色列实施税收和减免税优惠政策，外资项目利用政府的担保便可以在金融部门得到所需贷款。目前，以色列以分担 15% 亏损作为承诺，吸引中国企业投资，可以说是中国参与以色列投资建设的一个好时机。鉴于中国农业发展对科技的强大需求，以科技为先导加强中以农业合作将是未来中以合作中的重点。

（三）合作重点

1. 重点领域

农业在中国和以色列经济和社会发展中均具有重要作用，应充分发挥双方农业在资源潜力、产品种类、技术和人力资源等方面的互补优势，共同推进农业现代化进程，合力维护世界粮食安全，确保农业可持续发展，实现优势互补，促进国家和地区的共同繁荣与进步。依据双方的合作要求和各自的优势，今后要重点加强中国与以色列在农业科技领域的合作。

一是高新农业技术领域的研发。双方在科研实力、科研人才和科研技术方面各有优势，同时以色列在地区甚至国际上具有较高的影响力，能够辐射带动西亚北非地区的农业科技合作。农业合作领域既包括生物技术、节水灌溉、旱作农业、气候变化和农业可持续发展等方面的重大问题合作。

二是传统农业研发领域的合作。相对来说，以色列的农业技术较为先进，中国则具有一定的后发优势。今后，中国与以色列的合作还要加强包括科研基础条件的升级改造、优势种质资源交换、动植物育种、农产品加工、农业机械化应用、人才培养和交流等传统农业研究领域的高新技术合作与交流，包括派遣专家和人员培训、建立农业科技示范园或者示范农场等。

2. 重点产业

（1）畜牧业

以色列的畜牧养殖与加工技术均较发达，加强与以色列畜牧业养殖、加工与科技合作，联合进行畜产品加工技术研发，为扩大中以畜产品贸易提供技术支持，通过适合我国的高产畜种的培育，提升中国畜产品，特别是牛羊肉的产能和生产水平。

（2）园艺产业

通过与以色列的蔬菜、花卉等园艺作物合作，加强我国设施农业种植、品种推广和技术示范合作。在中国推广以色列节水灌溉技术、设施栽培技术和病虫害综合防治技术。

（3）沙漠化防治与旱作农业

以色列在防沙治沙及旱作农业等方面积累了丰富的经验，该国以科技为先导，尊重自然规律，开发与保护并重、注重综合效益，在沙漠上发展出了高科技的现代化农业，取得了巨大成就。加强中国与以色列的沙漠化防治于旱作农业合作，一方面可因地制宜的改进以色列防沙治沙技术在我国西北地区推广，提高西北地区农业综合生产能力，另一方面也可带动与其周边国家的沙漠化防治合作，改善其农业设施，提高农产品产量，进而提高区域粮食安全水平。

五、中以农业合作建议

（一）在"一带一路"倡议下细化制定中以农业合作战略规划

2013年9月和10月，中国国家主席习近平分别提出建设"新丝绸之路经济带"和"21世纪海上丝绸之路"的倡议构想。2015年3月，国家发展改革委、外交部、商务部3月28日联合发布了《推动共建丝绸之路经济带和21世纪海上丝绸之路的愿景与行动》文件。对"一带一路"倡议实施进行了战略规划。但具体到农业，尚没有具备可操作性的战略规划。针对占重要地理位置的以色列，需加强研究，深入探讨，制定详细战略规划，推动与中以农业合作的顺利开展。

（二）制定境外农业开发优惠政策，建立境外农业补贴机制

农业属于高度依赖自然资源、靠天吃饭的弱势产业，许多国家都采取了形式多样的农业补贴政策，中国目前也实行了粮食直补、农资综合补贴、农机具购置补贴等多项惠农政策。从事境外农业开发，困难更多、风险更大，需要国家给予一定的资金支持。在中央财政农业综合开发资金中适当安排一定比例的境外农业开发配套资金，鼓励企业、个人积极参与境外农业开发，大力推进中以农业合作。加强对以色列农业投资风险的评估与保障工作，引入农业保险，运用市场模式，帮助赴外农业开发主体规避投资风险。

（三）加强政府间与民间的多渠道沟通

政府间的定期会晤和沟通协调机制，有利于协调解决经贸政策问题。虽然近年来中国与以色列的友好合作得到进一步发展，但由于历史、宗教、文化等问题，给农业合作造成了不少障碍。因此，应加强国家政府间的有效联系，建立完善的政府间定期磋商机制，及时解决双方经贸合作中存在的问题，切实保障境外中资企业合法利益，维护我国公民的正当权利，从政府层面进一步加强两国的互信和友谊。

（四）加强相关信息服务体系建设

中国对于走出去企业的扶持、管理、监督方面的法规仍然基本属于空白，各部门对于企业对外农业投资经营的财务、税务、信贷、外汇、统计等法规制度尚未形成体系，也尚未建立一个有效的走出去企业战略风险监测、评价体系，造成企业走出去战略定位不准、融资困难、缺乏国际化人才、信息获取迟缓、管理经营方法落后等问题。政府可组织相关政策研究部门、社会科学研究机构的相关学者和专家，对以色列农业生产、市场、政策、法规等情况进行系统研究，建立相关信息服务平台，为走出去企业提供良好的咨询、法律等信息服务。

参考文献

邓妙嫦，刘艺卓 . 2015. 以色列农业生产和贸易发展研究［J］. 世界农业，（10）：181-184.
邓启明，黄祖辉，胡剑锋 . 2009. 以色列农业现代化的历程、成效及启示［J］. 社会科学战线，（7）：74-78.
段禄峰，魏　明 . 2017. 以色列基布兹农业合作社演进历程及经验借鉴［J］. 世界农业，(11)：192-196.
范小林 . 2014-12-16 以色列发展现代节水高效生态农业 荒漠变良田 [EB/OL]. 中国金融信息网 .

冯志文. 2014-6-16. 中以农业合作将纳入"一带一路"[N]. 科技日报.
龚晓莺. 2018. 新时代背景下"一带一路"战略实施的意义、面临的挑战及对策[J]. 海派经济学,(1):67-76.
李晓俐,陈阳. 2015. 以色列创新资源节约型现代农业模式对中国农业的启示[J]. 经济研究导刊,(19):33-34.
祁欣,林梦,范鹏辉,等. 2018. 中以经贸:聚焦高科技产能合作[J]. 国际经济合作,(2):77-83.
王恒. 2018. 以色列农业发展成就对我国农业发展的启示[J]. 中国市场,(5):91-92.
王富强,张天柱. 2017. 现代农业发展体系初探——以色列农业考察纪实[J]. 蔬菜,(10):51-53.
肖静. 2017. 以色列:12项农业技术影响世界[J]. 农产品市场周刊,(39):60-61.
严和. 2017. 中国—以色列科技产业合作研究[D]. 四川:四川外国语大学.
杨丽君. 2016. 以色列现代农业发展经验对我国农业供给侧改革的启示[J]. 经济纵横,(6):111-114.
朱世俊. 2004. 充满活力的以色列农业[J]. 北京农业,(7):41-42.
宗会来. 2016. 以色列发展现代农业的经验[J]. 世界农业,(11):136-143.
宗会来. 2016. 以色列农业发展启示[J]. 中国畜牧业,(7):48-50.
GoforIsrael. 2016. 走向以色列-2016中以投资高峰论坛在上海举办[EB/OL]. http://economy.gmw.cn/2016-09/22/content_22112070.htm.